教育部人文社会科学一般项目"古代涉医画像石与壁画研究"
（14YJAZH094）
山东省中医药文化协同创新中心资助

| 博士生导师学术文库 |

A Library of Academics by
Ph.D.Supervisors

蕴意于山水壁画间的中医文化

汉画像石·壁画

杨金萍　著

光明日报出版社

图书在版编目（CIP）数据

蕴意于山水壁画间的中医文化：汉画像石·壁画 /
杨金萍著. --北京：光明日报出版社，2020.12

ISBN 978-7-5194-5847-8

Ⅰ.①蕴… Ⅱ.①杨… Ⅲ.①画像石—关系—中国医
药学—文化—研究—中国—汉代②壁画—关系—中国医药
学—文化—研究—中国—汉代 Ⅳ.①K879.404②R2-05

中国版本图书馆 CIP 数据核字（2020）第 212250 号

蕴意于山水壁画间的中医文化：汉画像石·壁画
YUNYIYU SHANSHUI BIHUA JIANDE ZHONGYI WENHUA：HANHUAXIANGSHI BIHUA

著　　者：杨金萍

责任编辑：刘兴华　　　　　　　　责任校对：阮书平
封面设计：一站出版网　　　　　　责任印制：曹　净

出版发行：光明日报出版社
地　　址：北京市西城区永安路 106 号，100050
电　　话：010-63169890（咨询），010-63131930（邮购）
传　　真：010-63131930
网　　址：http://book.gmw.cn
E - mail：liuxinghua@gmw.cn
法律顾问：北京德恒律师事务所龚柳方律师

印　　刷：三河市华东印刷有限公司
装　　订：三河市华东印刷有限公司
本书如有破损、缺页、装订错误，请与本社联系调换，电话：010-63131930

开　　本：170mm×240mm
字　　数：386 千字　　　　　　　　印　　张：21.5
版　　次：2021 年 3 月第 1 版　　　印　　次：2021 年 3 月第 1 次印刷
书　　号：ISBN 978-7-5194-5847-8
定　　价：99.00 元

图 1-1 山东微山县两城山汉画像石 扁鹊针刺图 摄于国家博物馆

图 1-3 河南偃师辛村新莽墓壁画虎与伏羲女娲 摄于洛阳市博物馆

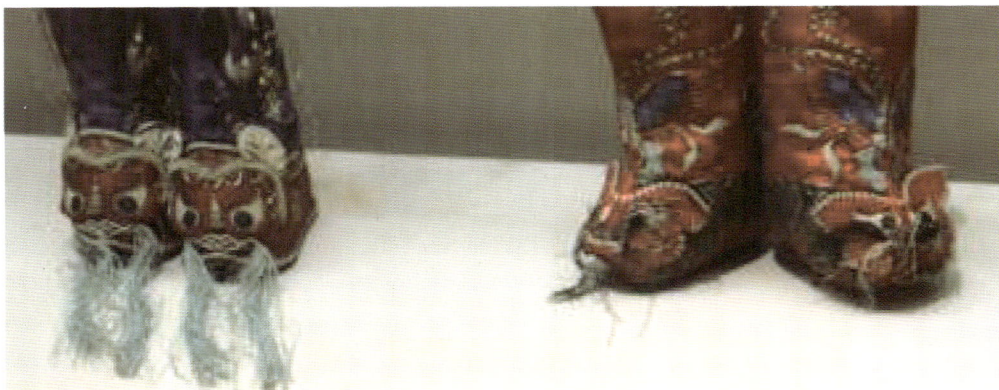

图 1-9 清代虎头鞋 摄于浙江省博物馆

图 1-4　东汉龙虎纹铜镜　摄于洛阳市博物馆

图 1-6　汉代西王母、东王公与龙虎纹铜镜　摄于浙江省博物馆

图 1-10　春秋秦子镈蝉纹摄于甘肃省博物馆

图 1-11　汉代玉琀蝉摄于天津市博物馆

图 1-12 河南荥阳出土彩绘画像砖边框蝉纹 摄于青岛市汉画像砖博物馆

图 1-13 汉代彩绘陶灯
摄于洛阳市博物馆

图 1-17 山东临沂汉画像石仙人奔
兔图 摄于临沂市博物馆

图 1-14　高台地埂坡魏晋墓
M4 出土金冠蝉
摄于高台县博物馆

图 1-15　菩萨冠饰中的金蝉　摄于青州市博物馆

图 1-16 陶烤炉上的蝉　摄于西安历史博物馆

图 1—18 陕西绥德辛店乡刘家湾村汉画像石狩猎图 摄于绥德县汉画像石馆

图1-19　山西曲沃县北赵村晋侯八号墓
出土青铜兔尊　摄于山西省博物院

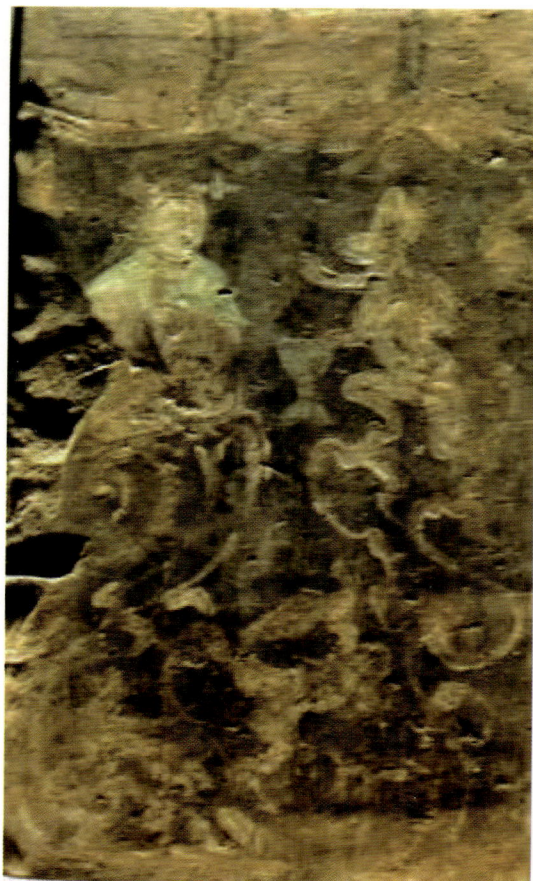

图1-24　河南偃师辛村新莽墓壁画西王母
与玉兔捣药图　摄于洛阳市博物馆

图1-25　山东临沂汉画像石东王
公与玉兔　摄于临沂市博物馆

图 2-1　棺板画伏羲　摄于嘉峪关新城博物馆

图 2-2　棺板画女娲　摄于嘉峪关新城博物馆

图 2-4　骆驼城南墓群西王母图　摄于高台县博物馆

图 2-5　骆驼城南墓群东王公图　摄于高台县博物馆

图 2-6　许三湾东墓群羽人神兽图　摄于高台县博物馆

图 2-7　骆驼城苦水口一号墓羽人神兽图　摄于高台县博物馆

图 2-8　骆驼城苦水口一号墓羽人骑鱼图　摄于高台县博物馆

图 2-12　骆驼城苦水口一号墓坞壁图　摄于高台县博物馆

图 2-10　武威铜奔马　摄于甘肃省博物馆

2-14　骆驼城苦水口二号墓坞壁与耕作图　摄于高台县博物馆

2-16　骆驼城南墓群耕地、耙地图　摄于高台县博物馆

图 2-19　骆驼城苦水口一号墓采桑图　摄于高台县博物馆

图 2-21　许三湾五道梁墓群采（彩）帛、木几图　摄于高台县博物馆

图 2-23　骆驼城东南墓群彩帛图　摄于高台县博物馆

图 2-24　骆驼城苦水口一号墓果园图　摄于高台县博物馆

图 2-25　许三湾东墓群牵羊图　摄于高台县博物馆

图 2-26　骆驼城南墓群牧鹿图　摄于高台县博物馆

图 2-30　骆驼城苦水口一号墓宰猪图　摄于高台县博物馆

图 2-33　嘉峪关一号墓烹肉图　摄于甘肃省博物馆

图 2-35　骆驼城苦水口一号墓滤醋图　摄于高台县博物馆

图 2-36　山西平遥古城醋坊滤醋场景　摄于山西平遥古城

图 2-37　许三湾东墓群酿制图　摄于高台县博物馆

图 2-38　许三湾东墓群宴饮图　摄于高台县博物馆

图 2-40　骆驼城苦水口一号墓仕女开箱图　摄于高台博物馆

图 2-41　骆驼城苦水口二号墓仕女开箱图　摄于高台县博物馆

图 3-1　莫高窟第 148 窟主室东壁北侧药师经变　盛羡海 祁铎摄影　敦煌
研究院提供授权

图 3-2 莫高窟第 322 窟东壁南侧药师佛
余生吉摄影 敦煌研究院提供授权

图 3-3　莫高窟第 23 窟北壁西侧法华经变之雨中耕作
盛羹海摄影　敦煌研究院提供授权

图 3-4　莫高窟第 45 窟南壁观音经变之求儿求女
孙志军摄影　敦煌研究院提供授权

图 3-5　敦煌藏经洞绢画分娩、浴儿
孙志军摄影　敦煌研究院提供授权

图 3-6　莫高窟第 156 窟前室顶部父母恩重经变之栏车
孙志军摄影　敦煌研究院提供授权

图 3-7　莫高窟第 85 窟窟顶东披楞伽经变之勾栏百戏
宋利良摄影　敦煌研究院提供授权

图 3-8　榆林窟第 25 窟北壁弥勒经变局部
祁铎 盛羹海摄影　敦煌研究院提供授权

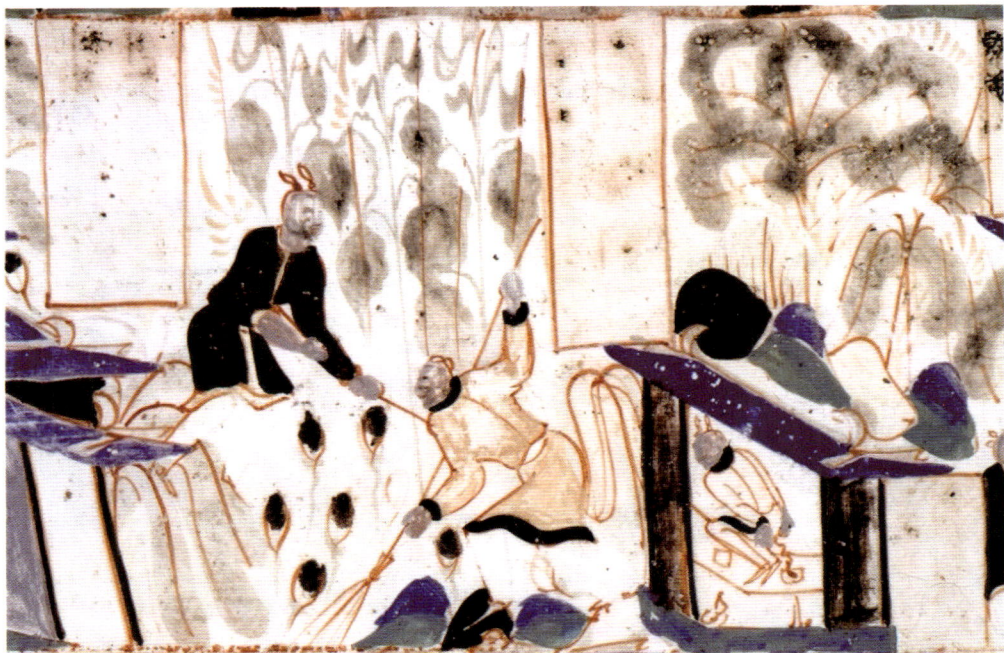

图 3-9　莫高窟 290 窟人字披东披佛传故事之天降瑞应
盛龚海摄影　敦煌研究院提供授权

图 3-10　莫高窟第 159 窟南壁东侧弥勒经变之
净齿　孙志军摄影　敦煌研究院提供授权

图 3-11　莫高窟第 146 窟西
壁劳度叉斗圣变之净齿　孙志
军摄影　敦煌研究院提供授权

图 3-12 莫高窟第 159 窟南壁东侧弥勒经变局部　盛爱海摄影　敦煌研究院提供授权

图 3-13　莫高窟第 302 窟人字披西披福田经变之汤水浴
孙志军摄影　敦煌研究院提供授权

图 3-14　莫高窟第 302 窟人字披西披福田经变之治病
余生吉摄影　敦煌研究院提供授权

图3-15 莫高窟第9窟西壁局部楞伽经变之良医授药
孙志军摄影　敦煌研究院提供授权

图3-16　莫高窟第61窟西壁下部太子马技
吴健摄影　敦煌研究院提供授权

图 3-17　莫高窟第 172 窟北壁东侧长河落日
盛桀海摄影　敦煌研究院提供授权

图 3-18　莫高窟第 285 窟窟顶北披下部禅僧
吴健摄影　敦煌研究院提供授权

图 3-19　莫高窟第 272 窟西壁佛龛北侧听法供养菩萨
宋利良摄影　敦煌研究院提供授权

图4-1 宋代韩城盘乐壁画墓主图全图 选自《万古丹青 陕西古代壁画》 作者李明 胡春勃授权

图 4-2　宋代韩城盘乐壁画墓主图局部
选自《万古丹青陕西古代壁画》　作者李明 胡春勃授权

图 4-3 宋代韩城盘乐壁画墓主图局部
选自《万古丹青陕西古代壁画》 作者李明 胡春勃授权

图 5-1　河北毗卢寺壁画"十代名医等众"　河北毗卢寺博物馆提供授权

图 5-2　山西宝宁寺水陆画"往古九流百家诸士艺术众"　山西博物院藏品

图 5-3　河北毗卢寺壁画"主病药苗稼昼夜之神"河北毗卢寺博物馆提供授权

图 5-4 山西宝宁寺水陆画："主苗主稼主病主药五谷神众" 山西博物院藏品

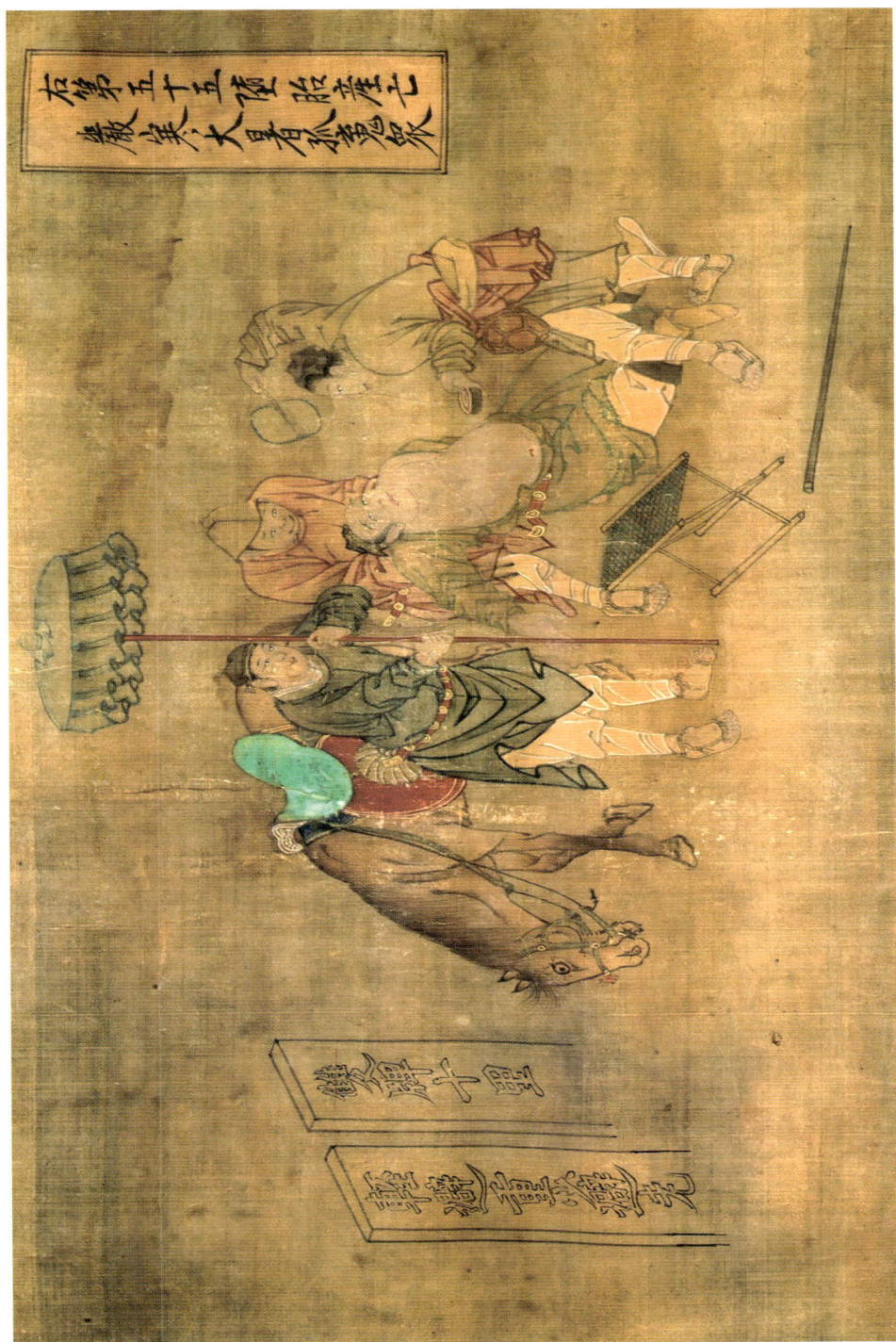

图5-5 山西宝宁寺水陆画 "堕胎产亡严寒大暑孤魂众" 上部 山西博物院藏品

图5—6 山西宝宁寺水陆画："误死针医横遭毒药严寒众：局部 山西博物院藏品

图 6—1　河北毗卢寺壁画 "伏羲 女娲神农"　河北毗卢寺博物馆提供授权

图 7-1　河北毗卢寺壁画"主病鬼王五瘟使者"　河北毗卢寺博物馆提供授权

图 7-3　云南甲马图瘟司　摄于
昆明市博物馆

图8-1 山西永乐宫重阳殿壁画 "诞生咸阳"　山西永乐宫壁画保护研究院提供授权

图8-2　山西宝宁寺水陆画"堕胎产亡严寒大暑孤魂众"下部　山西博物院藏品

序

　　杨金萍教授的力作即将出版，希望我写几句话。翻阅着三十多万字的书稿，面对着书中一幅幅自己未曾得见更没有认真思考过的画面，竟有一时不知从何说起的感觉。

　　我和杨老师同在山东中医药大学中医文献与文化研究院工作，算来已经二十余载。其间我们有过很多合作，特别是对卷帙浩繁的《圣济总录》研究校注，我们密切合作达十五年之久，并最终出版了迄今版本收集最全、校注最详的《圣济总录》整理本。在大家的印象中，杨老师是一个沉默寡言的人，平和而淡然。平常的日子里，杨老师话不多，总是沉浸在自己的学术思考之中。可一旦进入学术话题，杨老师立刻变成一个绝不调和与妥协的辩论者。在校注《圣济总录》的时候，她常常为了某个生僻的古代病名或治法的准确阐释而争得面红耳赤，为了一个罕见的版本不曾寓目而朝乾夕惕，上下求索，必得之而后已。杨老师是一个单纯的学者与医者。作为一名执业中医师，她待病人如亲人，白日诊病，夜晚读书，像很多前辈一样，进与病谋，退与心谋，与仲景对话，为患者分忧，箪食瓢饮，青灯黄卷，自得其乐。偶尔一杯老酒，足可消弭生活中那些烦恼。但我更深知，对中医药文化的关注，才真正是杨老师最无法割舍的情怀。杨老师是一个执着而坚定的中医文化寻梦者，她能从别人忽视或者不屑处披沙拣金，雕琢珠玉，她对汉画像石与壁画执着研究，从中挖掘了中医之深邃与中医之大美。她说，历代画像石与壁画中的图像，不但以生动的画面更直观、更写实地展现某些生命文化意象，同时也可以弥补文字记载的不足，这些瑰丽的画卷、凝固的历史，展示了无与伦比的魅力与想象空间。为了这份使命，她成为一位不畏艰难的孤独的旅者。她为了收集原始资

1

料，风尘仆仆、不避寒暑，奔走于各地，"在匆匆的旅途中，也曾几度体会到饥寒交迫、疲惫寂寥的窘境，同时体验了一种另类的生活，而那些丹青绮焕、满壁风动的画面使我沉迷其中，难以自拔"。从她的文字中，与其说看到了专注于学问的磨难与惊喜，倒不如说更被她的执着与坚韧所感动。

杨老师二十年前就致力于汉画像石的研究，早年出版了《汉画像石与中医文化》，并将教学与科研相结合，在学校开设"汉画像石与中医文化概说"公共选修课，这样另类的视角，开拓了学生的文化视野，成为深受欢迎的课程之一。近年来又把研究的视野扩展到了壁画。她注重对研究对象的实证研究与田野调查，为了获得第一手资料，山东、河南、陕西、甘肃、安徽等地，都留下了其坚定而匆匆的足迹。在此基础上，综合利用和借鉴考古学、哲学、文化学、历史学、图像学、宗教学、文献学等多学科知识，以画像石及历代壁画为研究对象，探究其中医学与文化方面的内容，包括早期医学思想、医学理论形成的文化背景，不同时期医学状况、医疗技术手段，人们的饮食卫生习俗等。作为一个长期研究的课题，部分内容曾经以论文形式发表过，有些章节我也曾先睹为快。但当我看到全部书稿的时候，其内容涉猎之广泛，研究挖掘之深入，还是让我震惊与感动。

在汉画像石方面，本书在已出版的《汉画像石与中医文化》的基础上继续深化，侧重于动物图像的生命文化内涵研究，揭示了动物图像所蕴含的远古图腾崇拜、生殖崇拜，以及人们对于人类起源、生命观、疾病观、生死观等的观念认识，诸如鸟图腾、东夷文化与针砭的起源，虎的原始图腾崇拜、巫术内涵及与生命、生殖、疾病的关联，兔图腾的生殖内涵、玉兔捣药图映射的汉代炼丹服食现象，蝉因"不死复生"特性而被赋予的生命文化内涵及道家羽化升仙思想等。同时，通过鸟、兔、虎等形态各异的常见形象，梳理了早期的图腾与地域之间、时令之间、文化之间的密切关系，并推导与分析了祖国传统医学中阴阳互根互用、五行的对立统一、药食导引等内涵。

壁画医药文化的研究是一个全新领域。通过河西魏晋画像砖的研究，揭示古代丝绸之路上中西文化的交融及特殊的医药情况。通过敦煌壁画的研究，阐释隋唐五代时期敦煌地区多元化的医学内涵，说明古印度与佛教医学对祖国传统医学的重要影响，展示敦煌地区卫生习俗、医学教育、医药水平以及特殊的寺院慈善救疗等情况。通过宋代壁画了解宋代官修方书的影响及制药情况，反映宋代医学发展状况。本书还首次对于佛教道教中水陆壁画中的涉医内容进行详细考述，揭示其中的医学内涵，如壁画中的特异医者形象，"三皇"及"十代名医"的缘起，元代医事制度，佛教道教壁画中"主病鬼王五瘟使者"与疫病的关系，古代妇女产娠过程及诊病禁限等。

杨老师通过自己艰苦的研究，将沉寂于旷野荆棘里、深藏于大漠名刹中的医药文化珍珠，连缀成一幅贯通千载的历史文化长卷。本书从图像学的特殊视角，综合利用多学科知识，突破了以往医学史研究以语言文本为核心的固有方式，别开生面，为医学史及医学文化史提供了新思路、新路径和新方法，从一个全新的角度展示了中医文化的丰富内涵，填补了中国医学与文化史的空白。

我既先睹为快，更乐于向读者推荐。是为序。

王振国

自　序

《蕴意于山水壁画间的中医文化》一书，是拙作《汉画像石与中医文化》的姊妹篇，自前书出版至今，已然过了九年之久。在此期间，从未中断过汉画像石的研究。对画像石的痴迷，犹如醉酒酣畅其中，亦如饕餮贪厌未足。近年来，我对图像的兴趣逐渐扩伸到壁画方面，足迹踏及国内许多地方，研究也在不断深化。本书是在九年积累基础上的续新写作，其思想内容无论是广度还是深度，与前作相比较，都有了很大的不同。

本书从画像石与壁画两方面进行探讨，在汉画像石方面侧重于动物图像的生命文化内涵研究：从鸟图腾入手探讨扁鹊文化，以山东汉画像石"扁鹊针刺图"为基础，结合考古发现，揭示扁鹊与东夷巫医文化的关系；以汉画像石结合古代纹饰中虎的形象，揭示其不同的文化表征，如原始的图腾崇拜、巫术内涵及与生命、生殖、疾病之间的密切关联；以画像砖石及古代玉器、青铜器上的蝉纹，诠释蝉因"不死复生"特性而被赋予的生命文化内涵；以画像石、壁画中的玉兔及捣药图，阐释兔图腾的生殖内涵以及古人对长寿求仙的生命渴求。为了进行更深入的研究，笔者曾多次到汉画像石分布区进行实地考察，如山东嘉祥、滕州、青岛、曲阜、邹城、临沂，陕西绥德、榆林、西安，以及江苏徐州、河南南阳等地，拍摄了大量画像石图片，为研究奠定了深厚基础。但由于篇幅所限，汉画像石研究尚有余力未发，以待来日进一步展开。

近年在画像砖方面特别是对河西地区魏晋画像砖进行拓展研究。曾先后四次到甘肃地区进行考察，对古代丝绸之路上武威、张掖、酒泉、敦煌及嘉峪关魏晋画像砖、壁画进行调研，拍摄了大量照片，获得第一手图像资料。本书写作时借材料优势在河西地区画像砖方面进行浓墨重染，从思想文化、生产生活、饮食习俗、医药文化等方面展示古代丝绸之路上多民族文化的交融。

　　壁画是以往研究未曾涉足的新视点，其中有大量珍贵的医学内容以待挖掘。为研究需要笔者曾赴甘肃敦煌莫高窟进行实地考察，对敦煌壁画中多元化的医学内涵进行重点研究。敦煌壁画中的涉医图像异常丰富，其时间跨度上启北凉、北魏，下至宋元，其中以唐代壁画最为多见。壁画虽以佛教中本生、佛传、史迹画为主题，却也包含了大量医学方面的题材。既反映了古印度及佛经中的医学内容，又透射出在佛教影响下敦煌乃至中土的多元化医学内涵，同时映衬出敦煌地区异彩纷呈的、多民族特色的卫生习俗及卫生状况，为我们了解敦煌地区的医学发展水平及医疗状况提供了丰厚的材料。此部分研究以隋唐五代为主，稍涉隋以前、五代后的内容。

　　宋代韩城盘乐壁画墓主图有反映宋代制药场景的画面。图中有宋初大型官修方书《太平圣惠方》以及在此书指导下配制成方的场面，另外还有捣药、筛药加工炮制药物的场景。壁画反映了《太平圣惠方》在宋代医药方面的重要影响，配制成方、捣筛药物场景为研究宋代熟药制作及煮散等药物炮制、剂型问题提供了图像记录和历史线索。壁画对于了解宋代官修方书的影响及制药情况，研究宋代医药状况，有十分重要的意义。

　　在壁画考察中，发现佛、道水陆壁画中有较多的医学内涵，因此对河北石家庄毗卢寺壁画，以及山西芮城永乐宫、稷山青龙寺、平遥双林寺等金元明壁画进行实地考察，对其中的涉医内容进行探索研究，如壁画中的医者形象，"三皇"与元代医事制度的关系，"五瘟使者"与瘟病的鬼神信仰关系，壁画所反映的古代妇女产蓐过程等。

　　画像石及壁画作为历史的遗存，以直观形象的图画形式，在某些方面较真实地反映了医学发展的状况及水平，在一定程度上描绘与再现了医学发展的真实轨迹。因此借助画像石及壁画，通过分析研究其中医学方面的内容，可以了解不同时期的医学思想、卫生状况、医疗技术手段、医学发展水平等；通过分析图像的表达意象，深刻揭示人们的生命观、疾病观。从图像角度揭示医学史及中医文化的重要内涵是研究的一个新视点，图像不但以生动的画面更直观、更写实地展现某些生命文化意象，同时也弥补文字记载的不足，这些瑰丽的画卷、凝固的历史，向我们展示了无与伦比的魅力与想象空间，值得我们深入研究与挖掘。

对于汉画像石及壁画的研究，笔者本着实地考察、田野调查为基础的工作思路，数年来风尘仆仆、不避寒暑地奔赴各地调研，收获甚丰。由于地方博物馆大都位置偏远，为考察带来了诸多不便，在匆匆的旅途中，也曾几度体会到饥寒交迫、疲惫寂寥的窘境，同时体验了一种另类的生活，而那些丹青绮焕、满壁风动的画面使我沉迷其中，难以自拔。

研究汉画像石及壁画的过程是辛苦的，也是浪漫的。每当面对历经千年仍栩栩如生的图画时，我仿佛感觉到先辈们正在对我诉说着前尘的沧桑，展现灿烂而神秘的文明，传达古老生命医学的隐喻。我在激动之余，越发觉得自己有责任对这一领域进行更加深入的研究，揭述其中的医药文化内涵。

今后还要继续这辛苦浪漫的旅程，同时更要深深地感谢一路上伴我奔波的研究生们，尤其是孟玺、李建业，他们不辞辛劳，伴我前行，予我的调研工作以极大帮助，特此致谢！

本书在写作与修改过程中，得到王振国、刘更生、李怀芝、宋咏梅、陈聪几位老师的多次指导，并得到孟玺、李建业、焦健洋、孙竹青、王飞旋等研究生多方面的帮助。我的书友、济南市作协的张庆梅老师，对我书稿中的不当之处提出修改意见。我的女儿冯诗瑶，在我思维枯竭之时，多次启发我写作的灵感。在此深深地致谢！

杨金萍

2019 年 5 月于济南

目　录
CONTENTS

第一章

汉画像石动物图像的生命文化内涵

第一节　鸟图腾·扁鹊针刺图与东夷巫医文化

　　东夷巫医文化对针砭之术的发源及早期医学有着重要影响。山东出土的十余幅扁鹊针刺汉画像石，揭示了东夷地区针砭之术的起源，而扁鹊鸟身的形象及扁鹊名号，与东夷地区早期的鸟图腾有着深切的渊源关系，有着巫医身份的扁鹊及有着针刺职业传承的"鍼巫氏"，说明巫医对针刺的发源有着重要影响；大汶口文化考古发现龟甲卜骨与针锥同葬，说明了巫医最早行施的医术与针刺有关；"医""殹""尹""伊"的字形演变说明医学最早使用的治疗方法是针刺外治之法；"扁鹊言医，为方者宗"，以扁鹊为代表的东夷巫医文化，孕育了医学最早的针刺技术，促进了医学早期理论——脉学理论的形成发展，使针刺脉学成为医学发源时期的重要内容。

　　东夷的原始医学发源颇早，逄振镐指出："东夷人的原始医学非常发达。它萌芽于旧石器时代，而形成于新石器时代。"① 东夷巫医文化对东夷的原始医学及早期医学理论产生了重要影响。东夷文化是山东及周围地区古东夷族的早期土著文化，有着特殊的地域性。东夷人以鸟为图腾，是较早使用弓箭而善射的氏族；东夷文化带有浓烈的巫文化色彩，东夷人最早将甲骨作为随葬品及用于占卜；东夷墓葬中普遍以占卜之用的龟甲卜骨与医疗之用的砭石针锥同葬，向我们揭示了东夷巫医文化与针刺之术的关系；山东出土十余幅扁鹊针刺汉画像石表明针刺之术发源于东夷地区；《史记》等书记载扁鹊、淳于意隐秘的从师过程及神秘的医疗活动，带有明显的巫医与方士的特点，进一步揭示了东夷巫医

---

　　① 逄振镐. 山东古国与姓氏 [M]. 济南：山东人民出版社，2006：22.

文化与针砭术的关系。针刺脉学应是早期医学的重要内涵，东夷巫医文化通过对针刺脉学的影响进而对发源期的医学产生着重要影响。

一、东夷鸟图腾与针砭术的起源——扁鹊与巫医

（一）汉画像石扁鹊针刺图与东夷鸟图腾

山东出土的汉画像石中有十余幅扁鹊针刺图（彩图1-1），揭示了东夷地区针砭之术的起源，而扁鹊鸟身的形象及扁鹊名号，与东夷地区早期的鸟图腾有着深切的渊源关系。我国东方沿海一带古称东夷，亦称鸟夷羽民。史传东夷人的氏族首领多与鸟相关，如东夷集团的领袖太暤"风姓也"，以凤鸟为图腾，甲骨文中"风"与"凤"通。少暤氏亦风姓，居曲阜，《左传·昭公十七年》记少暤兴立之时，凤凰翔至，乃为瑞兆，故以鸟名官。舜为东夷人的重要首领，学术界普遍认为帝舜即东方殷人崇祀的太阳神帝俊，汉画像石中的帝俊为鸟首人身形象，杨宽："帝俊本亦即帝舜，郭璞以'俊'为'舜'字者，盖见《大荒南经》称'帝俊生三身之国，姚姓'，而舜在古传说中为姚姓耳。"① 传说中的东王公，亦云木公、玉皇帝，乃"青阳之元气，百物之先"（《太平广记》引《仙传拾遗》），为鸟首人身。殷商有"天命玄鸟，降而生商"（《诗经·商颂》）之说，其祖为玄鸟（燕子）贻卵而生，殷人当是东夷人的一支，殷文化承续了东夷文化；秦之先祖为女修吞燕子陨卵而生，赵氏与秦共祖，其祖"孟孙、中衍，鸟身人言"（《史记·秦本纪》），故秦赵早期亦以鸟为图腾，皆在东夷文化圈内。

东夷人以鸟为图腾，同时亦是最早发明弓矢及善射的氏族。《山海经·海内经》言："少昊生般，般是始为弓矢。"② 从"夷"的字形或窥知其与弓矢的关系。夷的甲骨文与"尸"的写法相同，作🏹③，诸家多释为蹲踞，为东夷人一种半蹲的踞坐习俗，同时"尸主"与祭祀有关。对于"尸""夷"的关系，学术界见解略不同，郭沫若认为"夷"为"尸"的假借字，古代的邦族"尸方"即东夷，"旧多释尸为人，余谓当是尸字假为夷……殷代之尸方乃合山东之岛夷与淮夷而言"。"古音尸与夷相通。"④ 康殷认为，"原来'夷狄'字古文作🏹，

---

① 杨宽. 中国上古史导论 [M] //古史辨七：上. 上海：上海古籍出版社，1982：232.

② 袁珂，校注. 山海经校注 [M]. 上海：上海古籍出版社，1980：466.

③ 李孝定，编述. 甲骨文字集释：（台湾）"中央研究院"历史语言研究所专刊第五十 [M]. 台北：（台湾）"中央研究院"历史语言研究所，1982：3207.

④ 郭沫若. 卜辞通纂：569 片甲骨 [M]. 北京：科学出版社，1983：462.

在人腿部加屈以别'华夏之人'。后世文字不能如此书写，所以借夷字代ㄔ。"①金文中的"夷"除与甲骨文有相同的写法外，尚作夷、夷等②。许多学者认为，甲骨文"胖"实即"夷"字，或省作"夷"。胖之右旁"夷"形如带绳之箭，故有"缴射"之意，其金文又写作"夷""夷"，表示所射群鸟或在森林中射鸟之意；左旁为表升降之意符③。由此推知，"夷"有射箭之意。《说文》篆字作夷，形与弓矢有关。《说文·大部》："夷，东方之人也。从大从弓。"④ 朱骏声《说文通训定声》："夷，东方之人也。从大从弓，会意。弓所持也。"⑤ 许多学者谓《说文》从"大"实即从"矢"之讹，从"矢"之说更接近"夷"的本义。李孝定认为金文夷为"尸"后起字，并列"夷"字，提示或与弓矢相关，曰："其作夷者，后起之异体。盖东夷之人俗尚武勇，行必以弓自随，故制字象之。《新写》一五〇之夷，其左旁是否从弓不能遽定……惟从大从弓之夷必尸之后起字，非假尸为夷也。"⑥ 可见"胖""夷"等字形，表现了东夷人善射的习俗。而东夷族的射手英雄后羿又称"夷羿"。善射与善于针刺当有内在关联，针砭用具及《黄帝内经》中的"九针"形制与早期的箭镞之类也有一定的联系⑦。以鸟为图腾及善射是东夷人的特点，扁鹊则成为东夷鸟图腾文化背景下善针砭之鸟医的重要代表，扁鹊针刺图揭示了针砭之术的起源。

扁鹊原指鸟，唐代《经典释文》注《周礼·疾医》："扁，本亦作鶣。"⑧宋代《类篇》及清代《汉书人表考》亦言"扁"指"鶣"，音"篇"，扁鹊即"鶣鹊"，形容鸟翩翩而飞的样子，唐、五代时敦煌卷子 p.3718 有"鶣鹊廖而难旋"句，可见，扁鹊实指鹊之类的鸟类，或为半人半鸟之鹊人。山东两城山汉画像石人首鹊身的鸟形人，其旁阴刻有"山鹊"字样，当指扁鹊。刘敦愿认为，扁鹊有两种含义，一为上古时之扁鹊氏族，代表了早期的鸟图腾，而其氏族以

① 康殷. 文字源流浅说 ［M］. 北京：档案出版社，1992：133.
② 容庚，编著. 金文编：卷十 ［M］. 张振林，马国权，摹补. 北京：中华书局，1985：697.
③ 康殷. 文字源流浅说 ［M］. 北京：档案出版社，1992：132.
④ （汉）许慎，撰. 说文解字 ［M］//（清）段玉裁，注. 说文解字注. 上海：上海古籍出版社，1981：493.
⑤ 朱骏声. 说文通训定声 ［M］. 北京：中华书局，1984：571.
⑥ 李孝定，编述. 甲骨文字集释：（台湾）"中央研究院"历史语言研究所专刊第五十 ［M］. 台北：（台湾）"中央研究院"历史语言研究所，1982：3207.
⑦ 叶又新. 试释东汉画象石上刻画的医针——兼探九针形成过程 ［J］. 山东中医学院学报，1981（3）：60 – 69.
⑧ （唐）陆德明. 经典释文 ［M］. 北京：中华书局，1983：111.

善针砭而命名，如同善射之后羿，或称夷羿，亦是一种氏族的代称①；另一种含义，即后世的扁鹊，则为战国时的秦越人。《史记正义》引《难经·八十一难序》曰："秦越人与轩辕时扁鹊相类，仍号之为扁鹊。又家于卢国，因命之曰卢医也。"②

（二）扁鹊与巫医

扁鹊鸟的形象隐喻巫医身份，鸟嘴与作为针砭用的石针形状相类似，可能为半人半鸟医者善针砭之取象比类，这实际上有着交感巫术的深切内涵。许慎《说文·石部》曰："砭，以石刺病也。"③《广雅·释器》卷八："石针谓之**鑱**。"王念孙曰："**鑱**者，锐末之名。鸟喙谓之觜，义相近也。"④ 刘敦愿言："石针是古代针灸术初期使用的原始工具，其使用带有习俗的宗教的性质。"⑤嘉祥汉画像石中扁鹊以砭针针刺小儿的头部（图1-2），除表示针刺之义外，被刺的小儿亦可能是病魔的象征，故此图有攻治病魔之义⑥，扁鹊则带有巫医的身份。《史记·扁鹊仓公列传》中扁鹊师从长桑君的师授过程，更渲染着神秘的巫的氛围。长桑君"呼扁鹊私坐，间与语曰：我有禁方，年老，欲传与公，公毋泄"，出其怀中药与扁鹊，嘱"饮是以上池之水三十日当知物矣"，扁鹊饮三十日后，果有洞垣视物之特异功能。长桑君的神秘身份及私密的授徒方式，隐喻着巫与方士的身份，台湾学者杨儒宾认为，"长桑"与东方"扶桑""穷桑""空桑"传说似有着某种联系，"也可说是'东王父'的一个分身"⑦，或可说明长桑君东夷巫者的身份。综合以上几个方面，我们可以说扁鹊应是善于针砭之术的鸟医，即巫医。刘敦愿指出："扁鹊应是扁鹊氏之省，应是某个以巫医技术为其专长的氏族，在特定的时间与地区曾经享有盛名，影响深远。"⑧《史记》载扁鹊诊赵简子"五日不知人"，言其"血脉治"而无病，实为神游天

① 刘敦愿. 东夷古国史研究：第2辑［M］. 逄振镐，主编. 西安：三秦出版社，1990：150-161.

② （汉）司马迁，撰；（唐）张守节，正义. 史记正义［M］. 北京：中华书局，1959：2785.

③ （汉）许慎，撰. 说文解字［M］// （清）段玉裁，注. 说文解字注. 上海：上海古籍出版社，1981：453.

④ （清）王念孙. 广雅疏证［M］. 北京：中华书局，1983：262.

⑤ 刘敦愿. 汉画像石上的针灸图［J］. 文物，1972（6）：47-52.

⑥ 叶又新. 试释东汉画象石上刻画的医针——兼论九针的形成过程［J］. 山东中医学院学报，1981（3）：60-68.

⑦ 杨儒宾. 庄子与东方海滨的巫文化［J］. 中国文化，2007（1）：43-70.

⑧ 刘敦愿. 扁鹊名号问题浅议［J］. 山东中医学院学报，1989（3）：39-43.

帝之所而将预知国事，其预言与巫术何异。扁鹊洞垣视物的特异功能，以及《列子·汤问》中扁鹊为鲁公扈、赵齐婴二人行施的换心术，皆近于巫术行为。《史记》中记有扁鹊"六不治"中的"信巫不信医"，很多人认为是扁鹊对巫的批判，实际上是后世司马迁的评论，并不能当作扁鹊不信巫的证据，也不能推翻扁鹊巫医的身份，扁鹊早期的巫医身份与后世以巫术为主兼行骗术的巫，截然不同。钱钟书《管锥编》："司马迁乃以'巫'与'医'分背如水火冰炭，断言'信巫'为'不治'之由，识卓空前矣。"①

图 1-2　山东嘉祥满硐乡宋山汉画像石 扁鹊针刺图

二、东夷地区考古发现龟甲卜骨与针锥同葬证实巫医与针刺的密切关系

大量的考古发现向我们揭示了巫医与针刺的密切关系。现已发掘东夷地区许多墓葬中随葬有龟甲卜骨与针锥，这种现象尤以山东地区为多见。从墓葬甲骨的角度来看，东夷人最早将甲骨作为随葬品及用于占卜，目前发现最早的甲骨文不是殷商甲骨文，而是东夷地区岳石文化卜骨刻字②，而殷文化与东夷文化有着深切渊源；东夷墓葬中作为占卜用的龟甲卜骨与医疗之用的针锥、砭石同葬，向我们揭示了东夷巫医文化与针刺之术的关系，逄振镐指出，"大汶口文化时期东夷人埋葬龟甲的习俗，很可能是东夷人从事医巫占卜者身份的标志"③。大汶口文化遗址中龟甲与针锥同葬的情况多见于成年男性，提示其巫医

---

① 钱钟书. 管锥编：第一册 [M]. 北京：中华书局，1979：345-346.
② 逄振镐. 东夷文化研究 [M]. 济南：齐鲁书社，2007：583.
③ 逄振镐. 东夷文化研究 [M]. 济南：齐鲁书社，2007：335.

的身份。

（一）龟甲与针锥

山东兖州王因遗址（代表大汶口文化较早期阶段）墓葬群中较多发掘有骨锥、骨针，M2301 随葬的龟甲器中装有骨锥 12 枚，M2151、M2514 龟甲器中分别有 7、25 枚不等①。江苏邳州市四户镇大墩子遗址第一次发掘，M44（按考古属于早期大汶口文化的地方类型）出土两副龟甲器，分别置放于墓主人腹部左右两处，右边一件内盛 6 枚粗骨针，左边的一件内盛 6 根骨锥。由此推测墓主人在当时应是一位社会地位较高的人②。M21 龟甲器中有小石子。大墩子遗址第二次发掘，刘林、花厅类型墓葬都有一副龟甲，有的龟甲内装四颗或六颗小石子，有的内装六枚骨针③。大汶口文化这种龟甲与针锥同葬的墓葬习俗，当与以巫术行医有关，墓主人应是巫医。龟甲经过钻孔加工称为"龟甲器"，在大汶口文化早期比较流行④，"大汶口文化的龟甲器，是一种巫医行医的工具，即巫医施展法术驱除病魔的作法之器。同时，平常也利用其盛放医用器具。龟甲之内的骨锥、骨针，均制作得比较规整，应是简单的医疗器具"⑤。

河北藁台西村商代遗址发掘了一批墓葬群，其中 M14 墓主为一年龄约 45 岁男子，墓棺外殉葬一青年女性奴隶。此墓随葬品较多，较为特殊的是随葬有卜骨，靠近卜骨有铜镞数枚，在西侧二层台上有一长方形漆盒，已腐烂，尚留痕迹，盒中放置石砭镰。从随葬品及殉葬的奴隶来看，墓主人地位较为尊贵，故认为墓主人当是能行施针砭之术的巫医⑥，也说明当时巫医有着较高的社会地位。商人以卜骨与针砭同葬，当是东夷巫医葬俗遗风。

（二）獐牙、獐牙钩形器与巫医针刺

东夷墓葬中骨锥、骨针常与经过打磨的獐牙埋在一起，尖利的獐牙亦可能作为针刺之用，獐牙通常握在死者手中。这种情况以大汶口文化时期较为流行，一直持续到龙山文化时期⑦。獐牙还常常被加工成一种特殊的"獐牙钩形器"，

---

① 栾丰实. 海岱地区考古研究 [M]. 济南：山东大学出版社，1997：188 – 189.

② 尹焕章，张正祥，纪仲庆. 江苏邳县四户镇大墩子遗址探掘报告 [J]. 考古学报，1964（2）：9 – 57.

③ 南京博物院. 江苏邳县大墩子遗址第二次发掘 [J] // 《考古》编辑部，编辑. 考古学集刊 1. 北京：中国社会科学出版社，1981（42）：27 – 81.

④ 栾丰实. 大汶口文化——从原始到文明 [M]. 济南：山东文艺出版社，2004：91.

⑤ 栾丰实. 海岱地区考古研究 [M]. 济南：山东大学出版社，1997：192.

⑥ 河北省文物研究所，编. 藁城台西商代遗址 [M]. 北京：文物出版社，1985：147 – 149.

⑦ 栾丰实. 大汶口文化——从原始到文明 [M]. 济南：山东文艺出版社，2004：94.

这种钩形器一般是在一根骨质或角质的柄上，嵌入两根经过加工磨制的雄性獐犬牙，尖锐有刃，主要流行于大汶口文化早中期①。考古界对其作用认识不一，或认为其是一种随身携带小型防身兵器，张富祥认为"獐牙钩形器的流行时间、地域范围和拥有者的性别、身份等，几乎皆与龟甲器相合"，"假如肯定拥有龟甲器的人是巫医，则同时拥有这两种器具的人也必定是巫医"，因而推论钩形器既是巫医行法时的法具，也是行医的医具②。獐牙不仅作为医用，还有厌胜、避邪之用，这本身就带有极浓的巫术色彩。大汶口遗址还有猪牙钩形器。

大汶口墓葬龟甲中装的砂粒、石子，亦可能与巫术有关。栾丰实说："龟甲器内盛放的小石子，则应为巫医施展法术时所使用，借以驱除病魔。"③

以上考古发现，表明巫医与针砭之术有着密切的关系，而这种情况以东夷地区为最早及最常见，揭示了针砭之术与东夷巫医文化之间的密切关联。

三、诸巫名号与针刺的关系

巫为医的先身，巫在甲骨文中频频出现，涉及面广，常与医疗占病有关。早期巫代替医的部分职责，或者说巫医不分。《说文》言"巫彭初作醫"④。巫医最早行使的医术，与针刺不无关系。

康殷指出"殷"作为"医"字的初文，有一种写法为 𣱴，表示在祭祀的情况下行施针刺之术，"似乎是在 𥄂 形的某种神圣的建筑物下就醫之状，那时大约还是巫醫不分的时期"⑤，可见行施针刺之术者当为巫医。从以下诸巫名号亦可见巫医与针刺的关系。

（一）鍼巫氏与巫医

《左传》记有"鍼巫氏"，《庄公三十二年》记载"鍼巫氏"用酖酒毒杀僖叔，"成季使以君命命僖叔，待于鍼巫氏，使鍼季酖之"。鍼巫氏即鍼季，清·梁履绳《左通补释》卷三释"鍼巫氏"为"鲁大夫"，曰：

案此以技术传家，因以为氏。鲁有巫怔，又有鍼巫氏（《通志·氏族略·

---

① 栾丰实. 大汶口文化——从原始到文明［M］. 济南：山东文艺出版社，2004：96.
② 张富祥. 东夷文化通考［M］. 上海：上海古籍出版社，2008：173－174.
③ 栾丰实. 海岱地区考古研究［M］. 济南：山东大学出版社，1997：192.
④ （汉）许慎，撰. 说文解字［M］//（清）段玉裁，注. 说文解字注. 上海：上海古籍出版社，1981：750.
⑤ 康殷. 古文字形所反映的商周时期的针·灸·熨（火烙）疗法［J］. 中国针灸，1984（5）：46－56.

四》）。案下即云鍼季则鍼其氏，巫其职或其名，如楚巫臣。氏者家也。季乃其字。①

鍼巫氏以"技术传家"，以"鍼"为氏，可见是以"鍼"术见长的巫族世家。鍼巫氏以"鍼（针）"为氏，以巫为职官名，当是精于针灸的巫医世家，正是《论语·子路》所传言"人而无恒，不可以作巫医"②，其以酖毒杀人，印证其巫而兼医的身份。孔健民指出："春秋时有针巫氏，见《左传》庄公三十二年。当系以官为氏。可以推知西周时有针巫之官。又有巫马氏，见于《论语·述而篇》和《墨子·耕柱篇》，亦系以官为氏。可以推知西周时有巫马之官。"③

（二）巫咸、巫抵与针刺

《山海经·大荒西经》中有"十巫"采药的记载："有灵山，巫咸、巫即、巫盼、巫彭、巫姑、巫真、巫礼、巫抵、巫谢、巫罗十巫，从此升降，百药爰在。"④ 十巫均与药有关，当是巫医。《山海经图赞》言"群有十巫，巫咸所统"。十巫中以巫咸位于第一位，说明了他在众巫中的显要地位——为诸巫之统领。取名"咸"字有其特殊含义，周策纵指出："巫咸的'咸'字，就是箴、鍼的古字。"⑤ 箴、鍼、咸同源，从"戉"，原指大戈，有"刺"之义，"箴"与"鍼"不同偏旁分别表示竹制或金属的针具。咸既为箴、鍼的古字，则巫咸即为巫箴、巫鍼。由箴、鍼、咸同源而皆有针刺之义，推断巫咸当为擅长针刺之术的巫医。巫抵亦有相近的含义，周策纵推断厎、砥、砭为古今字，并可能与柢或抵意义相似⑥。扬雄《方言·第十二》："柢、柲，刺也。"⑦《广雅·释诂》："抵、柲、挣、鍼，刺也。"⑧ 巫抵取名"抵"，亦指擅长针刺的巫医。

以上巫之名号透视出巫医与针刺之间的密切关系，进一步说明巫医最早行使的医术与针刺有关。

① （清）梁履绳. 左通补释 ［M］//续修四库全书经部春秋类：123 卷. 上海：上海古籍出版社，2002：251.
② 论语 ［M］. 杨伯峻，译注. 北京：中华书局，2006：159.
③ 张健民. 中国医学史纲 ［M］. 北京：人民卫生出版社，1988：22.
④ 袁珂，校注. 山海经校注 ［M］. 上海：上海古籍出版社，1980：396.
⑤ 周策纵. 古巫医与"六诗"考 ［M］. 上海：上海人民出版社，2009：95.
⑥ 周策纵. 古巫医与"六诗"考 ［M］. 上海：上海人民出版社，2009：95.
⑦ 扬雄. 方言 ［M］//周祖谟，校笺. 方言校笺. 北京：中华书局，1993：75.
⑧ 广雅 ［M］//王念孙. 广雅疏证. 北京：中华书局，1983：21.

四、医的本义——从"医""殴""尹""伊"的字形演变谈针砭之术与医学起源

（一）医的初文——"殴""尹""伊"与针砭之术

许多学者从甲骨文、金文等早期文字字形考察，认为代表医学、医疗意义的"醫""毉"为后起字，而医的初文当是"殴"，说明医学起源于针砭之术，而"尹""伊"亦与针刺之术相关。

1. "殴"与针刺

"殴"的甲骨文作 🔲、🔲，于省吾谓其义是指人内腑有疾，用按摩器治之，并指出《说文》释殴"作乐之盛称殴"，应改为"疾病之盛称殴"，"典籍中既往往训殴为盛为众，又往往训殴为痛为忧，则均由疾病旺盛之义引申而来"①。可见"殴"最初与医关系密切，特别是 🔲 形如人手持尖利之器施行针刺之术。

康殷通过对金文中"殴"及其异形字的考证②，说明医的初文当是"殴"，代表早期的针刺之术；并指出殴的变字"尹""伊"亦与针刺有关。金文中"殴"字的字形有 🔲、🔲、🔲、🔲，其中 🔲 由 🔲 变化而来，而 🔲 是尖利的针刺工具，故其义即指针刺人体之状，"而且这种针刺人形即象用针刺以治疗病患者之形也，也即醫疗之意。由此形、声方面推测，殴即古醫字"。从声的角度言，殴音衣，郭沫若有"衣为殷城"之说，谓商人"国号本自称商，而周人称之为衣，后又转变为殷也。"③ 衣与医（醫）同音，故殴—衣—医（醫）形成同声借代关系。康殷同时指出甲骨文中"殴"除有针刺之义外，尚有治理、调正之义，而这些含义皆"针疗病患引申而来"。"殴"字尚有其他异文：①🔲、🔲，表示针刺卧病在床的患者；②🔲、🔲，以 🔲（子）代表人形，"或专用以表示针疗幼儿之意"；③🔲、🔲、🔲，"🔲、🔲 疑即 🔲 的异形"，代表木或骨所制的针。"箴"之义可能由此衍生。

2. "尹""伊"与针刺

康殷指出伊、尹为"殴"的变文，即 🔲（伊）为 🔲 省文，"变针刺人腹为针刺人背之状"，🔲（尹）为 🔲 省文，"伊、醫、殴、尹音近或同，伊、尹也都有治理或治理的官名的旧训"。其举《说文》"伊，殷圣人阿衡"、卜辞"尹氏

---

① 以上甲骨文字字形及引文出自：于省吾. 甲骨文字释林 [M]. 北京：中华书局，1979：323.
② 以下文字字形及观点、引文出自：康殷. 古文字形所反映的商周时期的针·灸·熨（火烙）疗法 [J]. 中国针灸，1984（5）：46-56.
③ 郭沫若. 卜辞通纂序言 [M]. 北京：科学出版社，1983：14.

殷子"、古传说中的"伊耆"（神农氏号），当是医人之称，"殷'圣人''阿衡伊尹'的初意，即使并非由于他原是擅长医术——针刺提升为'尹'，至少也是由'醫'意的引申。"《诗经·秦风》"伊"字后世又作"緊"，可证伊、緊通。其说有理。古《汤液经法》传为伊尹所作，晋·皇甫谧《黄帝三部针灸甲乙经序》曰："伊尹以亚圣之才，撰用《神农本草》，以为《汤液》。"① 伊尹撰《汤液经法》，作为早期医学发源的人物之一，"伊尹"文字字形与医学最初的治疗手段即针刺有关，而伊尹生于空桑的说法与东方的扶桑传说似乎有着某种联系，伊尹也可能是东夷人，"伊尹—东夷—针刺（汤液）—医"，形成了一种内在的关联。

3. 火针与烧灼的獐牙

康殷通过与"殷"相关的一系列字形②，如 𣄼、𣄼、𣄼、𣄼，俱是在殷字形的基础上加上火焰之形，考证早期已有火针之法。而 𣄼𣄼𣄼𣄼（𣄼），"象手执燃烧着的针锥形"，"𣄼（按：从辛，辛有锥刺之义，后作"𤕦"）字都有治理、调和义……都是由以针（火针）醫治调理病患引申转化出来的。"前所述大汶口文化遗址出土的带有烧痕的尖锐獐牙，可能是用作火针之用。

从前人对以上诸字的考证可见，医的最初含义实际上代表着针砭之术，针砭之术当为医学发源阶段最重要的医疗手法之一。

（二）"医"字的演变——"医""殹"与后起字"醫""毉"

"医"字的演变从字形结构及出现的时间先后，大体为"医（甲骨文）→殹（金文）→醫、毉（后起字）→医（现代简化字）"。

1. 医（甲骨文）——盛弓矢器

医（医），甲骨文作𣄼𣄼③，象矢盛（或藏）于器中。《说文·匸部》："医，盛弓弩矢器也。从匸矢，矢亦声。春秋《国语》曰：兵不解医。"④ 段玉裁依《广韵》将"盛"改为"藏"，谓"此器可隐藏兵器也"。按"匸"有夹藏之意，

---

① （晋）皇甫谧. 黄帝三部针灸甲乙经序［M］//山东中医学院，校释. 针灸甲乙经校释. 北京：人民卫生出版社，1979：13.

② 以下甲骨文字及观点、引文出自：康殷. 古文字形所反映的商周时期的针·灸·熨（火烙）疗法［J］. 中国针灸，1984（5）：46–56.

③ 李孝定，编述. 甲骨文字集释：卷三［M］. 台北：（台湾）"中央研究院"历史语言研究所，1970：891.

④ （汉）许慎，撰. 说文解字［M］//（清）段玉裁，注. 说文解字注. 上海：上海古籍出版社，1981：635.

《说文·匸部》："匸，衺徯有所夹藏也。从乚。上有一覆之。"① 甲骨文"医"字当与矢之类尖锐之器有关。叶又新指出，盛矢之器已有"箙"字，故"医"不代表盛矢之器。其据山东大汶口和龙山文化遗址出土的砭石有贮于陶瓠或陶罐中之现象推知，"医字很可能是甲4075 囷之省文，所从之曰也是表示砭刺用的箭针；所从之血很可能表示盛热水温热针砭的容器；所会之意就是医疗。"② 叶又新所指之字为《甲骨文编》4075 的"𣥂"，又写作"𣥂"③。叶又新并认为从"矢"之"效""疾"亦与砭针有关。可见"医"与矢类器或矢形砭针器具有一定关联。"医"与"殳"组成了后来的"殴"字，是晚起字"醫""毉"的重要构件。

2. 殴（金文）——"医" + "殳"

甲骨文中未见"殴"字，陈政言甲骨文作𣥂，与针刺有关④，但未知其字所出。"殴"的金文作𣥂、𣥂、𣥂⑤。现已知"殴"字较早见于西周时《格伯簋》，又见于《石鼓文》《睡虎地秦简》等。《说文·殳部》释"殴"："𣥂，击中声也。从殳医声。"⑥ 《说文·酉部》释"醫"言"从殴从酉"，又训"殴，恶姿也"，"王育说：一曰殴，病声"⑦，段玉裁言病声"与击中声义近"。又《说文·疒部》释"瘚"："剧声也。从疒殴声。"段玉裁注："剧者，病甚也。瘚者，病甚呻吟之声。酉部醫下曰：殴，病声也。殴盖瘚之省。"⑧ 从以上几种训释可见，殴有"击中声""剧声""病甚呻吟声"及"恶姿"之义。这里的击中声等，究为箭矢所击伤，还是针砭行刺之义，难以断明。也许是箭矢伤，但针砭与箭矢亦十分相类，亦有可能为针砭之时病人所作之声。"殴"为形声字，

---

① （汉）许慎，撰. 说文解字［M］//（清）段玉裁，注. 说文解字注. 上海：上海古籍出版社，1981：635.

② 叶又新. 试释东汉画象石上刻画的医针——兼探九针的形成过程［J］. 山东中医学院学报，1981（3）：60－68.

③ 中国社会科学院考古研究所. 甲骨文编：考古学专刊·乙种第十四号［M］. 北京：中华书局，1965：768.

④ 陈政. 字源谈趣 800 个常用汉字之由来［M］. 北京：新世界出版社，2006：364.

⑤ 容庚，编著. 金文编：卷三［M］. 张振林，马国权，摹补. 北京：中华书局，1985：206.

⑥ （汉）许慎，撰. 说文解字［M］//（清）段玉裁，注. 说文解字注. 上海：上海古籍出版社，1981：119.

⑦ （汉）许慎，撰. 说文解字［M］//（清）段玉裁，注. 说文解字注. 上海：上海古籍出版社，1981：750.

⑧ （汉）许慎，撰；（清）段玉裁，注. 说文解字注［M］. 上海：上海古籍出版社，1981：352.

"殳"为形符，"医"为声符，"殹"的字义与"医""殳"都有关。医与矢类尖锐器的关系已明，而"殳"之义更接近锐器之类。

（1）殳：甲骨文——有刃刺兵

"殳"甲骨文作𠂤、𠂤、𠂤、𠂤①，金文作𢎥（引《曹鼎》），《睡虎地秦简》作𢓅，《说文》小篆作𢓉，与甲骨文、金文已有很大不同。李孝定："揆诸契文，字形似为有刃刺兵，与许说不合。而契文从殳诸文，如𠭥𠭠均作'𠂤'，与此相近……金文从殳之字作'𢎥'，或又作'𢎥'，与支同，与契文异。契文殳字似为人名，其义不明。"② 甲骨文卜辞中"殳"为人名。甲骨文中的"殳"，像人手执有柄尖头利器，即李孝定所说的"有刃刺兵"，当有刺、打之意，可见从"殳"之字，多有刺、击、打、杀、椎等义。《古文字诂林》："殳、矛同类，但矛头轻而柄则较长（注略），殳头较重而柄则较短……凡发见之殳，世皆以之为矛矣。"③ "殳"的金文又从"支"，可作𠂤（《摭续190》），𢓉（古陶），《说文》谓"小击也"，故亦有击打、刺之义。

（2）殳：《说文》——"以杖殊人"，有棱无刃

古文献中有关于"殳"的记载，《周礼·夏官》中殳为"五兵"之一，五兵即戈、殳、戟、酋矛、夷矛。《诗经·卫风·伯兮》："伯也执殳，为王前驱。"《毛传》："殳长丈二而无刃。"④ 成于齐人之手的《考工记》，其《庐人篇》最早记述了殳的形制，曰："庐人为庐器……殳长寻有四尺……凡为殳，五分其长，以其一为之被而围之；参分其围，去一以为晋围；五分其晋围，去一以为首围。"东汉郑玄注："被，把中也；围之，圜（圆）之也。大小未闻。"郑司农云："晋，谓矛戟下铜鐏也。"⑤《方言》卷九："三刃枝……其柄自关而西谓之秘，或谓之殳。"钱绎《笺疏》："殳也，矜也，杖也，异名而同实，皆柄之别名也。字亦作'柲'。"⑥《释名·释兵》："殳，殊也，长丈二尺而无刃。"《说文·殳部》篆字形（见前）已不同于甲骨文、金文，曰："以杖殊人

① 李孝定，编述. 甲骨文字集释：卷三［M］. 台北：（台湾）"中央研究院"历史语言研究所，1970：999.
② 李孝定，编述. 甲骨文字集释：卷三［M］. 台北：（台湾）"中央研究院"历史语言研究所，1970：999.
③ 李圃，主编；古文字诂林编纂委员会，编纂. 古文字诂林：第三册［M］. 上海：上海教育出版社，2001：542.
④ 毛传［M］//程俊英，蒋见元. 诗经注析. 北京：中华书局，2008：186.
⑤ 周礼［M］//阮元，校刻. 十三经注疏. 北京：中华书局，1980：926－927.
⑥ （清）钱绎. 方言笺疏［M］. 李发舜，黄建中，点校. 北京：中华书局，1991：303.

也。《周礼》，殳以积竹，八觚，长丈二尺，建于兵车。旅贲以先。"① 从以上《说文》《释名》《方言》《毛传》可见，汉代殳与杖略同，用竹做杆，长一丈二尺，有棱无刃，与戈、矛有锋刃者不同，配备于兵车之上，做仪仗前驱之用。

（3）考古发现：有锋之"殳"与无刃"晋杸"

关于殳的形制古今有不同说解，或谓木杖，或为锤，或谓尖头锤，或谓是后世狼牙棒的前身。考古发现向我们展示了"殳"的真实形制。山东临淄东夏庄战国齐墓出土 8 件殳，A 型锋细长，前端锐利，B 型呈圆筒形，锋粗短②。湖北随县曾侯乙墓出土"殳"实物，有 7 件为尖端有锋，呈三棱矛状，其中 1 件有刺状铜簇围绕殳头，3 件有铭文"曾侯越之用殳"；同时出土 14 件无刃之殳，简文作"晋杸"，与汉人所说形制相近③。可见，殳早期是一种有锋刃、杀伤力较强的锐利兵器，以后逐渐变成无锋刃的仪仗之类。

从以上对"医""殳"的剖析可见，"殹"的含义与箭矢锐形器之间当有着密切的关联，"殹"右部"殳"与"殷"右部"殳"当有同样的含义，或都与针刺有关。又按训诂学中"右文说""右声说"的规律，"殹"作为"醫""翳"的声符，更接近这二字的本义，所以"醫""翳"皆与箭矢之类锐器有关，提示可能与针砭之类有关。

3. 醫、翳——声符为"殹"的后起字

"醫""翳"出现较晚，不见于甲骨文。康殷说："经传解醫是调理浊酒，是晚起的形声字。"④ "醫"见于晚周玺文、《睡虎地秦简》、满城汉墓"醫工"铜盆铭文等。《说文》有"醫"无"翳"。康殷指出玺文之名"与秦国名醫'醫缓''醫和'以术为名的习惯相同，可能也是先秦之物，那么疑这醫字是秦国特有的区域性文字，后来用以统一代替殹字"⑤。

（1）醫——"醫之性然，得酒而使"

《说文·酉部》："醫，治病工也。从殹从酉。殹，恶姿也。醫之性然，得酒而使，故从酉。王育说：一曰殹，病声，酒所以治病也。《周礼》有醫酒。古者巫彭初作醫。""酉"指酒饮之类，"醫"字与酒有关，《说文》"醫之性然，得

① （汉）许慎，撰. 说文解字［M］//（清）段玉裁，注. 说文解字注. 上海：上海古籍出版社，1981：118.
② 山东省文物考古研究所. 临淄齐墓：第一集［M］. 北京：文物出版社，2007：71.
③ 谭维四. 曾侯乙墓［M］. 北京：三联书店，2004：163 - 164.
④ 康殷. 古文字形所反映的商周时期的针·灸·熨（火烙）疗法［J］. 中国针灸，1984（5）：46 - 56.
⑤ 康殷. 古文字形所反映的商周时期的针·灸·熨（火烙）疗法［J］. 中国针灸，1984（5）：46 - 56.

酒而使"，段玉裁注："醫者多爱酒也。"① 医生可能借助酒的作用进行治疗，或者巫医利用酒的兴奋作用行施巫术以治病。《说文》另言"酒所以治病也"，是指酒的药用作用，即利用药酒来治疗，古人认为"酒为百药之长"，说明酒在治疗中的重要作用。何裕民："据此可推测，至晚在西周起，酒已成为巫医治病的主要用品之一。《礼记·射义》所说的酒可以养志，可以养病，则是对酒在当时医疗活动中突出意义的概括。"② 以酒治病，进而用于医疗而出现"醫"，当晚于针砭之术。

（2）毉——医巫同源

"毉"出现在先秦时的文献中，《国语·晋语八》："上毉毉国，其次疾人，固毉官也。"③《管子·权修篇》："上恃龟筮，好用巫毉，则鬼神骤祟（祟）。"④王念孙《广雅疏证》："是醫即巫也，巫与醫皆所以除疾，故'醫'字或从'巫'作'毉'。《管子·权修篇》云：'好用巫毉。'《太元元数篇》云：'为毉，为巫祝。'"⑤ 汉代文献中"毉""醫"互见，《盐铁论·周秦》言："吏不以多断为良，毉不以多刺为工。"《大论》篇："有似穷毉，欲以短针而攻疽。"⑥ 在《轻重》篇"夫拙醫不知脉理之腠，血气之分"句中用"醫"。"毉"代表医起源于巫。

从文字字形的演变及文字出现的早晚而言，作为医的初文——殹，代表了针刺之术，说明在医学发源阶段针刺为主要的外治及医疗手段。以后出现了汤液药酒等内治之法，伴随而来才出现了后起的醫、毉。而无论是醫，还是毉，都与巫脱不开干系。甲骨文"医"与箭矢的密切关系以及醫、毉从"殹"，也说明巫医最早行施的是针刺之术。

五、"扁鹊言医，为方者宗"与"至今天下言脉者，由扁鹊也"——针刺经脉理论与医学发源

中医脉学理论的起源与针灸有着内在关联，也许中医学最初的经脉理论就是在针砭施治的过程中逐渐总结出来的。范行准说："经络学在古医学上占很大

---

① （汉）许慎，撰；（清）段玉裁，注. 说文解字注［M］. 上海：上海古籍出版社，1981：750.

② 何裕民. 走出巫术丛林的中医［M］. 上海：文汇出版社，1994：80.

③ （春秋）左丘明. 国语［M］. 上海：新华书店，1987：170.

④ （春秋）管仲. 管子［M］. 杭州：浙江人民出版社，1987：12.

⑤ （清）王念孙. 广雅疏证［M］. 北京：中华书局，1983：126.

⑥ （汉）桓宽. 盐铁论［M］//诸子集成：第七册. 北京：中华书局，1954：59-60.

的地位的，为古时学医入门的学科。至对于经络学上有贡献的却是针灸家，而非经方家，以两者之重要程度而言，则前者是始终需要他，后者，不过视为一把入门的钥匙，一开进去就不管也。"①

（一）卢医俞跗、少俞——俞穴命名与针灸经脉

俞穴与针灸经脉的关系密切，也许正是在针灸的基础上发现俞穴，而经脉理论的形成与俞穴的关系也至为密切。传说黄帝时有名医俞跗、少俞，《路史·国名纪·己》："卢：俞跗，或作卢跗。今郓之阳谷有故卢城，齐地，久废。后扁鹊居之。"② 据其载则俞跗为卢人即早期为东夷人，少俞传为俞跗之弟，亦为东夷人。俞跗、少俞之名"俞"可能与俞穴有关。

考"俞"，康殷谓初字形作𠊧，"表示用锐器及物剖、削一盘"，或是表示制作盘、修理、改制盘之义，"所以俞字有'空中'、孔、穴等含义"③。《说文》篆字作𦨎，"空中木为舟也"。但康殷认为其为后世讹传。无论何种解释，"俞"都有空中、孔穴之意，俞穴、腧穴之意当从中衍生而来。俞，《玉篇》谓"五脏俞也"④，《集韵》"五脏腧穴"。史传俞跗、少俞精于针灸、经脉，如俞跗擅外科，定经络，《韩诗外传》卷十："俞跗之为医也，榒木为脑，芷草为躯，吹窍定脑，死者复生。"⑤《说苑·辨物》："吾闻中古之为医者曰俞柎，俞柎之为医也，搦脑髓，束肓莫（膜），灼灼九窍而定经络，死人复为生人，故曰俞柎。"⑥《史记·扁鹊仓公列传》："臣闻上古之时，医有俞跗，治病不以汤液醴洒，镵石挢引，案扤毒熨，一拨见病之应，因五脏之输，及割皮解肌，诀脉结筋，搦髓脑，揲荒爪幕，湔浣肠胃，漱涤五脏，练精易形。"⑦ 这里俞跗行医还有巫医巫术的特点。少俞亦精于针灸、经脉之学。《黄帝三部针灸甲乙经序》："黄帝咨访岐伯、伯高、少俞之徒，内考五脏六腑，外综经络血气色候，参之天地，验之人物，本性命，穷神极变，而针道生焉。"⑧《医说》卷一："伯高、少俞，并黄帝时臣。未详其姓，辅佐黄帝，详论脉经，对扬问难经，究尽义理，

①　范行准. 中国经络学之剖视［J］. 中西医药杂志，1935（1）：82－92.
②　罗泌. 路史［M］//四部备要：第44册. 北京：中华书局，1989：377.
③　康殷. 古文字形发微［M］. 北京：北京出版社，1990：198.
④　（南朝梁）顾野王. 大广益会玉篇［M］. 北京：中华书局，1987：87.
⑤　韩诗外传［M］//屈守元，笺疏. 韩诗外传笺疏. 成都：巴蜀书社，1996：838.
⑥　（汉）刘向，撰；卢元骏，注释. 说苑今注今译［M］. 天津：天津古籍出版社，1988：643.
⑦　（汉）司马迁. 史记［M］. 北京：中华书局，1959：2788.
⑧　（晋）皇甫谧. 黄帝三部针灸甲乙经序［M］//山东中医学院，校释. 针灸甲乙经校释. 北京：人民卫生出版社，1979：13.

以为经论，故人至于今赖之。"① 俞跗、少俞的传说及名号说明针刺俞穴与经脉理论之间的前后因缘关系。据传二人乃东夷人，也说明了俞穴、经脉理论的创立与东夷的密切关系。

（二）扁鹊的诊脉之术及对经脉学的贡献

扁鹊不但擅长针刺，还善于诊脉之术，在脉学理论方面有突出贡献。《史记·扁鹊列传》曰："至今天下言脉者，由扁鹊也。"② "尽见五脏症结，特以诊脉为名耳。"③《史记·扁鹊列传》记载扁鹊为赵简子诊疾，凭脉断证，言赵简子"血脉治也"，其实无病。《淮南子·泰族训》："所以贵扁鹊者，非贵其随病而调药，贵其擪息脉血，知病之所从生也。"④《盐铁论·轻重》："扁鹊抚息脉而知疾所由生，阳气盛则损之而调阴，寒气盛则损之而调阳，是以气脉调和，而邪气无所留矣。"⑤《史记》载扁鹊诊治虢太子"尸蹶"，运用了经脉、俞穴理论。其释尸蹶病机："夫以阳入阴中，动胃繵缘，中经维络，别下于三焦、膀胱，是以阳脉下遂，阴脉上争，会气闭而不通，阴上而阳内行，下内鼓而不起，上外绝而不为使，上有绝阳之络，下有破阴之纽，存阴绝阳，色废脉乱，故形静如死状。太子未死也。夫以阳入阴、支兰脏者生，以阴入阳、支兰脏者死。"⑥ 此段运用经脉理论释其病机。"色废脉乱"则是察色诊脉，以断其预后。治疗"使弟子子阳厉针砥石，以取外三阳五会"，即砭刺"三阳五会"之穴。三阳五会，或谓百会，或谓百会、胸会、听会、气会、臑会诸穴⑦，《韩诗外传》卷十作"三阳五输"，指俞穴。《韩诗外传》记治疗中"子明灸阳"，用灸法。《肘后备急方》"救卒死尸蹶方"："尸蹶之病，卒死而脉犹动，听其耳中循循如啸声，而股间暖是也。耳中虽然啸声而脉动者，故当以蹶救之。"⑧ 其治除以管吹耳中、以干捣菖蒲著舌下外，尚"灸鼻人中七壮，又灸阴囊下去下部一寸百壮"，复言"此亦全是魏大夫传中扁鹊法"⑨，可能用的是扁鹊灸法。

① （宋）张杲. 医说 ［M］. 王旭光，张宏，校注. 北京：中国中医药出版社，2009：5.
② （汉）司马迁. 史记 ［M］. 北京：中华书局，1959：2794.
③ （汉）司马迁. 史记 ［M］. 北京：中华书局，1959：2785.
④ （汉）刘安. 淮南子 ［M］. 长沙：岳麓书社，2015：210.
⑤ （汉）桓宽. 盐铁论 ［M］. 上海：上海人民出版社，1974：31.
⑥ （汉）司马迁. 史记 ［M］. 北京：中华书局，1959：2790－2791.
⑦ （汉）司马迁，撰；（唐）张守节，正义. 史记正义 ［M］// （汉）司马迁. 史记. 北京：中华书局，1959：2792.
⑧ （晋）葛洪. 肘后备急方 ［M］. 北京：人民卫生出版社，1982：14.
⑨ （晋）葛洪. 肘后备急方 ［M］. 北京：人民卫生出版社，1982：15.

（三）扁鹊流派——仓公淳于意的脉学理论及《难经》《脉经》

扁鹊实际上代表东夷地区早期的一个医学流派，这个流派擅长针刺脉学。作为齐地杰出医生仓公，当是扁鹊学派的一个重要继承者，《史记·太史公序》："扁鹊言医，为方者宗。守数精明，后世循（修）序，弗能易也，而仓公可谓近之矣。"① 扁鹊流派的经脉理论从仓公淳于意的学术传承及《难经》《脉经》的脉学理论得以体现。

淳于意，山东临淄人，山东微山县两城山出土的东汉永和二年的画像石，一侧人首鸟身题名"山鹊"者为扁鹊，一侧画凤鸟题名"仓生"者，叶又新指出为仓公②。画像石中二者耦对，而《史记》亦将二人同时列传，说明二者属于同一流派。仓公鸟医的形象以及神秘的行医过程，带有巫医与方士的特点。《史记·仓公列传》中，仓公从其师公乘阳庆处受得禁方，其中有黄帝、扁鹊之《脉书》。仓公医案中，常常有"诊其脉""诊切其脉"的记载，同时多引"脉法"云。在答"诊病决死生"的问题时，言"意治病人，必先切其脉"，说明仓公擅以脉法诊病。而仓公授徒过程中则传授了大量经脉针灸方面的内容，如"臣意教以经脉高下及奇络结，当论俞所居，及气当上下出入、邪正逆顺，以宜镵石，定砭灸处""臣意教以上下经脉、五诊"③，皆说明其以脉法擅长，这与"至今天下言脉者，由扁鹊也"的扁鹊脉学有着密切的继承性。《难经》是后世脉学的奠基之作，其作者托名为"秦越人"，现代学者认为《难经》乃是扁鹊学派的代表作。《难经》81 篇，言脉者 24 篇，首次提出了"独取寸口"诊脉法。王叔和《脉经》是现存最早的一部脉学专书，王叔和为山东高平人，其脉学理论与扁鹊脉学亦有一定的继承关系，《脉经》中载"扁鹊阴阳脉法""扁鹊脉法""扁鹊华佗察声色要诀""扁鹊诊诸反逆死脉要诀"篇，反映了扁鹊的脉学思想。

（四）经脉学——早期医学重要理论之一

针刺经脉理论应是早期医学的重要内容。目前已知出土简帛文献涉及经脉学者较多，如马王堆西汉帛书《足臂十一脉灸经》《阴阳十一脉灸经》《脉法》《阴阳脉死候》（后二者亦见于张家山汉简），也许经脉理论的形成成熟更早于医学其他理论。《汉书·艺文志》"方技略"中载，"医经者，原人血脉、经落（络）、骨髓、阴阳、表里，以起百病之本、死生之分，而用度针石汤火所施，

---

① （汉）司马迁. 史记 ［M］. 北京：中华书局，1959：3316.
② 叶又新. 神医画像石刻考 ［J］. 山东中医学院学报，1986（4）：54 – 60.
③ （汉）司马迁. 史记 ［M］. 北京：中华书局，1959：2816 – 2817.

17

调百药齐和之所宜。至齐之得，犹慈（磁）石取铁，以物相使。拙者失理，以愈为剧，以生为死"①。其"原人血脉、经络""用度针石"皆涉针刺、经脉的概念。《礼记·曲礼》曰："医不三世，不服其药。""正义"引"旧说"曰："三世者，一曰《黄帝针灸》，二曰《素女脉诀》，三曰《神农本草》。"② 这三部书中有两部是有关针灸、脉学的。《黄帝内经》是现存最早的中医理论经典著作之一，其《灵枢》部分又被称为"针经"，整部《黄帝内经》篇章中有多达三分之一的内容是论述针法与经脉循行的，提示了医学起源与针灸的关系。《扁鹊内经》《扁鹊外经》虽已亡佚，但这两部书应该以针灸、脉学为主。

　　"扁鹊言医，为方者宗"，也许正是因为扁鹊在针刺、脉学理论方面的突出贡献，而被推尊为方技——医学宗祖，同时反证针刺经脉理论当是医学发源时期的重要内涵。扁鹊师承及行医方式带有明显的巫医特色，而淳于意的师承及行医的神秘性，有着明显的方士特点，当是巫医文化的延续。俞跗、少俞的俞穴命名提示了俞穴与针灸脉学理论的关系。东夷墓葬中龟甲、卜骨与针锥同葬的现象有力证明了东夷巫医文化对针砭之术的重要影响。正是东夷的巫医文化，孕育了医学最早的针刺技术，促进医学早期理论——脉学理论的形成发展，使针刺脉学成为医学发源时期的核心内容。逄振镐"东夷人龟卜、骨卜的发生与发展就是原始医学的发展"③，说明原始医学与东夷巫文化并行的发展历程。

　　〔本节部分内容来自笔者论文：从汉画像石"扁鹊针刺图"谈扁鹊与东夷巫医文化［J］. 中华医史杂志，2016，46（1）：3－8.〕

第二节　古代纹饰画像中的虎与生命主题探析
——兼论虎与葫芦及龙虎文化

　　古代纹饰画像中虎的形象各异，文化表征不尽相同，有早期的图腾崇拜、巫术内涵，同时与生命、生殖、疾病之间有着某些关联。龙虎交纹饰既有阴阳交合、男女媾精房中术的内涵，又喻道家炼丹阴阳相济、水火既济的状态；有着母虎神身份的西王母主司天之厉及五残，暗示了虎主掌人的寿命及生死；人虎互变主题，提示虎凶猛噬人的本性与夺人性命的疾病之间有着某种隐喻关系；

---

① （汉）班固. 汉书［M］. 北京：中华书局，1964：1776.
② （唐）孔颖达，正义. 礼记正义［M］. 北京：北京大学出版社，1999：151.
③ 逄振镐. 山东古国与姓氏［M］. 济南：山东人民出版社，2006：23.

民间风俗中有借虎驱疫禳灾的巫俗及祈子、护子的风俗；虎引、虎顾等是秦汉时期道家的导引体式；虎与葫芦之间有着一定的生命关联。

　　自从虎进入人类的文化视野，虎的形象或写实或写意，频频出现在古代的陶器、青铜器、岩画、帛画以及汉画像石、壁画中。不同时期虎的形象所表征的文化含义不尽相同，涉及图腾、巫术、天象、战争、祭祀等，同时亦包含生殖崇拜及疾病、医学的内涵。其与生命主题相关的不同文化表征，反映了人类文化史中某些观念的变迁，涉及观念史研究的范畴。观念史是研究人类观念随着时间的演变而表现、保持和变迁的历史，观念的变迁同时反映了一种历史文化现象。"我们对往昔的理解，始于面对象征符号系统，终于对其所承载的意义的发现，文化的世界是意义的世界，就其时间而言，文化世界即是历史，也就是意义的历史，在此意义上，一切文化史都是观念与意义的历史。"① 笔者从图腾崇拜、巫术、民俗等角度进行研究，运用人类学或文化人类学的研究方法，从社会文化的角度解释纹饰符号所反映的古人关于生命的原始思维、人们观念意识形态的变迁以及文化现象。

一、虎图腾与生殖崇拜

　　图腾与生殖崇拜属于文化人类学研究范畴，反映了早期先民对于人类起源、生殖繁衍等最原始的认识以及原始崇拜。虎作为兽中之王，早在 200 多万年前就雄踞于亚洲大陆，我国是虎的主要产地。约距今 6500 年的河南濮阳西水坡仰韶文化遗址 M45 墓葬中发现的蚌塑龙虎图，誉称"中华第一虎""中华第一龙"，将虎进入人类文化史的时间上推至六千多年以前。墓葬中虎位于墓主人的左侧，龙位于右，按照早期先民"尚左"习俗，则虎的地位在龙之上。此蚌塑图含有虎图腾之义。甲骨文中的虎写作𧇛，突出虎血盆大口、尖齿利爪的特点。虎斑斓雄健，威镇山冈，吼声如雷，在人类难以与大自然抗衡的远古时代，这凶猛的虎自然成了人类崇拜的对象，《说文》谓"虎，山兽之君"②，人们畏虎、敬虎，这山君、山神的虎不仅是人们最初狩猎的对象，更成为一种图腾崇拜物，进入了人类的文化视野。

　　（一）伏羲与虎祖

　　关于濮阳西水坡 M45 墓主人，学术界争议颇多，或谓颛顼、蚩尤，或谓太

---

① 曹意强. 观念史的历史、意义与方法［J］. 新美术，2006，27（6）：29－48.
② （汉）许慎，撰. 说文解字//（清）段玉裁，注. 说文解字注［M］. 上海：上海古籍出版社，1981：210.

一，目前被更广泛认同的是伏羲①。而伏羲作为人类的始祖神，其代表的虎图腾，将人类的始祖归于虎。伏羲又作"宓戏""虙戏"，虙、戏的"虍"皆与虎相关。在古代文献及汉画像石中，伏羲又是"人首蛇尾"的龙，或是东夷鸟图腾的部族首领。伏羲龙、虎、鸟图腾的变化，反映了不同氏族的融合，从观念史角度反映了随时代变迁人们观念意识的变化与融合。现代学者考证，伏羲是生活在中国西北以游牧生活为主的古羌族，后来随着向中原及东方等地的迁徙，与龙、鸟图腾文化融合。

我国西南许多少数民族崇拜虎，谓为伏羲的后裔，以虎为始祖，如彝族、纳西族、土家族、苗族、白族、畲族、藏族、傈僳族等，这些民族多有女始祖与虎成亲繁衍后代的传说。云南哀牢山附近彝族崇拜黑虎，以虎自称，即"罗罗"，男子称"罗（罗）颇"（公虎），女子称为"罗（罗）摩（嫫）"（母虎）。其山川地名多以虎命名，与《山海经》的记载相吻合。《山海经·海外北经》："北海内……有青兽焉，状如虎，名曰罗罗。"② 明·方以智《通雅》："南诏谓虎为波罗，蛮人呼虎为罗罗。"③ 彝族实行以寅为岁首的"虎历"，彝族史诗《梅葛》记载彝族创世神话，言天地万物皆为虎所化。云南省楚雄双柏县法脿乡小麦地冲彝族居民至今仍有表现虎图腾的"老虎笙"舞，每年腊月初八至十五（老虎节），由8人扮成虎跳舞，包括接虎祖虎神、跳虎舞、虎驱邪、虎送鬼几部分，其中"老虎亲嘴""老虎交尾"（罗麻知别）等表现两性交合及生殖崇拜。此地亦有公虎石、母虎石、虎子石，求孕的妇女常去母虎石处烧香，其公虎石"形状最像虎，有鼻子、有眼睛，虎嘴里有舌头，胯下还有石卵子"④。小麦地冲彝族居民"老虎笙"舞，从文化人类学田野调查的角度，重现了原始先民的图腾崇拜。巴人亦有崇虎部族，为伏羲虎部族的后裔，《山海经·海内经》："西南有巴国。太皞生咸鸟，咸鸟生乘厘，乘厘生后照，后照是始为巴人。"⑤ 巴人的祖先廪君为白虎，《后汉书·南蛮西南夷列传》："廪君死，魂魄世为白虎。巴氏以虎饮人血，遂以人祠焉。"⑥另外，良渚文化玉器上的兽面纹，许多为人虎同体。人们以虎为图腾或始祖神，反映了人类学中原始"互渗

---

① 张彩玲. 濮阳西水坡 M45 墓主研究综述 [J]. 濮阳职业技术学院学报，2013（4）：4-8.

② 袁珂，校注. 山海经校注 [M]. 上海：上海古籍出版社，1980：247.

③ （明）方以智. 通雅 [M]. 北京：中国书店，1990：553.

④ 杨甫旺. 哀牢山腹地神秘的彝族虎舞 [J]. 华夏地理，2014（5）：70-75.

⑤ 袁珂，校注. 山海经校注 [M]. 上海：上海古籍出版社，1980：453.

⑥ （南朝宋）范晔. 后汉书 [M]. 北京：中华书局，1965：2840.

律"的巫术思维，即通过人、虎之间的神秘联系，将虎的某些威力或神性传承给人类。

据闻一多考证，伏羲、女娲皆为葫芦的化身①。若伏羲为虎图腾部落，葫芦与虎则共为人类的始祖。葫芦本身的形态和特点，有多子多孙及瓜蔓绵长寓意，带有生殖崇拜之观念及文化内涵。少数民族人类再生的洪水神话中伏羲、女娲从葫芦中再生，葫芦明显带有创生始祖身份。彝族以黑虎为祖灵，亦以葫芦作为自己的祖先，刘尧汉："中华民族龙虎文化渊源于远古女娲、伏羲的合体——葫芦崇拜，它与仰韶文化时期陶容器渊源于葫芦容器相关联，而且龙虎文化在陶容器上也有反映。"②"南华县哀牢山彝村摩哈苴……李、罗两姓各户均以葫芦作为祖先灵位，每家供奉三个葫芦，每个祖灵葫芦象征一对男女祖先。"③彝族民俗中门上挂虎头葫芦，祭祖大典中在涂红的葫芦底面上画黑虎头，"老虎笙"舞扮演虎首者所持竹竿上挂的葫芦，以及画有虎头的葫芦"吞口"，都是葫芦与虎共为祖灵的表现。在小麦地冲"老虎笙"舞中，扮"虎首"者摇晃葫芦时叫喊卖药，表明老虎、葫芦与医药的密切关系。从观念史的角度，老虎、葫芦有着生殖、始祖、医药不同的观念文化内涵。

（二）虎交与生殖崇拜

古代器形图像中的双虎有男女交合之意，隐含生殖崇拜。如安徽阜南县"龙虎尊"双身虎纹饰、四川广汉三星堆出土的商代早期"龙虎尊"双身虎纹饰、汉画像石中的双头虎等，反映了原始先民对于人类生殖繁衍中两性交合的认识。人们最初由对两性生殖的茫然无知，到逐渐认识到生殖与男女生殖器及男女交合有关，并且认为男女生殖器具有某种神秘力量，于是产生了生殖及性崇拜。新疆呼图壁康家石门子岩画，表现男女性交，画中一大一小的虎，突出雄性生殖器。湖南宁乡出土的商代"虎食人铜卣"（提梁卣），学术界分别有虎食人、虎图腾回归等说法，汪玢玲将此器物定名为"虎乳人卣"，指出"这座雕像却是相契的抱合，有似虎乳人或人虎交的形态。当是虎图腾崇拜的表象"④。洛阳汉墓壁画（彩图1-3），中间环抱伏羲、女娲的虎，有着虎禖虎祖的身份，古代传说中常有虎为媒撮合男女婚嫁之美事。

---

① 闻一多. 神话与诗［M］. 上海：上海人民出版社，2006：48.

② 刘尧汉. 中国文明源头新探——道家与彝族虎宇宙观［M］. 昆明：云南人民出版社，1985：219.

③ 刘尧汉. 中国文明源头新探——道家与彝族虎宇宙观［M］. 昆明：云南人民出版社，1985：225.

④ 汪玢玲. 中国虎文化［M］. 北京：中华书局，2007：51.

（三）龙虎交纹饰画像中阴阴交媾等的多重观念内涵

古代纹饰画像中龙虎常相伴出现，或龙虎相交。龙虎虽作为一种权力威严的象征常被并提，但龙虎图尚有其他含义。除西水坡龙虎蚌塑图外，在古代纹饰、铜镜及画像中多次出现龙虎图案。综合当今诸多学者的观点，龙虎图大概有以下的寓意或观念内涵。

1. 以龙虎象征伏羲、女娲。伏羲代表虎图腾，而女娲有学者认为当是"云从龙"的龙图腾。所以龙虎图像既代表了两个图腾氏族的融合，又代表阴阳交合、人类的生殖繁衍。

2. 象征阴阳交合，男女交媾。虎、龙有阴阳、男女的观念或寓意，或虎为阳，龙为阴，或二者阴阳易位。龙虎交尾、龙虎穿璧等图像表现男女交合的主题比较明显。如王趁意发现的东汉铜镜上的龙虎交媾图（《中国东汉龙虎交媾镜》），图中龙虎相对，在虎（汪玢玲《中国虎文化》考证为龙）的裆部有阳具或睾丸等，下有龟等可能指代生殖器与性。类似的龙虎镜亦较常见（彩图1－4）。新莽时期洛阳墓室壁画龙虎图，龙虎穿璧交尾，有阴阳交合之意。汉画像石中的龙虎图较为常见，河南南阳龙、虎、鱼画像石，虎与龙之间有一鱼，鱼有性与生殖之义，此图中龙虎当有男女交媾之意。顾森："以龙虎之交喻示男女交媾，成为汉代产生的道教的一个基本表达方式。'龙虎交''龙虎戏'也被后人视为男女交媾的房中术的代称。"①

3. 喻指道家炼丹中阴阳水火既济。以龙虎喻阴阳水火，表示炼丹过程中阴阳相交、水火既济的状态。明《性命圭旨》的龙虎交媾图，一女子骑龙，一男童骑虎，龙虎共吐气于鼎中，并有诗云："龙呼于虎，虎吸龙精，两相饮食，俱相贪并。"②"白面郎君骑白虎，青衣女子跨青龙，铅贡鼎边相见后，一时关锁在其中。""男女相须，贪吐以滋，雌雄相错，以类求求。"③诗中一语双关，既有炼丹过程中铅贡之化学反应，又隐指阴阳男女交合。

4. 指虎蹻、龙蹻巫术或导引体式。张光直指出，濮阳的龙、虎、鹿就是《抱朴子》中龙、虎、鹿三蹻，"濮阳的新发现，与濮阳资料与古代道教中龙虎

---

① 顾森. 渴望生命的图式——汉代西王母图像研究之一［C］//郑先兴主编，中国汉画学会，南阳师范学院汉文研究中心编. 中国汉画学会第十届年会论文集. 长沙：湖南人民出版社，2006：3－23.

② （汉）魏伯阳. 周易参同契集释［M］. 北京：中央编译出版社，2015：181.

③ （明）尹真人高弟. 性命圭旨［M］. 北京：中央编译出版社，2013：114.

鹿三蹻的密切联系，使我们了解到古代美术中的人兽关系就是巫蹻关系"①。乘蹻另可以看作一种导引的境界或体式，龙蹻为最高修为，虎蹻次之，鹿蹻最低。汉画像中的仙人骑虎图，也可能表现一种虎蹻的升仙或导引体式，如汉《太山镜铭》所言："驾交龙，乘浮云，白虎引兮直上天，受长命，寿万年。"汉代出土简帛类医书中，有"虎登""虎顾"等导引体式。

5. 指两种天象星宿。西水坡龙虎图，冯时认为是在四神观念形成之前，最初的东西二象及两种星宿②。战国以后伴随着四神、四象观念的定型，最终形成青龙、白虎、朱雀、玄武的四神观念。汉画像石中有青龙、白虎星座。

（四）汉画像石及铜镜中的西王母——西方虎神，主生杀及长寿成仙

西王母的传说较早，《山海经》中多处记载西王母，其形如人，虎齿豹尾，善啸，蓬发戴胜，是母虎神的形象。有学者认为西王母可能是以虎为图腾的古羌族族长，大约生活在青海湖以西的地方，《汉书·地理志》载金城郡临羌，西北至塞外有西王母室③。西王母主"司天之厉及五残"④，掌管生杀大权。汉画像石中的西王母常坐于龙虎座或虎座、龙座之上，虎座昭示了西王母虎神身份，龙虎座显示西王母至高无上的地位。龙虎座又有交合之意。画像石西王母又常坐在象征昆仑山的"山"字形顶部，是仙界的统治者，其旁有玉兔、蟾蜍、九尾狐、三青鸟，有类虎的开明兽及陆吾把守。西王母不但主杀厉，而且掌有长生不老药，其身边的玉兔（图1-5）、蟾蜍不停地捣制仙药。汉代人由于对于不死长生的追求，故对西王母的崇祀达到极致，汉画像石西王母图中的捣药、仙药题材，反映了汉代人对仙药及长生的渴望。另外，西王母图中亦常见伏羲、女娲交尾画面，隐喻了西王母虎媒身份，西王母身边的九尾狐，古人认为是一种瑞兽，象征多子多孙，与作为虎媒的西王母相呼应。浙江省博物馆藏铜镜（彩图1-6），西王母、东王公与龙、虎共处，寓含西王母、东王公各自的龙虎象征及对峙之意。

二、虎与疾病及驱疫禳灾

（一）虎与疾病之间的隐喻关系

古代神话小说中常有人虎互变的类型，其中虎有善有恶，而恶人酷吏变虎

① 张光直. 濮阳三蹻与中国古代美术中的人兽母题［M］//中国青铜时代. 北京：生活·读书·新知三联书店，1999：318-325.

② 冯时. 中国天文考古学［M］. 北京：中国社会科学出版社，2007：377-380.

③ （汉）班固. 汉书［M］. 北京：中华书局，1964：1611.

④ 袁珂，校注. 山海经校注［M］. 上海：上海古籍出版社，1980：50.

图 1－5　山东沂南汉画像石　西王母与玉兔捣药图

则以虎的凶猛比喻人性之恶，最典型的是酷吏"封使君"变恶虎食人的故事（《太平御览》引《述异记》）。虎凶猛异常，常夺人性命，象征杀伐。古代的戈钺上常有虎的纹饰，虎血盆大口正对戈锋，比喻取人性命如猛虎噬人，因此，杀伐夺命之虎与夺人性命的疾病之间就形成了某种隐喻关系，虎在某种意义上成为恶病凶病象征。少数民族有"堂上虎"和"过堂虎"的说法，"过堂虎"带来灾厄与疾病，当驱除之，驱虎实即驱病，虎此时是恶病与疫疠的象征。

　　虎与疾病关联最有代表性的是"虐"及"瘧"字，"瘧"由"疒"与"虐"组成，表示虐疫之类。"虐"原指虎反爪抓人，或虎的血盆大口，进而引申为残虐、暴虐。《说文·虎部》释"虐"："𧈫，残也，从虎爪人，虎足反爪人也。𧈦，古文虐如此。"[1] 王筠《说文句读》："盖从虎口。"可见虐字原指虎的残暴，进而引申为病势急暴，《尚书·金縢》："惟尔元孙某，遘厉虐疾。"孔传："虐，暴也。"[2] 孔颖达正义："虐训为暴，言性命危而疾暴重也。"[3] 虐与

---

① （汉）许慎，撰. 说文解字 [M] // （清）段玉裁，注. 说文解字注. 上海：上海古籍出版社，1981：209.

② 尚书 [M] // （汉）孔安国，传；（唐）孔颖达，正义. 尚书正义. 上海：上海古籍出版社，2007：495.

③ （唐）孔颖达，正义. 尚书正义 [M]. 上海：上海古籍出版社，2007：497.

"疒"相合，则专指病，"瘧"是一种寒热休作、病势急暴凶险的病。《释名·释疾病》："瘧，酷虐也。凡疾或寒或热耳。而此疾先寒后热，两疾似酷虐者也。"①"瘧"字取"虐"，即以虎反爪抓人、攫取人性命之态，生动形象地表现了病势凶险、夺人性命的特点。

古代志怪小说中常有因狂病、热病、恶病等化虎者，喻指疾病恶化或变癫狂。《淮南子·俶真篇》："昔公牛哀转病也，七日化为虎。其兄掩户而入觇之，则虎搏而杀之。"高诱注："转病，易病也。江、淮之间，公牛氏有易病，化为虎。若中国有狂疾者，发作有时也。"②公牛哀是因狂病化为虎。又如"为虎作伥"典故，伥是为虎所食化为鬼，伥有狂意，人发狂而变为虎，隐指因发狂失去人的意识，如狂癫、谵语之病。《说文·人部》释"伥"："伥，狂也。"段玉裁注："狂者，狾犬也。假借为人狂之称。"③朱骏声《说文通训定声·壮部》："伥，俗字作猖。"④又《玉篇·人部》："崩伥，失道貌。"⑤

《太平广记》载有多起人病变虎的事例，虽事涉怪诞，但暗含虎与恶病之间的隐喻关系。晋义熙四年有吴道宗，其母因"宿罪见遣"而变虎（出《齐谐记》）。晋太元元年，江夏郡安陆县师道宣，"忽发狂，变为虎，食人不可纪"（出《齐谐记》）。晋太康中，荥阳郑袭，"忽如狂"变虎（出《异苑》）。郴州佐史"因病而为虎，将啖其嫂"（出《五行志》）。陇西李徵，为官客宦在外，归家途中，"忽被疾发狂，鞭捶仆者……如是旬余，疾益甚，无何，夜狂走，莫知其适"，后化暴虎食人⑥。南阳士人，"寓居南阳山，忽患热疾，旬日不瘳"，夏日梦中见虎形人，"疾似愈"，后化虎⑦。以上皆因病化虎之类，虎代表恶疾、狂病。

（二）虎吃鬼魅与驱疫禳灾巫俗

虎在某种意义上是恶病的象征，反过来，虎的凶猛威武对疾病邪魔又有一定的震慑压制作用，古代有虎吃鬼魅之说，古人常借虎以驱邪禳灾，带有一定的巫术色彩。

---

① （汉）刘熙. 释名［M］//乾隆御览本四库全书荟要 经部：第22册. 长春：吉林人民出版社，1997：621.
② （汉）刘安，等，著；高诱，注. 淮南子［M］//陈志坚，主编. 诸子集成：第四册. 北京：北京燕山出版社，2008：626.
③ （汉）许慎，撰. 说文解字［M］//（清）段玉裁，注. 说文解字注. 上海：上海古籍出版社，1981：378.
④ （清）朱骏声. 说文通训定声［M］. 北京：中华书局，1984：907.
⑤ （南朝梁）顾野王. 大广益会玉篇［M］. 北京：中华书局，1987：13.
⑥ （宋）李昉. 太平广记［M］. 北京：中华书局，1961：3467-3479.
⑦ （宋）李昉. 太平广记［M］. 北京：中华书局，1961：3504-3506.

　　《山海经》中的西王母主司天之厉及五残，同时，也是主疾病灾厄之神，作为母虎之神，自当最有能力压制一切病灾邪鬼。而禳邪压鬼最典型的当数此书记载的神荼、郁垒及虎吃鬼的传说。又《风俗通义·祀典》："虎者，阳物，百兽之长也，能执搏挫锐，噬食鬼魅。"① 古代民俗中神荼、郁垒及虎都是避鬼的门神，《风俗通义》："县官常以腊除夕饰桃人，垂苇茭，画虎于门，以御凶也。"② 河南南阳汉画像石中有虎吃女魃图及虎吃鬼魅图，山东滕州汉画像石亦有虎吃女魃图（图 1-7），另有驱疫升仙图，表现虎食鬼魅驱疫及仙人骑龙虎升仙的主题。汉墓门上画像常有四神镇守，另外，汉画像石中有虎、柏、龙的画面，皆有镇墓驱鬼的含义。马伯英认为，古代纹饰中饕餮纹有一种可能是用以"禁怖鬼神"，特别是致病的疫鬼之类，"这正是巫术中的禁忌法。殷商祭祀用的青铜器饕餮纹亦可吓怖或吞吃一切魑魅魍魉"，以纹饰禁怖鬼神属于禁术类。③ 亦有学者认为饕餮纹是虎纹。

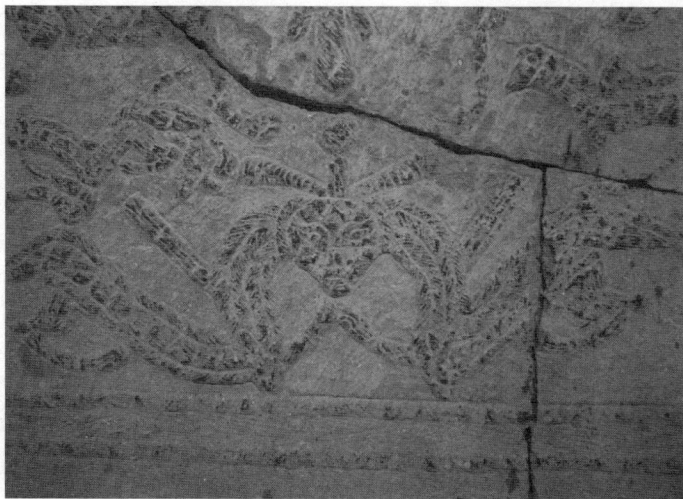

图 1-7　山东滕州汉画像石 虎吃女魃图

　　由于古代的邪鬼致病说，虎吃鬼魅有压制疫病恶病的含义，所以古代民俗常画虎或用艾虎或虎剪纸以避疫。如在门上画虎以避疫，唐·段成式《酉阳杂

---

① （汉）应劭. 风俗通义［M］. 北京：中华书局，1985：200.
② （汉）应劭. 风俗通义［M］. 北京：中华书局，1985：198.
③ 马伯英. 中国医学文化史［M］. 上海：上海人民出版社，1994：156.

俎·续集》卷四：“俗好于门上画虎头，书聻字，谓阴刀鬼名，可息疟病也。”①
最常见是以艾做成虎形，称艾虎，五月端午挂于门户上，既取艾的避疫解毒作
用，又取义于虎的禳压邪鬼之意。梁·宗懔《荆楚岁时记》：“五月五日……采
艾以为人，悬门户上，以禳毒气……《师旷占》曰：岁多病，则病草先生。”
“以艾为虎形，或剪彩为小虎，粘艾叶以戴之。”② 古人亦于端午日以绸缎做成
小虎，悬于女子钗头，系于小儿背上，以避邪护子，《燕京岁时记》：“每至端
阳，闺阁中之巧者，用绫罗制成小虎及粽子、壶卢、樱桃、桑葚之类，以彩线
穿之，悬于钗头，或系于小儿之背。古诗云‘玉燕钗头艾虎轻’，即此意也。”③
五月天气渐热，疫邪毒虫开始活跃，所以民间剪纸中常有虎吃五毒（蟾蜍、蛇、
蜈蚣、蝎子、壁虎）形象以示厌鬼辟毒，带有浓厚的巫术色彩。另外，民间为
孩童做的虎枕、虎头帽、虎头鞋等常有虎吃五毒的图案。前提到彝族小麦地冲
“虎笙舞”最后一个环节，是虎挨家挨户驱鬼，最后将鬼送出村外的魂岭岗，唱
词：“老虎耍一耍，家家门前耍一耍。祸祟鬼怪耍出去……瘿袋脖子耍出去，眨
巴烂眼耍出去，伤风咳嗽耍出去。”④ 可见老虎驱逐的鬼邪很大成分是指病邪。

（三）虎与医药

1. 虎守杏林与药王孙思邈医虎之医林典故

虎有时是正义或侠义象征，成为医家的保护神或坐骑。如“虎守杏林”，言
三国时名医董奉为民义诊，不求诊金，以种杏为酬，久之杏树成林，有群虎守
之。董奉便以杏换谷物以赈济贫困。或患者中有贪利者，虎便惩戒之（葛洪
《神仙传》）⑤。

民间广泛流传药王孙思邈医虎的故事。传说山中一虎因骨鲠喉，孙思邈为
之取出，虎感其恩而成为孙思邈的坐骑。孙思邈在取骨过程中，为防虎咬伤人，
用一圆环（或说为扁担环）撑在虎口处，此物被称作“虎撑”“串铃”，后成为
走方医惯持的标志之物。民间又有孙思邈坐虎针龙的传说。

2. 虎骨等入药

虎骨等曾作为中药入药，但目前由于虎数量的减少及野生动物保护等问题，

---

① （唐）段成式. 西阳杂俎［M］//历代笔记小说大观. 上海：上海古籍出版社，2012：
145.

② （南朝梁）宗懔. 荆楚岁时记［M］. 宋金龙，校注. 太原：山西人民出版社，1987：
47.

③ （清）富察敦崇，著. 燕京岁时记［M］. 北京：北京古籍出版社，1981：66.

④ 唐楚臣. 通灵古韵——双柏彝山原始舞蹈［M］. 昆明：云南民族出版社，2001：45.

⑤ （晋）葛洪，撰. 神仙传［M］. 钱卫，语释. 北京：学苑出版社，1998：253－261.

已禁止入药。虎骨，主除邪恶气，止惊悸，主恶疮鼠瘘。头骨尤良（《名医别录》）。善治筋骨毒风挛急，屈伸不得，走痊疼痛，治温疟，疗伤寒、温气（唐·甄权《药性论》）。膏，主狗啮疮。肉，主恶心欲呕，益气力（《名医别录》）。须，疗齿痛（《本草经集注》）。眼睛主癫。牙主丈夫阴疮及疳瘘。鼻主癫疾、小儿惊痫（唐《新修本草》）。胆主小儿惊痫，肉及皮主疟，骨煮汁浴小儿，去疮疥、鬼疰、惊痫（唐《本草拾遗》）。

由于古人认为虎能食鬼，所以常用虎头做枕或悬虎头、虎爪等以避邪，其实是借虎禳恶的巫术。《本草经集注》云："虎头作枕，辟恶魇；以置户上，辟鬼……骨杂朱画符疗邪……爪以悬小儿臂，辟恶鬼。"① 古人亦用虎皮烧灰治中恶，《风俗通义·祀典》："今人卒得恶病，烧虎皮饮之。"②

3. "虎引""虎顾"等养生治病的导引体式及房中术

前所言濮阳西水坡龙虎蚌塑图，除有巫蹻之义外，亦指道家一种功法，即模仿虎的动作导引行气。《张家山汉简》中导引体式有"虎引""虎匽（偃）""虎雇（顾）以利项尼（胒）"。《三国志·华佗传》载有华佗五禽戏："一曰虎，二曰鹿，三曰熊，四曰猿，五曰鸟。"③ 长沙马王堆帛书《导引图》的导引体式有"虎引""虎匽""虎顾"，《抱朴子·杂应篇》亦有"虎引"。这些体式大多是基于道家养生目的，有的用于治病。亦有属于房中术者，马王堆帛书《合阴阳》房中术"十节"中第一节为"虎游"，《天下至道谈》"十节"作"十势"，第一势为"虎流"，《玄女经》房中术"第一曰龙翻"，"第二曰虎步"，这些房中术的体式皆模仿虎的动作。

4. 中医方剂名白虎汤、虎潜丸的取义

白虎汤出自东汉张仲景的《伤寒论》，其白虎从四神角度言，乃西方金神，主杀伐。白虎汤清热泻火，主治阳明大热证，恰如虎啸山林，秋气肃杀，使热气顿消，与白虎杀伐之意相合。

虎潜丸，又名健步虎潜丸，出自《丹溪心法》。功能滋阴降火，强筋壮骨，主治肝肾阴虚、精血不足所致虚风，病证表现为筋骨痿软、行步乏力、骨蒸劳热等，虎潜即息风之意。清·费伯雄《医方论》："虎潜丸，息肝肾之虚风。风从虎，虎潜则风息也。"④ 虎骨又能强筋健骨，故有"健步"之名。

① （南朝梁）陶弘景，撰；尚志钧，尚元胜，辑校. 本草经集注 辑校本 [M]. 北京：人民卫生出版社，1994：422.

② （汉）应劭. 风俗通义 [M]. 北京：中华书局，1985：200.

③ （晋）陈寿. 三国志 [M]. 北京：中华书局，1964：804.

④ （清）费伯雄，著. 医方论 [M]. 李铁君，点校. 北京：中医古籍出版社，1987：5.

三、古代民俗中的虎

民俗中的虎文化带有原始"互渗律"或"交感巫术"性质，也表达了人们生活中的某些美好祈愿。

（一）傩戏中驱疫避鬼的虎

古代傩戏或角抵戏常模仿动物动作，或为一种体育运动，在更本质的意义上是一种驱鬼避疫的交感巫术行为。《周礼》记载"大傩"时由方相氏率众驱逐疫鬼，方相氏是人装扮成虎或熊的样子，或取虎食鬼魅之意。前面所言彝族"老虎笙"舞，实为表现虎祖崇拜及驱鬼避邪的一种傩舞。河南南阳汉画像石驱疫升仙图（图1-8）可能描绘了一种驱逐疫鬼的傩戏，图中有虎食鬼魅、方相氏（熊）驱鬼及仙人骑龙虎飞升的画面，驱疫与升仙似乎暗示了某种因果关系。

图1-8　河南南阳汉画像石　驱疫升仙图

（二）胎教与祈子风俗中的虎

虎勇猛威武，古人胎教常欲孕妇见虎豹之形，祈望生男如虎一样威武雄健，属于原始"互渗律"的巫术思维。宋·罗愿《尔雅翼》卷十九："古者胎教，欲见虎豹勇击之物。"① 古人常取虎鼻挂于门上，祈望子孙官路畅通，封官带印；一年后作屑与妇人饮之，认为宜生贵子。《太平御览》引《龙鱼河图》："悬文虎鼻门上宜官，子孙带印绶。悬虎鼻门中，周一年，取烧作屑，与妇饮之，二月中便有儿，生贵子。"陶弘景："鼻悬户上，令生男儿。"②

（三）虎枕、虎头帽、虎头鞋、泥塑虎、虎剪纸、虎馍

由于虎勇猛雄健，深受人们敬畏和喜爱，所以日常生活中人们做成各种虎形，以寄寓美好祈愿，如避邪、护儿、求子等。常见有泥塑虎、虎剪纸等，"有的虎腹中又剪小虎，意喻为多生虎子；还有的虎身上剪有隐喻阴阳合体的贯钱

---

① （宋）罗愿，撰. 尔雅翼［M］. 石云孙，点校. 合肥：黄山书社，1991：196.
② （南朝梁）陶弘景，撰；尚志钧，尚元胜，辑校. 本草经集注 辑校本［M］. 北京：人民卫生出版社，1994：422.

纹样等。"① "凤翔挂虎的双眉为阴阳鱼,鼻子为通天生命树。所以挂虎被视为生命保护神和繁衍生育之神。"② 特别是育子风俗中,给小儿做的虎头枕、虎头帽、虎头鞋(彩图1-9)、虎头围嘴,既美观实用,又寓意小儿如虎一样强健勇敢,且祈望虎神护佑。某些地方婚俗中女方要带虎馍等到男方家,带有祈子的意味。

综上可见,古代纹饰画像中虎的形态各异,有着复杂的内涵,从观念史及文化史的角度言,它可以作为一种图腾物、崇拜物,或作为疾病的表征,或者禁术、巫术等,其中蕴含了深厚的生命文化内涵,反映了远古的图腾崇拜、生殖崇拜,人们对生命、疾病的认识及态度,以及祈望健康长寿、多子多孙的美好愿望,对其生命文化现象的探究,补充了文化人类史方面的某些内容。

〔本节部分内容来自笔者论文:古代纹饰画像中虎与生命主题探析——兼论虎与葫芦及龙虎文化〔J〕. 医学与哲学, 2016, 37 (2A): 87-91.〕

第三节　古代纹饰画像中蝉的生命文化内涵

古代蝉纹见于新石器时期的玉器、商周青铜器、汉代画像砖石以及汉魏以后的冠饰中,这些不同时期或写实或变形的蝉纹蕴含了丰富的文化内涵,反映了早期的图腾崇拜以及先人对不死复生的生命期求,其中掺杂了道家神仙羽化思想、佛教生死轮回观念、儒家清高自持的道德准范,六朝以后更成为文人笔下思想情感的寓情宣泄,古代的蝉纹因蝉"不死复生"的特性而被赋予了深刻的生命文化内涵。

古代纹饰画像中蝉纹普遍多见,早在新石器时代就发现有玉蝉,商周青铜器上呈现出繁复多样的蝉纹,甲骨文骨匕刻辞伴有精美的蝉纹,商周至秦汉墓葬中相袭出现了形态不同的琀蝉,在汉代画像石、陶灯中也发现有蝉纹及蝉的造型,蝉纹还出现在秦汉以后的冠饰中,这些不同时期、带有不同艺术风格的蝉纹,向人们诠释了复杂的生命文化内涵,其中包含了儒释道的文化内蕴。

----

① 留洋. 剪纸中的虎文化〔C〕//乔晓光,主编. 关注母亲河 中国非物质文化遗产·民间剪纸国际学术研讨会文集. 太原:山西人民出版社,2005:309-311.
② 高海平. 民间的活化石:对陕西凤翔泥塑虎的识读〔J〕. 文艺评论,2010 (2):93-94.

一、早期的蝉纹与蝉的图腾崇拜

（一）新石器时代的玉蝉及蝉纹

在新石器时期的红山文化、良渚文化及石家河文化遗址内皆发现有玉蝉，如红山文化遗址发现有较多圆雕形玉蝉，有蝉蛹、成虫，亦有蝉蚕合体①、蛙面蝉②。玉蝉多有穿孔，为佩饰，另发现有复合蝉③、三蝉玉璧。红山文化玉蝉中蝉蛹（形拟幼虫）较为多见。玉蝉的出现是因古人对于蝉生命周期的仔细观察，蝉一生经历了蝉卵、若虫（幼虫）、成虫不同阶段。母蝉产的卵孵化后落入土中变为幼虫，靠吸取植物根系营养为生，每年 6 至 9 月蜕一次皮，幼虫在土里蛰居四到五年后，于春季钻出地面，爬到树上吸取树汁，而后蜕壳长出羽翼，变成成虫。红山文化的蝉蛹具有一定的文化象征意义，即象征生命的孕育及再生，冀望人死后于土中复生，如同蝉蛹蛰伏地下重新孕育生命。蝉蚕合体的蛹亦有相同的含义。蝉身上背有一个小蝉可能象征母蝉孕育幼蝉。合体蝉蛙还有母性生殖崇拜意蕴，如良渚文化张陵山 M4 曾出土蝉蛙合体的玉雕；河南安阳大司空村商代妇好墓中出土蝉蛙合体的圆雕玉蝉，正面雕蝉，背面雕蛙。古代蛙纹具有母性生殖崇拜的意象，蛙大腹的形象与孕妇相近，古代的生殖女神像亦突出大腹部位，以此推断蝉蛙合体亦有女性生殖崇拜之意。红山文化玉蝉蛹中还有一个尾部雕成男根的形状④，应当是母系氏族过渡到父系氏族以后男性生殖崇拜的一种象征。

三蝉玉璧是在一块玉璧边缘平均分布三个玉蝉。玉在古代是通灵的神器，璧是礼天之玉瑞，璧上附蝉表明蝉有通天之能。红山文化的玉蝉因蝉特殊生命周期所显现的复育再生"神力"而成为早期图腾崇拜物，同时说明东北地区的红山文化存在蝉图腾及蝉崇拜现象。有学者认为，三蝉玉璧可能代表三个以蝉为图腾的原始部落的联盟，"把这类玉器看作三个或三个以上以蝉为图腾的原始部落结成联盟后的标志物和象征"⑤。在良渚文化遗存中发现有三蝉纹玉佩⑥，亦可能具有蝉图腾及崇拜的文化内涵。圆形的璧及佩有循环往复之意，其上附

①　张雪秋，张东中，编著. 红山文化玉器［M］. 哈尔滨：黑龙江大学出版社，2010：162.

②　杨天佑. 万古奇珍——泛红山文化玉群［M］. 杭州：浙江大学出版社，2006：184 – 185.

③　刘永胜，王长江. 红山古玉文化研究［M］. 北京：宗教文化出版社，2004：68.

④　钱益中，韩连国. 红山古玉［M］. 上海：上海书画出版社，2003：92.

⑤　钱益中，韩连国. 红山古玉［M］. 上海：上海书画出版社，2003：64.

⑥　许洪明. 古玉鉴赏录［M］. 上海：上海三联书店，2013：116.

有蝉纹，亦寓意生命循环不已。

新石器时代出土玉蝉最多的是长江中游的石家河文化遗存。考古发现在湖北石家河罗家柏岭、肖家屋脊、枣林岗、钟祥六合皆有玉蝉，如罗家柏岭发现有玉蝉7件，肖家屋脊共33件。石家河文化玉蝉与红山文化形态差别较大，更近于写实，其形态可分为"三叉尾型（中露身）及双叉尾型两大类型"①，多为长方形片状，正面弧凸，反面光平，头、翅、尾较完整，以有翼成虫多见，有穿孔。石家河文化遗址出土玉蝉数量之多说明此地区存在蝉的图腾与崇拜。薛家岗遗址 M58：8 石钺的二孔部位绘有类似蝉纹的红色图案，M58：3 九孔石刀上的红色图案与石钺类似，"红色蝉纹也是一种信仰，或许是蝉崇拜的一种符号"②。

玉蝉不但以单体蝉纹出现，亦附带出现在其他玉器上，如出现在与天地相通的玉璧及玉琮上。考古发现齐家文化遗存中有蝉纹玉琮；江西新干大洋洲墓葬亦出土商代蝉纹玉琮。张光直认为玉琮代表玉山，是人神之间交通的要道，"玉琮用玉做原料，很可能暗示玉在天地沟通上的特殊作用"③，所以玉琮上的玉蝉应有"协于上下"的作用。玉璧与玉琮皆是古代交通天地的神器，其上的蝉纹则具有通天入地之通灵神能，故璧琮上的蝉纹有一定的动物崇拜或昆虫崇拜之意。

当商周庄严肃穆的青铜器出现以后，其上面的蝉纹更带有一种庄严神秘的色彩，并非一般的装饰意义。

（二）商周时期的蝉纹

1. 青铜器上的蝉纹

蝉纹见于商代晚期及西周青铜礼器如饮食器、乐器、兵器上，比较常见的是青铜鼎，亦见于卣、瓿、鬲、簋、盘、鉴、壶、罍、尊、馓、匕等饮食器上，同时见于矛、大刀、锛等兵器及钟、镈、铜鼓等乐器上。青铜器上的蝉纹多为变形，不同于玉蝉近于写实，一般为大目，身体为三角形，腹部呈节状条纹，多无翅，似蛹，亦有带翅蝉纹。辛爱罡将蝉纹分为有足蝉纹、无足蝉纹及变形蝉纹三种；有足蝉纹又有二足及四足之分。变形蝉纹更近于写意，"一般为尖吻、大目、三角形或蕉叶纹形躯体，大多刻画在蕉叶纹或条带纹中并以云雷纹

① 廖泱修. 试析大甸子玉器与红山及其他文化的关系 [M] //陈启贤. 玉文化论丛2. 北京：文物出版社，2009：86.

② 杨伯达. 中国史前玉文化 [M]. 杭州：浙江文艺出版社，2014：164.

③ 张光直. 谈"琮"及在中国古史上的意义 [M] //中国青铜时代：第二集. 台北：联经出版事业公司，1990：73.

衬地，以横排或纵向排列呈条带式连续出现"①。蝉纹可以作为主纹饰处于器物的重要位置，亦可以与其他动物纹饰组合，特别是与饕餮纹、龙纹、凤鸟纹、虎纹等组合，如妇好墓出土青铜鸮尊的喙面上铸有蝉纹。河南安阳殷墟西区M874蝉纹鼎以蝉纹做主纹饰，颈部饰有夔纹，腹部饰有三角垂叶蝉纹，与IV期殷墟西区M874的祖父辛鼎近似，祖父辛鼎在腹部饰三角形蝉纹。在与其他动物纹饰组合时，比较常见的是饕餮纹，如容庚《商周彝器通考》著录射女鼎，"腹饰饕餮纹，垂以蝉纹"（原书"附图四"）；饕餮蝉纹鼎，"腹饰饕餮纹，垂以蝉纹"（原书"附图一〇"）；饕餮蝉纹鼎，"腹饰饕餮纹一道，垂以蝉纹"（原书"附图一一"）②。甘肃省博物馆藏春秋秦子镈，有横向排列蝉纹（彩图1-10）。

蝉纹与饕餮纹的组合有一定象征意义，这与饕餮纹本身的重要地位及表达意向有密切关系。饕餮纹见于商代及西周早中期，西周后期逐渐消失。"饕餮纹"的称谓始于北宋金石学，如宋代吕大临《考古图》："又癸鼎文作龙虎，中有兽面，盖饕餮之象。"③ 饕餮的文献记载见于《春秋左氏传》及《吕氏春秋》，《春秋左氏传》："缙云氏有不才子，贪于饮食，冒于货贿，天下之民谓之饕餮。"④《吕氏春秋·先识》："周鼎著饕餮，有首无身，食人未咽，害及其身，以言报更也。"⑤ 这两条文献中的饕餮是一种贪吃贪婪形象，周鼎铸饕餮纹有惩凶戒贪之意。关于饕餮究竟是什么以及饕餮纹究竟表达了什么文化内涵，古今争议较大，但大多数学者认为饕餮纹是动物纹饰。部分学者认为饕餮纹是祖神或帝的象征，如孙作云认为是夏代图腾及先祖，"中国铜器既为夏人之发明，其器物花纹饕餮又为其图腾及先祖之表征，则中国此时已有灿然美备之文化"⑥。还有比较多的学者认为饕餮是殷商的祖神或帝。日本学者林巳奈夫将之看作殷商的"帝"或"帝的后裔"，同时认为是一种自然神，"所谓饕餮就是殷代所具有的应该是一族的所祭祀的自然神（等于远祖神）的形象。其次，特定的地方自然神等于氏族的远祖神，在殷代它是受帝之命进行降雨并带来丰穰的神，从地位上来说，在帝之下"。"可以认为以饕餮形象所表现的神在当时被看作帝的

① 汤淑君. 河南商周青铜器蝉纹及相关问题 [J]. 中原文物，2004（6）：34-41.
② 容庚. 商周彝器通考 [M]. 上海：上海人民出版社，2008：229.
③ （宋）吕大临. 考古图 外五种 [M]. 上海：上海书店出版社，2016：7.
④ （春秋）左丘明，撰. 左传 [M]. 蒋冀骋，标点. 长沙：岳麓书社，1988：116.
⑤ （战国）吕不韦；（汉）高诱，注. 吕氏春秋 [M]. 上海：上海古籍出版社，2014：347.
⑥ 孙作云. 饕餮考——中国铜器花纹中图腾遗痕之研究 [M]//孙作云文集 第3卷 中国古代神话传说研究：上册. 开封：河南大学出版社，2003：300.

后裔"①。黄厚明认为饕餮是商人的祖神,饕餮纹是商人的祖神像,"商人以饕餮祖神像作为宗教活动主要祭拜对象"②,商人祭祀祖神,并通过祖神上宾于"天"("宾帝"),祈求上帝护佑。至于东周以后饕餮的丑化,可能与政权的变更有关,"两周及秦,随着政权的变更以及祭祖仪式中心从宗族庙堂向家族墓地的转变,饕餮纹、龙纹和鸟纹在指向意义上也发生转衍:前者逐渐被塑造成'有首无身,食人未咽,害及其身'的恶人或异族首领形象;后者则被统治者合理地加工改造,其中,龙纹逐渐成为统治者最高权力和地位的象征符号"③。姑且不论饕餮到底是什么,但其功能及表征的意义基本上与祭祀、崇拜有关,李学勤的观点非常中肯,"饕餮纹表现什么,一直是有争议的问题,但有一点大家是同意的,就是它含有某种神性,有着崇拜的意义"④。张光直认为青铜器上的动物纹饰是沟通人与祖先及神的中间媒介,"礼乐铜器在当时显然用于祖先崇拜的仪式,而且与死后去参加祖先的行列的人一起埋葬。因此这些铜器上之铸刻着作为人的世界与祖先及神的世界之沟通的媒介的神话性的动物花纹,毋宁说是很不难解的现象"⑤。李泽厚从美学的角度阐释,认为青铜器本身雄健深沉的线条与饕餮纹结合,凸显了一种"无限深渊的原始力量"及超世间的权威神力⑥。可见饕餮纹与古代祭祀、祖先崇拜、鬼神崇拜、天神崇拜有一定关系。

古人铸鼎象物,蝉纹处于器物重要位置,且与饕餮纹、龙纹、凤鸟纹、虎纹这些具有早期图腾及崇拜象征意义的动物纹饰组合出现在青铜器中,营造出一种庄严肃穆且有某种原始力量的神秘氛围,使蝉纹具有与其他纹饰相近的图腾崇拜及神秘力量的表征与寓意。蝉因其生命循环及不死复生的特性出现在青铜器上,成为图腾崇拜对象,或表达了不死复生的神性,或是交通人神的中间媒介。

刘敦愿从昆虫崇拜的角度对蝉纹进行阐释,认为蝉纹"性质介于纹饰与文

---

① 林巳奈夫. 所谓饕餮纹所表现的是什么——根据同时代资料之论证 [M] //樋口隆康,主编;蔡凤书,译. 中国考古学研究论文集. 日本:株式会社东方书店,1990:153 – 154.

② 黄厚明. 图像与思想的互动:饕餮纹内涵的转衍和射日神话的产生 [J]. 学术研究,2007(7):86 – 91.

③ 黄厚明. 图像与思想的互动:饕餮纹内涵的转衍和射日神话的产生 [J]. 学术研究,2007(7):86 – 91.

④ 李学勤. 古玉上的鹰和人首 [M] //李学勤集——追溯·考据·古文明. 哈尔滨:黑龙江教育出版社,1989:72.

⑤ 张光直. 商周青铜器上的动物纹样 [M] //中国青铜时代. 北京:生活·读书·新知三联书店,1983:313.

⑥ 李泽厚. 美的历程:文物考古研究 [M]. 北京:文物出版社,1989:36.

字之间，应是一种含有神圣意味的符号"，古代昆虫中"具有神圣的性质，受到人们崇拜的却只有蝉类一种"。蝉的昆虫崇拜是由于蝉"复活"的象征意义，"蝉之象征'复活'，用作譬喻移于其他方面，可能与农业方面的宗教崇拜或巫术有关。"蝉从蛰居于地下到蜕变为成虫，其独特的生长过程所表征的循环不已的生命周期，如同春、夏、秋、冬四时代序，谷物春生、夏长、秋收、冬藏的生长规律，以及人的生、长、壮、老、已生命过程一样，形成一种循环；古人希望谷物生长、人的生命周期如同蝉循环不已的"复活"周期一样，形成更好的循环，即祈望谷物年年丰穰，人死而复生，"古代宗教崇拜中的'复活'仪式具有一定的普遍性，中国古代也有迹象可寻，'蝉纹'是否具有这方面的含义，也可以考虑"①。

蝉纹出现在饮食器、兵器与乐器上，可能还有其他的含义。"国之大事，在祀与戎"②，蝉纹出现在青铜器上，除了祭祀崇拜之意外，还与器物本身的实用功能有关，如兵器上的蝉纹表达了死亡与复生之间的生死循环。战争意味着死亡，出于对战死的恐惧，在兵器上铸刻蝉纹，象征着对死而复生的期盼，同时亦借助其神力发挥兵器的杀伤威力。如1989年江西新干大洋洲商代墓葬出土有青铜直脊蝉纹大刀、青铜锛，蝉纹大刀双面刀身本部和上侧近背处饰带状蝉纹十一组，首尾相衔，隙间填以细线卷云纹③，青铜锛正背两面銎部均饰有阳刻省体兽面式蝉纹④。1991年彭州市致和镇红瓦村出土战国时期的一组两件青铜矛，在骹部双耳间两面分别铸有浅浮雕变形蝉纹⑤。巴东红庙岭发现的一件青铜矛有"双蝉尾首相衔"的图案⑥，说明巴人亦可能有蝉图腾或崇拜。乐器上的蝉纹可能取蝉声清越之意，如1986年柳州市郊太阳村出土春秋时期变形蝉纹铜甬钟（柳州博物馆）；1954年征集于广西玉林市的铜鼓，鼓面上有并排竖立的蝉纹，同时还有鸟纹、变形羽人纹、龙形纹等⑦，除表达多种图腾崇拜外，可能还寓意鼓声响亮。

商周青铜器中亦出现少量的人形蝉纹，虽极少见，但深具意蕴，如陕西铜

① 刘敦愿. 古代艺术品所见昆虫崇拜——论商周时期"蝉纹"含义 [J]. 考古与文物，1988（2）：24–32.
② （春秋）左丘明，撰. 左传 [M]. 蒋冀骋，标点. 长沙：岳麓书社，1988：116.
③ 吕滨，主编. 青铜王国 [M]. 南昌：江西教育出版社，2004：56.
④ 吕滨，主编. 青铜王国 [M]. 南昌：江西教育出版社，2004：66.
⑤ 四川省文化厅，四川省文化管理局，编著. 天府藏珍 [M]. 成都：四川科技出版社，2009：57.
⑥ 邓辉. 螳螂、蝉图腾与獽人研究 [J]. 三峡论坛，2016（3）：21–25.
⑦ 广西壮族自治区博物馆. 广西铜鼓图录 [M]. 北京：文物出版社，1991：46.

川出土弓形器中出现两个相对的人面蝉纹。人形蝉可能表示人蝉之间的互化，或者是人通过蝉的蜕化达到不死复生的境界。

2. 玉琀

如果说玉蝉是一种佩饰为生者佩带的话，那么作为玉琀的玉蝉则完全是陪葬物而置于死者口中。一般琀蝉没有穿孔，但也发现墓主人口中有穿孔的玉蝉。商周时期已发现有玉琀蝉，如在大司空村商墓 M289、M233 发现有琀蝉，在河南安阳殷墟乙七宗庙祭祀遗址 M20 车马坑的殉人口中也发现琀蝉，在洛阳中州路 M816、洋西张家坡周墓中皆发现有琀蝉。《汉书·杨王孙传》：“口含玉石，欲化不得。”① 古人认为玉为不朽之物，更能通灵，墓葬中陪葬玉可使尸体不腐，口中含蝉是借蝉之蛰居复生的神能，使复归于土中的身体不但不腐，还能在长期的伏埋中重新孕育新的生命，然后如蝉一样从土中复生。商周以后墓葬中琀蝉比较多见，到了汉代琀蝉形态越来越精美，琀蝉也成为汉代葬玉的主要形式之一。

3. 先秦文献中对于蝉的描述

早期的蝉纹隐喻了深刻的象征意义，而先秦时期关于蝉的文献更明确地向人们表达了蝉的文化内涵。先秦时期关于蝉的文献逐渐增多，反映了人们对于蝉的生活习性及生命周期的观察细致入微，并由此赋予蝉越来越多的文化色彩及内涵，从中或可窥见蝉纹除崇拜图腾以外的其他文化表征。

《诗经》多个篇章涉及蝉，《诗经·大雅·荡》“如蜩如螗，如沸如羹”，朱熹评注：“蜩、螗，皆蝉也。如蝉鸣，如沸羹，皆乱人意。”② 蜩、螗皆蝉之名。诗以聒噪的蝉鸣、沸腾的羹汤形容时政的混乱。“如蜩如螗”实是古人对蝉鸣声的描述，“蜩螗以写号呼”③。古人观察到蝉在五月鸣叫，《诗经·七月·豳风》：“四月秀葽，五月鸣蜩。”④《诗经·小雅·小弁》：“菀彼柳斯，鸣蜩嘒嘒。”⑤ 五月当夏之半，蝉于此时蜕壳变为成虫，高鸣于柳。炎热的夏季伴随着蝉鸣阵阵，不免使人心烦意乱，故《诗》以“如蜩如螗”暗喻一种烦乱混乱的状态。古人对蝉鸣的描述缘于对物候的详尽观察，《夏小正》：“五月……良蜩鸣……唐蜩鸣；七月……寒蝉鸣。”⑥《吕氏春秋·纪部·仲夏》：“鹿角解，蝉始鸣，半

① （汉）班固. 汉书 [M]. 北京：中华书局，1964：2908.
② （宋）朱熹，注解. 诗经 [M]. 张帆，锋焘，整理. 西安：三秦出版社，1996：303.
③ （南朝梁）刘勰. 文心雕龙 [M]. 开封：河南大学出版社，2008：268.
④ 诗经 [M]. 程俊英，译注. 上海：上海古籍出版社，1985：267.
⑤ 诗经 [M]. 程俊英，译注. 上海：上海古籍出版社，1985：389.
⑥ （汉）戴德. 大戴礼记 [M]. 济南：山东友谊出版社，1991：48–50.

夏生，木堇荣。"①（亦见于《礼记·月令》）秋天白露霜降，天气变凉，伴随着凄凉的秋风，蝉的生命亦将走到尽头，故以"寒蝉鸣"昭示物候的变化。《吕氏春秋·纪部·孟秋》："凉风至，白露降，寒蝉鸣。"② 屈原"秋风兮萧萧，舒芳兮振条，微霜兮眇眇，病夭兮鸣蜩"③，描述一种秋风萧条、寒蝉凄鸣的悲戚情境，而这种以物寓情的悲秋思绪在后世特别是汉魏以后更被文人发挥得淋漓尽致。

以上这些多是通过对蝉鸣声的描述来表达某种文化内涵。古人所说的蝉一般是蚱蝉。《尔雅》中蝉的名称有数种，如"蜩，蜋蜩"，郭璞注："《夏小正》传曰：蜋蜩者，五彩具。""螗蜩"，郭璞注："《夏小正》传曰：螗蜩者螾。俗呼为胡蝉，江南谓之螗蛦，音夷。""蝒，马蜩"，郭璞注："蜩中最大者为马蝉。"④ 蝉的不同名称与各地方言有关，扬雄《方言》卷十一："蝉，楚谓之蜩（音调），宋卫之间谓之螗蜩，陈郑之间谓之蜋蜩（音良），秦晋之间谓之蝉，海岱之间谓之𧑏（齐人呼为巨𧑏，音技）。"⑤ 陆玑《毛诗草木鸟兽虫鱼疏》："鸣蜩，蝉也。宋卫谓之蜩，陈郑云蜋，海岱之间谓之蝉。蝉，通语也。螗，蝉之大而黑色者。"⑥《本草纲目》"释名"认为蝉取"变化相禅"之意，"蚱音窄，蝉声也。蜩，其音调也。""集解"指出蝉为"诸蜩总名也"，"皆自蛴螬、腹蜟变而为蝉（亦有转丸化成者），皆三十日而死。俱方首广额，两翼六足，以胁而鸣，吸风饮露，溺而不粪。夏月始鸣，大而色黑者，蚱蝉也。"⑦

蝉中能鸣叫的是雄蝉，《说文》："蝉，以旁鸣者，从虫单声。"段注："《考工记·梓人》文。郑云：旁鸣，蜩蜺属。正义云：蝉鸣在胁。"⑧ 雄蝉腹部第一节、第二节有鸣器，故曰蝉鸣在胁。《周礼·考工记·梓人》"以旁鸣者"，郑

① （战国）吕不韦；（汉）高诱，注. 吕氏春秋［M］. 上海：上海古籍出版社，2014：90.
② （战国）吕不韦；（汉）高诱，注. 吕氏春秋［M］. 上海：上海古籍出版社，2014：132.
③ （战国）屈原. 楚辞［M］. 上海：上海古籍出版社，2015：360.
④ （晋）郭璞，注. 尔雅［M］. 上海：上海古籍出版社，2015：161.
⑤ （清）钱绎，撰集. 方言笺疏［M］. 李发舜，黄建中，点校. 北京：中华书局，1991：377.
⑥ （吴）陆玑. 毛诗草木鸟兽虫鱼疏［M］//陶宗仪，等，编. 说郛三种：3-8. 上海：上海古籍出版社，1988：181.
⑦ （明）李时珍. 本草纲目［M］. 太原：山西科学技术出版社，2014：1038.
⑧ （汉）许慎，撰；（清）段玉裁，注. 说文解字注［M］. 上海：上海古籍出版社，1981：668.

玄注："旁鸣，蜩蜋属。"唐·贾公彦疏："此即蝉也，蝉鸣在胁。"① 《玉篇》："蚱者，蝉声也。"②

《荀子·大略》："饮而不食者，蝉也；不饮不食者，蜉蝣也。"③ 人们看到蝉在树上吸取树汁，因此得出结论蝉"饮而不食"，进而引申出蝉饮食清洁的寓意，青铜饮食器中的蝉纹可能有这样的寓意。由饮食清洁进一步引申出清虚高洁的情操，在儒家思想的影响下成为汉魏以后文人高士追求的道德准则。

二、战国至秦汉时期的蝉纹与不死复生、蜕变升仙思想

（一）尸解·蜕化成仙——方仙道羽化成仙思想

从新石器时期红山文化、石家河文化的玉蝉到商周青铜器中的蝉纹，都向世人传达了蝉不死复生的神性。战国至秦汉以后神仙思想的兴起，蝉不死复生蜕变的神性更渲染了一种蜕化成仙的神仙色彩，成为方仙道直至东汉道教羽化升仙思想的理论依托之一。

《庄子·逍遥游》形容藐姑射仙山的神人不食五谷、吸风饮露，恰与古人认知中蝉的生活习性相吻合，"藐姑射之山，有神人居焉……不食五谷，吸风饮露"④。古人眼中的神仙大多是吸风饮露、不食人间烟火的。《史记·封禅书》提到战国燕齐一带兴起的方仙道，虽假托邹衍五德终始之说而实为推演"形解销化"的鬼神之道，"自齐威、宣之时，邹子之徒论著终始五德之运，及秦帝而齐人奏之，故始皇采用之。而宋毋忌、正伯侨、充尚、羡门高，最后皆燕人，为方仙道，形解销化，依于鬼神之事"⑤。"形解销化"又称"尸解"或"尸解仙"，即人死后尸体不腐朽，如鸟一样羽化，如蝉一样蜕变，形体发生变化，生出羽翼而飞升成仙。《淮南子·精神训》："若此人者，抱素守精，蝉蜕蛇解，游于太清，轻举独往，忽然入冥。"⑥ 其所描述的是羽化蜕变游于太清之境的仙人形象。《后汉书·仲长统传》："飞鸟遗迹，蝉蜕亡壳。腾蛇弃鳞，神龙丧角。至人能变，达士拔俗。"⑦ "至人"是指道家养生境界很高的人，道家常以"真人""至人"形容得道之人。《论衡》亦论及"尸解"的含义，但反对成仙之说，

① （汉）郑玄，注. 周礼注疏 3 [M]. 济南：山东画报出版社，2004：1171.
② （南朝梁）顾野王. 大广益会玉篇 [M]. 北京：中华书局，1987：118.
③ 荀子 [M]. 上海：上海古籍出版社，2014：349.
④ 庄子 [M]. 方勇，译注. 北京：中华书局，2010：8.
⑤ （汉）司马迁. 史记 [M]. 北京：中华书局，1959：1368 – 1369.
⑥ （汉）刘安. 淮南子 [M]. 长沙：岳麓书社，2015：59.
⑦ （南朝宋）范晔. 后汉书 [M]. 北京：中华书局，1965：1645.

"蛴螬化为复育，复育转为蝉"（《后汉书》引《论衡》），"夫蝉之去复育，龟之解甲，蛇之脱皮，鹿之堕角，壳皮之物解壳皮，持骨肉去，可谓尸解矣"①。可见"尸解"成仙的思想到了汉代已成为一种比较普遍的神仙思想，更被东汉以后的道教所推崇。

（二）秦皇汉武对不死升仙思想的推波助澜

战国以后的神仙思想对秦皇汉武影响颇深，除了人们熟知的秦始皇四处求神仙事迹外，汉武帝对神仙长生的追求亦轰轰烈烈，他们对神仙羽化思想的泛滥起了推波助澜的作用。从汉魏诗赋中亦可见蝉蜕成仙的思潮，如东汉班固《终南山赋》"彭祖宅以蝉蜕，安期绾以延年"，张衡《思玄赋》"欻神化而蝉蜕兮，朋精粹而为徒"，皆有蝉蜕升仙的思想背景。东汉边韶《老子铭》言老子得道后可以蝉蜕度世，世代转生为帝王之师。

> 厥初生民，遗体相续，其死生之义可知也。或有"谷神不死是谓玄牝"之言。由是世之好道者，触类而长之。以老子离合于混沌之气，与三光为终始，观天作谶［缺］降什［斗字］星随日九变；与时消息，规矩三光；四灵在旁，存想丹田，大一紫房；道成身化，蝉蜕渡世；自羲、农以来［缺］，为圣者作师。②

这里的老子有双重含义，老子"道成身化，蝉蜕渡世"，虽非明显的成仙之意，但有精神不死及再生转世之意；同时老子亦指"道"，"蝉蜕渡世"指大道循环，历世不休。

（三）汉代厚葬之风下的神仙不死思想

1. 汉代葬玉制度

秦汉瓦当的蝉纹，尤其是汉代的琀蝉、汉画像砖石中的蝉纹以及东汉陶灯上的蝉塑，皆向人们表达了不死复生以至蝉蜕成仙的意象。琀蝉是汉代墓葬中比较普遍的葬玉现象之一，汉代人"死生同域"之视死如生的生命态度及对神仙不死的虚妄追求，伴随着武帝之后国势的强盛、厚葬之风的奢靡，使葬玉及琀蝉成为汉代墓葬文化中的一种重要现象。汉代有比较严格的丧葬制度，根据等级的不同有金缕玉衣、银缕玉衣、铜缕玉衣丧制。古人认为"金玉在九窍，则死人为之不朽"③，故墓葬时九窍置玉以防尸体腐朽，而从新石器时期沿袭下

---

① （汉）王充. 论衡［M］. 陈蒲清，点校. 长沙：岳麓书社，2006：95.

② （汉）边韶. 老子铭［M］//（清）严可均，辑. 全后汉文：下. 北京：商务印书馆，1999：633.

③ （晋）葛洪，撰；王明，校释. 抱朴子内篇校释［M］. 北京：中华书局，1980：45.

来的琀蝉葬俗到此时达到高潮，琀蝉形制也形成了汉代简约大气的"汉八刀"独特的艺术风格（彩图 1 - 11）。

2. 汉画像砖石

汉代画像砖石中也出现了蝉纹及与蝉相关的主题。1982 年江苏邱县燕子埠东汉彭城相缪宇墓中出土了一块儿童捕蝉画像石①，是对古人粘蝉的生动描绘。古人根据蝉的生活习性捕捉未蜕化的蝉及成虫，《庄子·达生》载"佝偻承蜩"故事：

仲尼适楚，出于林中，见佝偻者承蜩，犹掇之也。仲尼曰：子巧乎！有道也？曰：我有道也。五六月累丸二而不坠，则失之锱铢；累三而不坠，则失之者十一；累五而不坠，犹掇之也。②

汉画像砖中出现整齐排列的连续蝉纹，不但是一种装饰图案，而且借蝉复生蜕变的特性暗寓墓主人能死而复生。画像砖中的蝉纹为变形蝉纹，多为三角形，其形状与商周青铜器中的变形蝉纹有一定相似之处，但周边没有云雷纹，也可能是沿袭了青铜器蝉纹而有所简化。如河南荥阳出土彩绘画像砖，为横长方形空心大砖，边框饰蝉形纹，中间饰柿蒂纹图案（彩图 1 - 12）。

画像砖中蝉纹与画像砖石中常见的三角形常青树非常相像，有的学者将常青树纹当作蝉纹。二者还是有一定区别的，如蝉纹突出双目；常青树显现根部；二者相像可能不是偶然的外形相近，而是有着相同的长生含义而有意将纹饰绘制得如此相近。

3. 汉代陶灯

汉代连枝灯上发现有带翼的蝉塑，如河南洛阳汉墓出土"彩绘陶制百花灯"（彩图 1 - 13），由灯座、灯盘、灯盏、灯柱组合成一种山的造型。这种造型既适合灯的实用功能，又具有某种象征意义——由动物、仙人、龙凤巧妙组成的上中下三层山形构造拟同昆仑仙山。整个灯座由下向上的结构如下。

第一部分灯座：位于整盏灯最底层，形态亦拟似仙山，山上堆塑有人及各种珍禽异兽，如虎、蟾蜍，还有树木。灯座上有十只翼蝉：山坡上爬伏三只蝉，三棵树上分别吸附三只蝉，在灯座上部接近灯盘处对称爬附四只蝉。

第二部分灯盘：位于整盏灯的中间部分，上插有四个曲枝灯盏、四条飞升的龙，曲枝及龙身上有羽人飞升上天，每支曲枝的背面附有蝉及柿蒂。

---

① 郑岩，秦建薄. 捕蝉画像辨识 [J]. 民俗研究，1992（1）：83 - 85.

② 庄子 [M]. 方勇，译注. 北京：中华书局，2010：299.

第三部分灯盏：灯座顶端有一支形状较大的朱雀或凤凰形灯盏，是燃灯之处，以朱雀或凤凰象征天门。

第四部分灯柱：灯柱贯穿整盏灯的上中下三层，象征高耸入云的山柱。灯柱上附有两个圆圈，圆圈上插有曲枝灯盏，上圈四支灯盏上有飞升羽人及蝉、柿蒂，与前面灯盘上飞升羽人的形态相近。

整盏灯表现的是昆仑仙山及羽人飞升的意境，其中的蝉既是仙人骑升的冯翼，又暗示墓主人蜕化升仙；灯柱上盘旋上腾的龙表示升天之意；灯座顶端的朱雀或凤凰形灯盏象征天门。此陶灯表达的意象与画像石中的升仙图有相近的意境，汉画像石上常有表示天界的宫阙，并有朱雀或凤凰立于天门，汉代“天门”鎏金铜牌饰线图亦有相类似的形象表达。

灯盏上饰有蝉可能还取意于蝉喜向明火的习性，如《荀子·致士》：“今人主有能明其德者，则天下归之，若蝉之归明火也。”① 人们利用蝉喜向明火的特性以火光诱捕蝉，《吕氏春秋·开春论》：“今夫爚蝉者，务在乎明其火，振其树而已。火不明，虽振其树，何益?”②

三、魏晋以后儒释道背景下蝉意向的多重含义

（一）魏晋玄学与清虚高洁的文人隐士风度

由于蝉出秽泥而不污、长于蜕变及吸风饮露的生活习性，古人将其人格化，认为蝉有五德，并赋予蝉淡泊寡欲、清虚识变的道家心性以及高节清华的儒家情操，同时，随着魏晋玄学清虚隐逸之风的兴起，更将其隐喻为魏晋隐士清虚避世的处世风格。晋·郭璞《蝉赞》言蝉之清洁：“虫之清洁，可贵惟蝉，潜蜕弃秽，饮露恒鲜”③。晋·陆云《寒蝉赋并序》论蝉有五德，即文、清、廉、俭、信，可为君子的道德操守。

夫头上有緌，则其文也；含气饮露，则其清也；黍稷不享，则其廉也；处不巢居，则其俭也；应候守节，则其信也；加以冠冕，取其容也。君子则其操，可以事君，可以立身，岂非至德之虫哉!④

① 荀子［M］. 上海：上海古籍出版社，2014：165.

② （战国）吕不韦；（汉）高诱，注. 吕氏春秋［M］. 上海：上海古籍出版社，2014：516.

③ （晋）郭璞. 蝉赞［M］//郭郛，注证. 尔雅注证：下. 北京：商务印书馆，2013：560.

④ （晋）陆云. 寒蝉赋并序［M］//韩格平，等，校注. 全魏晋赋校注. 长春：吉林文史出版社，2008：332.

蝉虽清高避世，但是志向高远，"跨天路于万里，岂苍蝇之寻常？"① 蝉又隐喻道家的恬淡虚无，"实澹泊而寡欲兮，独怡乐而长吟"②。傅玄《蝉赋》有较多的道家内涵，曰：

美兹蝉之纯洁兮，禀阴阳之微灵。含精粹之贞气兮，体自然之妙形。潜玄昭于后土兮，虽在秽而逾馨。经青春而未育兮，当隆夏而化生。忽神蜕而灵变兮，奋轻翼之浮征。翳密叶之重荫兮，噪闲树之肃清。绿长枝而仰观兮，吸渥露之朝零。泊无为而自得兮，聆商风而和鸣。声嘒嘒以清和兮，遥自托乎兰林，嗟群吟以近唱兮，似箫管之余音。清击畅于遐迩兮，时感君之丹心。③

古人还认为蝉伏于太阴，长于盛夏，故能和于阴阳，体道自然，"含二仪之和气，禀乾元之清灵"④，"惟夫蝉之清素兮，潜厥类乎太阴。在盛阳之仲夏兮，始游豫乎芳林"⑤。

魏晋以后的咏蝉诗赋染及人文情怀的色彩越来越浓重，其中含蕴了儒道及玄学思想与处世哲学，其实金蝉脱壳也是一种隐逸之术，正如玄学所宣扬的隐逸洒脱的遁世态度。刘彦佐对所见到的一种蓝田玉蝉人的文化含义进行阐释，以《庄子·齐物论》中庄周梦蝴蝶为喻，说明蝉人的艺术形象是魏晋文人物我两忘、物我相容的精神世界，由此推断蓝田玉蝉人是魏晋产物，"'庄周之梦蝴蝶也，不知周之梦为蝴蝶欤，蝴蝶之梦为庄周欤？周与蝴蝶，则必有分矣！此之谓（物化）。'那么，'蝉人'这种艺术形态，不正是魏晋南北朝时期文人士大夫期冀于精神达到物我两忘、物我相容的一种产物吗？由是观之，笔者认为，这件蓝田玉'蝉人'作为魏晋南北朝时期的产物的可能性较大"⑥。笔者认为若能确定玉蝉人是魏晋之物，则此时的玉蝉人其实更贴近蝉化成仙的"蝉蜕"形象。魏晋时期由于道教不死成仙思想的影响，加之文人所追求的隐逸之风，蝉

① （晋）陆云. 寒蝉赋并序 ［M］//韩格平，等，校注. 全魏晋赋校注. 长春：吉林文史出版社，2008：332.
② （魏）曹植. 蝉赋 ［M］//王巍，校注. 曹植集校注. 石家庄：河北教育出版社，2013：166.
③ （晋）傅玄. 蝉赋 ［M］//赵光勇，王建域，著. 傅子傅玄集辑注. 西安：陕西师范大学出版总社有限公司，2014：303.
④ （晋）陆云. 寒蝉赋并序 ［M］//韩格平，等，校注. 全魏晋赋校注. 长春：吉林文史出版社，2008：331.
⑤ （魏）曹植. 蝉赋 ［M］//王巍，校注. 曹植集校注. 石家庄：河北教育出版社，2013：166.
⑥ 刘彦佐. 蓝田玉蝉人佩考 ［J］. 文物世界，2011（2）：35 - 37.

蜕遁世、羽化成仙也成了士人一种自我隐匿的精神超脱，"蝉蜕尘埃外，蝶梦水云乡"，正是这种精神世界的写照。

唐宋以后的诗词中这种托物寓怀的隐喻更为多见。士子常借蝉自喻，或抒发其高洁情操，或借寒蝉以自悲境遇，初唐虞世南《咏蝉》以清高自喻："垂緌饮清露，流响出疏桐。居高声自远，非是藉秋风。"① 骆宾王的《在狱咏蝉》以蝉声自哀："西陆蝉声唱，南冠客思深。那堪玄鬓影，来对白头吟。露重霜难进，风多响易沉。无人信高洁，谁为表予心？"②

（二）貂蝉、冠蝉的高贵清虚象征及轮回之意

1. 貂蝉——高贵清虚的象征

貂蝉是在胡服的基础上改造而成。赵武灵王胡服骑射时，在武将冠帽的左右插上貂尾，饰以黄金，后因赵惠文王继位而名为"惠文冠"。秦以后国君以此类冠赐近臣，《后汉书·舆服志》中"汉胡广曰：赵武灵王效胡服，以金珰饰首，前插貂尾，为贵职。秦灭赵，以其君冠赐近臣。"③ 汉代在冠帽中央饰以金珰，珰前附以金蝉，名貂蝉，唐·李贤注《后汉书·朱穆传》："珰以金为之，当冠前，附以金蝉也。"④ 皇帝常以其赐近臣，汉·蔡邕《独断》："大尉以下冠惠文，侍中加貂蝉。"⑤ 汉制一般侍中金蝉左貂，中常侍金蝉右貂，《汉官仪》："侍中左蝉右貂，金取坚刚，百陶不耗。蝉居高食洁，目在腋下。貂内劲悍而外温润。"⑥ 近臣冠蝉，是以蝉居高枝之清虚高洁，寓意权臣应当居高位而清廉自持。崔豹《古今注》："貂蝉，胡服也。貂者，取其有文采而不炳焕，外柔易而内刚劲也。蝉，取其清虚识变也。在位者有文而不自耀，有武而不示人，清虚自牧，识时而动也。"⑦ 同时貂蝉亦是一种宠贵权宦的象征，《后汉书·朱穆传》："案汉故事，中常侍参选士人，建武以后，乃悉用宦者。自延平以来，浸益贵盛，假貂珰之饰，处常伯之任，天朝政事，一更其手，权倾海内，宠贵无

① （唐）虞世南. 咏蝉［M］//黄勇，主编. 唐诗宋词全集：第 1 册. 北京：北京燕山出版社，2007：129.
② （唐）骆宾王. 在狱咏蝉［M］//黄勇，主编. 唐诗宋词全集：第 1 册. 北京：北京燕山出版社，2007：237.
③ （南朝宋）范晔. 后汉书［M］. 北京：中华书局，1965：3668.
④ （南朝宋）范晔. 后汉书［M］. 北京：中华书局，1965：1472.
⑤ （汉）蔡邕. 独断［M］//（南朝梁）萧统. 文选. 上海：上海古籍出版社，1986：995.
⑥ （汉）应劭. 汉官仪［M］//（南朝宋）范晔. 后汉书. 北京：中华书局，1965：367.
⑦ （晋）崔豹. 古今注·中华古今注·苏氏演义［M］. 北京：商务印书馆，1956：7.

极。"① 貂蝉是清洁高廉或皇帝宠用权贵的象征。因冠蝉有高官之意，故"辞蝉"则有辞官之意，北魏孝文帝《与太子论彭城王诏》中有"辞蝉舍冕"之语："吾百年之后，其听飈辞蝉舍冕，遂其冲挹之性。"② 魏晋时期由于玄学隐逸之风的兴起，貂蝉更彰显文人隐士居高清虚之风骨，但也成了世俗显耀自夸的标榜，以至于出现"狗尾续貂"奴卒厮役皆冠貂蝉的笑话，《晋书·赵王伦传》："郡县二千石令长赦日在职者，皆封侯……至于奴卒厮役亦加爵位。每朝会，貂蝉盈坐，时人为之谚曰：貂不足，狗尾续。"③ 北周以后皇帝的通天冠上附以金蝉，《周书·宣帝纪》载："（宣帝）不欲令人同己，尝自带绶及冠通天冠，加金附蝉，顾见侍臣武弁上有金蝉……并令去之。"④ 《通典·礼志》载："秦制通天冠，其状遗失。汉因秦名……隋因之，加金博山，附蝉十二，首施珠翠，黑介帻，玉簪导，朔日、元会、各朝会、诸祭还则服之。"⑤（彩图 1 – 14）

2. 佛像蝉冠——轮回转世的意向

自佛教传入中国，蝉冠被注入了新的内涵，如发现在菩萨的冠饰中附有金蝉（彩图 1 – 15），以蝉之高洁清虚寓意菩萨的高洁神圣，而蝉的复生蜕变也与佛教生死轮回的生死观相互契合。此时道教神仙羽化思想掺入了佛教生死轮回的观念信仰，使蝉之不死复生、蜕变升仙的思想内涵同时蒙上了道、佛双重色彩，小小的蝉却是意蕴深远。

（三）道教蝉蜕成仙思想与修仙方术

随着东汉以后道教的兴起，道教成仙思想愈加泛滥，魏晋以后诗赋中蝉蜕成仙的题材乃频见笔端，如嵇康《游仙诗》："采药钟山隅，服食改姿容；蝉蜕弃秽累，结友家板桐。"⑥ 晋·左思《吴都赋》："桂父练形而易色，赤须蝉蜕而附丽。"桂父、赤须皆传说中的仙人，注引《列仙传》云："赤须，仙人，食柏叶，齿落复生，如蝉之蜕身。"⑦ 蝉吸风饮露，不食人间五谷，与道家辟谷绝食的修行颇相近，赤须食柏叶，实即道家辟谷绝食的修炼方法。宋代道教著作《云笈七签》载"脱空王老服气法"，实即导引练气辟谷之法，而"脱空"之名取蝉蜕成仙之意，"此卷口诀，并是杨府脱空王老所传授。其脱空王老，时人莫

① （南朝宋）范晔. 后汉书［M］. 北京：中华书局，1965：1472.
② （北齐）魏收. 魏书［M］. 长春：吉林人民出版社，1995：355.
③ （唐）房玄龄. 晋书：卷三七—卷八一［M］. 长春：吉林人民出版社，1995：945.
④ （唐）令狐德棻，等，著. 周书：上［M］. 北京：中华书局，1971：77.
⑤ （唐）杜佑. 通典：上［M］. 北京：中华书局，1984：504.
⑥ （晋）嵇康. 嵇康集［M］. 济南：山东画报出版社，2004：114.
⑦ （南朝梁）萧统. 新校订六家注文选：第 1 册［M］. 郑州：郑州大学出版社，2013：300.

知年岁，但见隐见自若；或示死于此，即生于彼，屡于人间蝉蜕转脱，故时人谓之'脱空王老'也……为当学人初兼食服，以此屡言食物。且食气秘妙，切资断食，使谷气并绝。但能精修此法，知腾陟仙道不远耳"①。

《晋书·孙恩传》言孙恩叔父孙泰信奉五斗米教，擅"秘术"，以此"诳诱百姓，愚者敬之如神"。后孙泰作乱被诛，道教徒不信其死，谓之蝉蜕登仙，并拥戴逃亡海上的孙恩造反，"众闻泰死，惑之，皆谓蝉蜕登仙"②。吴成国对道教著作"《云笈七签》所载 13 处'蝉蜕'事例进行考察，发现道教徒及普通民众是深信'蝉蜕'的存在的""汉魏六朝赋中的蝉意象大体与道教的这种发展同步，蝉意象的长生梦也正好与道教信仰的长生之梦相一致"③。

四、蝉与饮食

古人捕蝉多与饮食有关，《礼记·内则》"爵鷃蜩范"，郑玄注曰："蜩……皆人君燕食所加庶羞也。"④ 蝉是人君宴席上众多美味之一。曹植《蝉赋》"委厥体于庖夫，归炎炭而就燔"⑤，假蝉被庖夫炙燔喻示自己遭受煎熬陷害、身命受困的窘境。《本草经集注》言蝉"昔人噉之"。《齐民要术·菹绿第七十九》"蝉脯菹法"记述蝉的烹制有炙、蒸及煮，"蝉脯菹法：捶之，火炙令熟。细擘，下酢。又云：蒸之。细切香菜置上。又云：下沸汤中，即出，擘，如上香菜蓼法。"⑥ 可见，蝉一直以来是人们餐桌上的美味。陕西历史博物馆藏东汉陶烤炉（彩图 1-16），炉上并排 2 个烤架各置放 4 只蝉，说明汉代人有炙烤蝉的食用方法。

五、蝉与医药

蝉及蝉蜕可入药，以蝉蜕入药最多。古人以蚱蝉入药，蚱蝉即蝉中色黑体大能鸣者，亦名黑蚱，为昆虫纲（INSECTA）、同翅目（HOMOPTERA）、蝉科

① （宋）张君房，纂辑. 云笈七签 [M]. 蒋力生，等，校注. 北京：华夏出版社，1996：353.
② （唐）房玄龄. 晋书：卷八二—卷一三〇 [M]. 长春：吉林人民出版社，1995：1592.
③ 吴成国. 蝉意象中长生梦的文化探寻 [J]. 武汉大学学报（人文科学版），2009（5）：534-539.
④ （汉）郑玄，注. 礼记 [M] // （唐）孔颖达. 礼记正义：中. 上海：上海古籍出版社，2008：1133.
⑤ 王巍，校注. 曹植集校注 [M]. 石家庄：河北教育出版社，2013：167.
⑥ （北魏）贾思勰，著；缪启愉，缪桂龙，注. 齐民要术译注 [M]. 上海：上海古籍出版社，2006：617.

（Cicadidae）的大型昆虫蚱蝉（*Cryptotympana pustulata* Fabricius），即古人所谓蜩、蟧蜩、马蜩、蚱、螗蜩，俗称"知了"，写作"蜘蟟"，蝉为通称。寇宗奭谓蚱蝉"夏月身与声皆大者是"①。《神农本草经·中品》"蚱蝉"条载："味咸寒。治小儿惊痫、夜啼、癫病、寒热。生杨柳上。"②《名医别录》："主惊悸、妇人乳难胞衣不出，又堕胎。"③《名医别录》载"五月采"，可见古人于五月捕蝉，与《诗经》中的"五月鸣蜩"时间相合。蝉除治小儿惊痫夜啼及妇人产难胞衣不出外，还可治目翳障目、风疹瘙痒、音哑等。蝉伏于土中，得寒水之气，气寒味咸，又禀凉风清露之气，得金气之清冷；金能平木，水能克火，故能主治肝经风热、风痰火动之惊痫夜啼癫热之证，陈修园："蚱蝉气寒禀水气，味咸得水味，而要其感凉风清露之气以生，得金气最全。其主小儿惊痫者，金能平木也。蚱蝉日出有声，日入无声，故止夜啼也。癫病寒热者，肝胆之风火也，蚱蝉具金水之气，金能制风，水能制火，所以主之。"④《本草经疏》"蝉壳"条："蝉禀水土之余气，化而成形，其气鸣，又得风露之清气，故能入肝祛风散热。"蝉清虚善脱，法其象则能催产助下，治妇人产难，胞衣不下，及能堕胎，"其主妇人生子不下者，取其蜕脱之义"；其声清越，能治音哑；蝉蜕轻虚外达，以皮壳治皮肤之病，能透疹外出，故能治疮疹不起，"其体轻浮，能发疮疹"⑤；蜕者脱也，亦能退目翳障，清热明目，《本草汇言》曰："缪仲淳先生曰：蚱蝉禀水土之精，风露之气，其鸣清响，能发音声；其体轻浮，能出疮疹；其味咸寒，能解风热；其性善脱，能脱翳障及女子胎胞不下也"。蝉及蝉蜕所主之病"皆属风火风痰为眚者，必假此清空轻达之剂，以解而散之、发之、出之也。《别录》方：又治妇人生子不下，或胎下而胞衣不落，藉此清虚善脱之物，而治胎产血秽未离之疾，盖以已脱而治未脱之义也"⑥蝉之功效皆取蝉善脱之性，《本草纲目》引"王好古曰：蝉蜕去翳膜，取其蜕义也。蝉性蜕而退翳，蛇性窜

①　（宋）寇宗奭，撰. 本草衍义［M］. 颜正华，等，点校. 北京：人民卫生出版社，1990：119.

②　（三国魏）吴普，述. 神农本草经［M］. 南宁：广西科学技术出版社，2016：105.

③　（南朝梁）陶弘景，集. 名医别录［M］. 尚志钧，整理. 北京：人民卫生出版社，1986：188.

④　（清）陈修园. 神农本草经读［M］. 福州：福建科学技术出版社，2007：90.

⑤　（明）缪希雍，撰. 神农本草经疏［M］. 夏魁周，赵瑗，校注. 北京：中国中医药出版社，1997：258.

⑥　（明）倪朱谟，撰. 本草汇言［M］. 郑金生，甄雪燕，杨梅香，校点. 北京：中医古籍出版社，2005：634.

而祛风，因其性而为用也"①。

　　另有蝉花亦可入药，寇宗奭："西川有蝉花，乃是蝉在壳中不出而化为花，自顶中出。"② 李时珍谓"蝉花，即冠蝉也"。为未蜕化的蝉蛹在土中被菌寄生，夏天真菌的子囊座从幼虫头部长出，顶端似花开之状，故名蝉花，为虫草属真菌。《本草纲目》引"宋祁方物赞云：蝉之不蜕者，至秋则花"。功同蝉蜕，治"小儿天吊，惊痫瘈疭，夜啼心悸"③。

　　综上所述，古代纹饰画像中的蝉纹有多种不同的艺术风格，包含了多层复杂的内涵，皆与蝉特殊的生命周期、生活习性及其象征的不死复生意义有密切关系。新石器时期及商周时期的蝉纹反映了远古的图腾与崇拜，其中包含了生殖崇拜；蝉以其吸风饮露、饮食清洁的意象，出现在较多的饮食器中；蝉声清越，鸣响于青铜乐器之上。随着战国秦汉时期神仙羽化思想的兴起，不死而蝉蜕升仙成了蝉纹的重要文化表达。蝉纹也是人们思想情感的重要寄寓隐托，或清高自廉，或隐逸避世，或悲叹或恬淡，儒家修身治国的道德准范、道家恬淡虚无的处世哲学以及释家虚无轮回的观念信仰，在蝉纹上皆有不同形式的表现。蝉因气清善脱的特点，善于治疗皮疹、目翳、难产及小儿高热等病；自古以来蝉也是人们口中的美味。总之，蝉以其清越的声响、蜕变的生命，通过繁复的纹饰向人们阐释了其所蕴含的丰富生命文化内涵。

第四节　古代画像及壁画中兔的医药文化涵蕴

　　古代画像及壁画中兔的形态各异，或直立，或飞奔；或身生双羽，常侍立于西王母、东王公身边，或高居月宫，与美丽的嫦娥相伴。较多见的是捣药、持药图。这些图像有深层的文化内涵，新石器时期的玉兔，代表了早期的兔图腾；诸多的捣药、炼丹图，反映了秦汉时人对求取仙药、长寿升仙的渴望；月宫中的兔子，与兔子繁殖多产的生殖特点及女性生殖崇拜有一定的关联；兔儿爷在带给人们喜乐祥瑞的同时，也为人们的生活增添了无比的情趣；美味可口的兔肉，满足了人们的口腹之欲；而兔子的某些药用，也被蒙上了一层神秘的

① （明）李时珍. 本草纲目［M］. 太原：山西科学技术出版社，2014：1039.

② （宋）寇宗奭，撰. 本草衍义［M］. 颜正华，等，点校. 北京：人民卫生出版社，1990：120.

③ （明）李时珍. 本草纲目［M］. 太原：山西科学技术出版社，2014：1039.

文化色彩。

古代画像及壁画中的兔子形态各异，出现于不同的场合，特别是汉代画像石中兔的形象较多见。不同于日常所见的兔子，这些兔子或直立或飞奔，或身生双羽，常伴随在西王母及其他仙人身旁，或高居月宫，与美丽的嫦娥相伴，更多见的是玉兔捣药图。这些图像给我们什么提示？这要从兔子漫长的文化史谈起。

兔子出现的历史可谓久远，就我国而言，早在距今60~20万年的北京周口店人遗址中就发现有兔骨化石，说明兔子很早就成为人类的食物。考古发现新石器时期及商周时期玉器、铜器上有兔的造型，说明兔子不但作为一种食物，在人类文化的早期更作为一种图腾或某种文化象征，步入人类漫长的文化史视野。殷商时的甲骨文中有独体字"兔"的不同象形写法，如🐇、🐇、🐇、🐇等，这些字多突出兔子长耳、短颈、后腿长、蹲踞、短尾上翘的形象。《说文·兔部》："兔，兽也。象兔踞，后其尾形。段注：其字象兔之蹲，后露其尾之形也。"① 兔子胆小、机警，最大的特点是善于奔跑，而人类与兔子的追逐，在《诗经》中则描述得活灵活现，《诗经·王风·兔爰》"有兔爰爰，雉离于罗"②，形容兔子逍遥奔跑于田野；《诗经·周南·兔罝》"肃肃兔罝，椓之丁丁"③，则形容人们张网猎兔的场景。山东临沂汉画像石仙人骑羊图下，一对矫捷机敏的兔子正在奔跑（彩图1-17）；河南南阳王庄汉画像石狩猎图，猎人们张弓执戟，正在射猎一鹿一兔，可怜的兔子战战兢兢地趴伏在山间。陕西绥德汉画像石中狩猎图，猎手们纵马飞射，山中百兽惊逃四散，麇奔兔跃（彩图1-18）。

由于兔子很早进入人们的生活及视野，因此亦较早地出现在古代的器物或画像中，反映了早期的兔图腾及某些文化现象。

一、兔图腾与祭祀品

目前，关于兔形器物的考古发现，较早的是红山文化多种兔形玉器，如黎兆元收藏的"兔形玉钺""玉兔首人身图腾"（鸮兔合体玉器）、"玉兔鸟蝉合

---

① （汉）许慎，撰;（清）段玉裁，注. 说文解字注［M］. 上海：上海古籍出版社，1981：472.
② 诗经［M］. 程俊英，译注. 上海：上海古籍出版社，1985：129.
③ 诗经［M］. 程俊英，译注. 上海：上海古籍出版社，1985：13.

体""兔图腾乘龙玉"等，他认为这些玉器带有某些图腾意义①。另外，比较有名的是商王武丁妻子妇好墓中出土的玉兔，山西曲沃出土的西周晋侯青铜兔尊（彩图1-19）等，另外，尚出土较多的周代玉兔。兔子体形较小，以草为食，性格温顺，不具备攫食攻击能力，因此主要作为人类及动物界猎食的对象，先人以之为图腾者较少，我国少数民族的众多动物图腾中，偶见兔图腾者。民俗中有蛇盘兔、鹰踏兔的说法，可能带有一定的图腾性质，或表示不同图腾氏族之间的联姻。汉画像石中有较多的鹰踏兔图像（图1-20）。

图1-20 山东临沂白庄汉画像石鹰踏兔

兔子在古代祭礼中作为"五牲"之一，成为朝廷宗庙祭祀的祭品，被称为"明视"。《礼记·曲礼下》"凡祭宗庙之礼……兔曰明视"，孔颖达"疏"："兔肥则目开而视明也。"②《文选·东都赋》"于是荐三牺，效五牲，礼神祇，怀百灵"，唐·李善注："《左氏传》：郑子大叔曰：为五牲三牺。杜预曰：五牲：麕、鹿、麋、狼、兔。三牺，祭天、地、宗庙三者之牺也。"③

兔醢即兔肉做的肉酱是周代祭祀时重要的祭品，《周礼·天官冢宰·醢人》记："醢人掌四豆之实……加豆之实：芹菹、兔醢、深蒲……凡祭祀，共荐羞之

---

① 黎兆元. 中国古玉与图腾崇拜文化［M］. 汕头：汕头大学出版社，2010：166.

② （唐）孔颖达，疏. 礼记［M］//十三经注疏·六·礼记正义. 北京：北京大学出版社，1999：158.

③ （汉）班固. 东都赋［M］//李善，注. 文选. 长沙：岳麓书社，2002：27.

豆实。"①《金史》《元史》记郊祀、祭祀宗庙社稷时用兔醢。

二、兔为卯——开生命之天门

兔为十二生肖之一，与十二地支中的"卯"对应。中国目前最早的生肖记载见于甘肃放马滩及睡虎地秦简《日书》，以十二支日配十二属相，以属相占卜某一支所属之日"亡盗"的相貌，如睡虎地秦简《日书》曰"子，鼠也，盗者兑口希须……卯，兔也，盗者大面头额"②云云，后来逐渐发展为十二生肖与年相配，东汉·王充《论衡·物势篇》曰："卯，兔也。"③

卯，若按一日言，则当5点至7点凌晨破晓之时，此时旭日东升，万物苏醒，人事活动于此时开始，古代常于此时"点卯"。卯若按年月言，则正当夏历二月，春阳渐盛，万物萌茂，所以"卯"是生机萌动之义，《说文·卯部》言："卯，冒也。二月，万物冒地而出，象开门之形，故二月为天门。凡卯之属皆从卯。"卯即茂也，万物繁茂，冒土而出，段玉裁注："《律书》曰：卯之为言茂也，言万物茂也。《律历志》：冒茆于卯。《天文训》曰：卯则茂茂然。《释名》：卯，冒也，载冒土而出也。盖阳气至是始出也。"④"卯"代表春天勃勃的生机，乃开生命之"天门"，"卯为春门，万物已出"，则与卯相配之兔亦有生机勃发、生命开启之象征意义。属兔的祖先名明视，曾佐禹治东方，养万物，封于卯地，有卯主生养之隐喻，韩愈《毛颖传》曰："毛颖者，中山人也。其先明视，佐禹治东方土，养万物有功，因封于卯地，死为十二神。"⑤

兔为卯，有生命萌茂之意，虽有附会之嫌，但兔子本身较强的繁殖力，则与卯之春生萌茂象征之意有着较近的文化内联。

三、兔与生殖、月亮的关系

古代画像及壁画中兔子出现较多的地方是月亮，说明在古人心目中，兔子与高悬九霄的明月有着密切的关联。长沙马王堆一号汉墓出土的代表天界、人间及冥间的"T"形帛画（图1-21），帛画上端一侧为月亮，嫦娥正翩翩飞向

① 周礼 [M] //十三经注疏. 北京：中华书局，1980：674.
② 日书 [M] //陈伟，主编；彭浩，刘乐贤，撰著. 秦简牍合集2 释文注释修订本. 武汉：武汉大学出版社，2016：446.
③ （汉）王充. 论衡 [M]. 陈蒲清，点校. 长沙：岳麓书社，2006：42.
④ （汉）许慎，撰；（清）段玉裁，注. 说文解字注 [M]. 上海：上海古籍出版社，1981：745.
⑤ 韩愈. 毛颖传 [M] //钱伯城. 韩愈文集导读. 成都：巴蜀书社，1993：167.

月宫，月中有玉兔与蟾蜍。《艺文类聚》引西汉刘向《五经通义》言"月中有兔与蟾蜍"①。玉兔什么时候到月亮上去的？战国屈原《楚辞·天问》曰："夜光何德，死则又育？厥利惟何，而顾菟在腹？"夜光是指月光。"顾菟"指的什么古来纷纭莫一，或谓兔子，或谓蟾蜍，或谓虎。东汉王逸《楚辞·章句》："言月中有菟，何所贪利，居月之腹而顾望乎？菟，一作兔。"宋·洪兴祖"补注"："菟与兔同。《灵宪》曰：月者，阴精之宗，积而成兽，象兔，阴之类，其数偶。《苏鹗演义》云：兔十二属，配卯位，处望日，月最圆，而出于卯上。卯，兔也。其形入于月中，遂有是形。"② 清·毛奇龄《天问补注》谓"顾兔，

图 1-21　长沙马王堆一号汉墓帛画局部

月中兔名"。近人闻一多先生在《天问释天》中指出"顾菟"为蟾蜍之异名，"考月中阴影，古者传说不一。《天问》而外，先秦之说，无足征焉。其在两汉，则言蟾蜍考莫早于《淮南》，两言蟾蜍与兔者莫早于刘向，单言兔者莫早于诸纬书。由上观之，传说之起，谅以蟾蜍为最先，蟾与兔又次之，兔又次之"③。其说基本为现代学者接受。兔子与月亮的关系虽不及蟾蜍早，但汉代以后兔子则越来越多地代替蟾蜍，甚而成为月亮的代名词。

　　兔子为什么与月亮有关？这与兔子的某些生理特点以及古人的认识有关。

---

① （汉）刘向. 五经通义［M］//（唐）欧阳询，撰. 艺文类聚. 北京：中华书局，1965：7.

② （战国）屈原，著；（汉）王逸，注；（宋）洪兴祖，补注. 楚辞章句补注［M］//中国古代诗词珍本. 长春：吉林人民出版社，1999：87.

③ 闻一多. 闻一多全集·楚辞编·乐府诗：5［M］. 武汉：湖北人民出版社，2004：513.

《艺文类聚》卷九十五引张衡《灵宪》："月者，阴精之宗，积而成兽，象兔、蛤"①，又引王充《论衡》："兔，月气也"②。古人认为月亮属阴，代表女性，月亮崇拜与古代女性生殖崇拜密切相关。兔子生殖能力在哺乳动物中较强，一般孕期是29～30天，正合月亮周期，兔子生产后能很快交配再孕育下一代，又兔子生产多在晚上，恰与月亮、女性属阴特点相合；兔子缺唇与月的圆缺相合，唐·柳宗元《天对》"玄阴多缺，爰感厥兔，不形之形，惟神是类"，杨万里："月之阴也，以缺为体也。以阴感阴，兔者阴之类也；以缺感缺，兔者缺之形也。"③因此从形态和表征的角度来说，兔子与蟾蜍所代表的意义一致，都与月亮形成某种同律相感的关系。古人以兔子为"明视"，寓意明月之精，宋·陆佃《埤雅·释兽》："兔，吐也，旧说兔者明月之精，视月而孕，故《楚辞》曰'顾兔在腹'。言顾兔居月之腹，而天下之兔望焉，于是感气。《礼》曰：'兔曰明视。'其以此欤？"④《尔雅翼》："兔，视月而有子，其目尤瞭，故牲号谓之明视。"⑤

由于兔子有较强的生殖能力，故后世与生殖有关的字多与兔子有关。《尔雅·释兽》："兔子，嬎。"⑥兔生子曰娩，又称娩，俗名"兔崽子"，《说文·兔部》："娩，兔子也。娩，疾也。"⑦娩又有快疾之义，可能是指兔子奔跑迅捷。《说文·女部》有"嬎"字，与"娩"近同，指生子多或泛指蕃息，曰"嬎，生子齐均也。从女兔生。读若幡"。段注："谓生子多而如一也。玄应书曰：今中国谓蕃息为嬎息。音万切。周成《难字》云：嬎，息也。按依列篆次弟求之，则此篆为兔身，当云从女兔生。"⑧

"娩（娩）"与"嬎（娩）"本不同，前指兔子新生者，后泛指生育、分娩，段玉裁注《说文》"娩"时曰："《释兽》曰兔子娩，本或作嬎。按'女部'曰

---

① （汉）张衡. 灵宪［M］//（唐）欧阳询，撰. 艺文类聚. 北京：中华书局，1965：1650.

② （汉）王充. 论衡［M］//（唐）欧阳询，撰. 艺文类聚. 北京：中华书局，1965：1650.

③ （宋）杨万里，撰. 天问天对解［M］//丛书集成续编. 台北：新文丰出版公司，1988：691.

④ （宋）陆佃. 埤雅［M］//王敏红，校注. 杭州：杭州大学出版社，2008：19.

⑤ （宋）罗愿，撰. 尔雅翼［M］. 石云孙，点校. 合肥：黄山书社，1991：221.

⑥ 尔雅［M］//十三经注疏·尔雅注疏. 北京：北京大学出版社，1999：322.

⑦ （汉）许慎，撰；说文解字［M］//（清）段玉裁，注. 说文解字注. 上海：上海古籍出版社，1981：472.

⑧ （汉）许慎，撰；（清）段玉裁，注. 说文解字注［M］. 上海：上海古籍出版社，1981：614.

娩，生子齐均也。此云娩，兔子也，则二字义别矣。"① 但后人逐渐将二字混用，也许是忽略"兔"笔画中的一点，也许是二者在意义上有相关之处，皆与生殖、蕃息有关。梁·顾野王《玉篇·女部》："娩，孚万切，产娩也。《说文》云兔子也。"② 《汉语大字典》（2001年版）未收"娩"，只收"娩"，指出"娩"有两个音读，一为"fàn"，有三个义项：①"生子多而素质均匀"；②蕃殖；③禽类生蛋。这些皆与《说文》中的"娩"义相吻。二读"fù"，指"兔崽"，并引《尔雅·释兽》"兔子，娩"，将《尔雅》中"娩"写作"娩"③。现代人引文中亦多将《尔雅·释兽》的"娩"直接写作了"娩"。

《汉语大词典》（1988年版）："娩，同'娩'。《广韵·去原》：娩……或作'娩'。""娩：蕃息。"④

但古人对兔子生殖的某些认识是错误的，古人认为，雌兔舐雄兔的毛就能怀孕，兔子只有八窍，不同于通常的九窍，"兔，吐也"，生子从口中吐出，王充《论衡·奇怪篇》："兔吮毫而怀子，及其生，从口而出。"⑤ 古人还认为月亮中的兔子是雄兔，天下雌兔只要

图1-22　山东新泰汉画像石玉兔、双鱼图

"望月"则能孕，故兔子又有"望月"别名，中药"望月砂""玩月砂"即为兔子屎，这些说法皆为误解。宋代《尔雅翼》："盖月唯望一日满，余时常缺。兔

---

① （汉）许慎，撰；（清）段玉裁，注．说文解字注［M］．上海：上海古籍出版社，1981：472.

② （南朝梁）顾野王．大广益会玉篇［M］．北京：中华书局，1987：18.

③ 汉语大字典编辑委员会，编纂．汉语大字典［M］．武汉：湖北辞书出版社；成都：四川辞书出版社，2001：1082.

④ 罗竹风，主编；汉语大词典编辑委员会，汉语大词典编纂处，编纂．汉语大词典［M］．上海：汉语大词典出版社，1988：2311，2321.

⑤ （汉）王充．论衡［M］．陈蒲清，点校．长沙：岳麓书社，2006：43.

口亦缺，以类相致。故说者以为天下之兔皆雌，惟顾兔为雄，故皆望之以禀气。"① 李时珍《本草纲目》："或谓兔无雄，中秋望月中顾兔以孕者，不经之说也。"② 山东新泰汉画像石人身蛇尾图的下方正中有一蹲伏的兔子，图中的蛇身、双鱼（图1-22），可能与男女交合有关，兔子在这里暗含交合生殖之意。

四、玉兔捣药与长寿成仙

《艺文类聚》卷一引傅咸《拟天问》："月中何有？白兔捣药，兴福降祉。"③ 汉画像石月宫的兔子多做捣药之状，但捣药的玉兔并不全部出现在月宫中，常伴随在西王母、东王公或仙人身边。玉兔捣药图与古人渴求仙药以长寿升仙的愿望有关。

战国秦汉之际，活跃于燕齐一带的"方仙道"（《史记·武帝本纪》），打着"形解销化"、不死升仙的旗号，蛊惑帝王游心于长生之术，齐威王、齐宣王、燕昭王乃至秦皇汉武，皆痴迷于对长生不死的追求，多次大规模地派人到海外觅求仙人仙药，始皇时方士便尝试炼制丹药，汉武帝时更盛，宫中聚集了大量的方士如少翁、奕大之徒，为其炼丹；同时对西王母的崇祀以及汉际已流行的"嫦娥奔月"传说（《淮南子》），使人们相信西王母手中确实有仙药，因此画像石西王母图中，凤凰衔丹及仙人持药、捣药场景颇为常见，这里面最忙碌的就属兔子。王母图中玉兔多捣药或炼丹，或手持灵芝，东王公图中亦常有兔子捣药。但兔子为什么又到月亮上捣药呢？可能与嫦娥奔月的传说有关。嫦娥偷食了仙药，就将仙药也带到月亮上去了，由于玉兔与月亮的特殊关系，这捣药的兔子于是又到月亮中忙碌去了。《乐府诗集》"采取神药若木端，白兔长跪捣药虾蟆丸"④，白兔日夜捣制仙药。唐·牟融"月里昔曾分兔药，人间今喜得椿年"⑤，椿为长寿之树，分得玉兔捣制的仙药，人们就可以长寿乃至成仙。

玉兔捣药图不但是秦汉时人渴望升仙的一种心理写照，同时也生动再现了秦汉方士炼制外丹的场景。如山东滕州西王母图，王母左边玉兔在捣药，右边玉兔在丹鼎中炼丹，从中可以想见汉代方士们热火朝天的炼丹情景（图1-23）。

---

① （宋）罗愿，撰. 尔雅翼［M］. 石云孙，点校. 合肥：黄山书社，1991：222.
② （明）李时珍. 本草纲目［M］. 太原：山西科学技术出版社，2014：1259.
③ （晋）傅咸. 拟天问［M］//（唐）欧阳询，撰. 艺文类聚. 北京：中华书局，1965：1651.
④ （宋）郭茂倩，编撰. 乐府诗集［M］. 聂世美，仓阳卿，校点. 上海：上海古籍出版社，1998：400.
⑤ 全唐诗13［M］. 上海：上海古籍出版社，1986：97.

河南偃师辛村新莽墓有彩色壁画西王母与玉兔捣药图（彩图 1－24），与此类似。

图 1－23　山东枣庄汉画像石西王母图

画像石中的玉兔不但能捣制仙药，本身亦是长寿的象征，《艺文类聚》卷九十五引葛洪《抱朴子》："兔寿千岁，五百岁则色白。"[①] 山东临沂汉画像石东王公画像（彩图 1－25），东王公高踞在象征仙山的昆仑山上，山下两只玉兔蹲伏其间，此玉兔乃仙界之物，亦代表升仙之意。《抱朴子·极言卷》："又彭祖之弟子，青衣乌公、黑穴公、秀眉公、白兔公子……七八人皆历数百岁，在殷而各仙去。"[②]

济南市博物馆藏北宋时期刘家功夫针铺的铜版广告，是借玉兔捣药的传说及"铁杵磨成针"的典故做宣传。广告正中上方横联"济南刘家功夫针铺"，正中是玉兔捣药图，左右两侧题"认门前白兔儿为记"，下方则题"收买上等钢条，造功夫细针，不误宅院使用，转卖兴贩，别有加饶。谓记白"。可见玉兔捣药的名头之大。

五、吉祥瑞应与趋吉禳灾民俗

兔子性格温顺，古人认为兔子怀仁抱德，为祥瑞之物，《艺文类聚》卷九十五引晋·张浚《白兔颂》，形容白兔皎洁美丽，世有德风则白兔显现。

其毛春素，纤毫秋黑。点缀五采，渐染粉黑。盖久隐时见，应世德也。徐疾备体，达消息也。资质皓朗，民之则也。被白含文，好无极也。秦失鹿于近郊，晋得兔于远境。[③]

①　（晋）葛洪. 抱朴子 [M] // （唐）欧阳询，撰. 艺文类聚. 北京：中华书局，1965：1651.

②　（晋）葛洪，著；顾久，译注. 抱朴子内篇全译 [M]. 贵阳：贵州人民出版社，1995：328.

③　（晋）张浚. 白兔颂 [M] // （唐）欧阳询，撰. 艺文类聚. 北京：中华书局，1965：1651.

唐·蒋防《白兔赋》:"岂不以应至道之神质,彰吾君之德馨。皎如霜辉,温如玉粹……其容炳真,其性怀仁。"① 野生赤兔、白兔的出现更成为一种瑞兆,兆示王有盛德,恩加耆老,相对于百姓言则有孝感动天之意,这是天人感应思想的一种体现。《艺文类聚》卷九十九引《瑞应图》:"王者恩加耆老,则白兔见。""赤兔者,王者德茂则见。"又引三国吴谢承《后汉书》:"方储幼丧父,负土成坟,种奇树千株,白兔游其下。"② 白兔常成为进献朝廷的珍稀之物,《后汉书·光武帝纪下》载"日南徼外蛮夷献白雉、白兔"③。史书记载某年某地获白兔或进献白兔的事例颇多,以此表达祥瑞之意,实为统治者歌功颂德。

佛教中兔子将自身奉献给天帝作为食物的故事,更为兔子蒙上一层无私仁爱的色彩。《大唐西域记》卷七记"婆罗疤斯国"有三兽窣堵波,是如来修菩萨行时烧身之处。如来劫初时,有狐、兔、猿,异类相悦。天帝释欲验菩萨的修行,化为老夫,向三兽求食。狐衔一鲜鲤,猿采异花果,唯兔空还,乃投火充餐,老夫变回帝释之身,除烬收骸,将玉兔寄之明月,叹谓狐、猿曰:"一何至此! 吾感其心,不泯其迹,寄之月轮,传乎后世",咸言月中之兔,因斯而有④。可见,佛教中这月中玉兔是如来前世修行的化身。

兔子在人类漫长的文化史中,随着民众的喜好,被渲染了浓重的喜乐祥庆色彩,同时,这个可爱的小动物给人们的生活增添了无比情趣。明清以后,人们开始祭祀兔儿爷,祈求祛疾避灾,福祉安康。明·纪坤《花王阁剩稿》:"京师中秋节,多以泥抟兔形,衣冠踞坐如人状,儿女祀而拜之。"⑤ 清《燕京岁时记》"兔儿爷摊子":"每届中秋,市人之巧者,用黄土抟成蟾兔之像以出售,谓之兔儿爷。有衣冠而张盖者,有甲胄而带纛旗者,有骑虎者,有默坐者。大者三尺,小者尺余。其余匠艺工人无美不备,盖亦谑而虐矣。"⑥ 古代民俗中常在正月初一挂面捏的兔头,正月十五点兔灯,重阳节吃迎霜兔,婚嫁做面花兔,借以趋吉禳凶,祈求平安,或借兔之繁殖多产,托喻多子多孙之美好愿望。

① (唐)蒋防. 白兔赋 [M] //马积高,万光治,主编. 历代词赋总汇唐代卷:第3册. 长沙:湖南文艺出版社,2014:2166.
② (唐)欧阳询,撰. 艺文类聚 [M]. 北京:中华书局,1965:1650.
③ (南朝宋)范晔. 后汉书 [M]. 北京:中华书局,1965:62.
④ (唐)玄奘,撰. 大唐西域记 [M]. 章撰,点校. 上海:上海人民出版社,1977:156.
⑤ (明)纪坤. 花王阁剩稿 [M]. 北京:中华书局,1985:18.
⑥ (清)富察敦崇. 燕京岁时记 [M]. 北京:北京出版社,1961:75.

六、兔与食俗

兔肉自古以来就是人们口中的鲜美食物，古代祭祀做"五牲"之一，在《仪礼·公食大夫礼》食礼中上大夫才有享用兔肉的待遇。《诗经·小雅·瓠叶》"有兔斯首，炮之燔之""有兔斯首，燔之炙之""有兔斯首，燔之炮之"①，言美味的兔子肉可以炮燔或炙烤。兔肉的吃法很多，可烧烤，可做成肉酱、兔羹、兔醢，《礼记·内则》"雉、兔皆有芼"，《礼记集解》引"孔氏"曰："雉羹、兔羹，皆有菜以芼之。"② 宋代以后出现兔肉火锅，美其名曰"拨霞供"，林洪《山家清供》"浪涌晴江雪，风翻晚照霞"③，生动地描绘了火锅中鲜嫩兔肉在如浪的沸汤中翻滚的样子。

九月九日重阳节，古人吃迎霜兔，寓避寒长寿之意。明·刘若愚《酌中记·饮食好尚纪略》载："（九月）九日重阳节，驾幸万岁山或兔儿山、旋磨山登高，吃迎霜麻辣兔，饮菊花酒。"④ 清《畿辅通志·舆地略》载："重阳前后设宴相邀，谓之迎霜。宴席间食兔，谓之迎霜兔。"⑤ 古人认为，兔肉不但鲜美，且有补益的作用。古代本草书多次记载兔肉有补益的作用，南朝梁《本草经集注》："兔肉乃大美，亦益人。"⑥ 宋代《证类本草》引作"兔肉为羹亦益人"。唐·孟诜《食疗本草》言"兔头骨并同肉味酸"⑦。宋《本草图经》曰：

图 1-26　山东嘉祥汉画像石庖厨图

① 诗经［M］. 程俊英，译注. 上海：上海古籍出版社，1985：481.
② （清）孙希旦. 礼记集解［M］. 北京：中华书局，1989：748.
③ （宋）林洪. 山家清供［M］. 北京：中国商业出版社，1985：11.
④ （明）刘若愚. 酌中记［M］. 北京：北京古籍出版社，1994：182.
⑤ 畿辅通志第9册·舆地略［M］. 石家庄：河北人民出版社，1989：281.
⑥ （南朝梁）陶弘景，编. 本草经集注［M］. 尚志钧，尚元胜，辑校. 北京：人民卫生出版社，1994：423.
⑦ （唐）孟诜. 食疗本草［M］. 北京：人民卫生出版社，1984：71.

"今处处有之，为食品之上味。"① 汉画像石许多庖厨图中有美味的兔肉，如山东嘉祥、大汶口汉画像石，厨房悬梁上挂着兔肉（图1-26），邹城汉画像石宴乐庖厨图的肉食中亦有兔肉，说明汉代人对兔肉的喜爱。

七、兔与中药

兔子入药最早见于南朝梁·陶弘景《本草经集注》，以后历代本草多有记载，兔子入药部分有骨（兔头骨入药较多）、脑、肝、肉、皮、毛、屎等，可以汤、丸、膏等剂型入药，亦可做羹、酱及烧灰。

《本草经集注》载：兔头骨，"平，无毒。主治头眩痛，癫疾"；骨，"主治热中消渴"；脑，"主治冻疮"；肝，"主治目暗"；肉，"味辛，平，无毒。主补中益气"②。又，《日华子》谓肉"治渴，健脾，生吃压丹毒"③，《本草拾遗》"主热气湿痹"④，兔肉与大麦苗合煮，可治消渴（《本草图经》引《崔元亮海上方》）。

兔头皮，"主鬼疰毒气在皮中针刺者……主鼠瘘"；膏，"主耳聋"⑤；酱，"腊月肉作酱食，去小儿豌豆疮"；毛，"煎汤洗豌豆疮，及毛傅良"⑥；兔皮，烧灰可治妇人带下（《必效方》）；兔屎，即望月砂或称明月砂，治大人、小儿卒得月蚀疮及治痔疮（《肘后方》），亦可明目退翳。兔毛可做毛笔头，而笔头烧灰亦可入药，《本草图经》："笔头灰，主小便不通及数而难，淋沥，阴肿，中恶，脱肛。笔并取年久者，烧灰，水服之。"⑦

古方以兔头骨、皮、毛等入药，用以催产滑胎。《新修本草》曰："兔皮、

① （宋）苏颂，撰. 本草图经［M］. 尚志钧，辑校. 合肥：安徽科学技术出版社，1994：449.

② （南朝梁）陶弘景，编. 本草经集注［M］. 尚志钧，尚元胜，辑校. 北京：人民卫生出版社，1994：423.

③ （五代）韩保升，撰；尚志钧，辑复. 蜀本草 辑复本［M］. 合肥：安徽科学技术出版社，2005：160.

④ （唐）陈藏器，撰；尚志钧，辑释. 本草拾遗辑释［M］. 合肥：安徽科学技术出版社，2002：495.

⑤ （唐）苏敬，等，撰；尚志钧，辑校. 新修本草 辑复本［M］. 合肥：安徽科学技术出版社，1981：385.

⑥ （唐）甄权. 药性论［M］∥（宋）唐慎微. 证类本草. 北京：人民卫生出版社，1957：358.

⑦ （宋）苏颂，撰. 本草图经［M］. 合肥：安徽科学技术出版社，1994：450.

毛，烧为灰，酒服，疗难产、产后衣不出及余血抢心，胀欲死者，极验。"①
《嘉祐本草》引《日华子》："头骨和毛、髓烧为丸，催生落胎，并产后余血不
下。"②《证类本草》引《经验方》载有催生丹，以兔髓与乳香同研，夜间与果、
香、茶一同摆放在祭桌上，斋戒焚香，望北帝拜告："大道弟子某，修合救世上
难生妇人药，愿降威灵，佑助此药，速令生产。"日未出时将兔髓、乳香用猪肉
和丸，用醋汤服或冷酒服，"此神仙方绝验"③。以兔头骨及髓催产滑胎，固然
有药物本身的作用，亦与古人认为兔子多产有关，同时还带有一定的巫术色彩。

　　兔子温顺可爱，矫捷善奔，很早便进入人们的生活，在满足人们美味需求
的同时，更成为福祉康寿、多子多孙的美好象征；卯为天门、玉兔捣药，其生
殖周期恰合月亮圆缺周期，以及兔子的某些特殊药用等，使这个美丽的小动物
身上蒙上一层神秘的文化色彩。汉画像及壁画上处于不同场合、不同形态的兔
子，生动形象地展现了其丰富的医药文化内涵。

---

①　（唐）苏敬，等，撰；尚志钧，辑校. 新修本草 辑复本［M］. 合肥：安徽科学技术出
　　版社，1981：385.
②　（宋）掌禹锡. 嘉祐本草［M］//（宋）唐慎微. 证类本草. 北京：人民卫生出版社，
　　1957：358.
③　（宋）唐慎微. 证类本草［M］. 北京：人民卫生出版社，1957：358.

第二章

魏晋河西画像砖与丝绸之路上的中西文化交融

　　河西走廊是古代中原通向西域的咽喉要地，河西画像砖包括敦煌、酒泉、张掖、武威以及嘉峪关等地墓葬砖画、壁画，目前发现有魏晋十六国时期画像砖千余块，画像内容反映了中原与异域异族文化的交流交融情况，尤其是少数民族形象服饰、生活场景充斥画面，题材丰富。既有承续于汉代的道家与神仙羽化思想，包括西王母与东王公图、羽人升仙图，又有河西特殊的地域文化，如天马与升仙图；并有反映生殖崇拜及世俗夫妇之道的伏羲、女娲画像砖和棺木木板画；麈尾图反映了玄学在河西地区的影响；特别是坞壁图反映了魏晋十六国时期以坞壁为中心的河西政治、经济、军事、生产生活的情况，包括屯营、军垦、农耕、畜牧、狩猎、出行及饮食风俗、音乐歌舞，如农耕图中的屯田、犁地、耙田、耱地、播种、扬谷、采桑等场景，反映了河西地区发达的农业生产技术及坞壁式大地主土地所有制的生产方式，畜牧图中畜养繁多的家畜种类反映了河西发达的畜牧业，狩猎图中激烈的射猎场景反映了草原民族的游牧生活，庖厨宴饮图反映了少数民族特殊的烹饪技术及"羌煮貊炙""乳酪养性"的饮食文化特色，其中胡饼、胡羹、胡饭、烤羊肉及乳制品等不同于中原地区的食品，画像砖中的酒饮图及滤醋图反映了河西地区发达的酿酒、酿醋技术。河西画像砖中记录的少数民族有羯、氐、羌、鲜卑、匈奴、卢水胡等，以画像砖结合河西地区出土的简牍来研究，既可以考察中原文化与草原文化的交融情况，还可以考察古代丝绸之路上中外文化交流尤其是医药交流的情况。

　　河西即黄河以西的河西走廊及湟水流域，河西走廊指甘肃的武威、张掖、酒泉、敦煌等地，是夹于祁连山（南山）与合黎山之间的狭长地带，其东起乌鞘岭，西至玉门关，为中原通向西域的咽喉要地。汉武帝派骠骑将军霍去病征伐河西，大败匈奴，先后设置武威、酒泉、张掖、敦煌四郡，最终控制河西地区。王莽时期窦融割据河西，部分汉人迁徙此地。西晋末年永嘉之乱及随后的五胡乱华，中原板荡，战乱纷起，而河西是偏安一隅的世外桃源，当时歌谣曰：

"秦川中，血没腕，唯有凉州倚柱观。"① 汉人除大部分南迁外，一部分避居于
河西，中原的名门大姓亦部分迁居河西，对此地文化产生重要影响。郭瑀首次
开洞讲学，使儒学在此地深深扎根，加以张轨提倡儒学，使此地儒学之风深厚，
故名士多出，《资治通鉴》卷123 "宋记"曰："凉州自张氏以来，号为多士。"
胡三省注："永嘉之乱，中州之人士避地河西，张氏（轨）礼而用之，子孙相
承，衣冠不坠，故凉州号为多士。"② 凉州即武威一带，又称"姑臧"，是五凉
政权主要的集中地，当时此地文化发达，经济繁荣，百姓富足，"时天下扰乱，
唯河西独安，而姑臧称为富邑，通货羌胡，市日四合"③。由于汉民族与众多少
数民族长期杂居，中原的文化、生产方式、生活习俗不可避免地对少数民族产
生了重要影响，如河西的生产方式是农业与畜牧业并重，汉人先进的农耕技术
与河西发达的畜牧业结合在一起，支撑河西的经济命脉，所以此地区的画像砖
中既有大量农耕画面，又有肥硕的羊群、奔腾的马群、成片的牛群等畜牧画面。
河西魏晋画像砖反映了河西地区经济文化、生活习俗，以及多民族文化交融的
状况，其中充斥着少数民族文化生活的丰富场景。

　　河西魏晋画像砖主要是指在敦煌、酒泉、张掖、武威等地墓葬出土的砖画
壁画，除了河西四郡外，嘉峪关出土的画像砖亦蔚为可观。河西画像砖在沿袭
汉代画像砖石墓葬风俗的基础上而有所改变，而曹魏的薄葬之风并未影响此地
区的墓葬风气。河西地区的画像砖多是干砖垒砌，一砖一画，类似连环画形式。
也有大型通壁式壁画形式，如酒泉十六国时期丁家闸5号墓属此种类型。河西
魏晋壁画的内容与汉代画像砖石对比，淡化了升仙主题，多了坞壁、屯兵、放
牧、穹庐图，尤其是少数民族异族形象服饰、生活场景充满画面。对河西魏晋
十六国壁画内容的分析，主要集中在以下几个方面。

第一节　伏羲、女娲图与天地交合之道

　　汉画像石的伏羲、女娲图代表了人类的始祖与男女交合、夫妇之道，魏晋
河西画像砖亦表达了同样的意象。魏晋画像砖常出现伏羲、女娲交尾的形象，

---

①　（宋）郭茂倩，编撰. 乐府诗集［M］. 聂世美，仓阳卿，校点. 上海：上海古籍出版
　　社，1998：942.

②　（宋）司马光，撰；胡三省，注. 毛泽东，阅点；中央档案馆，整理. 毛泽东阅点资治
　　通鉴［M］. 北京：中国档案出版社，1998：3877.

③　（南朝宋）范晔. 后汉书［M］. 北京：中华书局，1965：1098.

如骆驼城苦水口1号墓两块画像砖分别彩绘伏羲、女娲，两图合拼为墓葬中室顶部藻井彩绘图像。骆驼城南墓群亦有伏羲、女娲交尾图画像砖。伏羲、女娲人首蛇身、蛇尾相交的形象在汉画像石中常见。画像石中的伏羲、女娲常做捧日、捧月的形象，或分别手持规与矩，伏羲、女娲作为人类的始祖及创世神，其交尾图有众多的表征意义，如象征阴阳、日月及天地化生、男女交合之意，正如《易·系辞》所说"天地絪缊，万物化醇；男女构精，万物化生"①。在魏晋夫妇合葬墓的棺板画中出现了伏羲、女娲图，如嘉峪关新城魏晋墓棺板画（彩图2-1、彩图2-2），M1、M6、M11、M13彩绘伏羲、女娲图，位于男、女棺盖及棺木内部。常常伏羲持规，女娲持矩，伏羲怀日，女娲抱月，其象征意义与汉画像石近同。而此图出现在夫妇合葬的棺木上，其男女、夫妇的象征意义更为明显，世俗的意味较为浓厚，可能表示希望来世仍做夫妻。另外，按照古人"死而复生"的观念，伏羲、女娲交尾亦有通过男女性交以再生之暗喻，"以生殖图式来更新复制生命，这并不是偶然的，这种石器时代的性巫术思维行为，深藏在中国人心底"②。如仰韶文化时期儿童瓮棺葬，以瓮棺模拟人类子宫，有重新孕育生命之意。

第二节　西王母、东王公图与道家羽化升仙

河西画像砖的题材大部分是表现世俗生活的场景，但有一部分属于道教的内容，特别是西王母、东王公画像基本沿袭了汉代画像石的思想内涵，反映了道教的神仙羽化思想。

一、西王母、东王公图表征的昆仑仙界

酒泉地区发掘的丁家闸5号墓，经专家考证为十六国时期墓葬。墓室分前后二室，前室覆斗式顶部为复瓣莲花藻井，四壁绘有大型壁画。与大多魏晋壁画一砖一画不同，此为通壁式结构，即以土红色粗线做界栏将画面分隔为不同部分，整体画面分为上、中、下三部，表现了天、地、人三层世界。最上层四壁空白，有学者认为表示清明的天空，其下是西王母、东王公所在的神仙世界；

---

① 周易 [M]. 长沙：岳麓书社，2000：362.
② 赵吴成. 河西墓室壁画中"伏羲、女娲"和"牛首人身、鸡首人身"图像浅析 [J]. 考古与文物，2005（4）：66-70.

四壁顶部绘有四个倒悬的龙头，画面皆祥云缭绕，表现神秘缥缈的仙界。前室西壁是西王母图，西王母端坐于山形座上，头顶明月，月中有蟾蜍，旁有一女子持曲柄伞盖，西王母身前有九尾狐、三青鸟。与之相对，东壁是东王公图，东王公亦端坐于山形座上，头上一轮红日，日中有三足乌。前室南壁是羽人图，羽人身披五彩羽衣，身形飘逸，飞行于青空云气之间，一只白鹿飞驰于山林中。与之相对，前室北壁是天马图。四壁神仙图的下方绘有高耸起伏的群山，山中有瑞草仙兽；西王母图下面对应的群山中有飞鸟飞马，群山暗示了众仙所在的昆仑仙界。

西王母、东王公图与汉画像石题材比较相近，表现的是以西王母为中心的昆仑山神仙世界。东王公与西王母相对，共同体现了阴阳、生杀、金木之间的相对概念，但重点突出神仙世界，表达了人们渴望长生不死的愿望，希望死后到达西王母、东王公所在的神仙世界，这与汉画像石西王母图有相同的含义（图2－3）。壁画的羽人图与汉画像石表现的意义相同，体现道家羽化升仙的思想。但与画像石不同的是，汉画像石中的羽人常是身生羽毛，长有翅膀，或是鸟首人身的神怪形象，而壁画的羽人只是身披羽衣，足穿平履，更近于世俗中的人。除丁家闸壁画外，其他地区的画像砖中亦有西王母、东王公图，如张掖骆驼城南墓群有两块彩色西王母、东王公画像砖，二人皆拱手端坐于树前，身后瑞云缭绕（彩图2－4，彩图2－5）。张掖骆驼城苦水口1号墓西王母图，王母端坐于云端。这些西王母、东王公图表达的意象相同。

图2－3 山东嘉祥汉画像石送葬图

二、羽人神兽图与道家羽化升仙思想

河西魏晋画像砖除西王母、东王公图表现的神仙世界外，还有较多的羽人神兽图，也表现了长生及升仙的主题，如前丁家闸 5 号墓飞升的羽人图。又如张掖许三湾东墓群画像砖，一羽人与一神兽相戏（彩图 2 - 6）；张掖骆驼城苦水口 1 号墓画像砖，羽人与神兽相戏（彩图 2 - 7）。张掖骆驼城苦水口 1 号墓画像砖，一仙人骑鱼升仙（彩图 2 - 8）。高台地埂坡 M4 墓道壁画祥瑞图，一龙曲跪，张爪捧物进献，两旁各有一只头长角、身生羽、形似鹿的神兽。另外画像砖中常有青龙、白虎、朱雀、玄武四神图等。这些图都表现了令人神往的神仙世界，表达了人们希翼成仙的美好虚幻的愿望。

三、汉代视死如生余韵与照墙的天门意象

河西魏晋十六国墓葬中大都有比较复杂的砖砌门楼，或称照墙，位于拱券墓门上端。门楼仿多层木楼阁建筑，有砖砌的宫阙、仿木斗拱以及彩绘或砖雕的瑞兽仙禽。笔者所见嘉峪关新城 M6 的照壁共有 10 层，形如高耸繁复的楼阁。最下一层为宫阙样建筑，阙两旁门扉上有朱雀及虎首衔环，门扉两侧对称雕绘牛首人身、鸡首人身的形象，阙顶绘有云纹。宫阙上一层的中间位置雕绘一托梁力士，两侧为对称的龙头；再向上数层皆为重复的斗拱、托梁力士等。其他墓室门楼与此类似，照墙上的瑞兽仙禽通常有青龙、白虎、朱雀、玄武四神以及飞鸟、麒麟、飞廉、辟邪、方相氏等。敦煌佛爷庙湾西晋墓 M133 墓门照壁上绘有带翼神马、带翼神兔、河图、洛书、凤凰、天禄、方相、双头鱼、大角神鹿、仁鹿、麒麟、辟邪、受福、赤鸟等祥瑞图，还有伯牙抚琴、李广射虎等历史故事[①]，内容十分丰富。有的照壁砖雕上有伏羲、女娲，或西王母、东王公。门楼的这种建筑方式可能是墓主人生前所居楼阁的模拟再现，但亦掺入了墓葬中辟邪、升仙的内涵。如方相氏在汉画像石中常见，有打鬼避邪之意，出现在墓门照壁上亦有相同的含义；照壁上的"门阙"承袭了汉画像石门阙的象征意义，门阙上的青龙、白虎有辟邪升仙之意，朱雀（或凤凰）与门阙共处又是天门的象征，所以进入此门即是进入了通往天国之门；门阙之上数层砖画中的仙禽异兽及飘逸的云纹正是天国的象征，多层楼台又是高高九重之天的象征。骆驼城苦水口 1 号墓有类似的照壁（图 2 - 9）。

---

①　戴春阳，主编. 敦煌佛爷庙湾西晋画像砖墓 ［M］. 北京：文物出版社，1998：36 - 38.

图 2 - 9　骆驼城苦水口 1 号墓照壁复原图
摄于高台县博物馆

第三节　天马图的表征意象——开疆拓土与升仙

　　丁家闸 5 号墓前室北壁是天马图。天马昂首奋蹄，红色的马鬃平直后扬，显示出风驰电掣般的速度，与武威雷台汉墓闻名中外的铜奔马（或名"马踏飞燕"）遥相媲美（彩图 2 - 10）。天马图（图 2 - 11）的表征意象与铜奔马相近，有两个方面：一是天马为河西地区良马的代表，二是天马为登仙的乘骑。河西地区自古以来是良马的产地，此地畜牧业发达，画像砖中众多的牧马图正说明此地盛产良马，《汉书·西域传》记乌孙"国多马，富人至四五千匹"。出产良马"西极"的乌孙早期居于河西的敦煌与祁连山之间，后西迁至伊犁河流域。此天马图与同处于河西走廊的武威铜奔马遥相呼应，是河西良马的象征，同时也与传说中的西域汗血宝马有关。

图 2-11　丁家闸 5 号墓天马图（复制）摄于酒泉丝绸之路博物馆

天马最初与汉武帝喜好良马有关，因有人为武帝占卜"神马当从西北来"，武帝由是极力索求西方良马。初得乌孙好马，名为"天马"，后又得知大宛有汗血宝马，于是派李广利伐大宛以夺取之。而后名乌孙马为"西极"，名大宛汗血宝马为"天马"。《汉书·大宛列传第六十三·张骞传》："初，天子发书《易》，曰：神马当从西北来。得乌孙马好，名曰'天马'。及得宛汗血马，益壮，更名乌孙马曰'西极马'，宛马曰'天马'云。""而天子好宛马，使者相望于道。"①汉武帝喜好良马，与其开疆拓土的争战有密切关系，特别是汉骑与擅于骑射的匈奴作战更离不开良马；而天马更象征了一种奋发昂扬、开拓进取的精神。汉武帝《西极天马歌》充分表达其威服四夷的雄心，曰："天马来兮从西极，经万里兮归有德。承灵威兮降外国，涉流沙兮四夷服。"②另一个方面天马也是仙人升天的坐骑，传说黄帝骑乘黄飞升成仙，汉武帝亦极渴望得到腾黄而升仙，在《日出入》歌中慨叹曰："訾黄其何不徕下！"东汉·应邵注曰："訾黄，一名乘

① （汉）班固. 汉书 [M]. 北京：中华书局，1964：3170.
② （汉）司马迁. 史记 [M]. 北京：中华书局，1959：1178.

黄，龙翼而马身，黄帝乘之而仙，武帝意欲得之，曰：'何不徕邪？'"① 汉乐府《天马》诗极颂天马，其体态之俊美、飞驰之疾速，只有龙才能与之匹敌；天马来时九夷服、泉水出；天马来时开远门、逝昆仑、登阊阖天门而观玉台，正是乘天马飞升上天的意境表达。诗曰：

太一况，天马下。沾赤汗，沫流赭。志俶傥，精权奇。籋浮云，晻上驰。体容与，迣万里。今安匹？龙为友。天马徕，从西极。涉流沙，九夷服。天马徕，出泉水。虎脊两，化若鬼。天马徕，历无草。径千里，循东道。天马徕，执徐时。将摇举，谁与期。天马徕，开远门。竦予身，逝昆仑。天马徕，龙之媒。游阊阖，观玉台。②

丁家闸壁画天马图与羽人图南北对应，体现了登仙思想。天马也是一种祥瑞象征，《初学记》引《符瑞图》云："腾黄者，神马也，其色黄，一名乘黄，亦曰飞黄，或作古黄，或曰翠黄，一名紫黄，其状如狐，背上有两角，出白民之国，乘之寿可三千岁。黄帝乘之。"③《宋书·符瑞中》载"王者德御四方则出"。壁画中还有其他表现天人感应、谶纬思想的祥瑞图，如前面所说的龙首、九尾狐、白鹿、庆云等，都显现了政治清明的祥瑞思想。

第四节　麈尾图与玄学

魏晋画像砖中有麈尾图，有的图中只有单纯的一柄麈尾，有的图中则是墓主人手持麈尾，如丁家闸 5 号墓墓主持麈尾图。麈尾是对客清谈的雅器，儒士清谈时手挥麈尾，侃侃而谈，尽显名士儒雅气度。罗愿《尔雅翼·释兽》云："麈，大鹿也。其字从主，若鹿之主焉。麈之所在，众从之。其尾可用为拂，谈者执之以挥，言其谈论所指，众不能易也。"④ 屠隆《考槃余事·文房器具笺》云："麈，古人以玉为柄，用以对客清谈者。"⑤ 麈尾是六朝士子清谈必持之物，亦成为玄谈的一种标志，《廿二史札记》卷八"清谈用麈尾"："六朝人清谈，

① （汉）班固. 汉书［M］. 北京：中华书局，1964：1059－1060.
② （汉）班固. 汉书［M］. 北京：中华书局，1964：1060－1061.
③ （唐）徐坚. 初学记［M］. 北京：中华书局，1962：703.
④ （宋）罗愿，撰. 尔雅翼［M］. 石云孙，校点. 合肥：黄山书社，2013：245.
⑤ （明）屠隆，著；赵青，编. 考槃余事［M］. 北京：金城出版社，2012：282.

必用麈尾……盖初以谈玄用之，相习成俗，遂为名流雅器，虽不谈，亦常执持耳。"①《晋书·孙盛传》言孙盛与殷浩皆擅清谈，谈论兴奋时挥动麈尾，其毛落入饭食中，"孙盛……及长，博学，善言名理。于时殷浩擅名一时，与抗论者，唯盛而已。盛尝诣浩谈论，对食，奋掷麈尾，毛悉落饭中，食冷而复暖者数四，至暮忘餐，理竟不定"②。丁家闸 5 号墓主人手执麈尾，头戴进贤冠，一副端雅气派，可能是善于清谈之名流雅士或官宦。进贤冠为儒士佩戴之冠，《后汉书·舆服志·下》："进贤冠，古缁布冠也，文儒者之服也。"③ 此墓主人也可能代表河西的豪族名流。魏晋时期由于名门大族的迁入，河西地区儒风浓厚，《北史·文苑传》："区区河右，而学者埒于中原。"④《晋书·张轨传》言前凉奠基人张轨"家世孝廉，以儒学显"，轨少明敏好学，有器望，与同郡皇甫谧友善，治理河西，"遂威著西州，化行河右"，擅用名儒，兴办儒学，"以宋配、阴充、氾瑗、阴澹为股肱谋主，征九郡胄子五百人，立学校，始置崇文祭酒，位视别驾，春秋行乡射之礼"⑤。除此之外，北方的五胡十六国皆不同程度地接受汉文化，推行儒学。河西当时著名的儒士有索靖、宋纤、索统、索袭、宋繇、张湛、阚骃，以及郭荷、郭瑀、刘昞三代相袭师徒等。所以，在与东晋对峙的十六国，地处西北的河西地区仍儒学华盛，玄学风浓，而麈尾即是玄学的标志。

第五节　以坞壁为中心的多民族生产生活与饮食习俗

一、坞壁图

河西魏晋画像砖中大都有"坞壁"图（彩图 2－12），反映了河西地区特殊的政治军事背景及地域文化。坞壁亦称坞堡、壁垒、坞舍等，为防御性堡垒式建筑（图 2－13）。王莽时期及东汉初年战乱频仍，地方豪强多聚众据险建坞，形成地方性军事力量。魏晋十六国时期，北方胡汉杂居，汉人为了防止氐、羌、鲜卑等胡人侵袭，自发建筑了大大小小的坞壁，《资治通鉴》"永嘉四年七月"条，胡三省注释"坞壁"："城之小者曰坞，天下兵争，聚众筑坞以自守，未有

---

① （清）赵翼. 廿二史札记［M］. 上海：世界书局，1936：104.
② （唐）房玄龄. 晋书：卷八二—卷一三〇［M］. 长春：吉林人民出版社，1995：1290.
③ （汉）班固. 汉书［M］. 北京：中华书局，1964：3666.
④ （唐）李延寿，撰. 北史［M］. 北京：中华书局，1974：2778.
⑤ （唐）房玄龄. 晋书 卷八二—卷一三〇［M］. 长春：吉林人民出版社，1995：1336.

朝命，故自为坞主。"① 《晋书·苏峻传》："永嘉之乱，百姓流亡，所在屯聚，峻纠合得数千家，结垒于本县。于时豪杰所在屯聚，而峻最强。"② 坞堡实行"考功庸，计丈尺，均劳役，通有无"③，俨然有完整的经济生产体制。魏晋壁画中的坞壁图反映了以坞壁为中心的河西政治、经济、军事及生产生活的情况，其内容非常丰富，如屯营、军垦、农耕、畜牧、狩猎、出行及饮食风俗、音乐歌舞，其中不乏少数民族丰富多彩的生产生活场景。河西壁画中的少数民族包括羯、氐、羌、鲜卑、匈奴、卢水胡等。

图 2 - 13　许三湾墓群木制坞堡　摄于高台县博物馆

二、农耕屯垦图及河西农业生产

《汉书·地理志》言武威以西四郡，"其俗风雨时节，谷籴常贱，少盗贼，有和气之应，贤于内郡"④。可见河西地区民风淳朴，谷实丰饶，胜过中原地区。河西魏晋画像砖中的屯垦图、农耕图等反映了河西农业生产状况。

（一）农耕屯垦图

魏晋画像砖中描绘农耕的画面比较多，反映了河西地区发达的农业生产技术，尤其是军屯的屯垦图及以坞壁为中心的农耕图，反映了河西特殊的农耕方式。河西农业的发展与最初的"孝武以屯田定西域"不无关系，汉武帝

---

① （宋）司马光，撰；胡三省，注. 毛泽东，阅点；中央档案馆，整理. 毛泽东阅点资治通鉴 [M]. 北京：中国档案出版社，1998：2749.
② （唐）房玄龄. 晋书：卷八二—卷一三〇 [M]. 长春：吉林人民出版社，1995：1589.
③ （唐）房玄龄. 晋书：卷八二—卷一三〇 [M]. 长春：吉林人民出版社，1995：1376.
④ （汉）班固. 汉书 [M]. 北京：中华书局，1964：1645.

开拓河西以后，建立四郡，实行徙民实边及屯兵政策，开垦土地，鼓励农桑，使戍卒屯田供军队粮食自给，促进了河西农耕生产，《史记·平准书》："初置张掖、酒泉郡，而上郡、朔方、西河、河西开田官，斥塞卒六十万人戍田之。"① 魏晋时期仍沿袭屯田制，《晋书·食货志》记载："北临淮水，自钟离而南，横石以西，尽沘水四百余里，五里置一营，营六十人，且佃且守。"② 曹魏时期又实行民屯的屯田方式，百姓作为佃户，按使用官私耕牛的不同分别其税收，《晋书·傅玄传》："旧兵持官牛者，官得六分，士得四分；自持私牛者，与官中分，施行来久，众心安之。"③ 这种屯田法在前燕慕容皝时期亦得以沿用。嘉峪关新城 3 号魏晋墓屯垦图正是反映了河西地区军队屯田生产的场景，画中两列士卒，一人在前步行前导，中间一人骑马，应是将官，其队伍整齐，列戟森森；近处为两幅牛耕画面，前一人髡发，为少数民族，后一人为汉人。

随着坞壁地方势力的强大，豪族雄张，占有大量土地，河西形成了以大地主为中心的大土地所有制，《三国志·魏书·仓慈传》载："太和中，（慈）迁敦煌太守。郡在西陲，以丧乱隔绝，旷无太守二十岁，大姓雄张，遂以为俗。前太守尹奉等，循故而已……旧大族田地有余，而小民无立锥之土。"④ 魏晋十六国时期的农耕图多围绕在坞壁周围（彩图 2-14），正是这种坞壁式大地主土地所有制生产方式的反映。

不同于中原以农业为主的生产方式，河西的生产方式有农耕及畜牧两种。西北地区很早开始治理水道以灌溉农田，《水经注》记汉代刺史毛奕屯田楼兰，敦煌索劢曾截断注滨河，将河水引入农田灌溉，田稼三年，积粟百万，"敦煌索劢，字彦义，有才略。刺史毛奕表行贰师将军，将酒泉、敦煌兵千人，至楼兰屯田。起白屋，召鄯善、焉耆、龟兹三国兵各千，横断注滨河，河断之日，水奋势激，波陵冒堤……劢躬祷祀，水犹未减，乃列阵被杖，鼓噪欢叫。且刺且射，大战三日，水乃回减，灌浸沃衍，胡人称神。大田三年，积粟百万，威服外国。"⑤《三国志·徐邈传》记魏明帝时徐邈为凉州刺史、护羌校尉，广修水利，劝课农桑，使河西物产丰饶，五谷丰美，家家富足，"明帝以凉州绝远，南接蜀寇，以邈为凉州刺史，使持节领护羌校尉……河右少雨，常苦乏谷，邈上

---

① （汉）司马迁. 史记 [M]. 北京：中华书局，1959：1439.

② （唐）房玄龄. 晋书：卷一一卷三六 [M]. 长春：吉林人民出版社，1995：442.

③ （唐）房玄龄. 晋书：卷三七一卷八一 [M]. 长春：吉林人民出版社，1995：770.

④ （晋）陈寿. 三国志 [M]. 北京：中华书局，1964：512.

⑤ （北魏）郦道元. 水经注：上 [M]. 华辰，编. 呼和浩特：远方出版社，2007：16.

修武威、酒泉、盐池以收房谷，又广开水田，募贫民佃之，家家丰足，仓库盈溢。乃支度州界军用之余，以市金帛犬马，通供中国之费……西域流通，荒戎入贡，皆邀勋也。"① 《前凉录》载前凉张骏九年，"咸和九年春三月，天雨五谷，于武威、敦煌，植之悉生，因名天麦"②，天雨五谷或天麦是一种夸张的说法，带有一定谶纬或祥瑞色彩，但也反映了十六国时期河西农耕的发达及五谷丰登的盛况。魏晋画像砖中的粮堆丰收图反映了粮食丰收的盛大景况（图 2 - 15）。

图 2 - 15　嘉峪关魏晋 1 号墓粮堆打场图（复制）
摄于高台县博物馆

三国魏时皇甫隆为敦煌太守，改造当地落后的耕作方式，采用耧犁法，使灌溉得利，人牛省力，收获倍增。从农耕图中可见由中原引入的先进农耕方式及工具，如犁地、耙田、耱地、播种、打场、扬谷。犁地、耙田、耱地是三种不同的耕地方式，图中可见的农耕工具有较为尖锐的犁头、有齿的耙以及无齿的耱，分别用于犁地、碎土细耕、平土。河西地属西北方干旱地带，而水分对于农作物的生长极为重要，这三种相连续的耕种方法不仅宜于庄稼生长，而且能较好地保墒防旱的耕种方式。耕地一般用耕牛，壁画中二牛一犁比较少见，一牛一犁的方式多见，犁头用直辕犁及铁铧头。嘉峪关新城 M1 题有"耕种"的壁画，展现犁地、播种、耙土平土三个相连续的耕作过程，图中六人分为两排，播种过程完全相同，前皆有一男子扶犁耕地，耕地的方式为二牛一犁式，紧随男子之后的是女子点种，而后是一男子耱地平土埋种，亦是二牛牵拉。嘉

---

① （晋）陈寿. 三国志［M］. 北京：中华书局，1964：739 - 740.
② 前凉录［M］//（清）张澍，辑著；武威市市志编纂委员会办公室，校印. 凉州府志备考：中. 1986：583.

峪关魏晋4号墓播种图，一女子在前抱盆播种，一男子随后举櫌碎土平田。骆驼城南墓耕地、耙地图，前有一男子扶犁，耕地的方式是二牛一犁，犁头尖利，后有一牛拖耙耙地（彩图2–16）。

画像砖中连枷图表现用连枷打谷脱粒的场景，如嘉峪关新城M5壁画，有一男子持连枷打谷（图2–17）。《释名·释用器》："枷，加也，加杖于柄头，以挞穗而出其谷也。或曰罗枷，罗三杖而用之也。或曰丫丫，杖转于头，故以名之也。"① 壁画中用木叉扬谷的画面亦较多见，如嘉峪关新城M5壁画（图2–18），前图2–15亦是用木叉扬场的画面。

图2–17　嘉峪关新城M5壁画打场图（复制）
摄于国家博物馆

图2–18　嘉峪关新城M5壁画打场图（复制）
摄于国家博物馆

---

① （汉）刘熙. 释名［M］//丛书集成初编. 北京：中华书局，1985：104.

（二）汉简中记载的河西农作物

1. 粮食作物

河西农作物的种类自汉代始就比较多，从汉代遗址出土的粮食及汉代简策所记大致可以了解汉以来河西农作物品种。

《居延汉简释粹》载居延农作物有：胡麻（无号）、粱米（226．1）、黄谷（206．3）、土麦（13．3）、**穄穧**（206．7）、白米（335．48）、積麦（387．23）、黍米（10．39）、黄米（126．23）、白粟（496．5）、胡豆（310．2）、秫（6．6）、**粔**（57．62）、荞（46．7）、荄（19．8）、秫（269．1）、谷（303．20）、菽（41．9）、麦（303．2）、鞠（237．5）、構（布纬構三斗181．8）、米（177．20）、糜（498．3）、姜（300．8）。居延肩水金关汉代遗址出土粮食"有小麦、大麦、糜、谷、青稞、麻籽等七八种"①。

《居延汉简释文合校》有一段采买粮食的简文记载：

□杜狂受钱六百。

出钱百一十五，糴麴五斗，斗廿三；

出钱二百廿，糴粱粟二石，石百一十；

出钱六，买燔石十分；

出钱二百一十，糴黍粟二石，石百五；

出钱廿五，糴豉一斗；

出钱百一十，糴大麦一石，石百一十。

●凡出六百八十六（214.4）。②

按：糴恐为"糴（籴）"之误。

此段简文记载杜狂采买粮食具体数量、单价数及总钱数，其中有粱粟、黍粟、大麦、豉、麴。《合校》载祭祠之品"对祠具：鸡一，酒二斗，黍米一斗，盐少半升，稷米一斗（10.39）"③等；《居延汉简甲乙编》载："桂十二，胡豆三（488.1）。"④桂是调味品，胡豆指蚕豆类。敦煌马圈湾汉代烽燧遗址鼠洞内

---

① 甘肃省文物工作队，甘肃省博物馆. 汉简研究文集［M］. 兰州：甘肃人民出版社，1984：486.

② 谢桂华，李均明，编. 居延汉简释文合校［M］. 北京：文物出版社，1987：334.

③ 谢桂华，李均明，编. 居延汉简释文合校［M］. 北京：文物出版社，1987：18.

④ 中国社会科学院考古研究所. 居延汉简甲乙编：下［M］. 北京：中华书局，1980：252.

出土许多粮食，"经鉴定，有大麦、小麦、谷子、青稞、糜子、豌豆等"①。敦煌汉代悬泉置遗址发掘"农作物有大麦、粟、糜、豆、苜蓿、大蒜、核桃、胡桃、杏核等"②，悬泉置汉代简文载"白粱稷米，六斗"③。

金城遗址简策《劳边使者过境中费》（发掘报告称为"新莽地皇三年"），像是一份招待劳边使者预备酒席的清单，记载劳边使者共有多少人，需购入多少粮食、酒、豉，费用是多少，曰：

劳边使者过境中费（一）；

粱米八斗，直百六十（二）；

即米三石，直四百五十（三）；

羊二，直五百（四）；

酒二石，直二百八十（五）；

盐、豉各一斗，直三十（六）；

酱将畺，直五（七）；

·往来过费凡直千四百七十（八）；

·肩水见吏廿七人，率人五十五人（九）（74.E.j.T21：2–10）。④

（E 指额济纳河流域）。其中提到粱米、即米。

另外汉简所记河西的农作物名称尚有青黍、粱若白粟（《居延汉简甲乙编》495.7、495.5）、白稗米（《敦煌汉简释文 246》）、粗米（《居延新简释粹》74.E.P.T40：201）。《居延新简》："廿八日，稗米七斗，粗米一石三斗。（201）"（此为王莽时期戍卒食粮领取单）。豆类有豌豆、扁豆、黑豆、胡豆等。粟、黍、稷、秫、糜子同属谷类，粟为耐干旱的粮食作物，不分粘否，粟中粘者为黍、秫，不粘为稷。《本草纲目·谷部》"稷"条，指出黍与稷如稻谷中的粳米与糯米一样，有硬、粘的区别，曰：

稷与黍，一类二种也。粘者为黍，不粘者为稷。稷可作饭，黍可酿酒。犹稻之有粳与糯也……稷黍之苗似粟而低小有毛，结子成枝而殊散，其粒如粟而光滑……其色有赤白黄黑数种，黑者禾稍高，今俗通呼为黍子，不复呼稷矣。

① 甘肃省文物工作队. 汉简研究文集 [M]. 兰州：甘肃人民出版社，1984：505.
② 何双全. 甘肃敦煌汉代悬泉置遗址发掘简报 [J]. 文物，2000（5）：16.
③ 中国简牍集成编辑委员会，编. 敦煌市汉代悬泉置遗址采集简牍 [M] //中国简牍集成标注本：第4册 甘肃省 下. 兰州：敦煌文艺出版社，2001：21.
④ 甘肃省文物考古研究所，编；薛英群，等，注. 居延新简释粹 [M]. 兰州：兰州大学出版社，1988：129.

北边地寒，种之有补。河西出者，颗粒尤硬。①

李时珍指出河西所出稷米颗粒比较硬，有补益作用，《本草纲目》"附方"所载补中益气方中有"河西稷米"，"附方：补中益气，羊肉一脚，熬汤，入河西稷米、葱、盐，煮粥食之"②。

穬，指大麦，《玉篇》："穬，大麦也。"③ 粱指谷之精良者，如粱米、粱粟、粱若白粟。《礼记·曲礼下》载凶年粮食歉收时大夫不能吃粱米，曰："岁凶，年谷不登，君膳不祭肺……大夫不食粱，士饮酒不乐。"郑玄注："粱，加食也。"正义："大夫不食粱者，大夫食黍稷，以粱为加，故凶年去之也。"④《本草纲目·谷部》："粱者，良也，谷之良者也。或云种出自梁州，或云粱米性凉，故得粱名。皆各持己见也。粱即粟也……自汉以后，始以大而毛长者为粱，细而毛短者为粟。今则通呼为粟，而粱之名反隐矣。"⑤ 白稗米是一种杂粮类，又稗米与粗米同举，可能是区分精与粗。《齐民要术·种谷第三》引《氾胜之书》云："稗中有米，熟时捣取米，炊食之，不减粱米。"⑥

汉简中还有惊米、惊备、米备特殊的称谓，即战备用粮，如"米备三斛"（《居延新简释粹》编号177、178）。米备可能是提前炒熟的米，就像我们现在吃的炒面一样，《说文·米部》："糗，熬米麦也。"《齐民要术·飧、饭第八十六》有"作粳米糗糒法"："取粳米，汰洒，作饭，曝令燥。捣细，磨，粗细作两种折。"⑦ 惊米、米备皆为急备粮食，是为适应戍边守备与战争需要而备。秔稻，指不黏的稻类，《文选·扬雄〈长杨赋〉》："驰骋秔稻之地，周流黎栗之林。"李善注："《说文》曰：'秔，稻属也。'《声类》以为秔，不黏稻也。"⑧ 一般西北干旱地区不能种植水稻，但史载马援曾在陇西地区种植秔稻，可见西北地区也有水稻类，"昔马援为陇西太守六年，为狄道开渠，引水种秔稻，而郡

① （明）李时珍. 本草纲目［M］. 太原：山西科学技术出版社，2014：669.

② （明）李时珍. 本草纲目［M］. 太原：山西科学技术出版社，2014：670.

③ （南朝梁）顾野王. 大广益会玉篇［M］. 北京：中华书局，1987：74.

④ （汉）郑玄，注；（唐）孔颖达，正义. 礼记正义：上册［M］. 吕友仁，整理. 上海：上海古籍出版社，2008：160.

⑤ （明）李时珍. 本草纲目［M］. 太原：山西科学技术出版社，2014：672.

⑥ （北魏）贾思勰，著；缪启愉，缪桂龙，注. 齐民要术译注［M］. 上海：上海古籍出版社，2006：82.

⑦ （北魏）贾思勰，著；缪启愉，缪桂龙，注. 齐民要术译注［M］. 上海：上海古籍出版社，2006：658.

⑧ （南朝梁）萧统，选编；吕延济，刘良，张铣，等，点校. 新校订六家注文选：第1册［M］. 郑州：郑州大学出版社，2013：552.

中乐业"①。谷粟还可以作为一种货物交换使用，如《居延新简》云："出谷三石五斗，买履一两（EPT65：330A）。"②

2. 蔬菜及调味品

河西的蔬菜及调味品类异常丰富，有葵、韭、藿、薤、葱等。如汉简中记载"蒜一石，直百（2453A）"③，还有其他买葱的记载，"买葱卅束，束四钱，给社（32.16）"④。亦有麹、葵的记载，"青秫三石，梁粟一石五斗，麹四斗，葵二斗，鱼百廿头（74. E. P. T44：8A. B）"⑤。刘郁《西使记》记载西域"有葱、蔬，美而鲜"。居延汉简中还有种植蔬菜的官方"条"规："城官中亭治园条：韭三畦，葵七畦，葱三畦，凡十二畦。其故多过条者，勿减（506.10A）。"⑥邢义田认为"条是一种文书形式"⑦。这个文书规定了城官中亭种植蔬菜的数量，但又说明若超限亦不要减省。《高台县志辑校》有种植苜蓿的记载："苜蓿，春初生芽，人亦采作蔬食。夏月采割，饲牲畜，甘、肃种者多，高台种者少。"⑧

（三）采桑护桑图

魏晋画像砖中有较多的采桑、护桑图（彩图 2 - 19、图 2 - 20），说明河西地区养蚕树桑业的繁盛。如图中多见女子于树下采桑，或见儿童于桑林中嬉戏，或见女子在桑林中随风起舞，亦见有人持弓护林。史载西域及河西宜于桑麻，《魏书·西域》："于阗国……土宜五谷，并桑麻。"⑨ 桑叶可做药物，桑椹酸甜可口，既可做食物，又可做药物，张天锡言西土特产"桑椹甜甘"，生动地说明河西地区桑椹之甘美。植桑为养蚕提供了必备条件，养蚕促进了丝织业的发达。河西画像砖有许多丝帛图片（彩图 2 - 21、图 2 - 22）及蚕茧图、纺织图，出土的文物中有较多的丝织品，如张掖骆驼城墓群出土魏晋彩帛（彩图 2 - 23）、云

① （北魏）郦道元. 水经注：上［M］. 呼和浩特：远方出版社，2007：25.

② 甘肃省文物考古研究所，等，编. 居延新简甲渠侯官与第四燧［M］. 北京：文物出版社，1990：441.

③ 中国简牍集成编辑委员会，编. 中国简牍集成 标注本：第 4 册 甘肃省 下［M］. 兰州：敦煌文艺出版社，2001：4.

④ 谢桂华，李均明，编. 居延汉简释文合校［M］. 北京：文物出版社，1987：49.

⑤ 甘肃省文物考古研究所，编；薛英群，等，注. 居延新简释粹［M］. 兰州：兰州大学出版社，1988：41.

⑥ 谢桂华，李均明，编. 居延汉简释文合校［M］. 北京：文物出版社，1987：609.

⑦ 邢义田. 地不爱宝：汉代的简牍［M］. 北京：中华书局，2011：108.

⑧ 文炜，等，原著；张志纯，等，校点. 高台县志辑校［M］. 兰州：甘肃人民出版社，1998：62.

⑨ （北齐）魏收. 魏书［M］. 长春：吉林人民出版社，1995：1383.

纹锦、彩帛旌铭、彩绘伏羲女娲织锦、圆孔彩绸、丝织食袋、缣带，武威雷台汉墓出土汉代丝绸，又敦煌酥油土汉简中有"卖缣七百廿七匹"① 的记载，这些都说明丝绸之路上桑蚕业之盛、丝织品之精美及丝绸贸易之发达繁荣。

图 2–20　嘉峪关 6 号墓护桑图（复制）　摄于嘉峪关新城博物馆

图 2–22　骆驼城苦水口 1 号墓丝束图 摄于高台县博物馆

（四）果园图

嘉峪关新城 M5 果园图，四壁围起的果园中，树木郁郁苍苍，果实累累，林木上有飞鸟掠过，园门口有护园守林人，护林人左手高举一物，可能在赶鸟；张掖骆驼城苦水口 1 号墓果园图，坞壁内树林茂密，坞外苗圃中种植着庄稼蔬菜（彩图 2–24），从果园图中可见河西果林之繁茂丰硕。《太平御览》引《凉州记》云："祁连山……又有仙人树，行人山中饥渴者，辄食之饱。不得持去，平居不可见。"②

---

① 李均明. 散见简牍合辑 [M]. 北京：文物出版社，1990：12.
② 凉州记 [M] // （宋）李昉，编纂；夏剑钦，王巽斋，校点. 太平御览：第 1 卷. 石家庄：河北教育出版社，1994：457.

三、放牧狩猎图与河西畜牧业

（一）早期岩画中原始的畜牧业

河西地区原始的生产方式是畜牧业。先秦时期这里是少数民族的聚居地，生活着东胡、匈奴、月氏、乌孙等部族，河西地区广袤的草场使得这些马背上的民族过着逐草而徙的游牧狩猎生活。早期的岩画反映了此地区原始的狩猎游牧状态，如 1989 年甘肃省文物考古研究所对河西走廊的岩画进行调查，考查了甘肃北祁连山境内的大黑沟、石堡乡、湾子、七个驴和盐地湾等 7 处岩画点，马鬃山境内的上下哈然扎德盖等 5 处岩画点，以及嘉峪关市黑山岩画点，共 120 余幅岩画，主要有畜群、狩猎、放牧、舞蹈等场面，岩画时间上限可到新石器时期，下限则至秦汉之际①。如黑山岩画"狩猎图"描绘了比较浩大的狩猎场景，画面中众人张弓射箭，被射猎的动物中有成群的牛、鹿，这应是一场规模浩大的围猎活动。

（二）史书记载发达的畜牧业

随着匈奴部族的强大，匈奴冒顿单于灭东胡、逐月氏、乌孙等，逐渐占据河西这片丰茂的水草之地。汉武帝三次征讨河西，将匈奴逐出河西地区，匈奴哀唱："失我祁连山，使我六畜不蕃息。"② 可见河西地区畜牧业是匈奴赖以生存的命脉。《汉书·地理志》言武威以西四郡，"地广民稀，水草宜畜牧，故凉州之畜为天下饶。"③ 河西牧马亦为天下之最，为战争提供了可靠的军备，《魏书·食货志》："世祖之平统万，定秦陇，以河西水草善，乃以为牧地。畜产滋息，马至二百余万匹，橐驼将半之，牛羊则无数。高祖即位之后，复以河阳为牧场，恒置戎马十万匹，以拟京师军警之备。"④《三国志·魏书·文帝纪》注："《魏书》曰：十一月辛未，镇西将军曹真命众将及州郡兵讨破叛胡治元多、卢水、封赏等，斩首五万余级，获生口十万，羊一百一十一万口，牛八万，河西遂平。"⑤ 从曹真所获的羊、牛数目，可见当时河西畜牧业之发达。

《西河旧事》记载祁连山冬暖夏凉，水草丰美，不但牛羊肥壮，乳酪亦味美浓淳，"祁连山，在张掖、酒泉二郡界之上，有松柏五株，水草茂美，山中冬温

① 中国考古学会. 中国考古学年鉴 1990 ［M］. 北京：文物出版社，1991：320.

② （宋）郭茂倩，编撰. 乐府诗集 ［M］. 聂世美，仓阳卿，校点. 上海：上海古籍出版社，1998：899.

③ （汉）班固. 汉书 ［M］. 北京：中华书局，1964：1645.

④ （北齐）魏收. 魏书 ［M］. 长春：吉林人民出版社，1995：1666.

⑤ （晋）陈寿. 三国志 ［M］. 北京：中华书局，1964：79.

夏冷，宜牧牛羊，充肥乳酪浓好，夏泻酪不用器物，刘草著其上，不解散，作酥特好，一斛酪得酥斗余（《太平御览》《太平寰宇记》）。"① 张澍《凉州异物志》转引《太平御览》，指出月氏国有一种羊，尾重十斤，随割随生，可供食用，"月氏国有羊，尾重十斤，割之供食，寻生如故。"② 此与郭璞注《山海经》"𦍪羊"近同，《山海经·西山经》："华山之首，曰钱来之山，其上多松，其下多洗石。有兽焉，其状如羊而马尾，名曰𦍪羊，其脂可以已腊。"③ 张澍《凉州异物志》引郭璞《山海经》注："月氏国有大尾羊，如驴，即𦍪羊也。"④

（三）画像砖石中的放牧狩猎图

河西丰美的水草养育着成群的牛羊，河西画像砖中大量的放牧狩猎图，反映了此地区自新石器时期延至魏晋以来日益发达的畜牧业与狩猎活动。畜牧图有两种类型，一种是图中有放牧人，一种是图中只有成群的鸡、牛、马、羊等，表现牲畜种类之多、畜牧之饶。畜牧图中牲畜大多是被放养，少数是圈养。

画像砖常用不等数量的鸡羊或牛马填满整个画面，或者采用透视法，显示牲畜成群，畜牧之丰。养鸡图比较多见，如酒泉西沟4号晋墓鸡群图有6只鸡，嘉峪关新城M6鸡群图有10只鸡，M3鸡群图有5只鸡，M13有13只鸡。这些图中鸡的数量不一，但都占满整个画面，给人一种拥挤成群的感觉。鸡羽翼丰满，形态活泼，栩栩如生。特别是M3鸡群前领头的一只大公鸡，鸡冠雄举，尾羽华美，昂首挺胸，画面颇具情趣。以上多幅养鸡图，结合河西汉简中有较多购入鸡的记载，说明河西畜养及食用鸡是比较普遍的现象。画像砖中马群图最多见，如嘉峪关新城M7马群图中4匹马悠然站立，M6马群图中四马扬蹄，M6马群图中五匹马或扬蹄或凛然站立；嘉峪关新城M5"牧马图"，一个高鼻深目的异族人正在牧马，群马攒蹄飞奔，使我们想象到草原上万马齐奔的壮观景象。画像砖中羊群图也比较常见，嘉峪关新城M6羊群图，图中以九只羊表现密集的羊群。嘉峪关新城魏晋M1"牧畜图"，有红色题字"牧畜"，图中牛羊成群，旁有一个异族服饰的放牧人。骆驼城南墓群牧羊图，图中亦有大片的羊群。羊是河西地区主要的畜产，羊肉鲜美，乳酪淳厚，而河西养羊的数量也非常可观（彩图2-25）。嘉峪关新城M5魏晋墓"牧牛图"，牧人手持弓箭，看护牛群。画面采用透视法，用简单的笔触表现密集的牛群。牛的用途比较多，主要用于

---

① （清）张澍，辑刻. 西河旧事 [M] //丛书集成初编. 北京：中华书局，1985：3.

② （清）张澍，纂. 凉州异物志 [M] //丛书集成初编. 北京：中华书局，1985：4.

③ 于江山，主编；王学典，译注. 山海经 插图版 [M]. 北京：中国纺织出版社，2015：22.

④ （清）张澍，纂. 凉州异物志 [M] //丛书集成初编. 北京：中华书局，1985：4.

农耕生产，但也用于食用，而乘坐牛车是晋代名士的一种时尚。嘉峪关新城 M1 坞壁图，有红字题榜"坞"，坞四围壁垒高立，附近放养牛、马、羊，提示以坞壁为中心的畜牧业。嘉峪关新城 M1"井饮图"，一人在井旁打水，旁有红字题榜"井饮"，井两边各有两匹马、两头牛在槽中饮水，显示牛马分槽而饮的情况。嘉峪关新城 M3 养猪图，在坞堡门外有一头猪正在吃食，猪没有养在猪圈内；嘉峪关新城 M5 养猪图，猪养在坞堡内；嘉峪关魏晋 M4 出土有炭精豚，说明此地畜养猪。嘉峪关新城 M6"牵驼图"，牧人一手持棒，一手牵骆驼，牧人尖顶高帽、长靴，为胡人服饰；嘉峪关新城 M6 骆驼图，树下有一大一小 2 只骆驼在嚼食树叶。骆驼素被称为"沙漠之舟"，是穿越沙漠的主要运输工具，但也用于食用，早期岩画显示河西地区很早就有骆驼。骆驼城南墓群有牧鹿图，说明此地驯养鹿（彩图 2-26）。河西画像砖中还有守门犬图。从以上大量的畜牧图，可以想见凉州之畜为天下饶的盛况。

狩猎图展示激烈的射猎场景，我们仿佛看见在广袤草原及丛林深处，马蹄声疾，惊鸟四散，剽悍的猎人们骑马疾驰，张弓急射，奋力刺投，兔奔鹿跳，牛羊惊逃。如嘉峪关新城 M1 骑射图（图 2-27），猎人骑在飞奔的马上，回身反射，一箭射中奔逃的兔子后颈部。图中马四蹄张开，毛鬃向后飘扬，显示速度极快，而猎人骑在疾驰的马上反身后射，说明其骑射技术之高。嘉峪关新城 M3 狩猎图，一个头戴兜鍪的士卒骑在马上，手持一柄长戟刺向奔跑的山羊，画面极具动感，马尾向后平扬。狩猎图中常有架鹰走狗的画面，如嘉峪关新城 M5 猎鹰图中，猎人手架猎鹰，马前二只凶猛的雄鹰疾飞向前，猎鹰的身形如直线一般，显示如流星般飞行的速度；M7 图一只猎鹰疾飞扑向前面的猎物，亦以平直的线条显示疾如闪电的速度。M5 捕鸟图，猎人放出的猎鹰飞快扑向前方惊飞

图 2-27　嘉峪关新城一号墓射猎图　摄于高台县博物馆

的三只鸟。M7 猎犬逐狐图，狐狸在前面惊慌奔逃，猎犬在后紧紧追逐。以上大量的狩猎图，展现了草原民族壮阔豪放、令人胸怀激荡的射猎生活。

四、多民族饮食文化习俗的交融

河西发达的农业与畜牧业，保证了这一地区丰足的物产，而这一地区的画像砖，向人们展示了河西富庶丰饶的物质生活，其高超繁复的烹调技术、品类众多的食物，以及河西多民族的饮食风俗、饮食文化都被异彩纷呈地展现给世人。《晋书·张轨传》附《张天锡传》，记载前凉张天锡在淝水战败后归顺东晋，士人以国破身虏辱之，时会稽王司马道子问西土有什么特产，张天锡随口即答，河西有甘甜的桑椹，亦有淳美的乳酪，可以养性，"会稽王道子尝问其西土所出，天锡应声曰：桑葚甜甘，鸱鸮革响，乳酪养性，人无妒心。"① 亦见《世说新语·言语》："桑葚甘香，鸱鸮革响，淳酪养性，人无嫉心。"② 由此可见河西物产之丰美、人性之淳善。《甘州府志·风俗》："饮食：饮用茶、酪、枸杞。食重羔、豚、鸡、鸭。谷、麦、稻、糯，性温味甘，积数年不烂。又产牦牛，力不能耕，饲以为食。"③ 嘉峪关魏晋墓出土有粮食、陶仓等，如 M4 出土有炭精豚、陶仓、粮食，从另一个侧面反映了河西的饮食文化情况。

河西画像砖中无处不在的庖厨图、进食图、宴饮图等，以生动的画面展示了河西丰富多彩的饮食文化。

（一）井饮图与饮食卫生

饮水卫生是健康的重要保证，魏晋画像砖中的井饮图显示了河西饮水卫生状况。嘉峪关新城 M1 题为"井饮"的画像砖，井台高高围起，一人正利用滑轮从井中汲水，井两旁牛马分槽而饮，显示人、畜饮水分开，高高筑起的井台可以保护井水不受污染。嘉峪关新城 M1 汲水图，二个女子正用木架抬一水罐向水井走去，井台亦高高围起，井架上架有辘轳，辘轳上吊一只汲水用的水桶。河西画像砖中类似的画面比较多见（图 2–28），说明当时人们普遍注重井饮卫生。

（二）庖厨图与宴饮图

1. 庖厨图与进食图

庖厨图与宴饮图是魏晋画像砖最常见的题材，几乎所有墓室画像砖都有反

---

① （唐）房玄龄. 晋书：卷八二—卷一三〇［M］. 长春：吉林人民出版社，1995：1357.
② （南朝宋）刘义庆，撰. 世说新语［M］. 钱振民，点校. 岳麓书社，2015：27.
③ （清）钟赓起，著；张志纯，郭兴圣，何成才，校注. 甘州府志校注［M］. 甘肃文化出版社，2008：137.

图 2 - 28　许三湾东墓群井饮图　摄于高台县博物馆

映墓主人日常奢侈生活的饮食图。画像砖如同一幅幅相连贯的连环画，而庖厨图、捧食图、墓主人进食图以及伴随舞乐的宴饮图呈现出前后相续的动态场景，生动形象地展现出一幅活生生的魏晋河西豪族的生活写照。

　　笔者曾至嘉峪关新城 6 号墓进行实地考察，对墓葬画像砖群的壁画布局有立体的感性认识。墓室分前、中、后三室，前室有宰杀牲畜的庖厨图，如前室东壁有两幅杀猪图，猪被置于案上，案下置一盛血的大盆；椎牛图一幅，屠夫右手牵牛鼻，左手持锤，牛双目血红，弓身蹬蹄，惊恐万状；牵羊图、宰羊图各一幅，宰羊图中羊倒悬在木桩上将被宰杀。这几幅图连贯在一起，构成一整套连续的颇具动感的场景。前室东壁亦有较多的烹煮图，如一侍女持烤羊肉串进献，一女子在火盆旁做饭；一婢女在灶前烧火煮食，墙壁上悬挂肉、俎案等。前室北壁东侧庖厨图，壁上七个铁钩均挂着肉，表现肉食种类之丰足。进入中室，似乎到了墓主人宴请宾客及进食的厅堂，中室主要是烹饪烧烤图、捧食图、男女主人进食图、宴宾图等。中室北壁东侧最下为庖厨图，庖丁在俎案上切肉，旁边的盆中盛满食物；北壁西侧，庖丁在俎案上切肉，其左侧一婢女协理炊事，右侧有一个五层叠架。中室西壁有三层相近似的画面，每一层如同连环画，从左向右（按图中墓主人的左右向）依次是仆侍捧食图、男主人进食图、宾主宴饮图，如上二层捧食图皆有三人捧食前行，其中一人手持三股叉，上有串烧的羊肉；壁画一、二、三层居中位置为墓主人进食图，分别表现墓主人青年、中年、老年的情形；最上层宴宾图中，墓主人与宾客对坐宴饮，宾客席地而坐，手持串满羊肉的三股叉，主人踞坐在矮榻上；中层盛酒图中，一侍者正用勺从斛中汲酒，斛置于温酒器即镟子上；最下层宴饮弹奏图中，一人在弹阮咸，一人吹八孔长笛。中室东壁三层皆为女主人进食图，中层女主人进食后，一侍女将"餐巾"递向女主人。图中以人物大小不同表现身份高低贵贱的不等,男女主人身形较仆侍高大。

除嘉峪关6号墓外,其他墓葬中亦有较多反映炊事活动的庖厨图,诸如较多的宰牛图(图2-29)、宰猪图(彩图2-30)、宰羊图。又如嘉峪关M5前室西壁杀鸡图,两个婢女相对跪坐,分别在两个盆中烫拔鸡毛。新城M1砖画,墓主人持便面坐于榻上,一侍者将用三股叉串烤的羊肉串递向墓主人,旁有题榜"段清""幼絜"(图2-31)。汉代骆驼城墓出土短柄铁叉,形与画中相近,可能是古代用以烧烤的三股叉(图2-32)。新城M1庖厨图,一婢女前置三足架,三足架上为一平盘,另一婢女前置一罐,图中还有放在架子上的馒头及悬挂的肉食类;新城M1庖厨图,庖丁正在切肉,一仆人持箸在罐中搅拌,罐中热气腾腾,烹煮的可能是肉类(彩图2-33)。嘉峪关新城M4图,一侍女右手托盘,托盘上盛满馒头,左手提一酒罐。M5进食图,侍女手托一盘馒头;一女子在釜中烹食。新城M7图,一女子跪坐在三足平底锅前,手拿一张薄饼,正在烙饼;新城M7烙饼图与此相近。

图2-29　骆驼城苦水口一号墓屠牛图　摄于高台县博物馆

庖厨图、进食图反映了魏晋时期河西烹饪技术的高超、食物品类的繁多。从图中可见食物加工方法有烤、蒸、煮、炙等,食物种类既有肉食类如鸡、羊、猪、牛、狗、鱼,又有面食类如饼、馒头等。庖厨图中杀狗屠猪、宰羊椎牛、烫鸡切肉等画面,以及悬挂的肉脯、炙烧的羊肉等,都提示肉食种类之繁多;烹饪图中的烹煮、揉面、蒸馍、烙饼、烤肉串等画面,显示了烹饪技术之复杂。(图2-34)

图2－31　嘉峪关魏晋一号墓　摄于高台县博物馆

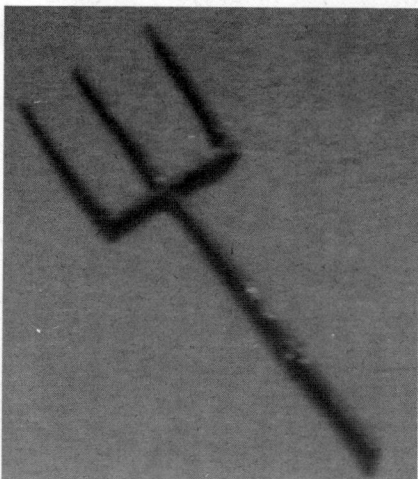

图2－32　汉代骆驼城墓群铁叉
摄于高台博物馆

图中亦有反映少数民族饮食生活的画面，如新城M3砖图中有2座穹庐，一穹庐中躺卧一人，另一穹庐中有一人蹲在地上，用瓦器煮食，二人皆髡发。髡发是少数民族常见的发饰，《后汉书·乌桓传》载乌桓人庐居髡头，曰："乌桓者，本东胡也……随水草放牧，居无常处。以穹庐为舍，东开向日……父子男女相对踞蹲。以髡头为轻便。妇人至嫁时乃养发。"①《后汉书·鲜卑传》："鲜卑者，亦东胡之支也……其言语习俗与乌桓同，唯婚姻先髡头。"②

---

① （南朝宋）范晔. 后汉书［M］. 北京：中华书局，1965：2979.
② （南朝宋）范晔. 后汉书［M］. 北京：中华书局，1965：2985.

图 2-34　骆驼城墓群灰陶灶　摄于高台县博物馆

2. 滤醋、酿酒图

（1）滤醋

魏晋画像砖中的酒饮图及滤醋图反映了河西地区酿酒、酿醋的技术与水平。目前所见滤醋图有 6 幅，如嘉峪关新城 M3 滤醋图，一长几放置三个滤罐，其中二罐的罐底有滤孔，滤出的醋正通过滤孔流到下面的盆中。新城 M4 号滤醋图，一条长几上放置三个滤罐，中间滤罐下放置一盆；新城 M1 滤醋图有四个滤罐。酒泉西沟魏晋墓滤醋图有三个滤罐，中间滤罐下放置一盆。高台骆驼城苦水口 1 号墓滤醋图中有三个滤罐；高台骆驼城苦水口 1 号墓另一幅滤醋图，有两个滤罐，旁有一女子（彩图 2-35）。如此繁多的滤醋图说明了河西地区制醋技术的成熟及酿醋现象的普遍，同时也反映了河西地区民众饮食中对醋的喜爱。笔者在山西平遥醋坊所见的滤醋场景，与以上诸图相近（彩图 2-36）。

"醋"字始见于汉代，最初指宴饮时客人答酬主人的一种礼仪，《说文解字·酉部》云："醋，客酌主人也。"① 宋·史绳祖《学斋佔毕》云："《九经》中无'醋'字，止有'醯'及'和用酸'而已，至汉方有此字。"② 汉代酸性

①　（汉）许慎，撰. 说文解字 ［M］//（清）段玉裁，注. 说文解字注. 上海：上海古籍出版社，1981：749.

②　（宋）史绳祖. 学斋佔毕 ［M］. 商务印书馆，1939：63.

调味品称"苦酒""酢""酸",《说文解字·酉部》:"酸,酢也……关东谓酢曰酸。"①《释名·释饮食》:"苦酒,淳毒甚者,酢苦也。"② 晋代亦称"苦酒"。《太平御览》卷866引晋·陈寿"魏名臣奏":"今官贩苦酒,与百姓争锥刀之末。"③《晋书·赵王伦传》:"遣尚书袁敞持节赐伦死,饮以金屑苦酒。"④《晋书·张华传》:"陆机尝饷华鲊,于时宾客满座,华发器,便曰:此龙肉也。众未之信。华曰:试以苦酒濯之,必有异。"⑤ 醢有肉酱之意,亦指酸味品,《论语·公冶长》云微生高"乞醯",宋·邢丙疏:"醯,醋也。""醋"作为酸味品的名称比较晚,较早见于《齐民要术》。此书卷八"作酢"篇自注:"酢者,今醋也。"该篇中"酢""醋"并见,说明这二字意思相同,可以互用;"菹绿第七十九"中醋、酢、酸浆水并提,进一步说明醋与酢、酸浆同义。《名医别录》:"醋,味酸,温,无毒,主消痈肿,散水气,杀邪毒。"⑥ 在唐代《千金要方》中仍有"酢""苦酒"的称谓。中国古代醋的制作方法与国外不同,是以谷物固体发酵的方式酿制。《齐民要术》"作酢"篇介绍了23种作酢法,如3种"作大酢法",即用大麦麨、水及熟粟饭发酵做成,又有秫米神酢法、粟米曲作酢、秫米酢法、大麦酢法、烧饼作酢法、酒糟酢法、《食经》大豆千岁苦酒法、水苦酒法、卒成苦酒法、乌梅苦酒法、蜜苦酒法、外国苦酒法等法。作酢的原料以谷类为多,如粟、秫、大麦、黏黍米、粟糠、烧饼等,这些是河西常见的粮食作物;发酵用的原料有曲、醋浆、酒糟、酒醅、黄蒸、女曲等;取清的方法有压酒法、过滤法,如压酒法即"用毛袋压出"清汁,过滤法属于固态发酵法,即将发酵的谷物置于一带有滤孔的瓮中,反复从上淋水,清醋即从下面的滤孔中过滤而出。如"酒糟酢"作法:将酒糟与熟谷相拌和后,"卧于酾瓮中,以向满为限,以绵幕瓮口。七日后,酢香熟,便下水,令相淹渍。经宿,酾孔中下之。夏日作者,宜冷水淋;春秋作者,宜温卧,以穰茹瓮,汤淋之。以意消

① (汉)许慎,撰. 说文解字 [M] // (清)段玉裁,注. 说文解字注. 上海:上海古籍出版社,1981:751.
② (汉)刘熙. 释名 [M] //丛书集成初编. 北京:中华书局,1985:66.
③ (晋)陈寿. 魏名臣奏 [M] // (宋)李昉,编纂;夏剑钦,王巽斋,校点. 太平御览:第7卷. 石家庄:河北教育出版社,1994:976.
④ (唐)房玄龄. 晋书:卷三七—卷八一 [M]. 长春:吉林人民出版社,1995:950.
⑤ (唐)房玄龄. 晋书:卷一一卷三六 [M]. 长春:吉林人民出版社,1995:620.
⑥ (南朝梁)陶弘景,集. 名医别录 [M]. 尚志钧,整理. 北京:人民卫生出版社,1986:314.

息之。"① 画像砖的滤醋图反映了这种过滤方法。《说文解字·酉部》："酾，酾酒也。"②《玉篇·酉部》："酾，以孔下酒也。"③ 酾，原指滤酒，即从滤孔中滤酒，这里是指滤醋，酾瓮即带滤孔的瓮，即如画像砖上所示。从唐五代敦煌文献可知敦煌地区寺庙春秋两季酿醋，如 P. 2049vb《后唐长兴二年（931）正月沙州净土寺直岁愿达手下诸色入破历算会牒》："麸两硕五斗，秋卧醋用（413~414 行）。" P. 2032V《后晋时代净土寺诸色入破历算会稿》："麸六硕，春秋卧醋用（773 行）。"④ 敦煌文献中常见"卧醋"记载，卧醋亦即酿醋。敦煌文献中亦见沽醋的记载，如《年代不明（公元九世纪前期）诸色斛斗入破历会祘会稿（斯一七三三号）》载："面三斗，沽醋三斗，麦六斗。"⑤

（2）酿酒

魏晋画像砖中亦有酿制图，如张掖高台许三湾东墓群酿制图（彩图 2－37），图中有一女子在灶前蒸煮，旁边一长几上有 2 个滤罐，下接 2 个桶形罐，可能是制醋，亦可能是酿酒。在宴饮图中常见宾主豪饮的画面，又可见勺、斛、镟成套的温酒器，出土实物中常有酒瓮等储酒器，如武威雷台汉墓出土铜耳杯23 只、铜壶 2 只。魏晋时期由于社会动荡及玄学的影响，嗜酒豪饮成了名士风流的一种普遍行为，这种风气也可能波及河西地区，加之草原民族的豪放纵饮，使河西地区饮酒形成一种风尚。河西画像砖中的饮酒图有夫妻对饮，有男、女主人各自与宾客宴饮的画面；亦有伴随歌舞的宴饮图。如酒泉丁家闸 5 号墓宴饮图中墓主人手执麈尾，应是名士或官宦之类，其旁置放多种酒器，这幅图可能表现的是魏晋名士酒饮的场景。河西地区出土汉简中常有买酒的记载，同时有驿站购买酒曲记载，如《元康五年悬泉置过长罗侯费用簿》："出麹三石，以治酒六酿"，"凡酒廿。其二石受县，十八石置所自治酒"⑥。为了招待长罗侯，河西走廊的驿站悬泉置曾用曲即时自酿，这说明用酒曲酿酒能速就而成。敦煌

---

① （北魏）贾思勰，著；缪启愉，缪桂龙，注. 齐民要术译注［M］. 上海：上海古籍出版社，2006：557.

② （汉）许慎，撰. 说文解字［M］//（清）段玉裁，注. 说文解字注. 上海：上海古籍出版社，1981：747.

③ （南朝梁）顾野王. 大广益会玉篇［M］. 北京：中华书局，1987：135.

④ 唐耕耦，陆宏基，编. 敦煌社会经济文献真迹释录：第 3 辑［M］. 北京：全国图书馆文献缩微复制中心，1990：494.

⑤ 唐耕耦，陆宏基，编. 敦煌社会经济文献真迹释录：第 3 辑［M］. 北京：全国图书馆文献缩微复制中心，1990：299.

⑥ 胡平生，张德芳，编撰. 敦煌悬泉汉简释粹［M］. 上海：上海古籍出版社，2001：231.

文献 P．2032V《后晋时代净土寺诸色入破历算会稿》有多处卧酒的记载，"粟米一斗七升，麦一斗七升，卧酒（97 行）"，"麦五升，粟五升，卧酒（99 行）"①。

　　自从汉代开通河西走廊以来，许多外来的植物品种传入中原，同时，西域葡萄美酒也香飘中土。葡萄及葡萄酒是汉代从西域传入。史载汉使从大宛国引进葡萄种，《史记·大宛列传》："宛左右以蒲陶为酒，富人藏酒至万余石，久者数十岁不败。俗嗜酒，马嗜苜蓿。汉使取其实来，于是天子始种苜蓿、蒲陶肥饶地。"② 张华《博物志》："李广利伐大宛，得蒲陶。"③《晋书》卷一百二十二记："胡人奢侈，厚于养生，家有蒲桃酒，或至千斛，经十年不败，士卒沦没酒藏者相继矣。"④《全芳备祖》引《异国志》："龟兹国胡人奢侈，家有至千斛蒲萄，汉使取实来，离宫别馆傍尽种。"⑤ 西域的葡萄传入后在河西地区种植，而河西葡萄酒尤以武威最为驰名。武威亦名姑臧、凉州，曾为五凉都城，其葡萄酒自汉至唐皆闻名于世，《剧谈录》："凉州富人好酿葡萄酒，多至千余斛，积至十年不败。"⑥ 唐代的凉州词多颂及葡萄酒，王翰《凉州词》"葡萄美酒夜光杯，欲饮琵琶马上催"千古传唱。中原地区早期葡萄酒多由西域进贡而来，直到唐代始有自酿葡萄酒技术，《唐会要》卷一百"杂录"载："葡萄酒，西域有之，前世或有贡献。及破高昌，收马乳葡萄实，于苑中种之，并得其酒法，（太宗）自损益造酒，酒成，凡有八色，芳香酷烈，味兼醍醐，既颁赐群臣，京中始识其味。"⑦《甘州府志·风俗》记载甘州（张掖）的酒种类较多，有黄酒、汾酒等，"酒有数种：酒肆煮米和曲，酿成者曰黄酒；以稞麦糜谷和曲，酿成者曰汾酒；以糯稻和曲，内入汾酒酿成者，即绍兴玉兰、金盘、三白诸色酒。又有缸子酒者，煮大麦和曲酿成，装坛内，入黄酒鸡汤，截芦为筒，有吸饮之，杜工部所谓芦酒是也。"⑧《齐民要术》引《博物志》记载来自胡人的葺荙酒制法：

① 唐耕耦，陆宏基，编．敦煌社会经济文献真迹释录：第 3 辑［M］．北京：全国图书馆文献缩微复制中心，1990：461.
② （汉）司马迁．史记［M］．北京：中华书局，1959：3173.
③ （晋）张华．博物志［M］//（南朝梁）萧统，编；李善，注．昭明文选．长春：吉林人民出版社，1998：288.
④ （唐）房玄龄．晋书：卷八二—卷一三〇［M］．长春：吉林人民出版社，1995：1852.
⑤ 陈景沂，编辑；祝穆，订正．全芳备祖：第三册［M］．程杰，王三毛，点校．杭州：浙江古籍出版社，2014：825.
⑥ 剧谈录［M］//（清）张澍，辑录．凉州府志备考．西安：三秦出版社，1988：74.
⑦ 王浦．唐会要：下册［M］．上海：上海古籍出版社，1991：2135.
⑧ （唐）钟赓起，著；张志纯，郭兴圣，何成才，校注．甘州府志校注［M］．兰州：甘肃文化出版社，2008：137.

胡椒酒法：以好春酒五升；干姜一两，胡椒七十枚，皆捣末；好美安石榴五枚，押取汁。皆以姜、椒末及安石榴汁，悉内着酒中，火暖取温。亦可冷饮，亦可热饮之。温中下气。若病酒，苦觉体中不调，饮之，能者四五升，不能者可二三升从意。若欲增姜、椒亦可；若嫌多，欲减亦可。欲多作者，当以此为率。若饮不尽，可停数日。此胡人所谓荜拨酒也。①

酒中所用安石榴来自西域，晋·张华《博物志》载："汉张骞出使西域，得涂林安石国榴种以归，故名安石榴。"②

3. 宴饮图

宴饮图反映了贵族豪奢的物质生活与精神享受。汉画像石中宴饮图较常见，但宴饮图常与西王母等神仙图在一起，在反映汉人享乐生活的同时也透视了汉人期望升仙的心理。魏晋宴饮图中无升仙的主题，多是反映世俗享乐的生活与心态。

宴饮图中较为典型的如丁家闸 5 号墓壁画，其前室西壁以墓主人为中心的宴饮图表现了喧闹热烈的舞乐场景。墓主人头戴三梁进贤冠，手执麈尾，端坐于轩内的榻上，神情悠然，身后一女侍执曲柄伞，一男侍捧食盒。轩前几案上置勺、斛、镟等酒器，案下置一尊酒壶。轩外坐一男乐伎，左手摇鼓，右手持鼓槌。墓主人前方为大型舞乐场景：最前二人相对而舞，其中一女子双手执便面翩翩起舞；其后是演奏、杂技表演。演奏图中共有四位乐伎，最前一位男伎弹筝，后三位女伎依次弹琵琶、吹箫笛、敲打细腰鼓；杂技表演中，二位女伎头下脚上翻转腾飞，动作幅度很大。其他如许三湾东墓群（彩图 2-38）、骆驼城苦水口 1 号墓（图 2-39），有较多的宴饮、舞乐场景。宴饮舞乐图反映了河西豪族奢华的生活。

（三）汉简记载的食物反映河西的饮食情况

从河西出土汉简记载的大量粮食类、肉食类，结合北魏贾思勰《齐民要术》对"胡食"的详细描述，可见河西地区丰富的食物种类以及夹杂着异族风味的烹饪方法，与画像砖庖厨图、进食图中丰美的饮食、热闹的进食场景相互映照。

1. 汉简中种类繁多的肉食类

甘肃敦煌汉代悬泉置遗址发掘有"大量家畜骨骼，如马、牛、羊、鸡、狗、

---

① （北魏）贾思勰，著；缪启愉，缪桂龙，注. 齐民要术译注［M］. 上海：上海古籍出版社，2006：517.
② （晋）张华. 博物志［M］//（明）李时珍，撰. 本草纲目. 山西科学技术出版社，2014：808.

图 2 -39　骆驼城苦水口一号墓宴饮图　摄于高台县博物馆

兔、骆驼等，其中以马、牛、鸡的骨骼最多"①。汉简中有关河西边戍地区交易购买肉类食品的记载，说明此地自汉代起肉食类就异常丰富，如《居延汉简释文合校》："狗一，直贾五百（163.6）。"② 居延汉简中有关于鱼价的记载："负掾鱼卅头，直谷三斗（EPT65：33）。"③

汉简中购买动物内脏及杂碎的记载亦不少，说明动物杂碎是河西人喜食之品，如居延汉简中载："牛肣一只，母，直六十（217·29）。"④ 肣，即舌头，本作"圅"。《说文解字·肉部》："圅，舌也。肣，俗圅。从肉今。"⑤ 居延汉简中有一份卖出动物杂碎的清单：

> 头六十，肝五十，乳廿，肺六十，迹廿，舌廿，胃百□百钱，颈十钱，界十，宽卅，心卅斤，□十二百，黄将十，肠益卌。卖雠直六百七十●凡四百五十（286·19B）。⑥

这里记载的动物杂碎比较多，有头、肝、肺、迹、舌、胃、颈、界、宽、心、黄将、肠益等，共得钱六百七十。

居延汉简还有一份领取肉及杂碎记录：

① 　何双全. 甘肃敦煌汉代悬泉置遗址发掘简报［J］. 文物，2000（5）：4 -20.
② 　谢桂华，李均明，编. 居延汉简释文合校［M］. 北京：文物出版社，1987：349.
③ 　甘肃省文物考古研究所，等，编. 居延新简：甲渠侯官与第四燧［M］. 北京：文物出版社，1990：421.
④ 　谢桂华，李均明，编. 居延汉简释文合校［M］. 北京：文物出版社，1987：349.
⑤ 　（汉）许慎，撰. 说文解字［M］//（清）段玉裁，注. 说文解字注. 上海：上海古籍出版社，1981：316.
⑥ 　谢桂华，李均明，编. 居延汉简释文合校［M］. 北京：文物出版社，1987：483.

宜农辟取肉名：尚子春十斤，直二斛……杨子任二十斤，直四（74. E. P. T40：76A）。

□□任取头，直五斛；杨子仲取脾，直四斛；李子产取肠，直三斛五斗黍；陈伟君取脯，直三斛（以上为第一栏）。斡幼光取宽，直二斛黍，凡肠☑，陈子房取边将迹，直二斛清黍☑，唐子春取项，直一斛清黍，孙任君取应胁于朗，直二斛清黍，陈伯取肝，直二斛……☑大凡直粟三十九斛（以上为第二栏）。74. E. P. T40：76B①

这些肉类共值四十九斛粟。甘肃敦煌酥油土汉简载："出钱八十买肠。220"② 可见动物的心肝脾肺肾内脏及头颈肋等皆是常食之品。

2. 汉简中的油脂类

汉简中常有购买脂类的记载，如《居延汉简合校》载：

出钱百七十，买脂十斤（133·10）③，

脂六十三斤，直三百七十八（286·19A）④，

二月壬寅，买脂五十斤，斤八十☑（237·46）⑤。

3. 汉简中的调味品

河西地区常见的调味品有盐、醋、酱、豉、桂等，汉简中多有这方面的记载。如敦煌汉简："酒四斛……酱二斗……醯三斗（敦：246）。"⑥《元康五年悬泉置过长罗侯费用簿》："出豉一石二斗，以和酱（90DXT0112：61：78）。"《居延汉简释文合校》："桂十二，胡豆三（488.1）。"⑦

4.《元康五年悬泉置过长罗侯费用簿》——丰盛的饮食谱

《元康五年悬泉置过长罗侯费用簿》共 18 枚木简。汉宣帝元康五年（公元前 61）长罗侯常惠带领使团出使乌孙，经过悬泉置驿站，悬泉置招待使团及随行军吏，此为膳食费用簿。简文如下：

●悬泉置元康五年正月过长罗侯费用簿。县掾延年过。

① 谢桂华，李均明，编. 居延汉简释文合校［M］. 北京：文物出版社，1987：133.
② 李均明. 散见简牍合辑［M］. 北京：文物出版社，1990：12.
③ 谢桂华，李均明，编. 居延汉简释文合校［M］. 北京：文物出版社，1987：222.
④ 谢桂华，李均明，编. 居延汉简释文合校［M］. 北京：文物出版社，1987：483.
⑤ 谢桂华，李均明，编. 居延汉简释文合校［M］. 北京：文物出版社，1987：391.
⑥ 吴礽骧，等，释校；甘肃省文物考古研究所，编. 敦煌汉简释文［M］. 兰州：甘肃人民出版社，1991：24.
⑦ 谢桂华，李均明，编. 居延汉简释文合校［M］. 北京：文物出版社，1987：590.

入羊五，其二羣（通"羔"），三大羊，以过长罗侯军长吏具。入麴三石，受县。出麴三石，以治酒之酿。入鱼十枚，受县。入豉一石五斗，受县。今豉三斗。出鸡十双一枚，以过长罗侯军长史二人、军候丞八人，司马丞二人，凡十二人。其九人再食，三人一食。出牛肉百八十斤，以过长罗侯军长史廿人，斥候五十人，凡七十二人。出鱼十枚，以过长罗侯军长史具。出粟四斗，以付都田佐宣，以治庚。出豉一石二斗，以和酱食施刑士。入酒二石，受县。出酒十八石，以过军吏廿，斥候五【十】人，凡七十人。

●凡酒廿。其二石受县，十八石置所自治酒。凡出酒廿石。凡米廿八石八斗，以付亭长奉德、都田佐宣以食施刑士三百人。

●凡出米卅八石（Ⅰ 90DXT0112：③61—78）。①

可见这次高级招待，食用丰美，肉类有羊、鱼、鸡、牛，面食类有粟、米，调味品有豉，豉用以和酱食，还有可口美酒，其中部分是自酿酒。

（四）《齐民要术》等书中记载的胡人烹饪技术

《后汉书·五行志十三》记汉灵帝喜好胡人习俗文化及饮食器具，京师贵族争相仿效，曰："灵帝好胡服、胡帐、胡床、胡坐、胡饭、胡箜篌、胡笛、胡舞，京都贵戚，皆竞为之，此服妖也。"② 皇帝的喜好在民间起了带动促进作用，使少数民族饮食习俗逐渐被中原汉人所接受。晋武帝泰始年后中原汉人更以胡器、胡饭为时尚，少数民族文化完全渗透到中原文化之中，以至百姓戏言这是"胡人相侵"的前兆，其后的"五胡乱华"似乎应验了这个戏言。晋·干宝《搜神记·翟器翟食》曰："胡床、貊盘，翟之器也。羌煮、貊炙，翟之食也。自泰始以来，中国尚之。贵人富室，必畜其器，吉享嘉宾，皆以为先。戎翟侵中国之前兆也。"③ 《宋书》卷三十"五行志上"亦载："晋武帝泰始后，中国相尚用胡床、貊盘，及为羌煮、貊炙。贵人富室，必置其器，吉享嘉会，皆此为先。太康中，又以毡为绲头及络带、衿口。百姓相戏曰：中国必为胡所破也。"④ 人们习称的貊盘为胡人盛食器具，羌煮貊炙乃是具有西北少数民族特色的烹饪技法。

《齐民要术》记载的饮食烹饪之法有许多来自北方少数民族，明·沈士龙

① 胡平生，张德芳，编撰. 敦煌悬泉汉简释粹［M］. 上海：上海古籍出版社，2001：231－232.

② （南朝宋）范晔. 后汉书［M］. 北京：中华书局，1965：3272.

③ （晋）干宝. 搜神记［M］. 马银琴，周广荣，著译. 北京：中华书局，2009：142.

④ （南朝梁）沈约，撰；中华书局编辑部，编. 二十四史简体字本 宋书：1－2册［M］. 北京：中华书局，2000：592.

《书〈齐民要术〉后》认为《齐民要术》偏重于北方之俗，不宜于南方，虽对"盐酪薤蒜""羌煮貊炙"胡人的烹饪方法持轻视甚至鄙夷态度，但其说反映了《齐民要术》所载北俗中特殊的烹饪方法，曰："乃知北俗种树畜牧调造之法，不但南朔今古非宜，至其动用牛马秒及盐酪薤蒜之类，诚所谓羌煮貊炙，使名庖呕下者也。"① 以下结合《齐民要术》记载的"胡食法"，略论河西地区特殊的饮食烹饪方法。

1. 肉食类——貊炙羌煮

貊、羌皆指少数民族。貊炙，将动物整体炙烤，食时自以刀割食，如烧全羊之类，《释名·释饮食》："貊炙，全体炙之，各自以刀割，出于胡貊之为也。"②

羌煮，是将鹿头与猪肉汤合制的烹调方法。《齐民要术·羹臛法第七十六》详述"羌煮"技法，即以好鹿头单煮令熟，在水中洗净，作臡如两指大。另将猪肉切成小块，作成肉汤；将鹿头肉放进去，下葱白二寸如一虎口大，细切生姜及橘皮各半合，入少许椒，再放苦酒、盐、豉，调拌和口。一个鹿头用两斤猪肉做羹汤。

胡炮肉，见于《齐民要术·蒸缹法第七十七》"胡炮肉法"。用一岁小羊的肥白羊肉，宰杀后即生缕切如细叶，羊脂亦细切，放入豉、盐、擘断的葱白、姜、胡椒、荜拨等调匀。净洗羊肚，翻开，将切细的羊肉羊脂等放入肚中，以满为限，缝住。挖一中空的坑烧火，将坑烧赤后，熄灭灰火，将羊肚放入坑中，再用灰火覆盖，上面再燃火，经一石米炊煮的时间，肉便熟了，其肉香美异常。

作胡羹法，见于《齐民要术·羹臛法第七十六》。即将羊肋与羊肉合煮后，去掉羊肋，切肉，然后加上葱头、胡荽、安石榴等即成，"用羊肋六斤，又肉四斤，水四升，煮；出肋，切之。葱头一斤，胡荽一两，安石榴汁数合，口调其味。"③

灌肠法，见于《齐民要术·炙法第八十》"灌肠法"。用羊大肠灌肠的方法可能来自胡人。将羊肉切成肉馅一样细碎，加入细切的葱白，并放入盐、豉、姜、椒等调和适口后，再灌肠，"取羊盘肠，净洗治。细剉羊肉，令如笼肉，细切葱白，盐、豉汁、姜、椒末调和，令咸淡适口，以灌肠。两条夹而炙之。割

---

① （明）沈士龙. 书齐民要术后［M］//（北魏）贾思勰. 齐民要术. 丛书集成初编. 北京：中华书局，1985：1.

② （汉）刘熙. 释名［M］//丛书集成初编. 北京：中华书局，1985：64.

③ （北魏）贾思勰，著；缪启愉，缪桂龙，注. 齐民要术译注［M］. 上海：上海古籍出版社，2006：589.

食甚香美。"① 《齐民要术》中羊肉的烹制方法很多，多是来自胡人。

胡饭法，见于《齐民要术·飧、饭第八十六》，曰："以酢瓜菹长切，脟炙肥肉，生杂菜，内饼中急捲。卷用两卷，三截，还令相就，并六断，长不过二寸。别奠'飘齑'随之。细切胡芹、蓼下酢中为'飘齑'。"② 将腌制的酸瓜切成长块，与炙肥肉并生杂菜一并卷入饼中，卷2张饼，每张卷饼切3段，最后切成2寸长的6段，拌着醋制的胡芹、蓼即飘齑吃。

2. 面食类——胡饼蒸饼

汉代的饼并非我们现在意义的饼，是以麦为主要加工原料的面食总称，如索饼、汤饼即面条类。《说文解字·食部》曰："饼，面餈（糍）也。"③ 《释名·释饮食》："饼，并也。溲面使合并也。"④ 饼是水与面合并所做的食品，根据其制作方法及外形的不同，有胡饼、蒸饼、汤饼、蝎饼、髓饼、金饼、索饼等不同名称。《释名》："胡饼，作之大漫沍也，亦言以胡麻著上也。蒸饼、汤饼、蝎饼、髓饼、金饼、索饼之属，皆随形而名之也。"⑤ 胡饼应该属于真正意义的饼，名"胡"者，应是来自西北少数民族的做法，即便以胡麻称之者，胡麻亦是来自胡人，王羲之"坦腹东床啮胡饼"的胡饼与此饼同。

《齐民要术·饼法第八十二》记载了许多种饼类的制作方法，有作饼酵法、作白饼法、作烧饼法、髓饼法、膏环、鸡鸭子饼法、细环饼截饼、粉饼法、豚皮饼法等等。如"作饼酵法"即制作发面用的面酵，俗称面引子，"《食经》曰：作饼酵法：酸浆一斗，煎取七升；用粳米一升著浆，迟下水，如作粥。六月时，溲一石面，着二升；冬时，着四升作。"⑥ 从此法可知，古人已有发酵法。作烧饼法，以一斗面、二斤羊肉加上葱白、豉及盐，合熬令熟，再在火上炙，面起即可。作髓饼法，以髓脂、蜜和面，做成厚四五分、广六七寸的饼，在胡饼炉中炕熟，其饼"肥美，可经久"，显然此法亦是胡人的一种食法。膏环，用秫稻米屑，水蜜溲之，"强泽如汤饼面。手搦团，可长八寸许，屈令两头

---

① （北魏）贾思勰，著；缪启愉，缪桂龙，注. 齐民要术译注 [M]. 上海：上海古籍出版社，2006：621.
② （北魏）贾思勰，著；缪启愉，缪桂龙，注. 齐民要术译注 [M]. 上海：上海古籍出版社，2006：658.
③ （汉）许慎，撰. 说文解字 [M] //（清）段玉裁，注. 说文解字注. 上海：上海古籍出版社，1981：219.
④ （汉）刘熙. 释名 [M] //丛书集成初编. 北京：中华书局，1985：64.
⑤ （汉）刘熙. 释名 [M] //丛书集成初编. 北京：中华书局，1985：64.
⑥ （北魏）贾思勰，著；缪启愉，缪桂龙，注. 齐民要术译注 [M]. 上海：上海古籍出版社，2006：637.

相就，膏油煮之。"① 应该是将饼做成环形，再用膏油煎。敦煌汉简中记载有"膏饼"，膏饼可能是用膏油煎，与膏环用膏油煎相同。《齐民要术》做饼常用膏油、脂、乳汁、蜜类，如做细环饼（一名"寒具"）、截饼（一名"蝎子"），以蜜调水溲面，或煮枣汁，或牛羊脂膏，牛羊乳亦好，如此令饼美脆；截饼如纯用乳汁溲者，入口即碎，"脆如凌雪"，可以想见乳汁溲面的截饼是如何的香脆可口，令人垂涎欲滴。

蒸饼亦称笼饼，放在笼中蒸，即馒头。《长安客话·皇都杂记·饼》指出汤饼、蒸饼、胡饼做法的不同之处，"水瀹而食者皆为汤饼"，"笼蒸而食者皆为笼饼，亦名炊饼"，"炉熟而食者皆为胡饼"②。《晋书·何曾传》记何曾生活奢侈，其蒸饼没有十分开花的不食，说明是发面馒头，"蒸饼上不坼作十字不食。食日万钱，犹曰无下箸处。"③

《齐民要术》还记载了用胡麻做羹法，即将胡麻捣煮研汁后与葱头、米合煮，《羹臛法第七十六·作胡麻羹法》曰："用胡麻一斗，捣，煮令熟，研取汁三升。葱头二升，米二合，着火上。葱头、米熟，得二升半在。"④

3. 乳制品——乳酪养性

乳汁、乳酪、乳酥亦是河西重要的食饮之品，张天锡"乳酪养性"一语道尽西北之人对乳品的喜好及乳酪的淳美。乳制品早在汉代就有，《释名·释饮食》："酪，泽也，乳汁所作，使人肥泽也。"⑤ 乳制品原是胡人饮食，《汉书·晁错传》言"胡人食肉饮酪"⑥。《史记·匈奴列传》："得汉食物皆去之，以示不如湩酪之便美也。"裴骃《集解》："湩，乳汁也。"⑦《盐铁论·散不足论》："羊淹鸡寒，挏马酪酒。"⑧ 汉代有挏马官专门负责制作挏马酒，而挏马酒是取马乳为原料，这种制法最初来自西北少数民族，《汉书·礼乐志》："其七十二人给大官挏马酒。"李奇曰："以马乳为酒，撞桐甩成也。"颜师古注："马酪味如

① （北魏）贾思勰，著；缪启愉，缪桂龙，注. 齐民要术译注［M］. 上海：上海古籍出版社，2006：638.
② （明）蒋一葵. 长安客话［M］. 北京：北京古籍出版社，1982：38.
③ （唐）房玄龄. 晋书：卷一一卷三六［M］. 长春：吉林人民出版社，1995：570.
④ （北魏）贾思勰，著；缪启愉，缪桂龙，注. 齐民要术译注［M］. 上海：上海古籍出版社，2006：589.
⑤ （汉）刘熙. 释名［M］//丛书集成初编. 北京：中华书局，1985：64.
⑥ （汉）班固. 汉书［M］. 北京：中华书局，1964：2285.
⑦ （汉）司马迁. 史记［M］. 北京：中华书局，1959：2899.
⑧ （汉）桓宽. 盐铁论［M］. 上海：上海人民出版社，1974：68.

酒，而饮之亦可醉，故呼马酒也。"① 挏，摇动，《说文解字》："挏，推引也。从手，同声。汉有挏马官，作马酒。"清·段玉裁注："应劭曰：主乳马，取其乳汁挏治之，味酢可饮，因以名官。如淳曰：主乳马，以韦革为夹兜，受数斗，盛马乳，挏其上肥，因名曰挏马官，今梁州亦名马酪为马酒。《颜氏家训》曰：此谓撞捣挺挏之，今为酪酒亦然。"②

《齐民要术·养羊》中有"酥酪、干酪法"，详述如何捋取牛羊乳汁，如何制作酥酪、干酪的方法。首先细述将乳核取乳之法，"牛产三日，以绳绞牛颈、胫，令遍身脉胀；倒地即缚，以手痛捼乳核令破，以脚二七遍蹴乳房，然后解放。羊产三日，直以手捼核令破，不以脚蹴。若不如此破核者，乳脉细微，摄身则闭；核破脉开，捋乳易得。曾经破核后产者，不须复治。"③ 《齐民要术》计算羊羔牛犊出生天数以取乳，如牛羊刚生产后不能马上取乳，一般是牛产五日外、羊产十日外，待羊羔牛犊得乳养强健、能啖水草后才能取乳；取乳不可尽，当三分中留一分与羊羔牛犊。同时根据不同季节草料肥枯情况以确定取乳时间，如三月末、四月初天暖草肥，牛羊饱食草料，便可作酪，八月末止；到九月一日之后，天寒草枯，牛羊渐瘦，不能过多地制作乳酪。

《齐民要术》详述酥酪（湿酪）及干酪两种制作方法。如湿酪法，"捋讫，于铛釜中缓火煎之"④，不可令焦；常用干的牛羊粪作燃料，取"干粪火软"；煮乳时，"常以杓扬乳，勿令溢出"，四五沸止，倒入盆中，不要再扬，小冷后，掠取乳皮，放在另外一个容器中，便成为酥。再将熟乳过滤后，倒入瓦瓶子中保温，"屈木为棬，以张生绢袋子，滤熟乳着瓦瓶子中卧之"；"卧酪"要冷暖适宜，温度稍稍高于人体温为宜，太热则酪易酸，太冷则不易成酪。以先前做的甜酪作为酵母，放入过滤后的熟乳中，大约一升熟乳用半匙甜酪，用匙痛搅拌和，均调后放于瓶中，用毡、絮暖瓶，以单布盖，第二天酪成，"滤乳讫，以先成甜酪为酵——大率熟乳一升，用酪半匙——著杓中，以匙痛搅令散，泻著熟乳中，仍以杓搅使均调。以毡、絮之属，茹瓶令暖。良久，以单布盖之。明

---

① （汉）班固. 汉书 [M]. 北京：中华书局，1964：1074 – 1075.
② （汉）许慎，撰；（清）段玉裁，注. 说文解字注 [M]. 上海：上海古籍出版社，1981：601.
③ （北魏）贾思勰，著；缪启愉，缪桂龙，注. 齐民要术译注 [M]. 上海：上海古籍出版社，2006：428.
④ （北魏）贾思勰，著；缪启愉，缪桂龙，注. 齐民要术译注 [M]. 上海：上海古籍出版社，2006：428.

旦酪成。"①

"干酪法"，在七八月制作，将酪在日中反复炙晒，取上皮，直至无皮后，再在铛中炒少时，放入盘中曝晒，干后即成酪如梨大小，这样制成的干酪经久不坏，可供远行，"七月、八月中作之。日中炙酪，酪上皮成，掠取。更炙之，又掠。肥尽无皮，乃止。得一斗许，于铛中炒少许时，即出于盘上，日曝。浥浥时作团，大如梨许。又曝使干。得经数年不坏，以供远行。"②

《本草纲目》引《臞仙神隐》（或曰《饮膳正要》）中的制湿酪、干酪法与《齐民要术》非常相近，曰："按《臞仙神隐》，一作《饮膳正要》云：造法：用乳半杓，锅内炒过，入余乳熬数十沸，常以杓纵横搅之，乃倾出罐盛。待冷，掠取浮皮以为酥。入旧酪少许，纸封放之，即成矣。又干酪法：以酪晒结，掠去浮皮再晒，至皮尽，却入釜中炒少时，器盛，曝令可作块，收用。"③

清·张澍《西河旧事》引《太平御览》，言河西祁连山冬温夏凉，水草丰美，宜牧牛羊，乳酪浓好，凝结不散，夏天不用倒在器物里，只简单地放在新割的草上也不会散落，一斛酪可得一升多酥，曰："祁连山，在张掖、酒泉二郡界之上，有松柏五株，水草茂美，山中冬温夏凉，宜牧牛羊，育充肥乳酪浓好，夏写酪不用器物，刘草著其上，不解散。作酥特好，一斛酪得酥斗余（《太平御览》《太平寰宇记》）。"又引《世说新语注》曰："河西，牛羊肥，酪过精好，但写酪置草上，都不解散也（《世说注》）。"④ "澎按：《唐书》：武德二年，凉州刺史安修仁献百年酥，饮之可延寿。"⑤

第六节　河西道地药材与外来药物

河西地区有许多当地的药材，药材的名称亦颇具地方特色。在此略举一二。

---

① （北魏）贾思勰，著；缪启愉、缪桂龙，注. 齐民要术译注［M］. 上海：上海古籍出版社，2006：429.

② （北魏）贾思勰，著；缪启愉、缪桂龙，注. 齐民要术译注［M］. 上海：上海古籍出版社，2006：432.

③ （明）李时珍. 本草纲目［M］. 太原：山西科学技术出版社，2014：1221.

④ 西河旧事［M］//王云五，主编；喻归，纂. 丛书集成初编 3181. 上海：商务印书馆，1936：28.

⑤ （清）张澍，辑著；武威市市志编纂委员会办公室校印. 凉州府志备考［M］. 1986：75.

一、戎盐

戎盐为盐的一种，而以"戎"命名，是指来自西北少数民族地区的盐类。《周礼》记载王的膳食中有饴盐，饴即味甜之意，郑玄注释说明饴盐出自戎盐，《周礼·天官·盐人》："掌盐之政令，以共百事之盐。祭祀，共其苦盐、散盐。宾客，共其形盐、散盐。王之膳羞，共饴盐；后及世子亦如之。凡齐事，鬻盐以待戒令。"郑注："饴盐，盐之恬者，今戎盐有焉。"贾公彦疏："'今戎盐有焉者'即石盐是也。"① 《隋书·食货志》亦载："四曰饴盐，于戎以取之。"② 又有产于朔方郡青盐泽的青盐，可以入药，《汉书·地理志》："朔方，金连盐泽、青盐泽皆在南。"③ 汉代朔方郡故城位于内蒙古自治区巴彦淖尔市区（临河）及市西南磴口县，《水经注·河水三》指出产自朔方的青盐，又名戎盐，"又案《魏土地记》曰：［朔方］县有大盐池，其盐大而青白，名曰青盐。又曰戎盐，入药分。"④

戎盐，又名胡盐、羌盐、青盐、秃登盐、阴土盐（《新修本草》），本草书言产于西羌的青盐质量较佳。戎盐首见于《神农本草经》下品，"主明目，目痛，益气，坚肌骨，去毒蛊。"⑤ 《名医别录》："一名胡盐。生胡盐山及西羌北地、酒泉福禄城东南角。北海青，南海赤。十月采。""味咸，寒，无毒，主心腹痛，溺血吐血，齿舌血出。"⑥ 从胡、戎、羌名称言，其盐当来自羌戎之地，西羌、酒泉、凉州（武威）、敦煌、张掖皆产盐。《本草经集注》言房中盐有九种，有白盐、食盐、黑盐、胡盐、柔盐、赤盐、驳盐、臭盐、马齿盐，白盐、食盐为食用之盐，胡盐主耳聋目痛，柔盐疗马脊疮，曰："房中盐乃有九种：白盐、食盐，常食者；黑盐，主腹胀气满；胡盐，主耳聋目痛；柔盐，主马脊疮；又有赤盐、驳盐、臭盐、马齿盐四种，并不入食……今戎盐房中甚有，从凉州来，芮芮河南使及北部胡客从敦煌来，亦得之，自是稀少尔。其形作块片，或如鸡鸭卵，或如菱米，色紫白，味不甚咸，口尝气臭，正如鰕鸡子臭者言真……盐

① （汉）郑玄，注；（唐）贾公彦，疏；（清）阮元，校勘. 周礼注疏［M］//十三经注疏. 北京：中华书局，1980：675.
② （唐）魏征，（唐）令狐德棻，撰. 隋书 第02部［M］. 北京：中华书局，1973：474.
③ （汉）班固. 汉书［M］. 北京：中华书局，1964：2285.
④ （北魏）郦道元. 水经注：上［M］. 华辰，编. 呼和浩特：远方出版社，2007：34.
⑤ 神农本草经［M］//（宋）唐慎微，撰；尚志钧，郑金生，尚元藕，等，校点. 证类本草. 华夏出版社，1993：130.
⑥ 名医别录［M］//（宋）唐慎微，撰；尚志钧，郑金生，尚元藕，等，校点. 证类本草. 华夏出版社，1993：130.

虽多种，而戎盐、卤碱最为要用。"① 凉州指武威，芮芮指柔然。《新修本草》：
"其戎盐即胡盐。沙州名秃登盐，廓州名为阴土盐，生河岸山坂之阴土石间，块
大小不常，坚白似石，烧之不鸣炧尔。"② 其沙州秃登盐即是产于敦煌的盐。
《日华子》："戎盐，平。助水脏，益精气，除五脏癥结，心腹积聚，痛疮疥癣。
即西蕃所出，食者号戎盐，又名羌盐。"③ 《本草图经》指宋代医家治眼及补肾
药多用青盐，即戎盐，产自西羌者质量较佳，曰："医家治眼及补下药多用青
盐，疑此即戎盐。而《本经》云：北海青，南海赤。今青盐从西羌来者，形块
方棱，明莹而青黑色，最奇。北胡来者，作大块而不光莹，又多孔窍，若蜂窠
状，色亦浅于西盐，彼人谓之盐枕，入药差劣。北胡又有一种盐，作片屑，如
碎白石，彼人亦谓之青盐，缄封于匣中，与盐枕并作礼贽，不知是何色类。"④
《绍兴校定经史证类备急本草》"食盐"条："绍兴校定：戎盐，其所载出产甚
多，然西蕃所出者，其形成块，色明净者佳。"⑤

　　《凉州异物志》言有姜赖之墟，名龙城，传说此地刚卤千里，为蒺藜之形，
其下有盐，大如棋，累累而生，出于胡国，故名戎盐，又分赤黑二种，可以疗
疾，曰："姜赖之墟，今称龙城。恒谿无道，以感天庭，上帝震怒，溢海荡倾。
刚卤千里，蒺藜之形。其下有盐，累棋而生（《太平御览》）。""盐山二岳，三
色为质。赤者如丹，黑者如漆。大小从意，镂之写物。作兽辟恶，佩之为吉。
是曰戎盐，可以疗疾（《太平御览》）。"⑥ 张澍注引《艺文类聚》与上大同，又
言张掖有盐池产红盐，"澍按：《类聚》引云：姜赖之墟，今称龙城，生赤黑盐，
以其生于胡国，名曰戎盐。张掖有池，产红盐"⑦。张澍又引《水经注》，说明
龙城曾为姜赖之墟，乃胡之大国，蒲菖海溢，淹没其国，其城基尤存，此地盐
储丰富，地广千里，皆为盐且质地坚刚，发掘地下，有大盐如方枕，而蒲菖有
盐泽之称，"《水经注》云：龙城故姜赖之虚，胡之大国也。蒲菖海溢，荡覆其

① （南朝梁）陶弘景. 本草经集注［M］// （宋）唐慎微，撰；尚志钧，郑金生，尚元
　　藕，等，校点. 证类本草. 华夏出版社，1993：130.
② （唐）苏敬，等. 新修本草［M］// （宋）唐慎微，撰；尚志钧，郑金生，尚元藕，
　　等，校点. 证类本草. 华夏出版社，1993：130.
③ 日华子本草［M］// （宋）唐慎微，撰；尚志钧，郑金生，尚元藕，等，校点. 证类
　　本草. 华夏出版社，1993：130.
④ （宋）苏颂，撰. 本草图经［M］. 合肥：安徽科学技术出版社，1994：44.
⑤ （宋）王继先，等. 绍兴校定经史证类备急本草［M］. 郑金生，杨梅香，辑. 内部交
　　流自印，1991：20.
⑥ （清）张澍，纂. 凉州异物志［M］// （宋）李昉，编纂. 孙雍长，熊毓兰，校点. 太
　　平御览：第7卷. 石家庄：河北教育出版社，1994：973.
⑦ （清）张澍，纂. 凉州异物志［M］//丛书集成初编. 北京：中华书局，1985：1.

国，城基尚存，而至大……地广千里，皆为盐而坚刚也。行人所径，畜产皆布
氈卧之，掘发其下，有大盐方如巨枕，以次相累，类雾起云浮，寡见星日。少
禽多鬼怪。西接鄯善，东连三沙，为海之北隘矣。故蒲菖亦有盐泽之称也。"①
王国维引《水经》考证蒲昌海之地为罗布淖尔，曰："《水经·河水注》云：河
水又东径墨山国南，又东径注宾城南，又东径楼兰城而东注，河水又东径于渤
泽，即《经》所谓蒲昌海也云云。案河水者，今之宽车河或塔里木河；渤泽与
蒲昌海者，今罗布淖尔也。"② 即今新疆罗布泊一带。

　　《本草纲目》亦引《凉州异物志》，说明姜赖之墟为产盐之地，有赤黑二
色，其青盐、赤盐即是戎盐，又引《凉州记》言青盐池出青盐，曰："按《凉
州异物志》云：姜赖之墟，今称龙城。刚卤千里，蒺藜之形。其下有盐，累棋
而生。出于胡国，故名戎盐。赞云：盐山二岳，二色为质。赤者如丹，黑者如
漆。小大从意，镂之为物。作兽辟恶，佩之为吉。或称戎盐，可以疗疾。此说
与本草本文相合，亦惟赤、黑二色，不言白者。盖白者乃光明盐，而青盐、赤
盐则戎盐也。故《凉州记》云：青盐池出盐，正方半寸，其形如石，甚甜美。"
又引《北户录》，言张掖有盐池产红盐，宁夏近凉州一带有盐井产青盐，"《北
户录》亦言，张掖池中出桃花盐，色如桃花，随月盈缩。今宁夏近凉州地，盐
井所出青盐，四方皎洁如石。山丹卫即张掖地，有池产红盐，红色。此二盐，
即戎盐之青、赤二色者。医方但用青盐，而不用红盐，不知二盐皆名戎
盐也。"③

　　《石雅》指出戎盐的形态，累累相积，表面有凹洼，或如蜂窠，乃天然形
成，产于土石间，非为精炼而成，曰："今市间所售，结构约方半寸或寸许，累
累相积，色微赤，面常凹成窟，或多孔窍若蜂窠，磷磷作骸骨状，察之固为天
然物，风雨时侵损之，故形辄如是，则曩所谓产土石间者，洵非诬矣。"④

　　戎盐在汉代已作为药用，前在《本草经》中已有记述，而最为典型的方用
是《金匮要略》治小便不利的茯苓戎盐汤方，方用茯苓半斤、白术二两，以及
戎盐弹丸大一枚。先将茯苓、白术，以水五升煮取三升，入戎盐再服，分温三
服。另外在武威汉简治马咳涕出方中亦用到戎盐。

　　① （清）张澍，纂. 凉州异物志［M］//丛书集成初编. 北京：中华书局，1985：2.
　　② 王国维，著. 王国维手定观堂集林［M］. 杭州：浙江教育出版社，2014：332.
　　③ （明）李时珍. 本草纲目［M］. 太原：山西科学技术出版社，2014：287.
　　④ 章鸿钊，著. 石雅［M］. 天津：百花文艺出版社，2010：155.

二、红蓝花

红蓝花为菊科植物红花（*Carthamus tinctorius* L）的花。因花开红色，其叶似蓝，故名红蓝；可染色为红、黄，又名黄蓝（《博物志》）。魏晋时期称红蓝花，唐代始称红花（《北户录》《通典》），作为药名载入本草书始于宋《开宝本草》。红蓝花既能入药，又能制作植物颜料即燕脂（又名燕支、焉支、燕肢、胭脂），用于女子妆容粉面及染布。河西地区的焉支山据说是因为燕脂而得名，单于妻子名"阏氏"，与"焉支"谐音，形容女子面容美好如燕脂。卫青、霍去病攻略河西，匈奴被迫退出河西地区，悲歌曰："失我焉支山，令我妇女无颜色。失我祁连山，使我六畜不蕃息。"① 清·纳兰容若词："谁相念，胭脂山下，悲哉秋气。"② 胭脂山即焉支山。《史记·匈奴列传》"焉支山"《正义》注："焉音烟。《括地志》云：焉支山一名删丹山，在甘州删丹县东南五十里。《西河故事》云：'匈奴失祁连、焉支二山，乃歌曰：亡我祁连山，使我六畜不蕃息；失我焉支山，使我妇女无颜色。'其慜惜乃如此。"③ 《史记·匈奴列传》："单于有太子名冒顿，后有所爱阏氏。""阏氏"《索隐》注："旧音於连、於曷反二音。匈奴皇后号也，习凿齿《与燕王书》曰：'山下有红蓝，足下先知不？北方人探取其花染绯黄，挼取其上英鲜者作烟肢，妇人将用为颜色，吾少时再三过见烟肢，今日始视红蓝，后当为足下致其种。匈奴名妻作阏支，言其可爱如烟肢也。阏音烟。想足下先亦不作此读《汉书》也。'"④ 唐天宝年间唐玄宗封焉支山神为宁济公，时任河西节度使的哥舒翰在焉支山南建宁济公祠堂，唐·杨炎《大唐焉支山神宁济公祠堂碑》："西山（《骈文类纂》作"西北"）之巨镇曰燕支，本匈奴王庭，昔汉武纳浑邪，开右地，置武威、张掖，而山界二部（《骈文类纂》作"郡"）之间，连峰委会，云蔚岱起，积高之势，四面千里。"⑤ 言焉支山在武威、张掖二郡之间，地处河西走廊，原是匈奴王庭所在。清代河西甘州人范士玉诗"宁济公寺"即以此为题："宁济崇封天宝初，建祠山

---

① （宋）郭茂倩，编撰. 乐府诗集［M］. 聂世美，仓阳卿，校点. 上海：上海古籍出版社，1998：899.
② （清）纳兰容若，著；苏缨，注评. 纳兰词［M］. 武汉：长江文艺出版社，2015：242.
③ （唐）张守节. 史记正义［M］//（汉）司马迁. 史记. 北京：中华书局，1959：2909.
④ （唐）司马贞. 史记索隐［M］//（汉）司马迁. 史记. 北京：中华书局，1959：2889.
⑤ （唐）杨炎. 大唐焉支山神宁济公祠堂碑［M］//（清）张澍，辑著. 武威市市志编纂委员会办公室校印. 凉州府志备考. 1986：710.

麓表哥舒。潼关紫去无颜色，纵染胭脂也暗如。"按《括地志》焉支山一名删丹山，删丹山位于今山丹县，属张掖辖地。

红蓝花及燕脂非中国原有，为外来引进之品类。唐《北户录》卷三"山花燕支"引《博物志》，言是张骞出使西域时引入，曰："《博物志》云：张骞使西域还，得大蒜、安石榴、胡桃、蒲桃、沙葱、苜蓿、胡荽，黄蓝可作燕支也。红花亦出波斯疏勒河禄国。今梁汉最上，每岁贡二万斤于织染署。"① 宋《云麓漫钞》引《博物志》："黄蓝，张骞所得，今沧魏亦种，近世人多种之。收其花，俟干，以染帛，色鲜于茜，谓之'真红'，亦曰'干红'。目其草曰'红花'，以染帛之余为燕支。干草初渍则色黄，故又名黄蓝。"②

对于红蓝花的原产地究系何处，以及红蓝花何时传入中原，古今说法不一。晋·崔豹《古今注》卷下"草木"篇曰："燕支，叶似蓟，花似蒲公，出西方，土人以染，名为燕支，中国人谓之红蓝，以染粉为面色，谓之燕支粉。今人以重绛为燕支，非燕支花所染也。燕支花所染，自为红蓝尔。"③ "出西方"是指西域。习凿齿《与谢侍中书》："'此有红蓝，北人采取其花作烟支。妇人妆时作颊色，用如豆许，按令偏颊，殊觉鲜明。'匈奴名妻阏氏，言可爱如燕支也。"④ 唐末马缟《中华古今注》卷中载："燕脂，盖起自纣，以红蓝花汁凝作燕脂，以燕国所生，故曰燕脂，涂之作桃花妆。"⑤ 燕脂起自纣及燕国所生的说法不可靠，而以"燕"代表燕国并不可取，"燕脂"是音译的外来名。红蓝花、燕支在汉代以前的文献中几不可见，东汉张仲景《金匮要略》有"红蓝花酒方"，但原书方后林亿注"疑非仲景方"。赵丰从考古角度"约在距今5500年之前，埃及已开始应用红花染料了"，认为"红花的起源中心在地中海地区，在公元前传入南亚和中亚地区，传入我国中原地区时间则在公元三世纪前后，到唐代已遍及全国"，将红蓝花传入中国的过程分为两个阶段，"第一阶段是由中亚传入我国西北地区，这一阶段的起始时期已不可考，很可能是在张骞通西域之前，第二阶段是红花由我国西北地区传入中原。"⑥ 墙斯反对焉支与红蓝花有直

---

① （唐）段公路. 北户录：卷三［M］. 光绪本，3.

② （晋）张华. 博物志［M］//赵彦卫，撰. 傅根清，点校. 云麓漫钞. 北京：中华书局，1996：126.

③ （晋）崔豹，著. 古今注［M］. 北京：中华书局，1985：20.

④ （宋）罗愿，撰. 尔雅翼［M］. 石云孙，点校. 合肥：黄山书社，1991：36. 习凿齿《与谢侍中书》亦见于《北户录》卷三"山花燕支"，光绪本所见文字与《索隐》几近相同，此不复录。

⑤ （唐）马缟，集. 中华古今注［M］. 北京：中华书局，1985：19.

⑥ 赵丰. 红花在古代中国的传播、栽培和应用［J］. 中国农史，1987，6（3）：61－71.

接关系的观点，认为"'匈奴歌'的时代应在魏晋以后"，怀疑《金匮要略》红蓝花酒方非张仲景方，"然《四部丛刊》景明刊本《新编金匮要略方论·妇人杂病脉证并治》第二十二'红蓝花酒方'下注'疑非仲景方'。可见，此方是否确为东汉张仲景所创，仍有争议"，最终认定"胭脂起源当在魏晋时期"①。法国学者童丕认为"先在古埃及，其后波斯的农民已懂得种植使用此种红兰花。红兰花从西域传入中国的时期不早于汉末晋初"②。红蓝花可能在西汉已传入河西，而在魏晋时期则逐渐传入中原地区并广泛应用。"红蓝花酒方"可能是魏晋以后的人所附加。《齐民要术》卷五"种红蓝花、栀子第五十二"记载了红蓝花的播种采制方法，说明北魏时期红蓝花已经在中原地区栽培种植。

花地欲得良熟。二月末三月初种也。种法：欲雨后速下，或漫散种，或耧下，一如种麻法，亦有锄培而掩种者，子科大而易移理。花出，欲日日乘凉摘取（不摘则干），摘必须尽（余留即合）。五月子熟，拔，曝令干，打取之（子亦不用郁浥）。五月种晚花（春初即留子，入五月便种，若待新花熟后取子，则太晚也），七月中摘，深色鲜明，耐久不黦，胜春种者。③

红蓝花一年种 2 次，在阴历二三月初种及五月晚种，晚种则胜初种，花开宜急摘。从敦煌文献可知唐代红蓝花在敦煌地区已经较为广泛地种植，敦煌寺庙中关于红蓝花种植收纳的记载较多，如"未年正月十六日报恩寺诸色入破历祆会稿（斯六〇六四号）"，记载报恩寺收纳诸色斛斗时二处出现"一石五斗红蓝"④。《北户录》："《通典》云：今汉中岁贡红花百斤，燕支一升。"⑤《通典·食货六·赋税下》："汉中郡：贡红花百斤，燕脂一升。今梁州。"⑥ 说明唐代汉中郡红花及燕支已作为岁贡。

《齐民要术》卷五详细记载了用红蓝花杀花法及制作燕脂的方法：

杀花法：摘取即碓捣使熟，以水淘，布袋绞去黄汁；再捣，以粟饭浆清而

① 墙斯. 胭脂溯源［J］. 寻根，2014（6）：83 – 90.

② 童丕. 据敦煌写本谈红蓝花——植物的使用［C］//佛教物质文化·寺院财富与世俗供养国际学术研讨会论文集. 上海：上海书画出版社，2003：261 – 274.

③ （北魏）贾思勰，著；缪启愉，缪桂龙，注. 齐民要术译注［M］. 上海：上海古籍出版社，2009：314.

④ 唐耕耦，陆宏基，编. 敦煌社会经济文献真迹释录：第 3 辑［M］. 北京：全国图书馆文献缩微复制中心，1990：297.

⑤ （唐）段公路. 北户录：卷三［M］. 光绪本，第 3 页.

⑥ （唐）杜佑. 通典：上［M］. 长沙：岳麓书社，1995：65.

醋者淘之，又以布袋绞去汁，即吸取染红勿弃也。绞讫，著瓷器中，以布盖上，鸡鸣更捣令均，于席上摊而曝干，胜作饼。作饼者，不得干，令花浥郁也。

红蓝花含有黄色素及红色素，杀花法是先去掉黄色素，然后保留红色素，制成用以染红的花饼。卷五"作燕脂法"详述燕脂的制作方法，曰：

预烧落藜、藜藿及蒿作灰（无者，即草灰亦得），以汤淋取清汁（初汁纯厚太酽，即杀花，不中用，唯可洗衣；取第三度淋者，以用揉花，和，使好色也），揉花（十许遍，势尽乃至），布袋绞取淳汁，著瓷碗中。取醋石榴两三个，擘取子，捣破，少著粟饭浆水极酸者和之，布绞取瀋，以和花汁（若无石榴者，以好醋和饭浆亦得用。若复无醋者，清饭浆极酸者，亦得空用之）。下白皮粉，大如酸枣（粉多则白）。以净竹箸不腻者，良久痛搅。盖冒至夜，泻去清汁，至淳处止，倾着帛练角袋子中悬之。明日干浥浥时，捻作小瓣，如半麻子，阴干之，则成矣。

利用红色素酸溶性而不溶于碱的特性，将落藜、藜藿及蒿烧成灰，用汤淋取清汁，此时清汁呈碱性，绞取淳汁即得花汁，而后用酸石榴等制成酸性溶液提取红色素，制成胭脂，此时的胭脂为非脂性的。另用牛髓作脂法，带有一定脂性，易于敷用及被皮肤吸收，"用牛髓，牛髓少者，用牛脂合之。"①

现代研究发现，唐代敦煌壁画中的颜料有植物颜料胭脂②，说明胭脂已被用于壁画的绘画中。目前所见河西魏晋画像砖中，女子面容嫣红如敷胭脂，可能表现的是朱色粉面的情形（彩图 2 - 40、彩图 2 - 41）。但所用颜料不能完全确定是红蓝花所制的胭脂，其红色也可能是朱砂，因为朱砂作为红色面饰的历史要早于胭脂。

红蓝花作为药物始载于《开宝本草》，其花能活血化瘀，用于产后血晕口噤，腹内恶血不尽及胎死胞中，用酒煮服，苗与子皆可入药；燕脂亦可入药，治小儿聤耳，曰："红蓝花，味辛，温。无毒。主产后血运口噤，腹内恶血不尽绞痛，胎死腹中，并酒煮服。亦主蛊毒下血。堪作燕脂。其苗生捣碎，傅游肿。其子吞数颗，主天行疮子不出。其燕脂，主小儿聤耳，滴耳中。生梁、汉及西

① （北魏）贾思勰，著；缪启愉，缪桂龙，注. 齐民要术译注 ［M］. 上海：上海古籍出版社，2009：373.

② 王冬松. 唐代敦煌绘画与雕塑的植物色考察 ［J］. 华侨大学学报（哲学社会科学版），2015（1）：116 - 128.

域。一名黄蓝。《博物志》云：黄蓝，张骞所得。今仓魏地亦种之。"①《开宝本草》指出其产地为梁州、汉中郡及西域。《本草图经》："其花暴干，以染真红及作燕脂。主产后血病为胜。其实亦同叶，颇似蓝，故有蓝名，又名黄蓝。"②《本草纲目》列"燕脂"条，"集解"言制燕脂法有四，其中一种是用红蓝花汁作成，"燕脂有四种：一种以红蓝花汁染胡粉而成，乃《苏鹗演义》所谓燕脂叶似蓟，花似蒲，出西方，中国谓之红蓝，以染粉为妇人面色者也。"③

《金匮要略·妇人杂病脉证并治第二十二》有"红蓝花酒"，"妇人六十二种风及腹中血气刺痛，红蓝花酒主之。"林亿校："疑非仲景方"。唐代以后的方书中红花应用渐多，《证类本草》引《外台秘要》"治一切肿方"："用红花熟烂，捣取汁服之。"④

三、甘草

现今甘草的基原为豆科植物甘草（*Glyeyrrhiza uralensis* Fisch.）、胀果甘草（*G. inflata* Bat.）或光果甘草（*G. glabra*L.）的干燥根和根茎。但高晓娟等认为"原植物形态描述及图例考证认为，古本草记载甘草均为乌拉尔甘草，不包括《中国药典》记载正品甘草的另外 2 个种：光果甘草和胀果甘草。"⑤ 古代甘草的道地产地随时代变迁，汉晋时期甘肃曾是甘草的道地产地之一。《神农本草经》"上品"首载甘草，曰："甘草，味甘，平。主五脏六腑寒热邪气，坚筋骨，长肌肉，倍力，金疮尰，解毒。"⑥《名医别录》言甘草产于河西积沙山及上郡（陕西榆林一带），积沙山为现在的甘肃临夏积石山⑦，曰："生河西川谷积沙山及上郡。二月、八月除日采根，曝干十日成。"河西或指黄河以西。甘草

① （宋）卢多逊. 开宝本草［M］//（宋）唐慎微，中医非物质文化遗产临床经典名著 证类本草. 北京：中国医药科技出版社，2011：276.
② （宋）苏颂，撰. 本草图经［M］. 合肥：安徽科学技术出版社，1994：240.
③ （明）李时珍. 本草纲目［M］. 太原：山西科学技术出版社，2014：446.
④ （唐）王焘. 外台秘要［M］//（宋）唐慎微. 中医非物质文化遗产临床经典名著 证类本草. 北京：中国医药科技出版社，2011：276.
⑤ 高晓娟，赵丹，赵建军，等. 甘草的本草考证［J］. 中国实验方剂学杂志，2017（2）：193 - 198.
⑥ 神农本草经［M］//（宋）唐慎微. 中医非物质文化遗产临床经典名著 证类本草. 北京：中国医药科技出版社，2011：156.
⑦ 高晓娟，赵丹，赵建军，等. 甘草的本草考证［J］. 中国实验方剂学杂志，2017（2）：193 - 198.

因味甘而名蜜、甘、美者，"一名蜜甘，一名美草，一名蜜草，一名蕗草。"①
南朝梁·陶弘景《本草经集注》指出梁时河西、上郡的甘草不复通市，当时的
甘草出于汶山（今四川茂汶羌族自治县）诸夷，同时指出甘草有数种，抱罕草
质量最佳，曰："河西、上郡不复通市，今出蜀汉中悉从汶山诸夷中来。赤皮断
理、看之坚实者，是抱罕草，最佳。抱罕，羌地名……青州间亦有，不如……
此草最为众药之主，经方少不用者，犹如香中有沉香也。"②"抱罕草"以抱罕
地名命名，抱罕是指位处河西地区的西羌。"历代记载'抱罕草最佳'拍的是羌
西，甘肃及其以西的 *G. uralensis* Fisch."③。清代《药镜》亦指出抱罕甘草质量
最佳，"坚实、紫黄色者，是抱罕地者，最佳。"清·吴其濬《植物名实图考》
云："余以五月按兵塞外，道旁辙中，皆甘草也……闻甘、凉诸郡（甘州今甘肃
张掖，凉州今甘肃武威一带）尤肥壮，或有以为杖者。"言河西甘州、凉州即张
掖、武威一带的甘草长得非常肥壮，甚至可以作杖使用。古代甘州（张掖）可
能因地多甘草而名，唐代李吉甫《元和郡县图志》云："（甘州）因州东甘峻山
为名。或言地多甘草，故名。"④《图经本草》指出宋时陕西、河东州郡皆有甘
草，"甘草生河西川谷积沙山及上郡，今陕西、河东州郡皆有之……今甘草有数
种，以坚实断理者为佳。其轻虚纵理及细韧者不堪，惟货汤家用之。"⑤《本草
品汇精要》指出"道地山西隆庆州者最胜……用坚实有粉而肥者为好。"《本草
蒙筌》指出"产陕西川谷"。《本草纲目》指出"今人惟以大径寸而结紧断纹者
为佳，谓之粉草。其轻虚细小者，皆不及之"。张仲景《伤寒杂病论》中包含甘
草的方剂颇多，说明汉代甘草的应用已经比较多见。总之，甘草的道地产地早
期是河西、陕西，包括甘肃的张掖、武威一带，宋以后为陕西、河东州郡，明
代以山西隆庆为最胜。

四、甘松香

甘松香，亦名甘松，为败酱科（Valerianaceae）植物甘松（*Nardostachys*

① 名医别录［M］//（宋）唐慎微. 中医非物质文化遗产临床经典名著 证类本草. 北京:
中国医药科技出版社，2011: 156.
② （南朝梁）陶弘景. 本草经集注［M］//（宋）唐慎微. 中医非物质文化遗产临床经典
名著 证类本草. 北京: 中国医药科技出版社，2011: 276.
③ 李学禹，陆嘉惠，主编. 甘草属（Glycyrrhiza L.）分类系统与实验生物学研究［M］.
上海: 复旦大学出版社，2015: 16.
④ （唐）李吉甫. 元和郡县图志: 下册［M］. 北京: 中华书局，1983: 1021.
⑤ （宋）苏颂，图经本草［M］//（宋）唐慎微. 中医非物质文化遗产临床经典名著 证
类本草. 北京: 中国医药科技出版社，2011: 157.

chinensis Batalin）与长匙甘松（*N. jatamanii* DG.）及同属多种植物的干燥根茎。甘松香在唐代《本草拾遗》《海药本草》皆有记载，《开宝本草》引《广志》①中亦载此药，《本草纲目》引《金光明经》名"苦弥哆"，可见甘松香在唐以前即见诸文献。甘松香作为正品始载于《开宝本草》"中品"，曰："甘松香，味甘，温，无毒。主恶气，卒心腹痛满，兼用合诸香。丛生，叶细。《广志》云：甘松香出姑臧。"② 甘松香的产地，《开宝本草》引《广志》言出姑臧，《本草拾遗》云"出凉州"，可见甘松香早期曾产于甘肃武威地区。《本草图经》言"今黔、蜀州郡及辽州亦有之"，即宋代贵州、四川、辽州皆产，"丛生山野，叶细如茅草，根极繁密。八月采，作汤浴令人体香。"③《海药本草》云："谨按《广志》云：生源州，苗细引蔓而生。"④《本草纲目》："产于川西松州，其味甘，故名。"松州即四川省松潘县，是现今甘松香的主要产地，"产于四川西北部松潘草原海拔 3500 公尺以上的阴湿地带，现阿坝藏族自治州甘松岭、黄胜关、章腊营、毛儿盖、镇江关、若尔盖等地均产之。"⑤ 甘松香芳香健脾，开胃温中，《日华子》："健脾，开胃气，温肠，杀鱼肉毒，补水脏及壮筋骨，治肾气。"⑥ 主恶气，卒心腹痛满（《开宝本草》），可内服及药浴，亦是古人美容之品。

五、药名"胡"字避讳

许多来自西域或西北少数民族的药物常常以"胡"命名，同时，也有避讳"胡"字的药物。如十六国时期后赵明帝石勒为羯族人，讳胡，故凡以"胡"命名的事物皆避讳改名，《邺中记》："石勒讳胡，胡物皆改名，胡饼曰麻饼，胡

① 广志：《开宝本草》引录时未指出具体作者，可能是郭义恭。郭义恭《广志》载于陶宗仪《说郛》，陶宗仪谓《广志》成书年代是晋代，其后至今多遵陶说。王利华反对此说，认为"《广志》成书当在北魏前、中期"（王利华，郭义恭《广志》成书年代考证. 中华书局编辑部，文史 1999 年 第 3 辑总第 48 辑［M］. 北京：中华书局，1999：147.）。
② （宋）卢多逊. 开宝本草［M］//（宋）唐慎微. 中医非物质文化遗产临床经典名著证类本草. 北京：中国医药科技出版社，2011：291.
③ （宋）苏颂，撰. 本草图经［M］. 合肥：安徽科学技术出版社，1994：234.
④ （五代）李珣. 海药本草［M］//（宋）唐慎微. 中医非物质文化遗产临床经典名著证类本草. 北京：中国医药科技出版社，2011：291.
⑤ 谢宗万，编著. 中药材品种论述：上册［M］. 上海：上海科学技术出版社，1964：159.
⑥ 日华子本草［M］//（宋）唐慎微. 中医非物质文化遗产临床经典名著 证类本草. 北京：中国医药科技出版社，2011：291.

绥曰香绥，胡豆曰国豆。"①"罗勒"因讳"勒"改名香菜，《本草纲目》"释名"："罗勒：兰香（《嘉祐》），香菜（《纲目》），翳子草。禹锡曰：北人避石勒讳，呼罗勒为兰香。时珍曰：按《邺中记》云：石虎讳言勒，改罗勒为香菜。今俗人呼为翳子草，以其子治翳也。"②

六、兼食兼药的胡药

有些药物由于特殊的气味及少数民族的口味嗜好，成为一种特殊的食用品，具有兼食兼药的特点。如数低味似茴香，北人常作羹食之，《本草拾遗》："数低，味甘，温，无毒，主冷风、冷气，下宿食不消、胀满。生西蕃，北土亦无有，似茴香，胡人作羹食之。"《本草纲目》："数低（《拾遗》）。[藏器曰] 子：味甘，温，无毒。主冷风冷气，下宿食不消，胀满。生西番、北土，兼似蘹香，胡人以作羹食之。"③《本草品汇精要》卷之十一"草部中品"亦载："数低，味甘，温，无毒，主冷风冷气，下宿食不消，胀满。生西蕃，北土亦无有，似茴香，胡人作羹食之。"《本草纲目》载《本草拾遗》中的池德勒，草根可食，曰："池德勒（《拾遗》）。[藏器曰] 根：辛，温，无毒。破冷气，消食。生西国，草根也，胡人食之。"④

①　（晋）陆翙. 邺中记［M］// （宋）李昉，编纂. 孙雍长，熊毓兰，校点. 太平御览：第 7 卷. 石家庄：河北教育出版社，1994：973.
②　（明）李时珍. 本草纲目［M］. 太原：山西科学技术出版社，2014：742.
③　（明）李时珍. 本草纲目［M］. 太原：山西科学技术出版社，2014：742.
④　（明）李时珍. 本草纲目［M］. 太原：山西科学技术出版社，2014：742.

第三章

隋唐五代敦煌壁画中多元化的医学内涵

　　敦煌壁画中的涉医图像异常丰富，其时间跨度上启北凉、北魏，下至宋元，其中以唐代壁画最为多见。壁画虽以佛教中本生、佛传、史迹画为主题，但其中包含了大量医学方面的题材。既反映了古印度及佛经中的医学内容，又透射出在佛教影响下敦煌乃至中土的多元化医学内涵，同时映衬出敦煌地区异彩纷呈的、多民族特色的卫生习俗及卫生状况，为我们了解敦煌地区的医学发展水平及医疗状况提供了丰厚的材料。此部分研究以隋唐五代为主，稍涉隋以前、五代后的内容。

　　在美丽的青绿山水之间，高大的菩提枝叶婆娑，佛陀在树下庄重地讲经，迦陵频伽奏响美妙的音乐，飞天翩跹，舞伎旋腾。云雨霏霏，药草芳香，童子们在花间嬉戏玩闹，男女信众在观音前虔诚祈子；僧人浴洗净齿，夜叉洒扫街道。太子遇见病人忧愁困思，药师发十二愿普救众生；医生匆忙赶来为婴儿诊病，医工在病坊中尽心施药。又见骑士在飞奔的马上左右开弓，武士在马球场上驰骋击鞠。

　　一幅幅生动的画面，将我们带到流光溢彩的敦煌，感受多元异域的神奇文化，参析其中复杂的医学文化现象。敦煌壁画为我们带来无尽的遐象和奇妙的幻思，令人深陷其中，难以自拔，敦煌是每一个中国人心中的梦！

第一节　清净美妙的净土世界

　　敦煌壁画中的经变图向人们展示了无比清净美妙的极乐净土世界，以观无量寿经变、阿弥陀经变、弥勒经变、药师经变图为代表。观无量寿经变、阿弥陀经变图描绘了西方极乐世界，弥勒经变图中的《弥勒下生经》向人们展示了现实世界的富足美好，药师经变图则渲染了东方光明清净、无疾无灾的琉璃世界。

经变图共同的特点，是佛陀端坐于莲花座上，居中说法，菩萨诸天环侍听法。天空中彩云缥缈，天鼓自响，众鸟和鸣，飞天翩跹，"雨天曼陀罗华"；宫观皆以琉璃堆砌，以黄金铺地；七宝池以"金、银、琉璃、玻璨合成"，八功德水充满其中，池中开满七彩莲花，莲花中端坐化生童子。大型经变图的下方正中，常以规模浩大的演奏歌舞场面表现净土世界的美好繁盛，或赞颂佛祖说法的欢乐祥瑞之相，其中不乏令人炫目的胡旋舞，而唐代经变图背后则影射了大唐的繁荣昌盛与万千气象。

一、阿弥陀经变

经变图依据佛经绘制，表现了"净土"思想，如莫高窟初唐220窟阿弥陀佛净土变图。后秦鸠摩罗什译《佛说阿弥陀经》描述西方净土世界：天花漫撒，宝物环绕，"七重栏楯、七重罗网、七重行树，皆是四宝周匝围绕"，天布宝罗之网，地以黄金铺就，"周遍大地，真金合成。其触柔软，香洁光明，无量无边，妙宝间饰"，风吹宝树，出其妙音，"白鹤、孔雀、鹦鹉、舍利、迦陵频伽、共命之鸟，是诸众鸟，昼夜六时，出和雅音"①；七宝池中八功德水微妙无比，澄净甘美，长养万物，"一者澄净，二者清冷，三者甘美，四者轻软，五者润泽，六者安和，七者饮时除饥渴等无量过患，八者饮已定能长养诸根四大，增益种种殊胜善根。"②百姓生活安乐，没有疾苦，"其国众生，无有众苦，但受诸乐，故名极乐"③。敦煌S.6551《佛说阿弥陀经》描述极乐世界无兵无灾、无纳谷纳麦、平等无欺的和平安乐景象，"无有刀兵，无有奴婢，无有欺屈，无有饥馑，无有王官，即是无量寿佛为国王，观音势态（至）为宰相，药上药王作梅录，化生童子是百姓。不是纳谷纳麦、纳酒纳布。"④

二、弥勒经变

弥勒佛是佛教释迦牟尼涅槃后的下一位继任佛，学术界认为是代表正法之后的"末法"时代。我国弥勒信仰盛行于南北朝，"南北朝时期由于政局混乱，

---

① （后秦）三藏法师鸠摩罗什，译. 佛说阿弥陀经 ［M］//释净宗，编订. 净土三经. 长沙：岳麓书社，2012：130－136.
② （唐）三藏法师玄奘，奉诏译. 称赞净土佛摄受经 ［M］//释净宗，编订. 净土三经. 长沙：岳麓书社，2012：131.
③ （后秦）三藏法师鸠摩罗什，译. 佛说阿弥陀经 ［M］//释净宗，编订. 净土三经. 长沙：岳麓书社，2012：130.
④ S.6551 佛说阿弥陀经 ［M］//蓝吉富. 现代佛学大系2 敦煌变文. 台北：弥勒出版社，1982：191.

征战连年，人民困苦不堪，因此末法思想流行，人们急于渴望弥勒下生，为人间带来新的希望，因此，下生信仰在南北朝时期发展迅速，很快便取代了早期流行的上生信仰……中原地区也在南北朝晚期出现了弥勒下生经变。"① 《弥勒经变》有上生经、下生经，"上生"是指弥勒在兜率天宫补菩萨处以待将来成佛，"下生"是弥勒由兜率天宫下生于翅头末国，《佛说弥勒下生经》记述弥勒下生于翅头末国的事迹。敦煌壁画《下生经》虽是依经变内容描就，但反映了敦煌地区的生产生活情况及地方习俗。弥勒下生于阎浮提翅头末城时，此地已是美好丰足的乐土，风调雨顺，果林丰茂，鸡飞相及，人寿绵长，"名华软草，遍覆其地，种种树木，华果茂盛……城邑次比，鸡飞相及，人寿八万四千岁，智慧、威德、色力具足，安隐快乐"；人民在这片肥沃的土地上耕种收获，丰衣足食，"一种七收"，"树上生衣"；园林池泉中有八功德水，"其池四边四宝阶道，众鸟和集，凫、雁、鸳鸯、孔雀、翡翠、鹦鹉、舍利、鸠那罗、耆婆耆婆等诸妙音鸟，常在其中。复有异类妙音之鸟，不可称数。果树、香树，充满国内。尔时，阎浮提中常有好香譬如香山，流水美好，味甘除患，雨泽随时，谷稼滋茂，不生草秽，一种七获，用功甚少，所收甚多，食之香美，气力充实。"翅头末城端严殊妙，以众宝装饰楼阁，街巷道陌常"扫洒清净"，地以金沙铺就，润泽无尘，有龙王"常于夜半降微细雨，用淹尘土"，又有夜叉"常护此城，扫除清净"。大小便的处理更为妙绝，"若有便利不净，地裂受之，受已还合"。人们过着安乐平稳的生活，无刀兵饥馑之灾，夜不闭户，路不拾遗，人心慈顺，语言谦逊，"时世安乐，无有怨贼劫窃之患，城邑聚落无闭门者，亦无衰恼、水火刀兵及诸饥馑毒害之难。人常慈心，恭敬和顺，调伏诸根，语言谦逊。"尽管婆娑世界已是美妙无比，但仍有不和谐之处，时儴佉王将一宝幢献于弥勒，弥勒将其施舍于诸婆罗门时遭到毁坏、拆分，弥勒因此醒悟世事无常，"弥勒菩萨见此妙台须臾无常，知一切法皆亦磨灭"，于是出家修行，于龙华菩提树下悟道，"即以出家日得阿耨多罗三藐三菩提"，随后三次说法，度脱众生②。

以上这些内容构成了弥勒下生经变图的主要部分。经变图中有弥勒说法画面，同时亦有表现世俗生活的场景，如榆林窟中唐 25 窟北壁壁画表现弥勒下生于翅头末城的情景，有弥勒入怀、说法返城，其中有龙王喷水、夜叉洒扫的卫生清洁画面，亦有耕种、收获、扬场等表现当时农业生产状况的画面；榆林窟

---

① 王惠民. 弥勒佛与药师佛［M］. 上海：华东师范大学出版社，2016：31.
② （后秦）三藏法师鸠摩罗什，译. 佛说弥勒下生经［M］//赵朴初，主编. 永乐北藏：第43 册. 北京：线装书局，2005：74 – 77.

五代第 20 窟南壁亦有表现耕种的画面，榜题"尔时一种七收，用功甚少，所收甚多。尔时弥勒世，一种七收。"莫高窟中唐第 205 窟弥勒经变图，有表现一种七收、树上生衣等画面。莫高窟五代第 72 窟北壁壁画，木架上放置五彩衣物，榜题"诸树生衣服，众彩共庄严"，表示"树上生衣"。弥勒下生经变图还有表现婚嫁习俗及剃度洗浴等卫生场景的画面。

三、药师经变

药师信仰属于东方净土信仰，与阿弥陀佛西方净土信仰相对应，药师之东方似乎与我国"东方"位置更接近，"药师信仰在初期的大乘经典中是没有地位的，而当药师经传入中国后，药师佛的东方净琉璃世界教主的地位，使得中国人产生出一种特殊的意识，即'东方'是象征万物生长的地方，代表着万物复苏、生机勃勃。"① 药师全称是"药师琉璃光如来"，药师代表大医，琉璃为光明之意，唐·梁肃《药师琉璃光如来画像赞并序》："药师者，大医之号；琉璃者，大明之道。所以洗荡八苦，振烛六幽，巍乎其有功。"② 日本《觉禅钞》："照度三有之暗，称琉璃光。""琉璃光"即光明广大，澄澈明净，以药师之光明广大，消除昏暗灾厄，而药师佛国亦是光明琉璃的净土世界，"彼佛国土一向清净，无女人形，离诸欲恶，亦无一切恶道苦声。琉璃为地，城阙垣墙门窗堂阁，柱梁斗拱周匝罗网，皆七宝成，如极乐国。净琉璃界，庄严如是。"③ 药师佛的十二大愿为人们解除贫病困厄带来了希望，亦如黑暗中的一盏明灯，为生活在困苦中的人们带来了无限希冀与梦想。药师经变图中有大型的说法及歌舞场面，展现东方净土世界的欢乐美好。如莫高窟中唐 361 窟北壁壁画，药师居中说法，菩萨等环侍听法，正中下方为歌伎舞乐，两侧为条幅画；天上琉璃楼阁，下方七宝莲池，池中有化生童子。莫高窟晚唐 12 窟北壁壁画，有榜题"东方药师净土变"。药师经变图中常有十二大愿、九横死（彩图 3-1）以及燃灯、树幡、放生等画面。

经变图为人们架构了一个理想化的佛国世界，这里清净无垢，没有战争、疾病、饥馑、侵迫，人民丰衣足食，健康快乐。画面虽是假想虚构，但其中折射出现实世界民生百态的复杂影像。

---

① 孟嗣徽. 紫禁书系 元代晋南寺观壁画群研究［M］. 北京：紫禁城出版社，2011：125.

② （唐）梁肃. 药师琉璃光如来画像赞并序［M］//周绍良，主编. 全唐文新编：第 3 部第 1 册. 长春：吉林文史出版社，2000：6068.

③ （隋）天竺三藏达磨笈多，译. 佛说药师如来本愿经［M］//蒲正信，注. 药师经注释. 成都：巴蜀书社，2005：82.

第二节　大医王与医方明

"大医王"有二层含义，从广义言，佛能解除世间一切心身苦难，如同医者祛除一切疾患，所以佛即大医王，《大智度论》卷二十二："佛如医王，法如良药。僧如瞻病人，戒如服药禁忌。"同时，从狭义角度言良医擅长医术、能除世人疾患，亦称大医王，如药师佛、药上、药王菩萨、长水流者子、耆婆、龙树菩萨等，皆为佛教中有名的大医王。

医王治病亦有二重含义，从狭义角度言，良医知病识药，知病所起所生而随宜用药，并最终断除病源，《佛说医喻经》云：

如世良医，知病识药，有其四种，若具足者，得名医王。何等为四？一者识知某病，应用某药；二者知病所起，随起用药；三者已生诸病，治令病出；四者断除病源，令后不生。是为四种。①

《杂阿含经》有相同论说，医王识得世间种种疾病，并深了各种病根，进行应对治疗，最终祛除病根，解脱一切病苦，令无永发。

有四法成就，名曰大医王者，所应王之具、王之分。何等为四？一者善知病，二者善知病源，三者善知病对治，四者善知治病已，当来更不动发。

《杂阿含经》对病源、治法有详细的叙述，如病源有风、癖阴、涎唾、众冷、因现事、时节，应对治法有涂药、吐、下、灌鼻、熏、取汗等，曰：

云何名良医善知病？谓良医善知如是如是种种病，是名良医善知病。

云何良医善知病源？谓良医善知此病因风起、癖阴起、涎唾起、众冷起、因现事起、时节起，是名良医善知病源。

云何良医善知病对治？谓良医善知种种病，应涂药、应吐、应下、应灌鼻、应熏、应取汗，如是比种种对治，是名良医善知对治。

云何良医善知治病已，于未来世永不动发？谓良医善治种种病，令究竟除，

---

① （宋）西天译经三藏朝奉大夫试光禄卿传法大师赐紫臣施护，奉诏译. 佛说医喻经［M］//频伽大藏经：32. 北京：九洲图书出版社，1998：388.

于未来世永不复起，是名良医善知治病，更不动发。①

医王治病的另一含义，是指佛、菩萨洞彻苦集灭道四圣谛，从根本上去除生老病死、忧悲恼苦之源，即为世间大医王。"苦"指世间生老病死、忧悲恼苦一切疾苦，"集"是苦的原因，"灭"是灭除一切苦，"道"是灭除采用的方法。如来、应、等正觉能了解世间疾苦，并洞彻苦之根源，用佛法灭除一切苦痛灾厄，所以佛亦是大医王。《杂阿含经》曰：

如来、应、等正觉为大医王，成就四德，疗众生病，亦复如是。云何为四？谓如来知此是苦圣谛如实知、此是苦集圣谛如实知、此是苦灭圣谛如实知、此是苦灭道迹圣谛如实知。

诸比丘！彼世间良医于生根本对治不如实知，生老病死、忧悲恼苦根本对治不如实知。如来、应、等正觉为大医王，于生根本知对治如实知，于生老病死、忧悲恼苦根本对治如实知，是故如来、应、等正觉名大医王。②

《别译杂阿含经》卷七："如来无上医，所可疗治者，拔毒尽苦际，毕竟离生死。"③ 如来能疗治人间一切苦恼，为无上大医王。

一、药师佛

药师佛以"药师"为名之意，即以妙药祛除世间一切病痛苦厄。药师修菩萨道时发下十二大愿，欲解脱世间苦厄、祛除疾患，并使贫苦无依无食者悉皆满足，而药师经中的"九横死"包含了人世间各种痛苦，其中有疾病之苦。

药师十二大愿中的第一、第二大愿，誓以自身光明炽然照耀无量无数无边世界，"身如瑠璃，内外明彻，净无瑕秽，光明广大，功德巍巍，身善安住，焰网庄严，过于日月，幽冥众生，悉蒙开晓，随意所趣，作诸事业"。第三大愿，"以无量无边智慧方便，令诸有情，皆得无尽所受用物，莫令众生有所乏少"。第六大愿则重在解除病苦疾厄，"愿我来世，得菩提时，若诸有情，其身下劣，诸根不具，丑陋、顽愚、盲聋、喑哑、挛躄、背偻、白癞、颠狂，种种病苦，闻我名已，一切皆得端正黠慧，诸根完具，无诸疾苦"。第七、第十二大愿，是

---

① （南朝宋天竺）三藏求那跋陀罗，译. 杂阿含经：上［M］//恒强，校注. 北京：线装书局，2012：326.

② （南朝宋天竺）三藏求那跋陀罗，译. 杂阿含经：上［M］//恒强，校注. 北京：线装书局，2012：327.

③ 失译人名（附秦录）. 别译杂阿含经［M］//（清）雍正，敕修. 乾隆大藏经 30 小乘经 阿含部 三（影印本）. 北京：中国书店，2010：921.

救助贫病无依的人。第七大愿，"若诸有情，众病逼切，无救无归，无医无药，无亲无家，贫穷多苦，我之名号，一经其耳，众病悉除，身心安乐，家属资具，悉皆丰足，乃至证得无上菩提"。第十二大愿，"若诸有情，贫无衣服，蚊虻寒热，昼夜逼恼，若闻我名，专念受持，如其所好，即得种种上妙衣服"。其他还有"愿舍女身""女欲转男""王法所加，缚录鞭挞，系闭牢狱，或当刑戮，及余无量，灾难凌辱""饥渴所恼，为求食故，造诸恶业""解脱一切外道缠缚"等，皆如所愿①。

《药师经》中的"九横死"，第一横死便是因病而死。病人不幸罹疾，得不到医药治疗，或治不得法，或惑于邪魔外道，卜问觅祸，虽然盼望病痊，终不能得。

若诸有情，得病虽轻，然无医药，及看病者，设复遇医，授以非药，实不应死，而便横死。又信世间邪魔外道妖孽之师，妄说祸福，便生恐动，心不自正，卜问觅祸，杀种种众生，解奏神明，呼诸魍魉，请乞福祐，欲冀延年，终不能得。愚痴迷惑，信邪倒见，遂令横死，入于地狱，无有出期，是名初横。②

其他横死：二者横被王法之所诛戮；三者畋猎嬉戏，耽淫嗜酒，放逸无度，横为非人夺其精气；四者横为火焚；五者横为水溺；六者横为种种恶兽所啖；七者横堕山崖；八者横为毒药、厌祷、咒诅等中害；九者饥渴所困，不得饮食而便横死。世人被九横死种种疾苦灾难所困，而药师的十二大愿正是为消灾免祸、祛疾延年而立，这给处于疾苦中的人们带来了莫大希冀，从而使得药师信仰逐渐深入民心，"彼药师瑠璃光如来，得菩提时，由本愿力，观诸有情，遇众病苦、瘦挛、干消、黄热等病，或被厌魅、蛊毒所中，或复短命，或时横死，欲令是等病苦消除，所求愿满。"③

《药师经》中还记有诵经、燃灯、树幡、结五色缕、放生免灾祈福诸法。如有重病之人，欲脱离疾苦，可斋僧并供养药师佛，诵《药师经》四十九遍，燃四十九盏灯，造药师佛像七尊，像前置长明灯，造五色彩幡，乃至放生。

若有病人，欲脱病苦，当为其人，七日七夜，受持八分斋戒。应以饮食，

---

① （唐）三藏法师玄奘，奉诏译. 药师瑠璃光如来本愿功德经［M］. 上海：上海佛学书局，1938：1-5.

② （唐）三藏法师玄奘，奉诏译. 药师瑠璃光如来本愿功德经［M］. 上海：上海佛学书局，1938：18.

③ （唐）三藏法师玄奘，奉诏译. 药师瑠璃光如来本愿功德经［M］. 上海：上海佛学书局，1938：10.

及余资具,随力所办,供养苾刍僧,昼夜六时,礼拜行道,供养彼世尊药师瑠璃光如来,读诵此经四十九遍,然(燃)四十九灯,造彼如来,形像七躯,一一像前,各置七灯,一一灯量,大如车轮,乃至四十九日光明不绝,造五色彩旛,长四十九搩手,应放杂类众生,至四十九,可得过度危厄之难,不为诸横恶鬼所持。①

《佛说药师如来本愿经》赞言"药师如来本愿经者,致福消灾之要法","除九横之妙术",曰:

十二大愿,彰因行之弘远;七宝庄严,显果德之纯净。忆念称名,则众苦咸脱;祈请供养,则诸愿皆满。至于病士求救,应死更生;王者攘灾,转祸为福。信是消百怪之神符,除九横之妙术矣。②

敦煌壁画中有药师经变图、说法图。经变图中药师居中,常常左手托钵,右手持锡杖,如莫高窟初唐322东壁南侧图像(彩图3-2)。药师身边有日光、月光二位菩萨,并有十二神王(或称药叉大将)及其他菩萨眷属。唐·不空译《药师如来念诵仪轨》:

如来左手令执药器,亦名无价珠,右手令作结三界印,一着袈裟结跏趺坐;令安莲花台,台下十二神王,八万四千眷属上首……又令须莲台,如来威光中令住日光、月光二菩萨。③

药师佛形象的显著特征是常于手中托钵,"药师托钵的形象开始于隋代"④。佛经记载日光菩萨、月光菩萨原是药师的二个儿子,后随药师修成正果。十二神王辅助药师实行大愿,在佛陀前发愿誓要利益有情众生,"此十二药叉大将,一一各有七千药叉以为眷属。同时举声白佛言……我等相率皆同一心,乃至尽形归佛法僧,誓当荷负一切有情,为作义利,饶益安乐"⑤。敦煌壁画大型经变

① (唐)三藏法师玄奘,奉诏译. 药师瑠璃光如来本愿功德经 [M]. 上海:上海佛学书局,1938:17.
② (隋)天竺三藏法师达磨笈多,译. 佛说药师本愿经 [M] //《碛砂大藏经》整理委员会,编. 碛砂大藏经:32(影印宋元版). 北京:线装书局,2005:161.
③ (唐)不空,译. 药师如来念诵仪轨 [M] //肖武男,主编. 药师佛经典. 北京:华夏出版社,2007:60.
④ 王惠敏. 弥勒佛与药师佛 [M]. 上海:华东师范大学出版社,2010:126.
⑤ (唐)三藏法师玄奘,奉诏译. 药师瑠璃光如来本愿功德经 [M]. 上海:上海佛学书局,1938:20.

图有表现十二大愿及九横死的连续屏风式画面，许多经变图中有斋僧、燃灯、树幡、放生等场景，如莫高窟 220 窟、148 窟、12 窟、156 窟、55 窟皆有药师经变图。莫高窟盛唐 148 窟东壁为药师经变图，场面浩大，药师居中说法，菩萨环侍听法，画面下方正中为大型歌舞场面，两侧以条幅形式表现十二大愿及九横死。莫高窟初唐 220 窟壁画有药师七佛像。莫高窟宋代 55 窟北壁壁画，有榜题"一者得病为虽轻无医药"，即第一横死。

二、持水长者与长者子流水

流水为持水长者之子，父子皆为古印度著名医家，流水曾救治国内流行的大疾疫，被尊为大医王。《金光明经·除病品第十五》记载，在佛涅槃后的像法时代，有一个国家名天自在光。国内有一名医，名曰持水，善知医方，救治诸苦。持水长者有一子名曰流水，体貌端正，威德具足，胜于常人，天性聪敏，善解诸论，各种技巧无不通达。时当天降疫疠，百姓遭罹疾疫之苦，流水心怀悲悯，欲救众生苦难，因父年老体衰不便往返救治，于是至大医父所，询问治病医方秘法。父为详述四大增损之病根病源、四时发病特点、饮食调治之法。流水得父医方，遂至城邑聚落众生病苦之处，为众人救治，并以妙药相授，于是国内病众皆得病瘥。

敦煌壁画中没有流水医王救治疾疫的场景，只有其救鱼的图像。图像依据《金光明最胜王经·长者子流水品第二十五》绘画，以连环画的方式叙述流水拯救枯泽鱼群的事迹。《流水品》开首与《除病品》所载故事互应，赞颂流水救治众生之事，称其为"大力医王""慈悲菩萨"，曰："尔时长者子流水，于往昔时在天自在光王国内，疗诸众生所有病苦，令得平复受安隐乐，时诸众生以病除故，多修福业，广行惠施。"① 但本品故事以救治鱼群为主线，表现流水广救众生的慈悯心怀。流水携二子水满、水藏外出行医时，路过一处名曰"野生"的大池泽，见池水将枯，飞禽走兽吞食群鱼，心怀不忍，遂向国王借得 20 头大象，向酒家借得皮囊，以象负囊，以囊盛水，注满池中，又使大象回家驮食，喂食鱼群，后为鱼群演说十二缘起及陀罗尼经。十千条鱼转生为十千天王后，报恩至流水家，撒下珍珠璎珞，天雨曼陀罗花。此品最后道出流水实即释迦牟尼的化身，所以这个大医王即是释迦牟尼。P. 3425《金光明经变相一铺铭》：

---

① （唐）义净，译. 金光明最胜王经 [M] //频伽大藏经：10. 北京：九洲图书出版社，1998：644.

"作大医王，济诸疾苦。得流水之宿果，正萨埵之坚持……医王长者，涸鱼口泉。"① 正是言说流水为医王及涸泽救鱼故事。流水救鱼壁画较早见于 417 窟隋代壁画，以横幅长卷形式将故事依序展开，宋代 55 窟壁画亦以竖幅屏风画形式连续图绘流水救鱼故事。

三、耆婆

（一）耆婆与大医王

耆婆，一作耆域、祇域，又名耆域童子，被尊为大医王。据《佛说㮈女祇域因缘经》记载，耆婆为㮈女与瓶沙王的儿子。耆婆出生时"手持针药囊"，梵志预言"此国王之子，而执医器，必医王也"。8 岁便显聪明高才，学问书疏，越殊伦匹，但不愿为太子，有志于医。王命国中诸上手医者尽术教之，但耆婆"取本草药方针脉诸经，具难问师，师穷无以答"。耆婆听闻德叉尸罗国有一医者，姓阿提黎，字宾迦罗，极善医道，即往拜师。经七年学习，尽得其术。师欲考究医术，令在"德叉尸罗国面一由旬"的范围内，采觅诸草中非是药者。耆婆查遍周遭，竟找不到非药物者，所有草木皆能分辨而知其用途，"所见草木一切物，善能分别，知有所用处，无非药者"，空手而还，告之以师。师言医道已成，断言在阎浮提世界里，师为第一，死后则是耆域。耆域学成后便四处行医，所治辄愈，医名大盛②。敦煌 S. 4679《医品》称耆域："或以一草治众【病】，或以众草治一病。天下之草，无有不任用者。天下之病，无有不能治者。"③ 在耆婆眼里天下之物皆为药类，这种思想影响及孙思邈，《千金翼方》卷一"药录纂要"曰："有天竺大医耆婆云：天下物类皆是灵药，万物之中无一物而非药者。斯乃大医也。"④ 由于耆域少年即成名，或善治小儿病，故文献中又称"耆域童子"。

从耆域的行医事迹中可见耆域擅长外科刀针之法。传说耆域曾在一小儿的樵柴中得到一棵药王树，能照见人的五脏六腑，"于宫门前，逢一小儿担樵，耆域望视，悉见此儿五脏肠胃，缕悉分明。耆域心念，本草经说有药王树，从外

---

① P. 3425 金光明经变相一铺铭 [M] //黄永武博士. 敦煌宝藏：第 128 册 伯 3355－3533 号. 台湾：新文丰出版公司，1985：270.

② （汉安息国）三藏安世高，译. 佛说㮈女祇域因缘经 [M] //频伽大藏经：32. 北京：九洲图书出版社，1998：46－47.

③ S. 4679 医品 [M] //袁仁智，潘文，主编. 敦煌医药文献真迹释录. 北京：中医古籍出版社，2015：511.

④ （唐）孙思邈，著. 千金翼方 [M]. 太原：山西科学技术出版社，2010：9.

照内，见人腹脏，此儿樵中得无有药王耶？"耆域取出数枝查看，"最后有一小枝，裁长尺余，试取以照，具见腹内，耆域大喜，知此小枝定是药王。"① 耆域常借此树的透视功能以施行外科手术。但此树过于神奇，未必真有其物。

耆域成名后在各国行医，其起死回生的医技令人叹绝。拘睒弥国一长者子在轮上嬉戏时受伤，"肠结腹内，食饮不消，亦不得出"，国内无能治者。因闻耆域医名，遣使求医。耆域乘车到拘睒弥国时，病人已"死"，正赶上伎乐送葬，耆域于伎乐声中辨别音声，判断病人未死，当即下车，"取利刀破腹，披肠结处"，指出其病是在轮上嬉戏而致肠结，并非真死，"即为解腹，还复本处，缝皮肉合，以好药涂之，疮即愈，毛还生，与无疮处不异。"②

又救治一女子头痛而"死"，"尔时国中有迦罗越家女，年十五，临当嫁日，忽头痛而死"。耆域以药王树照视头中，见有刺虫，大小相生，乃数百枚，钻食其脑，脑尽故死。便以金刀行施头部手术，"披破其头，悉出诸虫，封著甖中。以三种神膏涂疮，一种者补虫所食骨间之疮，一种生脑，一种治外刀疮。"③ 由此可见耆域擅于金刀外科之术，并擅用膏药外敷法。

除以上2例外，耆域还救治一例外伤导致脏腑移位病者。迦罗越家有一男童，好学武事，从七尺高的木马上摔下，落地而死。耆域"以药王照视腹中，见其肝，反戾向后，气结不通故死"，遂以金刀破腹，手探料理，使肝位向前，并涂以3种神膏，"其一种补手所攫持之处，一种通利气息，一种生合刀疮。"④ 耆域诊治疾病的事迹在《四分律藏》卷四十中记载比较多。

耆域生活的时代可能与释迦牟尼同时，《佛说温室洗浴众僧经》记阿难从佛陀处听闻耆域有高超的医术，"阿难曰：吾从佛闻如是，一时佛在摩竭国因沙崛山中王舍城内，有大长者，柰女之子，名曰耆域，为大医王。疗治众病，少小好学，才艺过通，智达五经，天文地理，其所治者，莫不除愈，死者更生，丧车得还。其德甚多，不可具陈。八国宗仰，见者欢喜。"⑤ 《佛说㮈女祇域因缘

---

① （汉安息国）三藏安世高，译. 佛说㮈女祇域因缘经 [M] //频伽大藏经：32. 北京：九洲图书出版社，1998：48.

② （汉安息国）三藏安世高，译. 佛说㮈女祇域因缘经 [M] //频伽大藏经：32. 北京：九洲图书出版社，1998：49.

③ （汉安息国）三藏安世高，译. 佛说㮈女祇域因缘经 [M] //频伽大藏经：32. 北京：九洲图书出版社，1998：49.

④ （汉安息国）三藏安世高，译. 佛说㮈女祇域因缘经 [M] //频伽大藏经：32. 北京：九洲图书出版社，1998：49.

⑤ （汉安息国）三藏安世高，译. 佛说温室洗浴众僧经 [M] //频伽大藏经：32. 北京：九洲图书出版社，1998：491.

经》言佛陀曾与耆域前世相约，佛陀治内病，耆域治外病，共同救护天下，"佛告耆域，汝宿命时与我约誓，俱当救护天下，我治内病，汝治外病。"①《四分律藏》卷四十记载耆婆曾为佛祖治病，"尔时世尊患水，语阿难言：我患水，欲得除去。时阿难闻世尊言，往王舍城，至耆婆所，语言如来患水，欲得除之。尔时耆婆与阿难俱往佛所，头面礼足，却住一面，白佛言：如来患水耶？佛言：如是。耆婆，我欲除之。"②《佛说温室洗浴众僧经》记载耆域请佛及众菩萨于温室澡浴，佛为解说澡浴除病之法，"于是耆域，夜欻生念，明至佛所，当问我疑……佛慰劳曰：善来医王，欲有所问，莫得疑难。耆域长跪白佛言：虽得生世，为人疏野，随俗众流，未曾为福，今欲请佛及诸众僧菩萨大士，入温室澡浴，愿令众生，长夜清净，秽垢消除，不遭众患，唯佛圣旨，不忽所愿。佛告医王……吾当为汝先说澡浴众僧反报之福。"③

随着佛教的传入，耆婆医学思想对中国医学产生了一定的影响，如孙思邈《备急千金要方》中"万物之中无一物而非药"，明显是受耆婆影响。在敦煌文献中"耆婆"一词经常出现，并与名医扁鹊等并举，《张仲景五脏论》："耆婆童子，妙闲药性。"④《患文》："耆婆妙药，灌主（注）身心；般若神汤，恒流四大。"⑤"遂使聪豪立性，习耆婆秘密之神方；博识天然，效榆附宏深之妙术。"⑥《张善才和尚邈真赞并序》："奈何化周现疾，祇婆顶谒而遥辞；示灭同凡，日暮峏山而可驻。"⑦《张明德邈真赞并序》："从心之秋，忽遭悬蛇之疾。寻师进饵，鹏鹊瘳（疗）而难旋。累月针医，耆婆到而不免。"⑧ 隋唐文献中亦较多涉及耆婆医方，如《隋书·经籍志》载《耆婆所述仙人方》，孙思邈《千

① （汉安息国）三藏安世高，译. 佛说㮈女祇域因缘经［M］//频伽大藏经：32. 北京：九洲图书出版社，1998：50.
② （后秦）三藏佛陀耶舍共竺佛念，译. 四分律藏［M］//碛砂大藏经：70（影印宋元版）. 北京：线装书局，2005：385.
③ （汉安息国）三藏安世高，译. 佛说温室洗浴众僧经［M］//频伽大藏经：32. 北京：九洲图书出版社，1998：491.
④ 沈澍农. 敦煌吐鲁番医药文献新辑校［M］. 北京：高等教育出版社，2017：010.
⑤ S. 343、P. 3259 患文［M］//黄征，吴伟，编校. 敦煌愿文集. 长沙：岳麓书社，1995：24.
⑥ S. 4363 后晋天福七年七月史再盈改补充节度使押衙牒［M］//唐耕耦，陆宏基，编. 敦煌社会经济文献真迹释录：第四辑. 全国图书馆文献缩微复制中心，1990：298.
⑦ P. 3541 张善才和尚邈真赞并序［M］//郑炳林，著. 敦煌碑铭赞辑释. 兰州：甘肃教育出版社，1992：352.
⑧ P. 3718 张明德邈真赞并序［M］//郑炳林，著. 敦煌碑铭赞辑释. 兰州：甘肃教育出版社，1992：459.

金翼方》有耆婆万病丸、耆婆治恶病方、耆婆汤、耆婆大士补益长生不老方等，王焘《外台秘要》中也有千金耆婆万病丸、耆婆汤等方。随着佛教的传播，耆婆影响波及日本等东南亚国家，日本《医心方》中亦载耆婆、耆婆方，如《医心方》卷二四"治无子法"引《耆婆方》云："常以四月八日、二月八日，奉佛香花，令人多子孙，无病。"①

敦煌壁画中没有题名耆婆的壁画，有鹿头梵志手持髑髅的图像，如莫高窟第329窟西壁龛内顶图，王惠民认为鹿头梵志即耆婆，"鹿头梵志又名耆域，是一名医生，后皈依佛教"②。笔者认同这种观点。

（二）鹿头梵志与耆婆

据《增一阿含经》卷二十"声闻品第二十八"记载，鹿头梵志"明于星宿，又兼医药，能疗治众病，皆解诸趣，亦复能知人死因缘。"即能根据髑髅辨别死人的性别、死因及往生之处，可能是医家兼外道修行者，梵志原指修行之人。世尊曾与鹿头梵志在冢间讨论髑髅死因，鹿头梵志通过反复观察及敲击髑髅，推断5具髑髅中有4具是因病而死，并指出死前正确的治法。如一男性髑髅，因众病导致百节酸疼而死，先前治疗应以诃梨勒和蜜服之。

世尊从静室起下灵鹫山，及将鹿头梵志，而渐游行到大畏冢间。尔时，世尊取死人髑髅授与梵志……我今问汝：此是何人髑髅，为是男耶？为是女乎？复由何病而取命终？

是时，梵志即取髑髅反覆观察，又复以手而取击之。白世尊曰：此是男子髑髅，非女人也……世尊问曰：由何命终？梵复以手捉击之，白世尊言：此众病集凑，百节酸疼，故致命终。世尊告曰：当以何方治之？鹿头梵志白佛言：当取诃梨勒果，并取蜜和之，然后服之，此病得愈。③

另有2具女性髑髅分别是怀妊及产后失于调养而死，"此女人怀妊，故致命终……此女人者，产月未满，复以产儿，故致命终……如此病者，当须好酥醍醐，服之则差。""此髑髅者，女人之身……当产之时以取命终……此女人身，气力虚竭，又复饥饿，以致命终。"还有一具男性髑髅，因"饮食过差，又遇暴下，故致命终……三日之中绝粮不食，便得除愈"④。鹿头梵志最后因不识罗汉

① （日本）丹波康赖. 医心方［M］. 上海：上海科学技术出版社，1998：960.
② 王惠民. 敦煌佛教图像研究［M］. 杭州：浙江大学出版社，2016：17.
③ （晋）瞿昙僧伽提婆，译. 增一阿含经：第2册［M］. 北京：华文出版社，2013：550.
④ （晋）瞿昙僧伽提婆，译. 增一阿含经：第2册［M］. 北京：华文出版社，2013：551
　　-552.

化身的髑髅，受佛点化而皈依佛教，修罗汉道。

《弥沙塞部和醯五分律》卷二十亦记载耆婆据髑髅辨别生死之事，与鹿头梵志事迹相重叠。

> 耆域善别音声本末之相。佛将至冢间，示五人髑髅。耆域遍叩，白佛言：第一叩者生地狱，第二叩者生畜生，第三叩者生饿鬼，第四叩者生人道，第五叩者生天上。佛言：善哉！皆如汝说。复示一髑髅，耆域三叩，不知所之。白佛言：我不知此人所生之处。佛言：汝应不知，何以故？此是罗汉髑髅，无有生处。①

两经所载事件相近，结合耆婆为大医王而鹿头梵志熟谙医学、能辨死因这两条线索，二者重合为一人，推知耆婆极有可能为鹿头梵志。又《五分律》中言耆婆"善别音声本末之相"，《佛说㮈女祇域因缘经》耆婆于送葬的伎乐声中辨定病人未死，可见耆婆听声辨病能力极强，而叩击髑髅辨别死因同时证明耆婆"善别音声本末之相"的特殊技能，据此亦可断定二者是同一人。敦煌壁画中耆婆手持髑髅，正是表达听声辨骨之意。

除以上医王外，《别译杂阿含经》中提到其他的医王，如迦留、婆呼卢、瞻毗等，曰：

> 故我今敬礼，瞿昙之大师，
> 医王名迦留，多施人汤药。
> 复有一明医，名为婆呼卢。
> 瞻毗及耆婆，如是医王等，
> 皆能疗众病，是等四种师。②

医王不但以高超的医术救治身体疾患，还能拔除病根，断灭一切苦厄，为深陷在身心苦难中的人们带来希望。佛经中的医王事迹，不但体现了佛教救疾济人的慈悲心怀，而且在一定程度上反映了古印度的医学状况。敦煌壁画中出现医王形象，说明随着佛教的传入，医王信仰也传入中国，并融入中国医学"大医"队列之中，而托名"耆婆""龙树"等诸多医书的出现，也说明了医王信仰对国内医学的重大影响。

---

① （南朝宋）佛陀什共竺道生，译. 弥沙塞部和醯五分律［M］//碛砂大藏经：69（影印宋元版）［M］. 北京：线装书局，2005：248.

② 失译人名（附秦录）. 别译杂阿含经［M］//（清）雍正，敕修. 乾隆大藏经 30 小乘经 阿含部 三（影印本）. 北京：中国书店，2010：921.

第三节 药草喻品与良医喻

敦煌壁画中有一类特殊主题的画面，即以医药作"譬喻"宣发佛理，如"药草喻品""良医喻"。喻即譬喻之意，佛经中常以譬喻法阐发深奥的佛理精义，其中《药草喻品》及《良医喻》以药草、良医作譬喻，虽以阐发佛义为目的，但其中也夹杂一些医药知识内涵。

一、药草喻品

药草喻见于《法华经·药草喻品第五》，为"法华七喻"之一，以大中小三种不同根性草木受雨露滋润后之生长状态不同，譬喻根机不同的人同受佛法教诲而觉悟道果的程度有异。药草喻的另一层含义，是以药草之治病延年譬喻接受佛法而开佛知见。

《药草喻品》原为解说大乘佛法教意，"其法一味，解脱涅槃，以一妙音，演畅斯义，常为大乘，而作因缘。"用譬喻的方式，以草木大小种性不同喻众人根性高下有异，以云雨喻佛法，比喻不同根性的人接受大乘佛法，精进修行程度不同，道果高下有异，就如药草蒙受同一雨露滋润而生长状态不同。

佛平等说，如一味雨。随众生性，所受不同。如彼草木，所禀各异，佛以此喻，方便开示，种种言辞，演说一法，于佛智慧，如海一滴。我雨法雨，充满世间，一味之法，随力修行，如彼丛林，药草诸树，随其大小，渐增茂好。

一切草木种性不一，其根茎枝叶有大、中、小之区别，虽同受云雨覆盖滋润，而开花结果的生长状态不同。

其云所出，一味之水，草木丛林，随分受润。一切诸树，上中下等，称其大小，各得生长，根茎枝叶，华果光色。一雨所及，皆得鲜泽。如其体相，性分大小，所润是一，而各滋茂。

譬如同受一味一相之佛法，众生根性不一，其天人、声闻、缘觉、菩萨、佛等修行境界不同，道果有别。以小药草喻"人天"释梵诸王等，中药草喻缘觉，上药草喻佛。

一切众生，闻我法者，随力所受，住于诸地。或处人天，转轮圣王，释梵诸王，是小药草。知无漏法，能得涅槃，起六神通，及得三明，独处山林，常行禅定，得缘觉证，是中药草。求世尊处，我当作佛，行精进定，是上药草。又诸佛子，专心佛道，常行慈悲，自知作佛，决定无疑，是名小树。安住神通，转不退轮，度无量亿，百千众生，如是菩萨，名为大树。

又声闻缘觉是药草，诸菩萨求最上乘是小树，而能放无数光、度诸众生者，为大树，得一味佛法而各增长。

诸佛之法，常以一味，令诸世间，普得具足，渐次修行，皆得道果。声闻缘觉，处于山林，住最后身，闻法得果，是名药草，各得增长。若诸菩萨，智慧坚固，了达三界，求最上乘，是名小树，而得增长。复有住禅，得神通力，闻诸法空，心大欢喜，放无数光，度诸众生，是名大树，而得增长。①

总之，佛以诸智方便为演说，使不同根性的人有所增益。药草喻可能还有另一重含义，药草能治四大之病，还年驻色，蒙云雨滋润而成药王，饵之可遍治众病，甚至成仙；譬诸无漏闻经，能破无明而开佛知见。

药草能治四大，补养五脏，还年驻色。今蒙云雨，忽成药王。饵之遍治众病，变体成仙。譬诸无漏闻经，破无明惑，开佛知见。我等今日，真是佛子。无上宝聚，不求自得，故称药草喻品。②

莫高窟盛唐第23窟"药草喻品"壁画（彩图3-3），天上乌云翻卷，雨水霏霏，雨中农人耕作、挑担，四周芳草萋萋，树木茂盛，绿意盎然。特别引人注目的是旁侧4辅整齐的园圃，圃中药草花木在雨水的滋润下茁壮生长，显出一派勃勃生机，表现了"其云所出，一味之水，草木丛林，随分受润"的意境。

二、良医喻

莫高窟中唐231窟南壁壁画为"良医喻"故事，图中有良医诸子病、良医配药、良医出城及良医回家诸画面，莫高窟五代第61窟南壁亦绘有良医喻故事画。《法华经·如来寿量品第十六·良医喻》记有一位良医，智慧聪达，适在他国，子女误饮毒药而昏闷倒仆。良医赶回配制解毒药，其药"色香美味，皆悉具足"。诸子有中毒不深、未失本心者，见药色香俱好，即便服而病愈；但中毒

---

① （后秦）鸠摩罗什，译. 法华经［M］//姜子夫，主编. 法华经：上（经藏版）. 北京：大众文艺出版社，2005：114-116.
② 曾其海，辑. 法华经天台宗会义辑要［M］//北京：宗教文化出版社，2010：129.

深、迷失本心者，"于此好色香药而谓不美"，不肯服药。良医见此，假说自己衰老近死，留药离家，"汝等当知，我今衰老，死时已至，是好良药，今留在此，汝可取服，勿忧不瘥"。复至他国，遣使还告其死。诸子闻父死讯，"常怀悲感，心遂醒悟，乃知此药色味香美。即取服之，毒病皆愈"。父闻诸子俱已服药，遂返家团聚。佛以此作譬喻，言佛为众生演说佛法，中有憍恣放逸、不信佛法者，佛为此现涅槃灭度（实未灭度），使心生恋慕渴仰而敬信佛法，"为度众生故，方便现涅槃，而实不灭度，常住此说法"，"众见我灭度，广供养舍利，咸皆怀恋慕，而生渴仰心。众生既信伏，质直意柔软，一心欲见佛，不自惜身命。"佛与良医一样，以假死、涅槃警醒众人，以此救度疾苦，显示其方便智巧的智慧及救度之心。

如医善方便，为治狂子故。实在而言死，无能说虚妄。我亦为世父，救诸苦患者，为凡夫颠倒，实在而言灭。以常见我故，而生憍恣心，放逸著五欲，堕于恶道中。我常知众生，行道不行道，随所应可度，为说种种法。每自作是意，以何令众生，得入无上慧，速成就佛身？①

药草喻、良医喻以譬喻方法解说晦涩深奥的佛理，显示了佛教方便智巧的智慧及说理方法。除此二品外，以医药作譬喻常在佛经中出现，说明了释门对医药知识的熟谙及普及，而"医方明"作为大乘佛教"五明"之一，也说明了佛教对于医药的重视。

第四节　太子游观与对生老病死的困惑

敦煌壁画中有太子游观王城四门的连环画卷，描绘释迦牟尼佛传故事。释迦牟尼为太子时，曾游观王城四门，分别见到老、病、死之人，于是对生、老、病、死产生困惑，深感人生易老、生死无常，从而愁思忧闷，欲求解脱之道，最后一次出游遇一沙门，顿生出家之念。

一、对生老病死的困惑
《修行本起经·游观品》（亦见《太子瑞因本起经》）："太子导从，千乘万

---

① （后秦）鸠摩罗什，译. 法华经［M］//姜子夫，主编. 法华经：上（经藏版）. 北京：大众文艺出版社，2005：284－289.

骑，始出东城门"。在道旁见一老人，头白齿落，皮缓面皱，肉消脊偻，支节萎曲，泪涕俱出，上气喘息，身色黧黑，身体颤抖。太子问为何人？仆答言老人，曰：

夫老者，年耆根熟，形变色衰，气微力竭，食不消化，骨节欲离，坐起须人，目瞑耳聋，迴旋即忘，言辄悲哀，余命无几，故谓之老。

太子由是感叹生命短暂，人生于世，有此老患，愚人贪爱，有何快乐？物生于春，秋冬悴枯，老至如电，身安何恃？为此忧思愁闷。

数年后，太子驾乘游于南门，道旁见一病人，身瘦腹大，咳嗽呕逆，百节痛毒，九孔败漏，不净之物自流，目盲耳聋，呻吟呼吸，手足摸空，唤呼父母，悲恋妻子。太子问为何等？其仆答言病人，曰：

人有四大：地、水、火、风。一大有百一病，展转相钻。四百四病，同时俱作。此人必以极寒、极热、极饥、极饱、极饮、极渴，时节失所，卧起无常，故致斯病。

太子感叹人生虽然富贵，但病患难免，曰："吾处富贵，极世所珍，饮食快口，放心自恣，淫于五欲，不能自觉，亦当有病，与彼何异？即说偈言：是身为脆哉，常俱四大中，九孔不净漏，有老有病患。生天皆无常，人间老病忧，观身如雨泡，世间何可乐？"太子因此更加忧愁。

数年后太子复游西门，见到送殡之人，问为何等，仆答言为死人，曰：

死者尽也，精神去矣。四大欲散，魂神不安，风去息绝，火灭身冷，风先火次，魂灵去矣。身体挺直，无所复知，旬日之间，肉坏血流，胮胀烂臭，无一可取。身中有虫，虫还食之，筋脉烂尽，骨节解散，髑髅异处，脊背肩臂，脾胫足指，各自异处。飞鸟走兽，竞来食之。

太子最终感到生命无常，难以摆脱生老病死之苦，欲求解脱，说偈曰："观见老病死，太子心长叹，人生无常在，吾身亦当然。是身为死物，精神无形法，假令死复生，罪福不败亡。终始非一世，从痴爱久长，自此受苦乐，身死神不丧。非空非海中，非入山石间，无有地方所，脱止不受死。"①

太子对生、老、病、死的困惑，是对生命无常的困惑，也是对人生疾苦的

---

① （汉）沙门竺大力共康孟详，译. 修行本起经［M］// （清）雍正，敕修. 乾隆大藏经 31 小乘经阿含部 四（影印本）. 北京：中国书店，2010：996-998.

困惑。《佛说五王经》言人有"八苦","生苦、老苦、病苦、死苦、恩爱别苦、所求不得苦、怨憎会苦、忧悲恼苦,是谓八苦也。"① 《涅槃经》卷十二亦有"八相为苦",与此相类,即八种身心之苦,"八相名苦:所谓生苦、老苦、病苦、死苦、爱别离苦、怨憎会苦、求不得苦、五盛阴苦。"② 生、老、病、死是人生不可避免的生命循环过程,属于人身之苦;而爱、怨、求是精神心理疾苦,爱恨离别,所求不得,导致精神失调;五阴即五蕴,这里是指心身所有苦厄交会,从而使心身俱受煎迫。总之,"八苦""八相为苦"是指由于自然、社会、生理、心理等因素引起的心身疾苦,《别译杂阿含经》将生老病死、忧悲苦恼称为毒箭,"佛告比丘,生老病死,忧悲苦恼,如此毒箭,非是世间医所能知。"③"人生这些苦,有些从身心变化中所引起的,如前四苦;有些来自社会人事好坏所引起的,如爱别离苦,怨憎会苦……亦多是从人事不谐而来的。"④ 人生不能脱离生、老、病、死,也不能逃脱由于社会、人事原因导致的精神心理疾苦,太子对人生的困惑,也是我们对于生命的困惑。

二、四大假合与四百四病

《游观品》中的"病苦"涉及古印度医学"四大"学说的内容。四大学说是古印度哲学理论,印度许多宗教派别皆以"四大"作为说理及宣教工具,四大学说也被佛教及古印度医学援入。四大学说与中医五行学说不同,中医以五行及其动态关系作为自然界及人体的基本构成及作用机制,彼以地、水、风、火"四大"及其联系作为自然界及人体的构成及作用机理,疾病缘于四大失调,四大中每一大失常可导致一百一病,故四大失调有四百零四病。

（一）四大假合

《增一阿含经》卷二十中鹿头梵志与佛祖讨论地水风火问题,有"四界""八界"之说,认为四界是地、水、风、火,而每一界又分内外,故有"八界"。内在的四大是指人体的脏腑组织、气血津液以及功能活动,外在的四大应是指自然界地、水、风、火物质及现象。所以人体与自然界皆由四大组成,四大的功能活动形成了人的生命活动及自然界的万事万象。

---

① 失译人名（今附东晋录）. 佛说五王经［M］//（清）雍正, 敕修. 乾隆大藏经 34 小乘经单译经 三 宋元入藏诸经 1（影印本）. 北京:中国书店, 2010:59.

② （北凉）昙无谶. 涅槃经［M］//宗文, 点校. 北京:宗教文化出版社, 2011:192.

③ 失译人名（附秦录）. 别译杂阿含经［M］//（清）雍正, 敕修. 乾隆大藏经 30 小乘经 阿含部 三（影印本）. 北京:中国书店, 2010:920.

④ 般若心经讲话［M］. 广州:广东佛教编辑部, 1979:55.

　　鹿头白佛：今有四种之界。云何为四？地界、水界、火界、风界。是谓，如来！有此四界，彼时人命终，地即自属地，水即自属水，火即自属火，风即自属风……鹿头白佛：今有四界。云何四界？地、水、火、风，是谓四界。

　　彼云何义有八界？地界有二种，或内地、或外地。彼云何名为内地种？发、毛、爪、齿、身体、皮肤、筋、骨、髓、脑、肠、胃、肝、胆、脾、肾，是谓名为内地种。云何为外地种？诸有坚牢者，此名为外地种。此名为二地种。

　　"内地"指人体有形的脏腑器官组织，"外地"指自然界有形固态的地土坚牢。

　　彼云何为水种？水种有二：或内水种、或外水种。内水种者：唌、唾、泪、尿、血、髓，是谓名为内水种。诸外软溺物者，此名为外水种。是名二水种。

　　"内水"指人体内体液及代谢物，"外水"指自然界液态诸软濡物。

　　彼云何名为火种？然火种有二，或内火、或外火。彼云何名为内火？所食之物，皆悉消化无有遗余，此名为内火。云何名为外火？诸外物热盛物，此名为外火种。

　　"内火"指体内消化吸收转化为营养或能量或体温，外火是指自然界热物、成熟物或生长发育能量。

　　云何名为风种？又风种有二，或有内风，或有外风。所谓唇内之风、眼风、头风、出息风、入息风，一切支节间之风，此名为内风。彼云何名为外风？所谓轻飘动摇、速疾之物，此名为外风。

　　"内风"指脏腑气机或功能活动，包括呼吸出入之气，"外风"是自然界轻飘动摇、速疾之"风"气。

　　世尊告曰：无常之法亦不与有常并。所以然者，地种有二，或内、或外。尔时，内地种是无常法、变易之法；外地种者，恒住、不变易。是谓地有二种，不与有常、无常相应。余三大者亦复如是，不与有常、无常共相应。是故，鹿头！虽有八种，其实有四。①

　　人身四大不常，而外界四大恒住，所以人有生、老、病、死之变化，即生

---

①　(晋) 瞿昙僧伽提婆，译. 增一阿含经：第 2 册 [M]. 北京：华文出版社，2013：557 - 559.

苦、老苦、病苦、死苦。病苦、死苦皆是四大不调所致。

（二）四百四病

《佛说五王经》对病苦、死苦俱有解释，云：

何谓病苦？人有四大，和合而成其身。何谓四大？地大、水大、火大、风大。一大不调，百一病生；四大不调，四百四病，同时共作。地大不调，举身皆痛（一作"沉重"）。水大不调，举身胮肿。火大不调，举身蒸热。风大不调，举身倔强，百节苦痛，犹被杖楚。四大进退，手足不任，气力虚竭，坐起须人，口燥唇燋，筋断鼻坼，目不见色，耳不闻声，不净流出。

什么是病苦？病苦就是四大失调，如地大不调，则身体沉重疼痛。水大不调，则举身浮肿。火大不调，则全身蒸热。风大不调，则全身气血不和，身体强硬，百节疼痛，如同被杖击而痛。

何谓死苦？人死之时，四百四病，同时俱作，四大欲散，魂神不安……死者去之，风去气绝，火灭身冷，风先火次，魂灵去矣，身体挺直，无所复知。①

什么是死苦？人将死之时，四大欲散，魂神不安，四百四病，同时发作。风去则气息断绝，火灭则身体发冷。

四大既然代表人体不同的脏腑组织及功能活动，四大不调则指脏腑组织及功能的异常病变，如上所说身体或沉重、或肿胀、或发热、或疼痛强硬之不同病变。《佛说佛医经》指出地、水、风、火增盛可引发气机异常、热盛、寒盛、力盛之异常变化。

人身中本有四病：一者地，二者水，三者火，四者风。风增气起，火增热起，水增寒起，土增力盛。本从是四病，起四百四病。故土属身，水属口，火属眼，风属耳。火少寒多目冥。②

《大智度论》卷五十八指出四大失常所生疾病有冷热二种，水、风失常生冷病，土、火失常生热病。

四百四病者，四大为身，常相侵害，一一大中，百一病起。冷病有二百二，

---

① 失译人名（今附东晋录）. 佛说五王经［M］//（清）雍正, 敕修. 乾隆大藏经 34 小乘经单译经 三 宋元入藏诸经 1（影印本）. 北京：中国书店，2010：60.

② （三国吴）沙门竺律炎共支越，译. 佛说佛医经［M］//碛砂大藏经：90（影印宋元版）. 北京：线装书局，2005：496.

水、风起故。热病有二百二，地、火起故。火热相，地坚相。坚相故难消，难消故能起热病。①

《法苑珠林》卷九十五"病苦篇第九十五·述意部第一"指出三界六道无不依赖四大为根本，"夫三界遐旷，六道繁兴，莫不皆依四大相资，五根成体。聚则为身，散则归空。"四大性质各殊，易致失适，"然风火性殊，地水质异，各称其分，皆欲求适。求适之理既难，所以调和之乖为易。"若四大失常，或增或损，则出现虚实不同的病机变化，如地大增则有瘀血癥瘕，地大亏则肢体失养，偏枯不随。水大增则浮肿胀急，水大损则瘦削骨立，津液亏竭。火大增则身热痛疮，火大损则身冷、食不消。风大增则脏腑壅满气滞，风大损则气虚咳嗽，动则疲乏。同时，每一大失调，则影响其他三大，导致四大俱失调，而辗转为病。

忽一大不调，四大俱损。如地大增，则形体黮黑，肌肉青瘀，癥瘕结聚，如铁如石；若地大亏，则四肢损弱，或失半体，或偏枯残废，或毁明失聪。

若水大增，则肤肉虚满，体无华色，举身萎黄，神颜常丧，手脚潢肿，膀胱胀急；若水大损，则瘦削骨立，筋现脉沈，唇舌干燥，耳鼻燋闭，五脏内煎，津液外竭，六腑消耗，不能自立。

若火大增，则举体烦爆，燋热如烧，痈疖疽肿，疮痍溃烂，脓血流溢，臭秽竞充；若火大损，则四体羸瘠，腑脏如冰，焦膈凝寒，口若含霜，夏暑重裘，未尝温慰，食不消化，患常呕逆。

若风大增，则气满胸塞，腑胃否隔，手足缓弱，四体疼痹；若风大损，则身形羸瘠，气裁如线，动转疲乏，引息如抽，咳嗽噫哕，咽舌难急，腹厌背偻，心内若冰，颈筋喉脉，奋作鼓胀。

如是种种，皆是四大乍增乍损，致有疴疾。既一大婴羸，则三大皆苦，展转皆病，俱生煎恼。②

《佛说胞胎经》在提出地水风火致病时，特别指出风、热、寒、食增多可致百病，"地水火风，一增则生百病。风适多则百病生，热多则生百病，寒多则生

---

① （印）龙树，造；（后秦）鸠摩罗什，译. 大智度论［M］. 上海：上海古籍出版社，1991：384.

② （唐）释道世，著；周叔迦，苏晋仁，校注. 法苑珠林校注：第六册［M］. 北京：中华书局，2003：2732.

百病，食多则增百病。三事合会，风寒热聚，四百四病，同时俱起。"①

佛经中也提到痰邪致病，痰在中医理论中是重要的病理产物及致病因素，痰饮是因于异常的水液代谢产生，反过来又可导致诸种疾病的发生。《增一阿含经》卷十二"三宝品第二十一"，指出风、痰、冷三大患为病，并指出相应的治法。

> 尔时，世尊告诸比丘：有三大患。云何为三？所谓风为大患，痰为大患，冷为大患，是谓。比丘！有此三大患，然复此三大患有三良药。云何为三？若风患者酥为良药，及酥所作饭食。若痰患者蜜为良药，及蜜所作饭食。若冷患者油为良药，及油所作饭食。②

《大方广佛华严经入法界品》提出"风黄痰热"及其他的致病因素，"我知一切众生诸病，风黄痰热，鬼魅蛊毒，乃至水火之所伤害，如是一切所生诸疾，我悉能以方便救疗。"③ 风、黄、痰热涉及古印度医学"三体液"学说。

（三）阿输吠陀"三体液"说

古印度医学阿输吠陀中有三体液说，即风、黄（胆）、痰，"人体是由三种体液构成的，这三种体液就是风、黄（胆汁）、痰（痰饮），它们又被称做'三俱''三因'或三病素等，其三液聚合的病或译作'三合病''三集病'。"④ 人体健康与疾病是由这三体液的平衡或失调导致。俄藏敦煌文献："☐问曰：何者三俱七界？苔［答］曰：三俱者，风、黄、【痰】。☐【七】界者，一味、二血、三肉、四膏、五骨、六髓、七腦［脑］。"⑤ 唐·义净译《金光明最胜王经·除病品第二十四》中有阿输吠陀三体液理论。此篇先论述风、黄热、痰癃与季节发病关系，次论四时饮食用药调顺之法。

> 春中痰癃（饮）动，夏内风病生，秋时黄热增，冬节三俱起。
>
> 春时涩热辛，夏腻热醋醎〔醋咸〕，秋时冷甜腻，冬酸涩腻甜。
>
> 于此四时中，服药及饮食，若于如是味，众病无由生。

---

① （晋）三藏竺法护，译. 佛说胞胎经［M］//赵朴初，主编. 永乐北藏：第22册. 北京：线装书局，2005：456.

② （晋）瞿昙僧伽提婆，译. 增一阿含经：第1册［M］. 北京：华文出版社，2013：298.

③ （唐）实叉难陀. 大方广佛华严经入法界品［M］//姜子夫，主编. 华严经：上册（经藏版）. 北京：大众文艺出版社，2005：170.

④ 陈明. 中古医疗与外来文化［M］. 北京：北京大学出版社，2013：7.

⑤ 佛家医书三俱七界残片［M］//沈澍农. 敦煌吐鲁番医药文献新辑校. 北京：高等教育出版社，2017：520.

食后病由癊（饮），食消时由热，消后起由风，准时须识病。

既识病源已，随病而设药，假令患扶［状］殊，先湏［须］疗其本。

风病服油腻，患热利为良，癊（饮）病应变吐，惣［总］集湏［须］三药。

风热癊（饮）俱有，是名为惣［总］集，虽知病起时，应观其本性。

如是观知已，顺时而授药，饮食药无差，斯名善医者。

春天易生痰饮之病，夏天易生内风，秋天生热盛病，冬天三病俱发。饮食春宜涩热辛，夏宜腻热醋咸，秋宜冷甜腻，冬宜酸涩腻甜诸味。从发病的角度言，痰饮病多由食后，热病由食消之时，风病多食消之后。治疗要识其病源，随病设药，顺时授药，风病宜服油腻之类药，热病宜服利下之药，痰饮病宜服吐药，三病合则宜服以上三种药。

治疗还要掌握"八术"，即针刺、伤破、身疾、鬼神、恶毒药、孩童病、延年、增气力，此中包括一些特殊的治疗方法及疾病分科。

须应知八术，惣［总］摄诸医方，于此若明闲［娴］，可疗众生病。

谓针刺［刺］伤破，身疾并鬼神，恶［恶］毒及孩童，延年增气力。

此篇还论述了风、热、癊［饮］三种体质，根据形色、语言、性情及梦中所见进行类分。

先观彼形色，语言及性行，然后问其梦，知风热癊［饮］殊。

干瘦少头发，其心无定性，多语梦飞行，斯人是风性。

少年生白发，多汗及多瞋，聪［聪］明梦见火，斯人是热性。

心定身平惣［整］，虑审头津腻，梦见水白物，是癊（饮）性应知。

惣［总］集性俱有，或二或具三，随有一偏增，应知是其性。

既知本性已，准病而授药，验其无死相，方名可救人。①

阿输吠陀"三体液"是古印度医学理论，并非佛教中的原始理论，佛教在论述"四大"理论时引入了三体液学说，在敦煌文献中也出现了三体液内容。

（四）内外因缘与致病因素

《修行本起经·游观品》述及"极寒、极热、极饥、极饱、极饮、极渴，将节失所，卧起无常"诸多病因，与中医病因学有一定相似性。中医病因有外感

---

① （唐）义净，译. S.180 金光明经最胜王经［M］//沈澍农. 敦煌吐鲁番医药文献新辑校. 北京：高等教育出版社，2017：446－447.

六因、内伤七情、饮食不节、起居失常、外伤等，极寒、极热属于外感寒热，极饥、极饱、极饮、极渴属于饮食失节，其"将节失所，卧起无常"属于调摄失常，而经文中提到的"饮食快口，放心自恣，淫于五欲"，是指饮食不节、五欲过度，与上同类，为常见的病因。《大智度论》卷十"释初品第一"指出病有内、外因缘，实际上就是内、外因之致病因素。

有二种病，一者外因缘病，二者内因缘病。外者，寒热饥渴、兵刃刀杖、坠落推压，如是等种种外患，名为恼。内者，饮食不节、卧起无常、四百四病，如是等种种，名为内病。如此二病，有身皆苦。①

《佛说佛医经》提出"人得病有十因缘"，多是由于饮食不节、情志不调等造成，"一者久坐不饭，二者食无贷，三者忧愁，四者疲极，五者淫姝，六者嗔恚，七者忍大便，八者忍小便，九者制上风，十者制下风。从是十因缘生病。"②《涅槃经》卷十二指出疾病有二种，一为身病，一为心病。身病有五种致病因素，其中一种是客病，即指各种外伤及鬼魅所伤。心病即精神疾患，是由于踊跃、恐怖、忧愁、愚痴诸种精神失常所致，中医七情不和指喜、怒、哀、思、悲、惊、恐异常，二者有一定的相似性。

病谓四大毒蛇，互不调适。亦有二种：一者身病，二者心病。身病有五：一者因水，二者因风，三者因热，四者杂病，五者客病。客病有四：一者非分强作，二者忘误堕落，三者刀杖瓦石，四者鬼魅所著。心病亦有四种：一者踊跃，二者恐怖，三者忧愁，四者愚痴。③

三、中医学中的"四大"学说

随着佛教的传入，"四大"学说也逐渐渗透到中医学理论中。南朝梁·陶弘景在补阙晋代葛洪《肘后备急方》时，取佛经"人用四大成身，一大辄有一百一病"，对其"阙漏未尽"者，"辄更采集补阙，凡一百一首，以朱书甄别，为肘后百一方"④，易名为《补阙肘后百一方》，在书名及体例上陶弘景显然受

① （印）龙树，造；（后秦）鸠摩罗什，译. 大智度论［M］. 上海：上海古籍出版社，1991：65.
② （三国吴）沙门竺律炎共支越，译. 佛说佛医经［M］//碛砂大藏经：90（影印宋元版）. 北京：线装书局，2005：496.
③ （北凉）昙无谶. 涅槃经［M］//宗文，点校. 北京：宗教文化出版社，2011：192.
④ （南朝梁）陶弘景. 华阳隐居补阙肘后百一方序［M］//冈西为人，编. 宋以前医籍考. 北京：人民卫生出版社，1958：733.

"四大"学说的影响。隋·巢元方《诸病源候论》卷二"恶风候"言风病有四百四种，曰："凡风病，有四百四种，总而言之，不出五种，即是五风所摄。一曰黄风，二曰青风，三曰赤风，四曰白风，五曰黑风。"巢氏风病四百四种受"四大"学说影响，其将风病分为黄、青、赤、白、黑五种，是将中医传统的五行思想与四大学说混合在一起进行论述。《备急千金要方》卷一"序例·诊候第四"对四大不调所致病证进行论述，其理论承袭印度医学的"四大"学说。

经说：地水火风，和合成人。凡人火气不调，举身蒸热；风气不调，全身僵直，诸毛孔闭塞；水气不调，身体浮肿，气满喘粗；土气不调，四肢不举，言无音声。火去则身冷，风止则气绝，水竭则无血，土散则身裂。

然愚医不思脉道，反治其病，使脏中五行，共相克切，如火炽燃，重加其油，不可不慎。凡四气合德，四神安和；一气不调，百一病生；四神动作，四百四病同时俱发。又云：一百一病，不治自愈；一百一病，须治而愈；一百一病，虽治难愈；一百一病，真死不治。①

王焘《外台秘要·眼疾二十四门》卷第二十一"叙眼生起一首"中也引用了"四大"理论，指出四大假合以成人身，四大支持人体脏腑器官的功能活动。

谢道人曰：夫眼者，六神之主也；身者，四大所成也。地水火风，阴阳气候，以成人身八尺之体。骨肉肌肤，块然而处，是地大也。血泪膏涕，津润之处，是水大也。生气温暖，是火大也。举动行来，屈伸俯仰，喘息视瞑，是风大也。四种假合，以成人身，父母精血，寔斯增长而精成者也。②

四、敦煌文献中的四大及疾病病名

敦煌文献中也有"四大"内容，如《明堂五脏论》："四大假合，五谷咨[资]身，立形躯于世间，看《明堂》而医疗。"③《张仲景五脏论》甲本："四大五荫，假合成身。一大不调，百病俱起。"④ 诸如此类在敦煌文献中多处可见，说明敦煌医学深受四大学说的影响。

---

① （唐）孙思邈，著. 备急千金要方校释 [M]. 李景荣，等，校释. 北京：人民卫生出版社，1998：6.

② （唐）王焘，撰. 外台秘要方 [M]. 太原：山西科学技术出版社，2013：590.

③ 明堂五脏论 [M] //沈澍农. 敦煌吐鲁番医药文献新辑校. 北京：高等教育出版社，2017：142.

④ 张仲景五脏论 [M] //沈澍农. 敦煌吐鲁番医药文献新辑校. 北京：高等教育出版社，2017：010.

敦煌文献记载许多疾病名称，如《救诸众生苦难经》《新菩萨经》记载 10 种死病，有题记"乾德五年（967）岁次丁卯七月二十一日因为疾病再写此经记耳"，可见此经卷是北宋年间"再写"者。《救诸众生苦难经》曰：

今年大熟无人收割，有数种病死：第一，疟病死。第二，天行病死。第三，卒病死。第四，肿病死。第五，产生死。第六，患腹死。第七，口痛死。第八，风黄病死。第九，水痢病死。第十，患眼病死。①

马继兴指出，"在敦煌卷子中不同写本的《救诸众生（一切）苦难经》共 19 种。又有《新菩萨经》的不同写本约 30 种，均载有此 10 种疾病名称，属同一系统的产物。其写本年代可考者上限为贞元十九年（公元 803 年）。"② 由此可推断，此北宋"再写"经的原卷上限可上推到唐代。与此经内容相近的《劝善经》记载 7 种死病，曰：

今年大熟无人收割，有数种病死：第一，疟病死。第二，天行病死。第三，赤白痢死。第四，赤眼死。第五，人产生死。第六，水痢死。第七，风病死。③

此卷正面题"天袖（福）叁年（938）宝宣记"，马继兴指出，"原卷子系五代，后晋天福三年（公元 938 年）释宝宣据唐代贞元十九年（公元 803 年）写本重录"④。

S. 5379《佛说痔病经》记载了二十余种痔病，曰：

（上略）身患痔病，形体羸瘦，痛苦萦缠，于日夜中极受忧恼（中略）。

所谓风痔、热痔、癃痔、三合痔、血痔、腹中痔、鼻内痔、齿痔、舌痔、耳痔、顶痔、手足痔、脊背痔、粪痔、遍身支节所生诸痔。如是痔痿，悉皆干燥堕落消灭，必差无疑（下略）。⑤

---

① 救诸众生一切苦难经 ［M］//马继兴，著. 中国出土古医书考释与研究：中卷：敦煌古医书考释. 上海：上海科学技术出版社，2015：939.

② 马继兴. 中国出土古医书考释与研究：中卷：敦煌古医书考释 ［M］. 上海：上海科学技术出版社，2015：939.

③ 劝善经 ［M］//马继兴. 中国出土古医书考释与研究：中卷：敦煌古医书考释. 上海：上海科学技术出版社，2015：940.

④ 马继兴. 中国出土古医书考释与研究：中卷：敦煌古医书考释 ［M］. 上海：上海科学技术出版社，2015：940.

⑤ 三藏法师义静，奉制译. S. 5379 佛说痔病经 ［M］//马继兴. 中国出土古医书考释与研究：中卷：敦煌古医书考释 ［M］. 上海：上海科学技术出版社，2015：965.

此经内容亦见于《医心方》卷七"治诸痔方第十五",名"疗痔病经",内容略同。其中瘪痔作"阴痔",腹中痔作"肠中痔",粪痔作"粪门痔"。佛经中的痔病与中医学的痔病不相同,中医学的痔疮是指肛周内外病变,而佛经中的痔病还包括鼻、舌、耳、手足等处病变,几乎是全身各处的病变,这里"痔"不是单纯的痔疮,而是广义的、病变范围较广的疮疡之类。

敦煌文献的病名除以上比较集中的几种死病外,还见于内、外、妇、儿等各科病变,病名除译自外来佛经外,还包括当时国内一些常见的疾病名称。

敦煌壁画太子游观品展现了人们对生、老、病、死的困惑,诱发了人们对生命与疾病因缘的追问;印度的"四大"学说随着佛教的传播进入我国医学视野,使中医病因病候学援入了外来医学内容,而敦煌医学更是掺杂了较多的异域色彩。

第五节　眼科与金镶术

敦煌壁画中有涉及眼科病的题材,同时敦煌出土文献中有较多的眼科治疗方药,结合佛经及敦煌文献,可以大致了解印度眼科医学特殊的治疗方法与技术,并可窥见敦煌地区眼科的治疗特色与技术水平。敦煌壁画中有关眼病的题材主要见于善事太子入海故事、五百官贼成佛故事以及睒子故事。

一、壁画中的眼盲故事
（一）善事太子眼盲故事

北魏沙门慧觉等译《贤愚经·善事太子入海品》及中国僧人撰《大方便佛报恩经·恶友品第六·善事太子本生》均载善事太子故事。善事太子为使其国百姓衣食富足,历经艰险,航海至龙王处求得摩尼宝珠,返途中却被恶事（友）太子抢取宝珠,并以树木尖刺刺瞎双目。善事太子流浪至梨师跋陀国的牧场,仆倒在水泽旁,牛王以舌舔两目,牧师为其拔出眼中刺,并以酥乳涂敷疮上,治愈眼病。《贤愚经·善事太子入海品》载:

太子宛转辛苦,匍匐而行,渐小前进,到梨师跋陀国,至于泽宕,值五百头牛来到其边。有一牛王,见于太子,怜敬兼怀,出舌舐之,余牛悉集,愕住共视。时牧牛人来前试看,乃睹太子卧在于地,见其眼中,有是长刺;观其形相,又知非凡。即为拔刺,将至住处,常以酥乳,著其疮中,饮食供给,随及瞻养，复经数时，眼疮渐差。① （《大方便佛报恩经·恶友品第六》作"牛王吐舌舐太子两目，拔出竹刺"。）

莫高窟盛唐 148 窟甬道顶南披善事与恶事故事壁画，图上善事太子睡卧于地，恶事手持长长的尖刺刺向善事太子双目；图下善事太子仆倒在牧场上，数头牛守护，牛王俯首为善事太子舐目。

（二）五百盲贼成佛故事

《大般涅槃经·梵行品》"五百盲贼成佛"及《报恩经·慈经》"五百盲贼皈佛"记载五百盲贼成佛故事。憍萨罗国有五百匪贼聚众抢劫，为害百姓，波斯匿王遣兵镇压，并皆挑瞎双目，放逐于黑暗森林中。群贼失目，痛苦异常，啼哭号啕，求助佛陀。佛陀在祇洹精舍闻其悲声，即生慈心，以"凉风吹香山中种种香药，满其眼眶，寻还得眼，如本不异"。诸贼开眼，如来现身并为说法，遂皈依佛道，放下屠刀，立地成佛。莫高窟西魏 285 窟南壁、北周 296 窟南壁皆绘有这个故事画。画面中有官兵与群贼激斗、贼众被捉、山中哭号，以及佛前听法数个场景。

以上两则故事虽皆为佛教故事，但其中都涉及眼病及其治疗，而在佛经及敦煌文献中亦较多涉及眼科病的理论及治疗方药。

二、佛经及敦煌文献中眼科病的治疗

（一）佛经中眼科病的治疗

《佛说能净一切眼疾病陀罗尼经》言说以咒语破除一切眼疾法，"所以此陀罗尼明加护，令净其眼，令彼拔济，令彼摄受，令彼长养，令彼结界，令彼眼无垢翳，得离疾病（咒文省）。"②《佛说咒目经》亦载用咒语治目痛。《千手千眼观世音菩萨广大圆满无碍大悲心陀罗尼经》2 处载药物结合咒语治疗眼病，一处治疗青盲眼暗、白晕赤膜，将诃梨勒果、菴摩勒果、鞞醯勒果各一颗捣研，和蜜、乳封敷眼中，并在观世音千眼像前咒一千八百遍。

若有患眼睛坏者，若青盲眼暗者，若白晕赤膜无光明者，取诃梨勒果、菴摩勒果、鞞醯勒果三种各一颗，捣破细研。当研时唯须护净，莫使新产妇人及猪狗见，口中念佛，以白蜜若人乳汁，和封眼中。著其人乳要须男孩子母乳，

---

① （北魏）慧觉，等，译撰. 贤愚经 ［M］//陈引驰，主编；温泽远，等，注译. 广州：花城出版社，1998：423.

② （唐）三藏沙门大广智不空，奉诏译. 佛说能净一切眼疾病陀罗尼经 ［M］//（清）雍正，敕修. 乾隆大藏经 36 宋元入藏诸经 三（影印本）. 北京：中国书店，2010：404.

女母乳不成。其药和竟，还须千眼像前咒一千八遍，著眼中满七日。在深室慎风，眼睛还生。青盲白晕者，光奇盛也。①

另一处治眼中胬肉及翳障，以枸杞叶捣汁，浸入青钱一宿，涂敷眼中，并加持咒语，"及眼中有努肉及有翳者，取奢奢弥叶（苟杞叶也）捣滤取汁，咒三七遍，浸青钱一宿，更咒七遍，著眼中即差。"②

《十诵律》卷三十九载以筒灌鼻法治疗眼痛，是一种特殊的外治法。

佛在舍卫国，长老毕陵伽婆蹉患眼痛，时药师教言：应灌鼻。时比丘以脂灌鼻中，或以毳取而滴，滴时不便流入眼，更增痛剧。是事白佛。佛言：作筒灌。作筒大，鼻不受。复小作，溢失，不中用。是事白佛。佛言：莫大莫小，作得受一波罗。若一波罗，半欲唾，以手承取。以手承取，故便欲吐。佛言：听用弊纳承取。③

《别译杂阿含经》卷七以金针拨障比喻如来拔除世间疾苦，金针拨障术是印度先进的眼外科手术，曰："如来治眼疾，过于彼世医，能以智慧鍱，决无明眼膜。"④ 此句大意是指如来能拔除世间毒苦，使人脱离生死，如同医生用金针拨障术治疗无明翳膜。

（二）敦煌文献中眼科病的治疗

敦煌文献中载有多种洗眼、搨眼、点眼方，反映了敦煌地区眼科病特殊的治疗方法及技术水平，如（拟抄成年代：武周时期）载目翳洗眼方，是以药物结合佛经咒语进行治疗，方中有郁金、青黛等药，"蔽生目……（咒语，佛经从略）眼上白浣［睆］……（佛经）鬱〔郁〕金、青黛水，常使病圭［人］向东方日匝［月］净明德佛忏悔，洗目至七日。"又治青盲方，亦以咒语合药物治疗，用胡椒、安石榴、细辛、人参、小豆等为末，与石蜜浆、葡萄浆和成饼，做成饼搨眼上，以水从头后喂之，"青盲，鬼名（原佛经，从略）。用胡椒、安

① （唐）西天竺沙门伽梵达摩，译. 千手千眼观世音菩萨广大圆满无碍大悲心陀罗尼经［M］//（清）雍正，敕修. 乾隆大藏经 23 大乘经 五大部 六（影印本）. 北京：中国书店，2010：576.

② （唐）西天竺沙门伽梵达摩，译. 千手千眼观世音菩萨广大圆满无碍大悲心陀罗尼经［M］//（清）雍正，敕修. 乾隆大藏经 23 大乘经 五大部 六（影印本）. 北京：中国书店，2010：577.

③ （后秦）三藏弗若多罗共三藏鸠摩罗什，译. 十诵律［M］//（清）雍正，敕修. 乾隆大藏经 40 小乘律 二（影印本）. 北京：中国书店，2010：100.

④ 失译人名（附秦录）. 别译杂阿含经［M］//（清）雍正，敕修. 乾隆大藏经 30 小乘经 阿含部 三（影印本）. 北京：中国书店，2010：921.

石榴子、细辛、正〔人〕参、姜末、小豆、麻子各一铢，末，和石蜜浆、蒲桃〔葡萄〕浆，日呪〔咒〕七遍，乃至七日，用作饼，大如钱许，用搭〔揭〕眼上，以水从头后喋〔噀〕之。"①

《观世音菩萨心轮眼药品第五》（唐初）第三方之点眼方，以药物并咒语治疗翳障白晕、赤膜、青盲等多种眼病，将雄黄、豆蔻、青莲花、乌贼、牛黄、郁金香、荜茇、胡椒、干姜等捣筛研细，然后点眼。其方如下：

尒〔尔〕时观世音菩萨怜愍众生，故说眼药法，令一切人见者皆生爱乐，身心观喜。

愕〔慢〕室（雄黄也）　迦拘〔拘〕竖（豆寇〔蔻〕也）

青莲华〔花〕　莲华〔花〕海水末

乌贼（鱼骨也）　牛黄　欝〔鬱〕金香　毕拨〔荜茇〕　胡椒　干姜

别本云惑〔或〕乌贼鱼骨。上云海浮后上有雄黄迦但

跋郁〔那〕亦抆发羅苦〔善〕并等分，捣细筛讫，前药有一两

即苦〔善〕。射〔麝〕香、龙脑〔脑〕香半两，细研。观世音像前和合，

前三呪〔咒〕各诵一千八百遍，皆起慈悲心，著此药置

观世音菩萨足下，然后独著，即得用。筋〔箸〕点著

眼头。治一切病，翳郭〔障〕白晕，流泪赤瘦〔膜〕，青盲头痛

病。每日一度著此药置眼中，一切眼中病皆得除

差；二日著，治身中一切病；三日著，治八十四种痫；四

日著，内外一切郭〔障〕不能郭〔障〕；……七日著……。②（注：按原卷子排列。）

《百一物本》所记僧家医用物品中有敷眼药物，"磨石 药臼 药杵 药□ 盛药筒 附眼药物 摩药石。"③ 由此可知，寺院也能进行眼科病的治疗。

从出土文献可见敦煌地区眼科病治疗有浓厚的佛教色彩，治疗方法及手段比较复杂，所用药物既有国内常用药，又有许多外来药如荜拨、胡椒等。除药物治疗外，印度医学中特殊的金鎞术即金针拨障术也在南北朝时期传入我国，对我国传统的眼科医学的理论和实践产生了重要影响。

---

① 沈澍农. 敦煌吐鲁番医药文献新辑校［M］. 北京：高等教育出版社，2017：206.
② 沈澍农. 敦煌吐鲁番医药文献新辑校［M］. 北京：高等教育出版社，2017：227.
③ 百一物本［M］//马继兴. 中国出土古医书考释与研究：中卷：敦煌古医书考释. 上海：上海科学技术出版社，2015：960.

三、金锟术与外治法

金锟术即金针拨障术，源于印度医学，《大般涅槃经》卷八"如来性品"记载，"如百盲人为治目故，造诣良医。是时良医即以金錍（锟）抉其眼膜"①。我国南北朝时期已有僧人用金针拨障的记载，《梁书·鄱阳王恢传》载北渡道人慧龙曾用金针治眼疾，"后又目有疾，久废视瞻，有北渡道人慧龙得治眼术，恢请之。既至，空中忽见圣僧，及慧龙下针，豁然开朗，咸谓精诚所致。"② 这个事件富有佛教传奇色彩，王恢的母亲费太妃得目疾不能视，请慧龙治之。慧龙到时忽见圣僧于空中显现，随后下针而病人豁然开朗。慧龙身为释僧及有圣僧空中显现，都说明了金针术与佛教有关。《北史·孝行传七十二·张元传》亦有金针拨障术的记载，曰：

> 及元年十六，其祖丧明三年。元恒忧泣，昼夜读佛经，礼拜以祈福祐。后读《药师经》，见"盲者得视"之言。遂请七僧，然七灯，七日七夜转《药师经》行道。每言："天人师乎！元为孙不孝，使祖丧明。今以灯光普施法界，愿祖目见明，元求代暗。"如此经七日，其夜梦见一老翁，以金鎞疗其祖目，于梦中喜跃，遂即惊觉。乃遍告家人。三日，祖目果明。③

元恒祖父丧明，元恒燃灯供佛、转经，梦见老翁用金鎞疗其祖眼病。这件事情一方面反映了当时国内药师信仰的盛行，与前面壁画中的燃灯供佛主题相一致，另一方面说明了金针术在南北朝时期已经使用。

唐人诗句中较多言及金针之术，说明唐代金针术比较流行，白居易："案上漫铺龙树论，合中虚贮决明丸。人间方药应无益，争得金篦试刮看。"杜甫《秋日夔府咏怀》诗云："勇猛为心极，清羸任体屡。金篦空刮眼，镜像未离铨。"刘禹锡《赠婆门僧人》："三秋伤望远，终日泣途穷。两目今先暗，中年似老翁。看朱渐成碧，羞日不禁风。师有金篦术，如何为发蒙？"

唐·王焘《外台秘要》卷二十一"出眼疾候一首"记载用"金篦决"治白内障。病人"忽然膜膜，不痛不痒，渐渐不明"，"唯正当眼中央小珠子里，乃有其障，作青白色"，即眼中央瞳孔被障膜遮盖，影响视力，"忽觉眼前时见飞蝇黑子，逐眼上下来去"，其病逐渐发展，最后导致失明，"渐渐不明，经历年

---

① （北凉）天竺三藏录无识，译. 本南大般涅槃经：第一至四册［M］//北京四众弟子敬印，2000：393.

② （唐）姚思廉. 梁书［M］. 北京：中华书局，2000：239.

③ （唐）李延寿. 简体字本二十四史 北史［M］. 北京：中华书局，1999：1879.

岁，遂致失明"。治疗用"金篦决"即金针拨障，"此宜用金篦决，一针之后，豁若开云而见白日"，针后服大黄丸。最后指出此病的病因"皆由虚热兼风所作也"①。日本《医心方》"治目青盲方第十四"引《眼论》与此段论述相近，而彼所治为"青盲"之病。

除了金镤术的重要影响外，随着佛教龙树菩萨信仰的东渐，以"龙树"命名的眼科专著在国内眼科文献中，逐渐占有一定的比重。

四、龙树菩萨与龙树眼论

龙树菩萨（梵文：Nfigfirjuna bodhisattva），又名龙胜、龙猛，出生于南天竺毗达婆，约生活于公元二世纪至三世纪，大乘佛教中观学派的创始人，被认为是佛陀之后佛教的重要传人。其父为梵志，龙树始修外道，后皈依佛教，《龙树菩萨传》曰："大师名龙树菩萨者，出南天竺梵志种也……其母树下生之，因字阿周陀那，阿周陀那，树名也。以龙成其道，故以龙配字，号曰龙树也。"②

随着佛教的传入，龙树菩萨信仰也在中国产生了一定的影响。隋唐之际国内出现了许多以"龙树"命名的医书，《隋书·经籍志》载《龙树菩萨药方》4卷，《龙树菩萨合香法》2卷，《龙树菩萨养性方》1卷。以"龙树"题名的医书以眼科著作为著，《日本国见在书目录》（889）载有《龙树菩萨眼经》，说明在中国唐代已有题名"龙树"的眼科著作，属托名之作，此书可能随遣唐使流传日本。白居易："案上漫铺龙树论，合中虚贮决明丸。"诗中的"龙树论"指书名。北宋赵希弁《崇文总目》卷三"医书类"载"《龙树眼论》一卷"，《中国医籍通考》引赵希弁曰："上佛经龙树大士者，能治眼疾，或假其说，集治七十二种目病之方。"③丹波元胤认为《龙树眼论》即朝鲜《医方类聚》中辑录的《龙树菩萨眼论》，将此书与《外台秘要》所载谢道人《天竺经论眼》对比，二者内容相近，"今如是书，文辞雅古，与《外台秘要》谢道人论相出入，而证治之法、针镤之术，其精微非彼所及。"因书中兼有西域及中土不同的药物，故推断是隋唐时人从外传录，"又有波斯之法与汉土用药不同等语，则或是隋唐间人传录夷法者矣。"同时指出白居易诗中的"龙树论"即此书，"白香山《病眼》诗云：案上漫铺龙树论，盒中空拈决明丸。盖指是书也，且观其篇第，函盖备

---

① （唐）王焘，撰. 外台秘要方［M］. 太原：山西科学技术出版社，2013：590.
② （后秦）三藏法师鸠摩罗什，译. 龙树菩萨传［M］//赵朴初，主编. 永乐北藏：第132册. 北京：线装书局，2005：844.
③ 严世芸，主编. 中国医籍通考：第四卷［M］. 上海：上海中医学院出版社，1993：4739.

具，非出零残之余者。《宋志》所谓《龙树眼论》者，亦是耳。"①

《圣济总录·眼目门》中多处引用《龙木论》，如《目偏视风牵》篇中的"《龙木论》有云风热及摩点之剂"，《目内生疮》篇中的"《龙木论》谓不宜点药、针灸，惟宜服泻脾清膈之剂"，《翳膜遮障》篇中的"《龙木论》载之详矣"；在《目青盲》《将变内障眼》等篇中皆提及《龙木论》，特别是《风障眼针后用药》指出内障针法以《龙木论》为师法，明确指出针法源于印度，"大抵以《龙木》为师法，《龙木》内障二十有三，可以针者一十有二，皆言针后用某汤某丸，则知内障非针无以取效。"② 观《圣济总录》所引《龙木论》的内容，既有传统中医的脏腑理论，如《肝虚眼》篇"《龙木论》有肝脏虚热外障"，又有印度医学内容如金针拨障术。可见《龙木论》是在接受外来医学的基础上，糅合中医学理论方药撰成，为国人所撰。不言"龙树"而名"龙木"，是避宋英宗赵曙的讳。《中国医籍通考》又载"《龙树菩萨眼论》，冯水，二卷，存"，"《眼科龙木论》，葆光道人，十卷，存"③。

除了托名"龙树"的眼科著作外，在南北朝至隋唐时期出现了较多眼科著作，反映了此时期我国眼科学的发展也进入了一个迅速繁荣的阶段。

五、南北朝至隋唐眼科学著作

据《隋书·经籍志》载，南北朝时已有眼科专著，如梁《甘濬之痈疽耳眼本草要钞》9卷，《甘濬之疗耳眼方》14卷，《疗目方》5卷，至隋代已亡佚。唐代太医署将"耳目口齿"专设为一科，《旧唐书·经籍志》载《疗目方》5卷，《新唐书·艺文志》载《疗痈疽耳眼本草要钞》5卷、《疗目方》5卷，但《隋书·经籍志》载其亡。唐代《备急千金要方》卷六"目病"论述目病的病因、病机、治法方药，治疗手法比较多，除内服外，尚有洗眼、敷眼、点眼、纳药眼中、针灸等法。《外台秘要》卷二十一载《天竺经论眼序》，题"龙上道人撰，俗姓谢，住齐州，于西国胡僧处授"。书以"天竺"命名，又指明授于"西国胡僧"，说明此内容源于印度眼科医学；"叙眼生起"论中有地水风火理论，明显来自印度医学中的四大理论。

---

① 严世芸，主编. 中国医籍通考：第四卷［M］. 上海：上海中医学院出版社，1993：4739.

② （宋）赵佶，敕编. 王振国，杨金萍，主校. 圣济总录校注：下册［M］. 上海：上海科学技术出版社，2016：1125.

③ 严世芸，主编. 中国医籍通考：第四卷［M］. 上海：上海中医学院出版社，1993：4752.

以上敦煌壁画中涉及眼科病的题材，以及国内眼科理论方药中掺杂的佛教、印度医学内容，都说明随着佛教的传入，印度医学及佛医对我国的眼科学产生了重要影响，特别是金锟术这种先进的外来技术引领了国内眼外科技术的发展，国内医方书中诸多托名"龙树""龙木"者，明显带有外来眼科医学的烙印。

第六节　求子养育风俗与儿科病的治疗

敦煌壁画中有关儿童的题材比较多，从求子、诞子、养育到小儿日常生活、嬉戏、教育，以及小儿病的治疗等，形形色色，无所不包。其中既有佛传故事画，又有反映地方民俗的画面，为我们深入了解佛教中恩养思想以及敦煌地区的求子、养育风俗提供了丰富而生动的研究素材。

一、求子风俗

人类的生殖繁衍是人类文化学中的一个重要内容，尽管不同国家的民俗与文化存在着重大差异，但多子多孙、种族繁衍是人类共有的美好祈愿，无论是中国还是其他国家，早期的求子文化中都混杂了祀神、巫术以及医学等多重内涵，而我国多元性、广容性的文化特征，使得求子文化中也糅入了古印度及佛经中的求子、佑子文化。

（一）祀神求子及梦占得子

敦煌壁画中有反映祈子、梦中得子的画面，佛传故事中释迦牟尼、弥勒的诞生有梦兆得子传说，敦煌出土文献中亦有较多祀神求子、梦占得子的内容，从壁画及出土文献既可窥见古印度及佛教中求子文化，又可了解敦煌地区的祈子风俗。

莫高窟盛唐第45窟南壁有男女拜佛祈子的画面（彩图3-4）。画中男女各一，皆双手合十虔诚祈祷，身边各自站立一个男女幼童，男子身旁榜题云："若有女人，设欲求男，礼拜恭敬观世音菩萨，便生福德智慧之男。"女子身旁榜题云："设欲求子，便生端正有相之女，宿植德本，众人爱敬。"此经变图是据《法华经·观世音菩萨普门品》绘制，曰："若有女人，设欲求男，礼拜供养观世音菩萨，便生福德智慧之男；设欲求女，便生端正有相之女，宿植德本，众人爱敬。"①

　　生儿育女是人生最重要的事件之一，早生贵子也是人们最常希冀的一大心愿。祈神求子是古代一项重要的祀神活动，传说中的许多女神都被奉为送子娘娘，如我国早期的高禖之神、九子母神等被奉为求子神祇。由于观世音信仰的日益普遍，观世音菩萨成为中土众多的送子娘娘之一，以至宋代以后出现的"送子观音"受到女性的热切崇拜。敦煌变文 P2.999《太子成道经》描绘了净饭王夫妇在城南满江树下祭天祀神求太子的祀神仪式，变文中的演义与其说是净饭王求子，更不如说是敦煌地区求子风俗的影射。我国古代有南郊祭祀高禖以祈子的风俗，蒋勤俭认为"从《太子成道经》所描述祭祀场景看来，无疑充当了中原地区高禖神角色功能"②。

　　四月八日对于佛教来说是一个非常重要的日子，据说释迦牟尼于此日诞生或入胎，故此日为佛诞日或入胎日，由此形成了一个重要的节日"浴佛节"。此日也是祭祀求子的重要节日，日本《医心方》卷二十四"治无子法"引《耆婆方》："常以四月八日、二月八日，奉佛香花，令人多子孙，无病。"③

　　求子常常与梦中孕子、梦占相联系，在古人眼中梦境可能是一种预兆，释迦牟尼、弥勒的诞生都有孕前梦兆。《修行本起经·菩萨降神品第二》载摩耶夫子梦见白象于空中飞来，净饭王未知吉凶，召相师占梦，"相师言：此梦者，是王福庆，圣神降胎，故有是梦，生子处家，当为转轮飞行皇帝；出家学道，当得作佛，度脱十方。"④

　　梦占求子在古代中原及敦煌地区比较常见，敦煌文献《新集周公解梦书》载：

天文章第一：梦见上天者，生贵子。

……

官禄兄弟章第五：梦见圣人者，主大吉……梦见得官者，生贵子。

……

饭食章第七：梦见食龙肉，生贵子。梦见食马肉者，妻有娠……梦见食鸟

①　（后秦）鸠摩罗什，译. 法华经［M］//姜子夫，主编. 法华经：上（经藏版）. 北京：大众文艺出版社，2005：395.

②　蒋勤俭. 从《太子成道经》求子情景探究敦煌求子风俗［J］. 西北民族大学学报（哲学社会科学版），2016（5）：55.

③　（日本）丹波康赖. 医心方［M］. 上海：上海科学技术出版社，1998：960.

④　（汉沙门）竺大力共康孟详，译. 修行本起经［M］//（清）雍正，敕修. 乾隆大藏经 31 小乘经阿含部 四（影印本）. 北京：中国书店，2010：987.

肉者，有子孕。

　　……

　　建除满日得梦章第廿一：开日得梦，主生贵子。①

　　《续敦煌实录》载索充梦虏得子之事，曰："索充梦一虏，脱上衣来诣充，索紞占曰：'虏去上半，下男字也。夷虏阴类，妻当生男也。'已后果验。"②

　　（二）摩睺罗·罗睺罗·磨喝乐与乞子风俗

　　佛子摩睺罗在中土求子风俗中扮演了一个重要角色。敦煌莫高窟唐代第31窟窟顶人字披东披壁画，有一女子右手托举一个布偶，另一女子高举双手似欲接取，此图被称作"给玩具"图、"玩木偶图"等。郭俊叶认为："这里的偶应为婴偶，名为摩睺罗，可能以泥、蜡、金、银等为材，外着衣物，主要功能在于乞子。"③

　　摩睺罗确实与乞子风俗有关。摩睺罗，又名摩睺罗伽，梵文"Mahoraga"音译，乃"覆障"之意。学术界关于摩睺罗有两个观点，其一，认为摩睺罗是佛教"天龙八部"之一，为大蟒神，形象是人首蛇身；其二，摩睺罗为释迦牟尼在世俗中的儿子，即佛子，名"罗睺（睺）罗"，因在母腹胎孕6年，"被胎膜久所覆障"，故有"覆障"之寓意。罗睺罗15岁时出家为沙弥，据称在佛的十大弟子中密行第一。近人邓之诚在注《东京梦华录》"磨喝乐"时转引《阿弥陀经疏一》及《五百弟子本起经》，其中《本起经》载罗睺罗奉母命向父释迦牟尼献欢喜丸。《东京梦华录注》卷八邓氏注曰：

　　《阿弥陀经疏一》：罗睺罗者，此云覆障，亦曰宫生。《五百弟子本起经》云：我昔为王，有一仙人犯罪，禁安后园，忘经六日，不与其食。然我无恶心，以忘因缘，遂堕黑绳地狱，经六万岁，最后身受胎，六年乃生，故言覆障。谓被胎膜久所覆障也。

　　佛出家六岁，罗睺罗乃生，诸释皆疑非是佛种。佛成道后，还宫说法，其妻耶输陀罗，此云名声，欲自雪其身，知其清白，乃以欢喜丸与罗睺罗，令奉汝父。佛知其意，乃变弟子皆作佛身，罗睺罗献奉而不错。佛既受已，化佛皆

---

① 新集周公解梦书 [M] //郑炳林，著. 敦煌写本解梦书校录研究. 北京：民族出版社，2005：171 - 177.

② （北魏）刘昞，撰. （清）张澍，辑. 续敦煌实录 [M]. 李鼎文，校. 兰州：甘肃人民出版社，1985：10.

③ 郭俊叶. 敦煌壁画、文献中的"摩睺罗"与妇女乞子风俗 [J]. 敦煌研究，2013（6）：13.

灭，诸释方信真是宫生……案或言摩睺罗即罗睺罗对音。故引此以释之。①

唐人乞子游戏中以蜡作婴偶。唐·薛能《吴姬》诗："身是三千第一名，内家丛里独分明。芙蓉殿上中元日，水拍银盘弄化生。"元·释圆至注释"化生"时引《唐岁时纪事》，曰："七夕，俗以蜡作婴儿形，浮水中以为戏，为妇人宜子之祥，谓之化生。本出西域，谓之摩睺罗。"清·张尔岐《蒿庵闲话》："唐人诗云：七月七日长生殿，水拍银盘弄化生。或曰化生，摩侯罗之异名，宫中设此，以为生子之祥。"② 可见唐人有七夕以婴偶乞子的习俗，婴偶可能与摩睺罗有关。乞子游戏中的"化生"实即佛教中的化生童子，表现为从莲花中化生。在敦煌不同时期的壁画中常见莲花中化生童子的图像，表现的是佛教净土思想，"化生"式的乞子风俗反映了佛教在中土求子文化中的渐渗。敦煌文献《难月文》（P. 3825、S. 1441）"产子仙童，似披莲而化现"，即以产子为化生。唐·段成式《酉阳杂俎·续集》卷五"寺塔记上"载"道政坊宝庆寺"："有王家旧铁石及齐公所丧一岁子，漆之如罗睺罗，每盆供日出之。"③ 盆供日又名盂兰盆会，为七月十五中元节，是祭祀悼念亡灵的日子，佛教于此日举行超度法会，供奉僧众，布施孤魂野鬼，将旧铁石及夭折幼子漆如佛子罗睺罗，也有可能是做成婴偶，取超度"化生"之意，希望夭子将来化生于西方净土。敦煌地区有中元节施舍磨睺罗的记载，《庚申年七月十五日于阗公主官造施舍纸布花树及台子簿》中有"磨睺罗壹拾"，此处"磨睺罗"可能有转世化生之意。前《唐岁时记事》中"本出西域，谓之摩睺罗"句，许多学者认为此更似后人注释句，以摩睺罗作婴偶乞子未必出自唐代。虽然唐代的乞子活动中尚未发现摩睺罗信仰的确切证据，但宋代的乞子土偶"磨喝乐"则带有佛教化生色彩及摩睺罗信仰的鲜明印痕。

宋代许多笔记小说频频记述"七夕"乞巧中的泥偶"磨喝乐"，说明磨喝乐在宋代非常流行。磨喝乐是化生童子的象征，形态活泼可爱，金装玉扮，以至街市争卖。宋·孟元老《东京梦华录·七夕》卷八记载北宋京都街市争卖磨喝乐的情形，谓磨喝乐即佛经中的摩睺罗，曰：

七月七日，潘楼街东宋门外瓦子、州西梁门外瓦子、北门外、南朱雀门外街及马行街，皆卖磨喝乐，乃小塑土偶耳。悉以雕木彩装栏座，或用红纱碧笼，

① （宋）孟元老，撰. 邓之诚，注. 东京梦华录注［M］. 北京：中华书局，1982：210.

② （清）张尔岐. 蒿庵闲话［M］//丛书集成初编. 北京：中华书局，1985：35.

③ （唐）段成式，撰. 酉阳杂俎［M］. 曹中孚，校点. 上海：上海古籍出版社，2012：158.

或饰以金珠牙翠，有一对直数千者。①

七夕装饰乞巧楼时摆放众多乞巧之物，其中有磨喝乐。

至初六日七日晚，贵家多结彩楼于庭，谓之乞巧楼。铺陈磨喝乐、花瓜、酒炙、笔砚、针线，或儿童裁诗，女郎呈巧，焚香列拜，谓之乞巧。妇女望月穿针。或以小蜘蛛安合子内，次日看之，若网圆正，谓之得巧。里巷与妓馆，往往列之门首，争以侈靡相尚。磨喝乐本佛经摩睺罗，今通俗而书之。②

《西湖老人繁胜录》描述泥偶衣着形象，"御街扑卖摩侯罗，多着乾红背心，系青纱裙儿；亦有著背儿，戴帽儿者。"七夕不但扑卖泥偶，亦扑卖荷叶伞儿，"牛郎织女，扑卖盈市。卖荷叶伞儿。"③ 卖荷叶伞儿亦取莲中化生之意。顽皮的童子们持新买的荷叶扮作磨喝乐以取乐，"又小儿须买新荷叶持之，盖效颦磨喝乐。儿童辈特地新妆，竞夸鲜丽。"④ "小儿女多衣荷叶半臂，手持荷叶，效颦摩睺罗。大抵皆中原旧俗也。"⑤

不但民间喜爱及售卖磨喝乐，宫廷内及官贵之家亦有塑卖，南宋吴自牧《梦粱录》卷四"七夕"："内庭与贵宅皆塑卖磨喝乐，又名摩睺罗孩儿，悉以土木雕塑。"⑥ 周密《武林旧事》卷三"乞巧"篇，言七夕前修内司按例为宫中采进摩睺罗，用料珍贵，以象牙或龙涎佛手香制造，以镂金珠翠装饰，或铸金为贡，极其奢华。

七夕前，修内司例进摩睺罗十卓，每卓三十枚，大者至高三尺。或用象牙雕镂，或用龙涎佛手香制造，悉用镂金珠翠。衣帽、金钱、钗镯、佩环、真珠、头须及手中所执戏具，皆七宝为之，各护以五色镂金纱橱。制闻、贵臣及京府等处，至有铸金为贡者。宫姬市娃，冠花衣领皆以乞巧时物为饰焉。⑦

磨喝乐南方名为"巧儿"，做工极细。南宋陈元靓《岁时广记》卷二十六

---

① （宋）孟元老，撰. 东京梦华录 [M]. 李士彪，注. 济南：山东友谊出版社，2001：83.

② （宋）孟元老，撰. 东京梦华录 [M]. 李士彪，注. 济南：山东友谊出版社，2001：84.

③ （宋）西湖老人. 西湖老人繁胜录 [M]. 北京：中国商业出版社，1982：12.

④ （宋）孟元老. 东京梦华录 [M]. 李士彪，注. 济南：山东友谊出版社，2001：83.

⑤ （宋）周密. 武林旧事 [M]. 杭州：浙江古籍出版社，2011：57.

⑥ （宋）吴自牧. 梦粱录 [M]. 杭州：浙江人民出版社，1980：25.

⑦ （宋）周密. 武林旧事 [M]. 杭州：浙江古籍出版社，2011：57.

"磨喝乐"，言苏州做工极巧，进入内庭者以金银做就，"佛经云摩睺罗，俗讹呼为磨喝乐，南人目为巧儿。今行在中瓦子后市街众安桥，卖磨喝乐，最为旺盛。惟苏州极巧，为天下第一。进入内庭者，以金银为之。"并以谑词表现摩睺泥孩的可爱及世人的喜爱。

谑词云：天上佳期，九衢灯月交辉。摩睺孩儿，斗巧争奇。戴短簷珠子帽，披小缕金衣。嗔眉笑眼，百般地敛手相宜。转睛底工夫不少，引得人爱后如痴。快输钱，须要扑，不问归迟。归来猛醒，争如我活底孩儿。①

七夕传说为牛郎、织女的相会日，人们于七夕乞巧，不仅是希望女子心灵手巧，而且有乞子之意。周处《风土记》载：

七月七日，其夜洒扫于庭，露施几筵，设酒脯时果，散香粉于河鼓、织女，言此二星神当会。守夜者咸怀私愿，或云：见天汉中有奕奕正白气，有耀五色，以此为征应，见得便拜而愿，乞富乞寿，无子乞子，唯得乞一，不得兼求，三年乃得言之，颇有受其祚者。②

宋代磨喝乐流行的原因主要在于乞子，宋·许棐《泥孩儿》："牧渎一块泥，装塑恣华侈，所恨肌体微，金珠载不起，双罩红纱橱，娇立瓶花底。少妇初尝酸，一玩一欢喜。潜乞大士灵，生子愿如尔。"宋金不但流行磨喝乐泥偶，亦出现执荷童子瓷枕、玉雕及执荷童子铜镜图像，意喻化生童子或磨喝乐。执荷童子图像不但有佛教莲中化生的含义，同时也借谐音"莲（连）生贵子"表达国人对多子多孙的美好祈盼。

（三）鹿母夫人、鬼子母、药叉女与送子娘娘

古印度及佛经中有多产多子的女神，不但是印度求子、护子女神，而且随着佛教的传入，也逐渐加入我国送子神祇的行列，与我国传统的"九子母"等女神重合，成为受人喜爱、崇拜的观音娘娘、送子娘娘。

1. 鹿母夫人

莫高窟晚唐第85窟南壁有鹿母夫人故事画，莫高窟112窟北壁亦有鹿母夫人故事画。图中山窟内坐一仙人，鹿母夫人绕行窟外，步步生莲，国王在旁相看；另一图在花园中显现一朵巨大莲花。

① （宋）陈元靓. 岁时广记：二［M］. 上海：商务印书馆，1939：303.
② （晋）周处. 风土记［M］//车吉心，总主编. 中华野史：先秦至隋朝卷. 济南：泰山出版社，2000：640.

　　鹿母夫人为母鹿舔食仙人的浣衣垢而生，因有步步生莲的瑞相，被波罗奈国的国王娶作第一夫人，产后生下一朵大莲花，莲花中化生五百太子。《大方便佛报恩经》卷第三"论议品第五"载此故事，言波罗奈国去城不远有座山名圣游居山，有二仙人分别住在南北窟。一头雌鹿舔食南窟仙人的浣衣垢，又自舔小便处，随后怀妊生一鹿女，鹿女被南窟仙人收养。因窟中宿火断绝，南窟仙人令其至北窟求取宿火。鹿女去北窟的路上，"步步举足，皆生莲华"，北窟仙人见此，让其绕窟行七匝。时波罗奈王率众臣入山游猎，王见莲华绕窟，心生欢喜，求娶鹿女，名为鹿母夫人。鹿女足月产一莲花，王见其怪异，谓畜生所生，"即退其夫人职，其莲华者使人遗弃"。其后王率众臣至后园游观，一大力士以足蹴地，震动莲华池，池中珊瑚下一枝莲花进堕水中，"其华红赤，有妙光明""其华具足有五百叶，于一叶下有一童男，面首端正，形状妙好"，知是鹿母夫人所生。后五百太子渐渐长大，"一一太子力敌一千，邻国反叛不宾属者，自往伐之。不起四兵，国土安隐，天神欢喜。"鹿母即释迦牟尼母亲摩耶夫人，步步生莲为圣洁祥瑞之兆，莲中产子既有祥瑞之意，又有化生之意，鹿母也是多子的一个女性代表。

　　2. 鬼子母

　　鬼子母，梵语"Hariti"，音译诃利帝母、欢喜母、爱子母等，在佛教护法二十诸天中位列第十五。佛经中鬼子母最初是专食人间幼童的凶煞恶鬼，因被佛祖点化皈依佛教，成为护法神、守护神，特别是求子、护子之神，因有子五百或一千，故称鬼子母。

　　西晋失佚人名译《佛说鬼子母经》言鬼子母，"今生作人喜行盗人子，是母有千子，五百子在天上，五百子在世间，千子皆为鬼王"。因盗食他人之子，被佛陀藏匿数子。鬼子母失子后悲痛欲狂，求助于佛陀。佛诫其不食人子，使其皈依，还其众子，并嘱其"便止佛精舍边，其国中人民，无子者来求子，当与之子，自在所愿，我当救子性，与使随护人，不得复妄娆之"①。

　　《杂宝藏经·鬼子母失子缘》中故事情节颇为复杂，鬼子母"是老鬼神王般阇迦妻，有子一万，皆有大力士之力，其最小子字嫔伽罗。此鬼子母凶妖暴虐，杀人儿子以自噉食"，百姓不堪失子之痛，求告佛祖。佛祖将鬼子母小儿子嫔伽罗藏于钵中，鬼子母遍寻不得，忧愁懊恼，向佛祖寻求其子所在。佛祖训诫："汝有万子，唯失一子，何故苦恼愁忧而推觅耶？世间人民或有一子，或五三

---

　　①　失译人名（今附西晋录）. 佛说鬼子母经［M］//（清）雍正，敕修. 乾隆大藏经34 小乘经单译经 三 宋元入藏诸经1（影印本）. 北京：中国书店，2010：8.

子，而汝杀害。"鬼子母发誓，若得嫔伽罗，终生不再吃世人之子，佛便使鬼子母见嫔伽罗。嫔伽罗在钵底，鬼子母尽其神力，不能取得，又求于佛祖。佛言"汝今若能受三归五戒，尽寿不杀，当还汝子。鬼子母即如佛敕，受于三归及以五戒，受持已讫，即还其子"①。此故事因增加钵底藏子一节，使情节变得曲折，宋元以后《揭钵》杂剧及《揭钵图》，是以此故事为蓝本。

鬼子母受佛陀度化，不再食童子，但忧其五百子无以为食，佛陀遂应允"苾刍等住处寺家，日日每设祭食，令汝等充餐"。印度斋僧时，复置一盘食供奉鬼子母，"（施主）次乃行食，以奉僧众，复于行末，安食一盘，以供呵利底母。"印度寺院在门屋或食厨边塑画鬼子母抱子图形，使其受食，而无子嗣者供养之，可遂愿得子，于是鬼子母又变身为乞子之神。

故西方诸寺每与门屋处，或在食厨边，塑画母形，抱一儿子于其膝下，或五或三，以表其像。每日于前盛陈供食。其母乃是四天王大众，大丰势力，其有疾病无儿息者，飨食养之，咸皆遂愿。度缘如此，此陈大意耳。神州先有名鬼子母焉。②

《大唐西域记·健驮罗国》卷二载其国有祭鬼子母求嗣的习俗，曰："梵释窣堵波西北行五十余里，有窣堵波，是释迦如来于此化鬼子母，令不害人。故此国俗祭以求嗣。"③

《大药叉女欢喜母并爱子成就法》中，鬼子母为大药叉女，又名欢喜母，"时有大药叉女名曰欢喜，容貌端严，有五千眷属，常在支那国护持世界。是娑多大药叉将之女，娉半支迦大药叉将，生五百子，有大威力。"佛诫其"除暴恶，护诸有情"，应允供食。欢喜母承诺护佑"一切人民所生男女"，并向佛细述修持陀罗尼法，即画鬼子母抱子像置坛供养，祷念咒语。若修持此法，则所生男女得其护佑，"一切人民所生男女，我皆拥护，令其安乐，不令一切诸恶鬼神得其便也"。另外，修持此法还有促使男女欢爱及宜子之利。

先于白氎上或绢素上，随其大小画我欢喜母。作天女形，极令姝丽，身白红色天缯宝衣，头冠耳珰，白螺为钏，种种璎珞，庄严其身。坐宝宣台，垂下

---

① （北魏）沙门吉迦夜，昙曜，译. 杂宝藏经［M］. 立人，主编. 北京：团结出版社，2006：179.

② （唐）义净，原著. 南海寄归内法传校注［M］//王邦维，校注. 中外交通史籍丛刊. 北京：中华书局，1995：236.

③ （唐）玄奘，述;(唐)辩机，撰. 大唐西域记［M］. 董志翘，译. 北京：中国旅行出版社，商务印书馆，2016：81.

右足，于宣台南边，傍膝各画二孩子。其母左手于怀中抱一孩子名毕哩（二合）孕迦，极令端正，右手近乳掌吉祥果，于其左右并画侍女眷属，或执白佛或庄严具。①

《诃利帝母真言经》中鬼子母自述修持"诃利帝母真言法"，谓修持此法可消除灾难，促进男女交欢，宜子顺产，还可令人长寿无疾。经中首先指出女人不孕或堕胎缘由，"若有女人不宜男女，或在胎中堕落断叙不收，皆由四大不宜男女，不能调适，或被鬼神作诸障难，或是宿业因缘不宜男女"；继述修持之法，其法与《大药叉女欢喜母并爱子成就法》相近，属于密宗修行法。即先图画鬼子母及其子形象，然后置坛，以香花撒于坛上，以甘脆饮食乳糜酪饭及诸果子阏伽香水，烧沉水香供养，并念咒语。

应取白氎，或一肘或一搩手或长五寸，或随意大小，画诃利帝母，作天女形像金色，身著天衣，头冠璎珞。坐宝台上，垂下两足。于垂足两边，画二孩子，傍宝台立，于二膝上各坐一孩子，以左怀中抱一孩子，于右手中持吉祥果。画师应受八戒，其彩色中不用皮胶。画像成已，净治一室严仪涂拭，以香泥作方坛，置像坛中，以种种华散于坛上。复以甘脆饮食乳糜酪饭及诸果子阏伽香水，烧沉水香而供养。像面向西，持诵者面东，对像念诵，每日二时，时别诵一千遍，取月生五日起首，先诵十万遍，然后对像前念诵。所求一切事皆悉圆满。

在供养图像、持念咒语的同时，服用药物、乳酥等可使女人迅即怀孕，还能催合男女交爱。

又法：女人欲得男女者，月经后澡浴，取黄牛乳母子同色者，氄乳一升置银器中，以右手无名指搅乳，诵真言加持一千八十遍，然后取服，至五日内则得有胎。

又法：欲令佗人欢喜敬爱者，或饮食果子或华或香，加持一百八遍，于真言句中加彼人名，将与彼人则得欢喜爱敬。

若月食时无间断持念此经至月满，以酥一分供养诃利帝母，余者自吃，即有胎孕，生子聪慧福德。

---

① （唐）大兴善寺三藏沙门不空，译. 大药叉女欢喜母并爱子成就法 [M] // 《中华大藏经》编辑局. 中华大藏经（汉文部分）：第六六册. 北京：中华书局，1993：78.

又法：若月蚀时，取酥五两置金器中，以金箸搅，无令间断念诵加持，乃至月却得圆满为限，然后取一分供养诃利帝母，余者渐吃，即有胎孕，所生男女聪慧福德。

修持此法时，若加以火烧草药、果实、乳等法，还可令人长寿无病，"又法欲得寿命长远者，取骨屡草嫩苗，揾酥蜜酪护摩七夜，夜别诵真言一千八十遍，一掷火中则长寿。""治病加持菴罗果芽乳中渍烧加持，除一切病。"①

鬼子母由嗜食人子的恶鬼变成了求子、护子之神，身份发生两极变化，而历代图像、塑像中的鬼子母也由狰狞恶鬼的形象变得慈眉善目。随着佛教传入中国，鬼子母与中国传统求子祀神文化中的九子母发生重合，逐渐加入中国求子、护子之神的行列，胡适推猜中国的送子观音可能由鬼子母演变而来，"但我们可以猜想那个送子观音也是从鬼子母演变出来的"②，国内许多学者就这个主题进行大量的研究，证明了由"鬼子母——九子母——送子观音"演变的可能性。兹不复述。

3. 药叉女

鬼子母又称大药叉女，为"娑多大药叉将之女，娉半支迦大药叉将"。药叉有几个含义，一是守护神，属于天龙八部之一；二是夜叉，形象丑陋凶恶；三指性爱与丰产的女神，即药叉女。印度古代塑像中有药叉女雕像，多是丰乳肥臀的美丽女神形象，倚立于硕果累累的芒果树下。在印度芒果树是多子丰产的一个象征，如芒果树与药叉女组合的塑像，正是丰产多子的象征。

（四）敦煌文献中的求子方

多子多孙、瓜瓞绵长是古人美好心愿，也是敦煌人民的美好心愿，而求子之法除了祀求神灵之外，还要借助一些求子的方药。敦煌出土文献中有许多求子方，如医方载治男子无子方：

治丈夫风虚目暗，精气衰少，无子，并补诸不足方

五味子八分　鹿茸八□　牡荆子八分　菟丝子八分（酒渍一宿）　附子六分（炮之）　蛇床子六分　车前子八分　薁蓣（蓣薁）子八分　署预（薯蓣）八分　芎藭六分　山茱萸六分　天雄五分（炮）　人参五分　茯苓五分　桂心十分　巴天戟（戟天）三两（去心）　干地黄八分　石斛八分　牛膝五分　杜仲八分　黄耆五分　志远

---

① （唐）特进试鸿胪卿三藏沙门大广智不空，奉诏译. 诃利帝母真言经［M］//赵朴初，主编. 永乐北藏：第 132 册. 北京：线装书局，2005：608－611.

② 胡适. 胡适古典文学研究论集：上册［M］. 上海：上海古籍出版社，2013：518.

（远志）八分　钟乳二两　纵（苁）蓉七分

廿四味合捣，下筛，蜜为散，温酒服方寸三匕，日再服。不知，增至两三匕，以知为度。禁食如药法。不能饮酒，蜜和为丸，服亦得。①

《单药方》载治妇人无子方："治妇人无子，取桑树孔中草烧灰，取井水服之，验。"② 求子方中用"子"类药占的比例比较大，如五味子、牡荆子、菟丝子、蛇床子、车前子、蕲蕡子等，有以子求子之意。某些求子方带有一定的巫术色彩，如医方载：

疗无儿子方：以右手把赤小豆二七枚，讫事过与妇人右手，因使吞之。一方二枚。

又方：壬子日含赤小豆二七枚，临事吐与妇人，即有子。

又方：常以壬子日午时，向西合阴阳，有。

又方：妇人欲得多子法：取夫头发并指甲，着妇人席下，卧，勿令知之。

又方：以月晕夜令妇人北首卧，令夫御之，即生男。

又，治无子法：吞马子立有子。吞雄者儿，雌者女。吞以厌日吞之者，多女。③

由于男尊女卑、传宗接代观念的根深蒂固，古人更倾向于求男，所以求子方中有许多"宜男"之法，如医方载欲得男法：

不男法：怀月三日，以雄鸡左翅毛二七枚，着妇人席下，卧，勿令知之，即生男。

欲得男法：妊身（娠）时，以角弓弦作中衣带，满百日，吉。

妊娠欲得男法：妊娠未满月，以弓弦。至产。

欲变为男：妇人妊娠，取鲤鱼二头食之，必生贵子不疑。

一云：牛心令智，肝牛（牛肝）必生贵□。④

① 医方［M］//袁仁智，潘文，主编. 敦煌医药文献真迹释录. 北京：中医古籍出版社，2015：397.

② 单药方［M］//马继兴，著. 中国出土古医书考释与研究：中卷：敦煌古医书考释. 上海：上海科学技术出版社，2015：329.

③ 医方［M］//袁仁智，潘文，主编. 敦煌医药文献真迹释录. 北京：中医古籍出版社，2015：397.

④ 医方［M］//袁仁智，潘文，主编. 敦煌医药文献真迹释录. 北京：中医古籍出版社，2015：398.

求子方法中，"弓弦"成为一种重要的媒介。弓弦本是男儿争战之用，亦是男子的象征，《周礼》记载古代帝王携妃子祭祀高禖时，让怀孕的妃子佩带弓箭，即是求男之意。

二、产子与养护

生产与养护是保障婴幼儿生命与健康的重要环节，由于古代生产条件、卫生与养护条件等的限制，小儿在诞育。生长过程中会发生种种意外，甚至危及生命，所以古人非常注重小儿诞育，敦煌壁画中许多表现小儿诞生、养护的画面，体现了父母对儿女的恩养护佑之心，反映了古代儿童养护风俗。

（一）生产

敦煌莫高窟有表现释迦牟尼诞生场景的太子诞生图，如莫高窟北周时期290窟佛传图，摩耶夫人右手攀着树枝，婴儿从胁下诞出，一侍女手捧金盘接生，一侍女低身扶腰助产；莫高窟北周428窟西壁诞生图有相似的场景。相传摩耶夫人于树下从右胁产子，《修行本起经·菩萨降神品第二》："十月已满，太子身成。到四月八日，夫人出游，过流民树下，众华开敷，明星出时，夫人攀树枝，便从右胁生坠地。"① 《过去现在因果经》："十月满足，于四月八日，日初出时，夫人见彼园中，有一大树，名曰无忧，华色香鲜，枝叶分布，极为茂盛。即举右手，欲牵摘之，菩萨渐渐从右胁出。"② 敦煌变文《太子成道经》："喜乐之次，腹中不安，欲似 [临] 产。乃 [遣] 姨母波阇波提抱腰，夫人手攀树枝，彩女将金盘承接太子。"③ 胁下生子是生产的一种宗教化神圣化表达，而生产时产婆抱腰是常见的一种助产方法。妇女生产是人生一件重大且带有危险性的事情，由于古代接生条件所限，难产情况经常出现，故人们常借助药物助产，同时通过祝愿或咒语祈祷神灵保佑母子平安。

《庐山远公话》详细描述产妇分娩过程，尽现分娩之危险痛苦，曰：

十月满足，生产欲临，百骨节开张，由如锯解。直得四支体折，五脏疼痛，不异刀伤，何殊剑切！千生万死，便即闷绝莫知，命若悬丝，不忘（望）再活。须臾母子分解，血似屠羊，阿娘迷闷之间，乃问是男是女。若言是女，且得母

---

① （汉）沙门竺大力共康孟详，译. 修行本起经 [M] // （清）雍正，敕修. 乾隆大藏经 31 小乘经阿含部 四（影印本）. 北京：中国书店，2010：987.

② （南朝宋天竺）三藏求那跋陀罗，译. 过去现在因果经 [M]. 南京：金陵刻经处，2009：31.

③ 太子成道经 [M] // 黄征，张涌泉，校注. 敦煌变文校注. 北京：中华书局，1997：436.

子分解平善；若道是儿，总忘却百骨节疼痛，迷闷之中，便即含笑。此即名为孝顺之男。若是吾（悟）逆之子，如何分免（娩）！在其阿孃腹内，令母不安，蹴踏阿孃，无时暂歇，忽居心上，忽至要（腰）间，五脏之中，无处不到。十月满足乃生，是时手把阿孃心肝，脚踏阿孃胯骨，三朝五日，不肯平安。从此阿孃大命转然，其母看看是死，叫声动地，似剑剜心。兄弟阿孃，莫知为计；怨家债主，得命方休。既先忍子，还须后死。即此为生。①

莫高窟第454窟主室北壁"佛顶尊胜陀罗尼"经变榜题，其中有一行题曰："若有女人怀孕，受持佛顶尊胜陀罗尼即生。"按《佛顶尊胜陀罗尼经》所说，受持此经可助产妇顺产。《难月文》祝愿文，乞求观音菩萨、药上菩萨保佑母子平安，使母无产痛，儿如仙童；又祝愿长幼健康，聪明智达；富禄忠孝，离苦获安，曰：

厥今坐前施主捧炉虔跪，舍施启愿所申意者，奉为厶人患难之所建也……惟愿日临月满，果生奇异之神童；母子平安，定无忧嗟之苦厄。观音灌顶，受不死之神方；药上扪摩，垂惠长生之味。母无痛恼，得昼夜之恒安；产子仙童，似被莲而化现。又持胜善，伏用庄严持炉施主、合门长幼等：惟愿身如松岳，命等苍冥；灵折之智朗然，悟解之心日进。父则常居禄位，母则盛德恒存。兄弟忠孝过人，姊妹永终贞洁。然后四生离苦，三有获安。同登菩提，成正觉道。②

佛经及敦煌文献中有治难产的方药。如敦煌文献安胎方，"妇人损娠方：当归、寄生、白胶各等分，煮汁饮，瘥。"③《杂疗病药方》："疗妇人产难，吞小麦七枚即出。"④ 医方："疗妇人产衣不出：取牛尾烧作灰，服之即出，大吉"，"疗妇人两三日产不出：取死鼠头烧作灰，和井华水，服之立瘥。"⑤

《千手千眼观世音菩萨广大圆满无碍大悲心陀罗尼经》载治难产方法，是以

① 庐山远公话［M］//黄征，张涌泉，校注. 敦煌变文校注. 北京：中华书局，1997：260.
② 难月文［M］//黄征，吴伟，编校. 敦煌愿文集. 长沙：岳麓书社，1995：698.
③ 医方［M］//袁仁智，潘文，主编. 敦煌医药文献真迹释录. 北京：中医古籍出版社，2015：368.
④ 杂疗病药方［M］//马继兴. 中国出土古医书考释与研究：中卷：敦煌古医书考释. 上海：上海科学技术出版社，2015：262.
⑤ 医方［M］//袁仁智，潘文，主编. 敦煌医药文献真迹释录. 北京：中医古籍出版社，2015：338.

药物结合咒语之法。以胡麻油摩产妇脐中及产门以助产，若子死腹中，内服牛膝草。其药物治疗颇具特色，特别是摩敷法这种特殊治疗手法，丰富了产科疗法的内容。

　　若患难产者，取胡麻油咒三七遍，摩产妇齐中及玉门中即易生。

　　若妇人怀妊子死腹中，取阿波末利伽草（牛膝草也）一大两，清水二升和煎取一升，咒三七遍，服即出，一无苦痛。胎衣不出者，亦服此药即差。①

（二）诞育与"洗三"

　　婴儿初诞后，要进行一定的卫生护理如落脐、洗浴等，以保证婴儿健康无病。相传释迦牟尼出生后有龙王为之喷水灌顶，《修行本起经·菩萨降神品第二》："有龙王兄弟，一名迦罗，二名郁迦罗，左雨温水，右雨冷泉。"② 敦煌莫高窟北周 290 窟有九龙灌顶的画面，太子站立于中，头上有九龙盘绕洒水。此画面既有佛传故事色彩，同时也反映了古代的洗儿风俗。

　　中国古代接生有"洗儿"的习俗，亦称"洗三"，即在婴儿出生后第三日举办洗儿仪式，洗儿的同时亲朋好友馈赠洗儿钱、洗儿果等，洗儿仪式具有祛病、祈福等多重喻义。李德裕《次柳氏旧闻》："代宗之诞三日，上幸东宫，赐之金盆，命以浴。"③ 说明唐玄宗时宫廷中已有洗儿仪式。敦煌亦有此习俗，敦煌遗书 BD06412（河 12）《父母恩重经讲经文》云："三朝为喜蒙平善，满月延僧息障灾。邻里争怜看不足，亲情瞻嘱意徘徊。"杨秀清指出，"据 P. 2418《父母恩重经讲经文》之天成二年（927）题记，我们认为河 012 号藏卷至迟在这个时候也五代时期的敦煌也有三日洗儿之俗也。"④ 敦煌藏经洞宋代绢画《父母恩重经变》浴儿图（彩图 3－5）中，产妇及丈夫于房中歇坐，屋前一妇女在盆中为新生儿洗浴，榜题"十月将满，产后母子俱显洗浴时"，正是表现古代的洗儿情景。

　　宋代洗儿之风非常流行，上自宫中下至百姓皆尚此俗，而人们在洗儿会中

① （唐）西天竺沙门伽梵达摩，译. 千手千眼观世音菩萨广大圆满无碍大悲心陀罗尼经［M］//（清）雍正，敕修. 乾隆大藏经 23 大乘经 五大部 六（影印本）. 北京：中国书店，2010：577.

② （汉）沙门竺大力共康孟详，译. 修行本起经［M］//（清）雍正，敕修. 乾隆大藏经 31 小乘经阿含部 四（影印本）. 北京：中国书店，2010：988.

③ （唐）李德裕，等，撰. 次柳氏旧闻 外七种［M］. 丁如明，等，校点. 上海：上海古籍出版社，2012：8.

④ 杨秀清. 敦煌石窟壁画中的古代儿童生活研究（一）［J］. 敦煌学辑刊，2013（1）：32.

常馈赠许多礼物，洗儿盆中放有枣、艾、姜、胡桃、莲肉等，并撒洗儿钱，若盆中枣子直立，则为生儿吉兆，妇女争抢食。王建《宫词》："日高殿里有香烟，万岁声长动九天。妃子院中初降诞，内人争乞洗儿钱。"

从医学角度言，小儿初生洗浴有保健防病作用，《备急千金要方》卷第五"少小婴孺方·浴儿法"详载浴儿法及所治疾病，曰：

> 凡浴小儿，汤极须令冷热调和。冷热失所，令儿惊，亦致五脏疾也。凡儿冬不可久浴，浴久则伤寒；夏不可久浴，浴久则伤热，数浴背冷则发痫。若不浴，又令儿毛落。新生浴儿者，以猪胆一枚，取汁投汤中以浴儿，终身不患疮疥，勿以杂水浴之。儿生三日，宜用桃根汤浴：桃根、李根、梅根各二两，枝亦得……浴儿，良。去不祥，令儿终身无疮疥。治小儿惊，辟恶气，以金虎汤浴：金一斤，虎头骨一枚，以水三斗煮为汤浴。但须浴即煮用之。[1]

"王宗杂忌单方"载："治小儿初生，煮虎头骨汁洗，令子无惊怕。恶□。"[2] 用虎头骨洗儿功效与《备急千金要方》所载相同。

（三）养护

幼儿在生长过程中需尽心护养才能健康成长，敦煌壁画中有表现小儿养护及父母辛苦恩养的题材。敦煌壁画有数幅婴儿栏车图，如莫高窟晚唐156窟前室顶栏车图，一女子正在推栏车（彩图3-6），栏车中躺卧一婴儿。栏车前缘高出起保护作用，栏车后有扶手，下装车轮，近似现今的婴儿推车。藏经洞北宋绢画，一架折叠式的栏车中躺着顽皮的婴儿，母亲在旁摇晃逗弄，题榜"或在栏车摇头弄胐时"；另一幅栏车图中父母在田间劳作，栏车安放田边，里面睡一婴儿，题榜"父母养育卧在栏车时"。北凉第275窟南壁抱婴图，一女子怀抱一婴儿，此为年代较早的抱婴图；盛唐第31窟窟顶东披抱婴图，一女子坐于屋内，可能是母亲，屋外一女子怀抱婴儿，可能是奶娘。晚唐第138窟供养人壁画，一女子怀抱幼儿，身旁一少女手挽一男孩，画面生动鲜活。莫高窟隋代第423窟人字披东披及北周第428窟东壁《须达拿太子本生》图中，太子与王妃肩上分别坐骑一男孩及女孩，表现携子出行场景，藏经洞北宋绢画亦有孩童骑肩画面。莫高窟初唐第323窟南壁，表现小儿随家人出游礼佛的场景，一老年妇女与一小儿同坐在牛背上，一男子在前导行，一女子在后随行，两女子皆手捧

① （唐）孙思邈，著. 备急千金要方校释［M］. 李景荣，等，校释. 北京：人民卫生出版社，1998：89.
② 王宗无忌单方［M］//沈澍农. 敦煌吐鲁番医药文献新辑校. 北京：高等教育出版社，2017：30.

莲花作礼拜状，画面生活气息颇浓。榆林窟宋代第38窟西壁弥勒经变图中有表现婚礼的场景，在热闹的婚礼喜宴之外，一女子半蹲抱一赤身婴儿施尿，施尿场景为画面增添了特殊的喜感。敦煌壁画中如此众多的幼儿养护图，主要是借以表达父母恩养之义，表现父母哺育之辛苦，而《父母恩重经讲义》集中体现了这种思想，同时"父母恩重"思想也有儒家本原的孝养思想内核。

敦煌文献也有婴儿养育的内容，表达父母日夜劬劳、尽心养护之意。《父母恩重经讲义》言父母有十重恩德，第一，怀胎守护恩，第二，临产受苦恩，第三，生子忘忧恩，第四，咽苦吐甘恩，第五，回干就湿恩，第六，哺乳养育恩，第七，洗濯不净恩，第八，远行忆念恩，第九，深加体恤恩等等（又见《盂兰盆经讲经文》）。《维摩诘经讲经文（一）》讲述父母日夜忧劳、不辞辛苦的鞠养之恩，云：

喻似世间恩爱，莫越眷属之情；父母系心最切，是腹生之子；小（少）时爱护，看如掌上之珠；到大忧怜，惜似家中之宝。抱持养育，不弹劬劳；咽苦吐甘，岂辞嫌厌；回干就湿，恐男女之片时不安；洗浣濯时，怕痴騃之等闲失色；临河傍井，常忧漂溺之危；弄犬捻刀，每虑啮伤之苦。①

文中特别提到回干就湿之法，即保护小儿身体干暖法。敦煌歌辞《十恩德》："第六回干就湿恩：干处与儿眠，不嫌污秽与腥膻，慈母卧湿毡，专心缚，怕磨研，不离孩儿体边。"② 由于古代生活条件所限，小儿尿湿之处不能迅速使之干燥，故尔母亲自卧于湿冷之处，将其暖干，而始终将小儿置于干暖之处。母亲刚生产完本就身体虚弱，骨节开张，最怕寒湿侵袭，但为保护小儿不受湿困，母亲反复卧于湿处，由此想见其身体受损之严重，更可见母爱之伟大。《父母恩重经讲经文》："湿处母眠，干处儿卧……回干就湿最艰难，终日驱驱更不闲。洗浣岂论朝与暮，驱驱何惮热兼寒。每将干暖交儿卧，湿处寻常母自眠。"③ 从以上敦煌文献可知回干就湿法是敦煌地区常见的一种婴幼儿养护法。

婴儿出生后得到母乳哺育才能健康成长，从敦煌文献可知敦煌地区十分重

① 维摩诘经讲经文［M］//黄征，张涌泉，校注. 敦煌变文校注. 北京：中华书局，1997：761.
② 十恩德［M］//任中敏，编著；何剑平，张长彬，点校. 敦煌歌辞总编：中册. 南京：凤凰出版社，2014：478.
③ 父母恩重经讲经文［M］//黄征，张涌泉，校注. 敦煌变文校注. 北京：中华书局，1997：974.

视母乳的喂养，《十恩德》："第五乳饱养育恩：抬举近三年，血成白乳与儿养。"①《父母恩重经讲经文》："孩子始从生下，直至三年，饮母胸前白乳。渐渐离于怀抱，身作童儿。"② 从经文或可推知母乳哺育的时间长达三年。敦煌文献中有治妇人少乳方，《王宗杂忌单方》："治妇人少乳：取母衣带烧作灰，三指撮灰和酒□水□之。"③

三、小儿嬉戏与体育活动

敦煌壁画中有许多表现儿童日常生活、嬉闹玩耍的场面，如小儿骑竹马、倒立、叠罗汉、印沙塔等。画中小儿活泼可爱，憨态可掬。这些充满童趣的画面，犹如一幅幅活灵活现的百子图，生动再现了敦煌地区儿童健康快乐的生活。

如顶竿杂技精彩热烈，莫高窟晚唐第 85 窟百戏图（彩图 3 - 7），表现小儿爬竿的杂技活动。在高台之上，一男子头顶高高的竖竿，高竿顶端坐一红衣童子，童子挺身伸臂，姿态舒展，另一童子斜身单腿攀立在竿的中部，台下乐伎吹奏，场面热闹惊险；莫高窟五代第 61 窟南壁百戏图，画面与此类似。高台上竖立一竿，两童子叠立于竿顶，周围是吹打演奏者。叠罗汉、倒立游戏也常见于敦煌壁画中，莫高窟初唐 220 窟南壁化生童子图，二个儿童上下叠立于荷叶上，旁有一小童拍手欢笑。莫高窟初唐第 217 窟北壁群戏图，一童子弓身曲背趴伏于地，一童子单脚踩其背，另一脚抬立，其余三童或围观，或独自扶栏玩耍，画中孩童眉目清秀，憨稚可爱；莫高窟盛唐第 79 窟窟顶北披壁画，一童子头下脚上挺直倒立；中唐第 361 窟南壁壁画中有六个童子表演杂技，中间童子反背弯腰，上有一童子单脚立其腹上，另一只脚及双手各顶一只盘子，场中左右两端各有一个童子倒立，场面喧闹热烈，气氛扣人心弦。化生图中童子嬉戏百态，莫高窟初唐第 329 窟西龛外侧化生童子图，二童子分别立于两个莲蓬上，伸臂抬足，似嬉戏又似舞蹈，憨态可掬；莫高窟北周第 430 窟化生童子图，童子坐于莲花之上，一个侧身吹笛，一个鼓腮吹埙，神情欢快，周围荷香阵阵，莲蓬亭立。聚沙塔既有佛教供养意义，又是敦煌沙漠地区特殊的儿童游戏，莫高窟盛唐第 23 窟北壁聚沙塔图，四个幼童或坐或立，欢快专注地堆沙塔，体态

---

① 十恩德 [M] //任中敏，编著；何剑平，张长彬，点校. 敦煌歌辞总编：中册. 南京：凤凰出版社，2014：478.

② 父母恩重经讲经文 [M] //黄征，张涌泉，校注. 敦煌变文校注. 北京：中华书局，1997：974.

③ 王宗杂忌单方 [M] //马继兴，著. 中国出土古医书考释与研究：中卷：敦煌古医书考释. 上海：上海科学技术出版社，2015：885.

肥憨，《法华经·方便品》："乃至童子戏，聚沙为佛塔，如是诸人等，皆已成佛道。"骑竹马是儿童常见的游戏活动，也是敦煌少儿喜爱的游戏之一，莫高窟晚唐第9窟东壁供养人礼佛图中有骑竹马画面，一孩童曲胯骑一弯曲的竹竿，右手持长长的竹竿作马鞭，轻快活泼、一起一伏地骑竹马，孩童的好动顽皮为严肃的礼佛场面平添喜乐之感；《父母恩重经讲经文》："五五相随骑竹马，三三结伴趁猧儿。"壁画中还有采花图，莫高窟中唐112窟西龛西壁图，画中有六童正在野外采花，或蹲或立，姿态各异，欢快自在，林中枝叶梢梢，花香袅袅。敦煌壁画中还有童子拜佛的画面，如莫高窟中唐197窟，二个胖乎乎的孩童赤身拜于佛陀足下，憨态十足，令人忍俊不禁。

儿童生性活泼好动，天真可爱，而这些多姿多彩的游戏为童年生活带来无限的快乐，促进儿童心身健康成长。敦煌壁画中的百戏图既是儿童快乐生活的真实再现，也被寄寓了佛教背景下儿童游戏的特殊意韵。

四、学堂教育

儿童随着年岁的增长，童智渐开，启蒙教育成了亟待之事。敦煌壁画中有学堂图，如莫高窟中唐第468窟壁画有学堂教育及学童受体罚的场景，反映古代儿童学堂教育的状况；敦煌藏经洞唐代绢画太子习文图，表现太子少时习文情景。

《维摩诘经讲经文（一）》载："世间之事，都未谙知；父母忧心，渐令诱引。年才长大，稍会东西，不然遣学经营，或即令习文笔。男须如此，女又别论。"[1] 古代男女儿童所学不一，男入学堂，女习女红。《父母恩重经讲经文（一）》讲述父母教育之恩，指出"男即七岁十岁以来，便交（教）入学"，即男童七岁以后要入学堂学习，修习孝养礼仪，将来成长为栋梁之材。

日月迁移年渐长，仕农工巧各跻排。

一头诲训交（教）仁义，一伴求婚嘱咋（作）媒。

佛向经中说着裹，依文便请唱将来。

……

经：婴孩童子，乃至盛年，奖教礼让（仪），婚嫁宦学……不言恩德。

……

---

① 维摩诘经讲经文［M］//黄征，张涌泉，校注. 敦煌变文校注. 北京：中华书局，1997：761.

经道婴孩童子，乃至盛年，奖教礼仪。人家男女，从小至大，须交（教）礼仪。是男即七岁十岁以来，便交（教）入学云云。经明宜入学，胄子须努力。

……

女男渐长成人子，一一父娘亲训示。

台举还徒立得身，招交只要修仁义。

嘱仙（先）生，交（教）文字，孝养礼仪须具备。

未待教招一二年，等闲读尽诸书史。

高低尽道好儿郎，远近皆言骨气异。

成长了身为大丈夫，风流儒雅真公子。①

敦煌遗书《书仪》祝愿文中祈望男儿学富五车，金榜题名，保家卫国，女子贞兰淑顺，端庄秀雅，曰：

孩子，惟愿体同芳桂，日向增荣；命比寒松，凌霜转秀。忠孝有裕，福禄无穷。其一、惟愿形随日长，智与月圆。学富器远，业融道胜，资父以孝，诗礼克彰，羽翮俾成，跃鳞仙阁。光尔家国，固护我法门。其二，惟愿乳哺资持，聪灵秀发。增加寿命，富有财宝。其三，孝友趋庭，文章入室，朋侪许气，同里惟奇，举家忠良，满咏高洁。慕古而尘事不杂，欲圣而清风恒远。其四，惟愿贤女：孩子贞兰淑顺，令吉端严。桂秀云崖，莲披月浦。名流女史，荣满家族。其五，珠颜日丽，素质霜明。聪慧天发，道心泉涌。昙花里净，身子逢而辩曲；献珠因满，智积见而疑除。②

五、小儿病的治疗

小儿出生以后各种疾病随身而来，妨碍小儿正常的成长发育，甚至导致夭折，故小儿病的治疗非常重要，敦煌壁画小儿诊治图反映了对儿科病的治疗情况。莫高窟盛唐第 217 窟南壁壁画，房内床上二妇人面门而坐，其中一人怀抱幼儿，门外一老者拄杖前行，身后一童捧药箱，门口一妇人相迎。常书鸿等认为这幅图为"如病得医"图，是根据《妙法莲花经》"药王菩萨本事品第 22

---

① 父母恩重经讲经文 [M].//黄征，张涌泉，校注. 敦煌变文校注. 北京：中华书局，1997：974.

② 书仪 [M].//上海古籍出版社，法国国家图书馆，编. 法藏敦煌西域文献：第 14 册. 上海：上海古籍出版社，2001：333.

卷"中"如病得医"而来①，目前大多学者持这种观点。莫高窟盛唐第31窟窟顶东披北段壁画，一人怀抱婴儿跪坐于地，前有一人走来，此画亦被认为是得医图。这两幅图描绘了对小儿病的诊治情况。

小儿身体稚嫩，易受病邪的侵袭，患病后病势转变迅速，故小儿病的治疗尤须及时，谨慎。《佛说咒小儿经》中用咒语疗治小儿头痛、腹痛，"若小儿头痛、腹痛，当说七遍即愈"。② 敦煌文献中关于儿科病治疗方药的记载比较多，如治小儿啼、头疮、重舌、小儿黄、小儿利等方。《单药方》载："治小儿夜啼，取井口边草，着母背上，卧即不啼。"③《单药方》载："小儿重舌，取鹿角烧作灰，涂舌上，即差。"④ 《单药方》载："治小儿舌上疮，取桑白皮汁涂之即差。"⑤《诸杂略得要抄子一本》载："小儿头上疮，烧牛角骨作灰，初腊脂□治差（瘥）利。"⑥

《唐人选方第一种》载治热痢、冷痢方：

孩子两三岁至五六岁，患赤白脓血热痢，黄连散方

黄连十二分　乌梅肉八分，熬干　阿胶七分，炙　犀角末七分　黄檗八分　茜根六分　黄芩六分　龙骨八分

上捣筛为散，两三岁以来，饮服半钱许，日再服，稍稍加至一钱。四五岁以上，量大小以意加服之，日并再服。忌食猪、鱼、生冷、油脂、蒜、面等。

又主孩儿冷痢，下水谷色白，食不消等方

厚朴十分，炙　黄连十二分　龙骨八分　赤石脂八分　物（无）食子六枚　人参六分　阿胶七分，炙　甘草六分

上切，捣筛为散。服法多少、禁忌同前散法胡爽。⑦

① 敦煌文物研究所，编. 敦煌莫高窟 366–1956［M］. 兰州：甘肃人民出版社，1957：63.
② 佛说咒小儿经［M］//（清）雍正，敕修. 乾隆大藏经 27 大乘经 单译经 四（影印本）. 北京：中国书店，2010：452.
③ 单药方［M］//马继兴. 中国出土古医书考释与研究：中卷：敦煌古医书考释. 上海：上海科学技术出版社，2015：329.
④ 单药方［M］//马继兴. 中国出土古医书考释与研究：中卷：敦煌古医书考释. 上海：上海科学技术出版社，2015：319.
⑤ 单药方［M］//马继兴. 中国出土古医书考释与研究：中卷：敦煌古医书考释. 上海：上海科学技术出版社，2015：327.
⑥ 诸杂略得要抄子一本［M］//上海古籍出版社，法国国家图书馆，编. 法藏敦煌西域文献：第 14 册. 上海：上海古籍出版社，2001：132.
⑦ P. 2565 唐人选方第一种［M］//马继兴. 中国出土古医书考释与研究：中卷：敦煌古医书考释. 上海：上海科学技术出版社，2015：273.

小儿初生易发黄疸病，敦煌医方中有治小儿黄病方，如 P. 2662《唐人选方第一种》载：

一热病六七日，结心黄，气急、口干渴、大便赤、小便赤热，宜服☒：瓜蒂三七枚　赤小豆二七枚　黍米二七枚☒

上捣筛为散，温水服一钱匕，当吐黄☒

大豆许内两鼻孔中吹入，黄出为度，药少依此数作合之。

虽吐黄水，心黄及体黄不除，速服茵陈汤：

茵陈四两　黄芪三两　栀子仁四两　柴胡四两　升麻三两　大黄三两　龙胆三两

上切，以水八升，煮取二升，去滓，分温三服。服别相去如人行十里久。若大便不通加芒硝二两。①

敦煌壁画中涉及儿童的题材非常丰富，反映了敦煌地区求子养护风俗以及儿童教育、医疗等状况；既体现了佛教的恩养思想，又蕴含了悠远流长的乞子文化及儒家孝养思想的内涵。这些生动活泼的百戏场景，使我们亲临其境，似乎听到了小儿喧闹不已的嬉笑声，看到了小儿滚爬嬉戏的打闹活动，从而为庄严肃穆的礼佛仪式增添了一分热闹欢快的气氛。

第七节　净齿澡浴与卫生习俗

敦煌壁画中有较多表现卫生习俗的画面，既有洒扫街道等清理公共卫生的场景，又有洗浴、揩齿等维护个人卫生的情形，虽然以佛传故事为主题，但也折射出世俗生活的卫生状况与卫生习惯。

一、环境与公共卫生

洒扫街道的场景主要见于弥勒下生经变图及释迦牟尼佛传图，以扫除图表现佛国世界的清净美好及佛祖诞生时的祥瑞天相；又以圊厕的形式表现对便秽的处理，说明当时人们对修建厕所、大小便处理公共卫生的重视。

《修行本起经·游观品》记载释迦太子外出游观时，国王反复敕令要保持街道整洁，"王敕国中：太子当出，严整道巷，洒扫烧香，悬缯幡盖，务令鲜洁。"

---

① 唐人选方第一种 ［M］//马继兴. 中国出土古医书考释与研究：中卷：敦煌古医书考释. 上海：上海科学技术出版社，2015：281.

"王敕国中：太子当出，禁诸臭秽，莫在道侧。""王敕国中：太子当出，平治臭处，无令近道。"① 国王的敕令虽然强调太子出游的重要性，但同时表达了对环境卫生的高度重视。榆林窟唐代第 25 窟弥勒下生经变图，弥勒龙华讲经后返回翅头末城，龙王在空中喷水，清除尘垢；两个夜叉洒扫街道，其中一夜叉双手合十跪地迎拜，扫帚横放在地，另一夜叉正在城墙外挥帚扫地（彩图 3 – 8）。

《佛说弥勒下生经》云：

是时有一大城，名翅头末，长十二由旬，广七由旬，端严殊妙，庄饰清净……街巷道陌，广十二里，扫洒清净。有大力龙王，名曰多罗尸弃，其池近城，龙王宫殿，在此池中，常于夜半，降微细雨，用淹尘土。其地润泽，譬如油涂，行人来往，无有坌尘……有大夜叉神，名跋陀波罗赊塞迦，常护此城，扫除清净。②

竺法护译《弥勒下生经》云：

尔时，城中有龙王，名曰水光，夜雨香泽，昼则清和；是时，鸡头城中有罗刹鬼，名曰叶华，所行顺法，不违正教，每伺人民寝寐之后，除去秽恶诸不净者，又以香汁而洒其地，极为香净。③

佛经以佛国世界的清净美妙形象化地表达了对环境卫生的重视，《佛说弥勒下生经》："若有便利不净，地裂受之，受已还合。"④ 便秽的处理是人们不得不面对的重要事情，处理不好则严重影响环境卫生，甚至造成污染，导致疾病，人们通过"地裂受之"的丰富想象表达对大小便的理想化处理方式，也折射出对环境卫生的重视。

莫高窟北周第 290 窟人字披东披释迦牟尼佛传故事画，有清扫街道及圊厕蹲便的场面。如扫地图中两人弯腰扫除，背向的一人躯体弯曲幅度较大，似乎非常用力，画面将扫地的动作姿态十分动感地展现出来；洒扫图的一侧有一人在封闭的厕所里蹲便（彩图 3 – 9）。《修行本起经·菩萨降神品》记载释迦牟尼

① （汉）沙门竺大力共康孟详，译. 修行本起 [M] // （清）雍正，敕修. 乾隆大藏经 31 小乘经阿含部 四 (影印本). 北京：中国书店，2010：997 – 998.
② （后秦）三藏法师鸠摩罗什，译. 佛说弥勒下生经 [M] // 赵朴初，主编. 永乐北藏：第 43 册. 北京：线装书局，2005：74 – 75.
③ （晋月氏）竺法护，译. 弥勒下生经 [M] // （清）雍正，敕修. 乾隆大藏经 21 大乘经五大部 四 (影印本). 北京：中国书店，2010：1386.
④ （后秦）三藏法师鸠摩罗什，译. 佛说弥勒下生经 [M] // 赵朴初，主编. 永乐北藏：第 43 册. 北京：线装书局，2005：75.

诞生时天降32种瑞应，第二种是"道巷自净，臭处更香"，壁画以洒扫街道的形式表现"道巷自净"，以一种"文明"的如厕形式表现"臭处更香"。此幅壁画虽是表现释迦牟尼诞生的祥瑞"天相"，却是通过人们的卫生清洁行为来呈现，画家通过特殊的表现手法反映当时敦煌地区的卫生状况，画中的圊厕很有可能就是古代敦煌地区圊厕的真实样貌。

佛教认为清扫、修厕是一种大功德，为七福田之一，可得福报。《撰集百缘经》卷四"梵摩王太子求法缘"中，世尊向诸比丘讲说扫地五功德，谓能除去自身心垢，亦除他垢，又能调和心境，去其骄慢，修心养性，曰："（世尊）为诸比丘说是扫地得五功德：一者自除心垢，二者亦除他垢，三者除去憍慢，四者调伏其心，五者增长功德，得生善处。"①《佛说诸德福田经》佛告天帝有七种福田，第七种是修造圊厕，曰："七者造做圊厕，施便利处。"又偈颂曰："造厕施清净，除秽致轻悦，后无便利患，莫见秽恶者。"佛祖以自身说法，言其前世曾因修圊厕而所生清洁，秽染不污，终致修成金体佛身。

佛告天帝及诸大众，听我所说，宿命所行，昔我前世，于波罗柰国，近大道旁，安施圊厕，国中人民，得轻安者，莫我感义，缘此功德，所生净洁，累劫行道，秽染不污，功祚大备，自致成佛，金体光耀，尘水不著，食自消化，无便利之患。于是世尊，以偈颂曰：忍秽修福事，为人所不污，造而施便利，烦重得轻安，此德除贡高，因解生死缘，进登成佛道，空净巍巍尊。②

佛家戒规中关于扫地是有一定禁忌的，《沙弥威仪》指出扫地五法，即5种扫地禁忌，"扫地有五事，一者顺行，二者洒地不得有厚薄，三者不得污溅四壁，四者不得蹈湿上坏地，五者扫已，即当自择草分弃之。"③

二、揩齿、洗浴与个人卫生

敦煌壁画中还有很多揩齿、洗浴等表现个人卫生的生活场景，既反映古代印度及佛教僧徒特殊的卫生习惯，也折射出在外来文化影响下古代中原及敦煌地区或同或异的卫生习俗。

---

①　（三国吴）支谦，译. 撰集百缘经［M］//《中华大藏经》编辑局，编. 中华大藏经汉文部分：第50册. 北京：中华书局，1992：517.

②　（晋）沙门法立，法炬，译. 佛说诸德福田经［M］//（清）宗仰上人，主编. 频伽大藏经：32. 北京：九洲图书出版社，1998：496.

③　（南朝宋天竺）三藏求那跋摩，译. 沙弥威仪［M］//碛砂大藏经：71（影印宋元版）. 北京：线装书局，2005：354.

（一）揩齿图

敦煌唐宋时期的揩齿刷牙图，据王惠民考证至少有 14 幅，主要见于《弥勒经变》与《劳度叉斗圣变》中，如见于《弥勒经变》中有第 7（宋）、12（晚唐）、146（五代）、154（中唐）、159（中唐）、186（中唐）、361 窟（中唐），见于《劳度叉斗圣变》中有第 9（晚唐）、25（宋）、55（宋）、98（五代）、196（晚唐）、454 窟（宋），《劳度叉斗圣变》亦见于榆林窟第 16 窟①。《劳度叉斗圣变》中的揩齿图，大多表现舍利佛斗胜劳度叉后，诸外道皈依佛教时剃度净洗的场景。净齿图中净齿的方式有二种，一种是借助齿木，一种是用手指揩齿，"敦煌壁画仅两例齿木刷牙画面，而手指揩齿的画面较多"②。如莫高窟中唐第 159 窟南壁净齿图（彩图 3 - 10），一剃度者上身赤裸蹲在地上，脖子上围一长巾，用右手食指揩齿，左手持一净瓶，旁边穿红袍者持巾相递，王惠民描述揩齿细节"右手大拇指微弯，中指、无名指和小指轻握，用食指揩齿"③。莫高窟 196 窟《劳度叉斗圣变》揩齿图，一剃度者赤裸上身、袈裟半垂，蹲于地上，用右手中指揩齿，左手持一个净瓶。莫高窟五代第 146 窟西壁《劳度叉斗圣变》齿木图，一人裸上身，袈裟围于腰间，头倒仰，张口龇牙，左手持齿木正往口中送（彩图 3 - 11）。敦煌壁画中的净齿图，不单单是反映敦煌地区的卫生刷牙习俗，而且是反映了古印度与中国两种不同的净齿刷牙方式。

用齿木净齿是古印度人的刷牙习惯。印度自三岁幼童便习此法，《南海寄归内法传》卷一"朝嚼齿木"："然五天法俗，嚼齿木自是恒事，三岁童子，咸即教为。圣教俗流，俱通利益。"④ 印度风俗请僧斋食或请客吃饭，先送齿木，并以各种香花装饰。施食者之所以这样做，是为了表明爱敬之心，防止引发痰癊宿食疾患。如果所请之人宿有痰癊积食，受我供食而发作，则为不美，故以善意警示，使彼先净齿以去痰癊，或服呵梨勒等，则来日可随意饮啖，不会引发身心疾患。唐·沙门一行阿阇梨记《大毗卢遮那成佛经疏》卷第五"入漫荼罗具缘品之余"曰：

印度国人，凡请僧食乃至世人相命，皆先遗其齿木，以种种香华严饰而授与之，当知明日请彼饭食也。所以如是者，为明爱敬之心。恐彼先有痰癊宿食

---

① 王惠民. 敦煌壁画中的刷牙图考 [J]. 敦煌研究，1990（4）：23.
② 王惠民. 敦煌壁画中的刷牙图考 [J]. 敦煌研究，1990（4）：22.
③ 王惠民. 敦煌壁画中的刷牙图考 [J]. 敦煌研究，1990（4）：20.
④ （唐）义净，原著；王邦维，校注. 南海寄归内法传校注 [M] //中外交通史籍丛刊. 北京：中华书局，1995：234.

因缘，若受我供或令发动不安，故先以善意将护而警发之，令彼先净身器，或服阿梨勒等，则明日随意饮啖，无所犯触，身心安乐也。①

阿阇梨教授弟子时，先授以杨枝以净心身，便于说法，"今阿阇梨亦尔，授弟子杨枝时，即当寄此方便为说深法。"②

《北史·列传·真腊》卷九十五载印度风俗："（真腊国）每旦澡洗，以杨枝净齿，读诵经咒，又澡洒乃食。食罢，还用杨枝净齿，又读经咒。"③

用齿木净齿亦是佛教一种重要的仪规。起初佛教对于净齿还未作严格规定，佛家讲求心身清净，但比丘在宣教时因不净齿，导致口气臭秽，遭到婆罗门等世俗的讥讽，"圣者，若不嚼齿木，得清净耶！"佛祖由是规定"是故我今制诸苾刍应嚼齿木"，并言齿木有"五胜利"，"一者能除黄热，二者能去痰癊，三者口无臭气，四者能餐饮食，五者眼目明净。"④ 按佛经说法，一般是早晨或饭后用齿木净齿，《南海寄归内法传》卷一"朝嚼齿木"："每日旦朝，须嚼齿木。揩齿刮舌，务令如法。盥漱清净，方行敬礼。若其不然，受礼礼他，悉皆得罪。"⑤ 供养佛、菩萨时要净齿洗浴，《药师琉璃光如来本愿功德经》："复次曼殊室利！若有净信男子女人，得闻如上七佛如来、应正等觉所有名号，闻已诵持。晨嚼齿木，澡漱清净，以诸香华，末香烧香涂香，作众伎乐，供养形象。"⑥

随着汉译佛教经典的传入，"齿木"逐渐被国人所熟悉，同时，"杨枝"一词亦成为"齿木"的代名词，"但在我国早期的翻译的佛经中，齿木多翻译作杨枝。"⑦ 安世高译《佛说温室洗浴众僧经》言澡浴常用七物中第六为杨枝，可令"口齿香好，方白齐平"。唐·义净根据在印度那烂陀寺亲眼所见，推断齿木非杨枝，《南海寄归内法传》"朝嚼齿木"：

① （唐）沙门一行阿阇梨，记. 大毗卢遮那成佛经疏［M］//频伽大藏经：63. 北京：九洲图书出版社，1998：238.
② （唐）沙门一行阿阇梨，记. 大毗卢遮那成佛经疏［M］//频伽大藏经：63. 北京：九洲图书出版社，1998：238.
③ （唐）李延寿，撰. 北史［M］. 北京：中华书局，1974：3163.
④ （唐）义净，译. 根本说一切有部毗奈耶杂事：卷十三［M］//频伽大藏经：38. 北京：九洲图书出版社，1998：99.
⑤ （唐）义净，原著；王邦维，校注. 南海寄归内法传校注［M］//中外交通史籍丛刊. 北京：中华书局，1995：231.
⑥ （唐）三藏法师玄奘，奉诏译. 药师琉璃光如来本愿功德经［M］//蒲正信，注. 药师经注释. 成都：巴蜀书社，2005：108.
⑦ 李晓军. 牙医史话 中国口腔卫生文史概览［M］. 杭州：浙江大学出版社，2014：4.

　　其齿木者，梵云惮哆家瑟诧。惮哆译之为齿，家瑟诧即是其木。长十二指，短不减八指，大如小指……岂容不识齿木名作杨枝？西国柳树全稀，译者辄传斯号。佛齿木树实非杨柳。那烂陀寺目自亲观。既不取信于他，闻者亦无劳致惑。检《涅槃经》梵本云嚼齿木时矣。①

　　齿木为什么被翻译成"杨枝"？《一切经音义·慧琳音义》卷五十八："（齿木）多用竭陀罗木作之。今此多用杨枝，为无此木也。"② 按其说，国内可能没有竭陀罗木，而杨柳随处可见，枝条柔韧，方便宜用，所以用柳枝代齿木。医书中较早出现杨柳者是隋《诸病源候论》卷二十六"解诸毒候"，言岭南有五种毒药，含银试毒以前先"以水杨枝洗口齿"，这是齿木应用的一种变例，应用水杨枝（即杨柳）是受早期译经的影响。

　　许多佛经详述齿木应用之法及律规，一般是先将细枝条一端在口中嚼软，最好嚼成柔软絮状，然后用以刷牙。用完后将枝条擘开并弯曲，用以刮舌。嚼齿木时可将树枝的汁液嚼出，汁液有植物本身的香气，用后能令口气清香，而汁液亦有一定的药物作用，可除菌去臭，《南海寄归内法传》"朝嚼齿木"云：

　　一头缓须熟嚼，良久净刷牙关……用罢擘破，屈而刮舌。或可别用铜铁，作刮舌之篦。或可竹木薄片，如小指面许，一头纤细，以剔断牙，屈而刮舌，勿令伤损……或可大木破用，或可小条截为……少壮者任取嚼之，耆宿者乃椎头使碎。其木条以苦涩辛辣者为佳，嚼头成絮者为最……要须熟嚼净揩，令涎癃流出，多水净漱，斯其法也。③

　　嚼枝条后，一般要将口中涎液用清水净漱，不能吞下，否则易致病，"或有吞汁，将为殄病。求清洁而返秽，冀去疾而招痾。"若用细柳条，嚼后可咽汁，不用漱去，"亦有用细柳条，或五或六，全嚼口内，不解漱除。"文中还提到用铜铁作刮舌篦，或用竹薄片刮舌，而竹木薄片纤细的一端可用以剔牙，可见这个竹木小片除了刮舌外，还可作牙签用。

　　齿木所用的树木种类比较广泛，一般情况下，味苦酸辛辣且无毒者皆可使用，如楮树、桃树、槐树、柳树等，明·弘赞译《四分戒本如释》卷八："杨枝

---

① （唐）义净，原著. 王邦维，校注. 南海寄归内法传校注［M］//中外交通史籍丛刊. 北京：中华书局，1995：234.

② （唐）慧琳，译. 一切经音义［M］//徐时仪，校注. 一切经音义三种校本合刊：中. 上海：上海古籍出版社，2008：1530.

③ （唐）义净，原著. 王邦维，校注. 南海寄归内法传校注［M］//中外交通史籍丛刊. 北京：中华书局，1995：232.

者，谓是杨柳枝条，并诸非毒树干，堪为齿木用者。"《南海寄归内法传》"朝嚼齿木"指出可以随地取材：

近山庄者，则柞条、葛蔓为先；处平畴者，乃楮、桃、槐、柳随意。预收备拟，无令阙乏。湿者即须他授，干者许自执持……其木条以苦涩辛辣者为佳……粗胡桌根，极为精也。即苍耳根，并截取入地二寸。①

用齿木净齿除能消除口内腐臭、令口气清新外，还能去热消痰，解毒去垢，润喉明目，增进食欲，唐·三藏般若译《大方广佛华严经入不思议解脱境界普贤行愿品》卷十一曰：

嚼杨枝具十德者：一销宿食；二除痰癊；三解众毒；四去齿垢；五发口香；六能明目；七泽润咽喉；八唇无皱裂；九增益声气；十食不爽味。晨朝食后，皆嚼杨枝。诸苦辛物，以为齿木。细心用之，具如是德。②

嚼齿木还是治疗口腔科疾病的一种方法，《南海寄归内法传》"朝嚼齿木"："坚齿口香，消食去癊。用之半月，口气顿除。牙疼齿僵，三旬即愈。"③ 唐·不空译《观自在菩萨说普贤陀罗尼经》曰："若患齿痛，加持齿木二十一遍，令嚼即愈。"④ 国内医书中出现用杨柳煎汁或嚼枝治齿病之方，《外台秘要》卷二十二载《古今录验》"疗齿痛方"："取杨柳细白皮，卷如指大，含嚼之，以汁渍痛齿根，数过即差。"⑤《备急千金要方》还用白杨叶煮汁口含治虫齿，《齿病第六》卷第六下"治虫齿方"："白杨叶，切，一升，水三升煮取一升，含之。"⑥《圣济总录·口齿门》治口疮"槐枝煎方"，用槐枝、桑枝、柳枝、槐蠹虫、藁本等十一味药煎如饴，外敷肿痛处。

揩齿兼以盐水或药汤净漱是中国人常用的净齿方法，《备急千金要方》卷六

---

① （唐）义净，原著；王邦维，校注. 南海寄归内法传校注 [M]//中外交通史籍丛刊. 北京：中华书局，1995：232.

② （唐）三藏般若，译. 大方广佛华严经入不思议解脱境界普贤行愿品 [M]//（清）雍正，敕修. 乾隆大藏经16 大乘经华严部 四（影印本）. 北京：中国书店，2010：155.

③ （唐）义净，原著；王邦维，校注. 南海寄归内法传校注 [M]//中外交通史籍丛刊. 北京：中华书局，1995：232.

④ （唐）不空，译. 观自在菩萨说普贤陀罗尼经 [M]//赵朴初，主编. 永乐北藏：第71册. 北京：线装书局，2005：7.

⑤ （唐）王焘. 外台秘要 [M]. 北京：人民卫生出版社，1955：600.

⑥ （唐）孙思邈，著；李景荣，等，校释. 备急千金要方校释 [M]. 北京：人民卫生出版社，1998：144.

"齿病"载"盐汤揩齿叩齿法"治齿龈宣露,"每旦以一捻盐纳口中,以暖水含,揩齿及叩齿百遍。"① 法门寺地宫唐代咸通十五年（874）碑石《应从重真寺随真身供养道具及恩赐金银器物宝函等并新恩赐至金银宝器衣物帐》的衣物账单中,记有"揩齿布一百枚",由此推断唐代揩齿有用揩齿布的,也可能仅是僧院用。古代医方中许多揩齿方是将药物做成散,揩于患齿处。《外台秘要》卷二十二引《养生论》"升麻揩齿散",以升麻、白芷、藁本、细辛、沉香、寒水石等为散,每朝用杨柳枝咬头软,点取药揩齿,令齿光而香洁,主治疳虫食齿。此方亦见于《圣济总录·口齿门》,为治口臭"揩齿方","每日早取柳枝,咬枝头令软,搵药揩齿,暖水漱,复以绵揩令净"。这里将柳枝枝头咬软以搵药揩齿,乃是嚼齿木于医学上的变通用法,既受印度嚼齿木卫生习惯的影响,又带有中国原有的药物揩齿治疗特色。《太平圣惠方》卷三十四"揩齿散",以细辛、白蒺藜、露蜂房、川升麻、白矾（一半烧令汗尽,一半生用）、黄柏、槐柳枝（烧勿令过火）为细散,用时先以热盐水漱口,后取药揩齿,主治牙齿风疳、血出疼痛、牙齿虚浮。诸如此类的揩齿方频见于医方书中。另外,《太平圣惠方》中载有许多"令齿白净"的揩齿方,如卷十四"揩齿龙花蕊散""寒水石散""槐枝散",《圣济总录》类似的揩齿令白方亦不少。这些揩齿方非为治疗齿病,只是单纯用于使齿白光净,可见宋人有用药揩齿以保持牙齿光洁的做法,也可能是在局部小范围内形成的一种卫生习惯。宋代出现"刷牙子",为马尾做成,《梦粱录·铺席》记临安有"凌家刷牙铺""傅官人刷牙铺",刷牙子可能是国内最早的牙刷。

（二）澡浴图

1. 洗浴图

敦煌壁画中的净浴图一般见于僧人剃度或福田经变图中,如《弥勒经变》《劳度叉经变》以及《福田经变》图。《弥勒经变》表现弥勒佛度脱众生时儴佉王及大臣纷纷剃度的场景,如莫高窟中唐第 159 窟南壁弥勒经变图表现僧众洗头、净齿,其中一人裸上身坐在浴盆前,抬起右手洗头;一人弯腰俯身,双手在盆中掬水净洗;另一人在揩齿（彩图 3-12）。莫高窟中唐 186 窟弥勒经变壁画,一剃度者坐于盆前,俯身低头盥洗。莫高窟五代 146 窟西壁弥勒经变图,四人分别在四个细腰圈足盆里盥洗,其中一人将头倒垂于盆中,用两手清洗。莫高窟盛唐 445 窟北壁《弥勒经变》剃度图中,一女子双手合十端坐,头发散

---

① （唐）孙思邈,著;李景荣,等,校释. 备急千金要方校释［M］. 北京:人民卫生出版社,1998:143.

开，正被剃度，旁边放置净洗用的水盆及净瓶。莫高窟五代第98窟《劳度叉经变》图，一人赤裸上身，袈裟围于腰间，头倒仰，左手持净瓶往头上浇水，右手搓洗头部。莫高窟隋代302窟窟顶人字披西披福田经变图，四壁围起的果园中有一个浴池，池中二人正在洗浴，浴池中的水流到围墙外，池周树木葱郁，表现福田经变中"园果浴池，树木清凉"之意（彩图3-13）。除了剃度洗浴场景外，还有佛祖洗足、高僧洗肠的画面。莫高窟盛唐第31窟南壁金刚经变图有佛祖洗足画面，释迦牟尼端坐于须弥座上，右足放在水盆中，一女子蹲跪于佛前为其洗足。

佛教修行需心身清净，佛教的仪规中要求僧徒经常澡洗、净齿，而在诵经、供养、皈依时更要洗浴，同时修建浴池、便利僧众澡洗是一种大功德；从身体健康的角度言，经常净浴能除秽去疾，有益于健康。

《佛说温室洗浴众僧经》记大医王耆域请佛祖及众菩萨入温室洗浴，佛赞"其福无量"，并为说解用"七物"浴僧可得七福报之事：

耆域长跪白佛言：虽得生世，为人疏野，随俗众流，未为是福，今欲请佛及诸众菩萨大士，入温室澡浴。愿令众生，长夜清净，秽垢消除，不遭众患，唯佛圣旨，不忽所愿意。佛告医王：善哉妙意！治众人病，皆蒙除愈，远近庆赖，莫不欢喜。今复请佛及诸众僧，入温室洗浴，愿及十方众药疗病，洗浴除垢，其福无量。一心谛听，吾当为汝先说澡浴众僧反报之福。

佛祖接着为耆域解说澡浴之法，用七物如燃火、净水、澡豆、酥膏、淳灰、杨枝、内衣，可除风病、湿痹、寒冰、热气、垢秽七病，令身体轻便，四大安稳。

佛告耆域，澡浴之法，当用七物，除去七病，得七福报。何谓七物？一者然火，二者净水，三者澡豆，四者苏（酥）膏，五者淳灰，六者杨枝，七者内衣。此是澡浴之法。何谓除去七病？一者四大安隐，二者除风病，三者除湿痹，四者除寒冰，五者除热气，六者除垢秽，七者身体轻便，眼目精明，是为除去众僧七病。

以七种方法帮助僧众洗浴，供养者可得七种福报，使四大无病，身体强健，肌体润泽，自然受福，所谓惠人亦利己。

如是供养，便得七福。何谓七福？一者四大无病，所生常安，勇武丁健，众所敬仰。二者所生清净，面目端正，尘水不著，为人所敬。三者身体常香，衣服洁净，见者欢喜，莫不恭敬。四者肌体濡泽，威光德大，莫不敬叹，独步无双。五者多饶人从，拂拭尘垢，自然受福，常识宿命。六者口齿香好，方白齐平，所说教令，莫不肃用。七者所生之处，自然衣裳，光饰珍宝，见者悚息。①

佛教称广施他人为种"福田"，此举不但便利他人，且能"积福"，必得善报而生梵天，这与中国传统的"积善之家必有余庆"不谋而合。《佛说诸德福田经》言福田"七法"，即建佛堂、修园林浴池、施医药、作坚船、修桥梁、近道作井、修圊厕，曰：

佛告天帝，复有七法，广施名曰福田，行者得福即生梵天。何谓为七？一者兴立佛图，僧房堂阁。二者园果浴池，树木清凉。三者常施医药，疗救众病。四者作劳坚船，济度人民。五者安设桥梁，过度赢弱。六者近道作井，渴乏得饮。七者造做圊厕，施便利处。是为七事，得梵天福。②

莫高窟隋代第 302 窟窟顶人字披西披浴池园果图，即福田第二法："二者园果浴池，树木清凉"。《福田经》中阿难言其身生恶疮，因作新井，并以香油等浴僧，而后用僧人浴后之水洗疮而疮得除，乃是浴僧得报之例，曰：

复有一比丘，名曰阿难……白世尊曰：我念宿命，生罗阅祇国，为庶民子，身生恶疮，治之不差。有亲友道人，来语我言，当浴众僧，取其浴水，以用洗疮，便可除愈，又可得福。我即欢喜。往到寺中，加敬至心，更作新井，香油浴具，洗浴众僧，以汁洗疮，寻蒙除愈。从此因缘，所生端正，金色晃昱，不受尘垢，九十一劫，常得净福僧佑广远。今复值佛，心垢消灭，逮得应真。阿难于佛前，以偈颂曰：圣众为良医，救济苦恼患，洗浴施清净，疮愈蒙得安……德润无崖限，归命良福田。③

《十诵律》卷三十八记载一比丘患癞病，求治于耆域，耆域告其浴洗可瘥，佛陀借此言说洗浴对身体有五种好处，能治诸种病证。

---

① （汉安息国）三藏安世高，译. 佛说温室洗浴众僧经［M］//频伽大藏经：32. 北京：九洲图书出版社，1998：491 - 492.

② （晋）沙门法立，法炬，译. 佛说诸德福田经［M］//（清）宗仰上人，主编. 频伽大藏经：32. 北京：九洲图书出版社，1998：493.

③ （晋）沙门法立，法炬，译. 佛说诸德福田经［M］//（清）宗仰上人，主编. 频伽大藏经：32. 北京：九洲图书出版社，1998：496.

佛在舍卫国，尔时比丘有癞病疥癞，语药师耆域：治我病。耆域言：入浴室洗可瘥……佛言：听入浴室洗。洗有五功德，一者除垢，二者身清净，三者除去身中寒冷病，四者除风，五者得安隐。①

佛经中的澡豆是洗浴除垢之物，相当于现在的洗涤剂、香皂之类。《五分律》卷二十六记载，最初比丘洗浴时以身揩擦树皮除垢，但这种清洁形式损伤肌肤，佛告之当用澡豆等物，曰："有诸比丘浴时，出外以背揩壁树木，还入水灌，伤破其身。佛言：不应尔。听用蒲桃皮、摩楼皮、澡豆等诸去垢物。诸比丘随知识，与澡豆等。"②《十诵律》卷三十九"第六诵之三·明杂法之三"记载比丘以酥油涂身而不洗浴，导致皮肤瘙痒，佛告以澡豆洗，并指出澡豆是以大豆、小豆、摩沙豆、豌豆等制作而成，"佛在舍卫国，有病比丘酥油涂身，不洗，痒闷，是事白佛。佛言：应用澡豆洗。优波离问佛，用何物作澡豆？佛言：以大豆、小豆、摩沙豆、豌豆、迦提婆罗草、梨频陀子作。"③ 澡豆、杨枝等净洗用具是僧徒随身携带的十八物之一，《梵网经》曰：

【经】结夏安居，常用杨枝、澡豆、三衣、瓶、钵、坐具、锡杖、香炉奁、漉水囊、手巾、刀子、火燧、镊子、绳床、经、律、佛像、菩萨形像。而菩萨行头陀时及游方时，行来百里千里，此十八种物，常随其身。头陀者，从正月十五日至三月十五日，八月十五日至十月十五日，是二时中，此十八种物常随其身，如鸟二翼。④

国内文献记载晋代已有澡豆，《世说新语·绌漏第三十四》载一则趣事，王敦在娶晋武帝女舞阳公主的婚宴上，误将如厕时洗手用的澡豆吃掉，惹出笑话。

王敦初尚主，如厕，见漆箱盛干枣，本以塞鼻，王谓厕上亦下果，食遂至尽。既还，婢擘金澡盘盛水，琉璃碗盛澡豆，因倒着水中而饮之，谓是干饭。群婢莫不掩口而笑之。⑤

① （后秦）三藏弗若多罗共三藏鸿摩罗什，译. 十诵律［M］//（清）雍正，敕修. 乾隆大藏经 40 小乘律 二（影印本）. 北京：中国书店，2010：84.
② （南朝宋）佛陀什共竺道生，译. 弥沙塞部和醯五分律［M］//碛砂大藏经：69（影印宋元版）. 北京：线装书局，2005：336.
③ （后秦）三藏弗若多罗共三藏鸿摩罗什，译. 十诵律［M］//（清）雍正，敕修. 乾隆大藏经 40 小乘律 二（影印本）. 北京：中国书店，2010：100.
④ （隋）智顗，撰. 梵网经注疏［M］. 北京：线装书局，2016：164.
⑤ （南朝宋）刘义庆，编撰. 世说新语（精装典藏本）［M］. 邢学波，译注. 沈阳：万卷出版公司，2016：349.

　　唐宋方书中常出现"澡豆"，但与佛经中澡豆组成不尽相同，佛经中的澡豆以大豆、小豆、豌豆等制成，方书中的澡豆以去脂血的猪胰与芳香类、花类、豆类、子仁类等制作，也有不含豆类者。《千金翼方》卷五载有四种"澡豆"，其一以麝香、猪胰、大豆黄卷、桃花、菟丝子、冬葵子、白附子、木兰皮、萎蕤、栀子花、苜蓿组成，以水浸猪胰三四度，使血色及浮脂净尽，乃捣诸味为散，和令相得，晒干，捣筛，以洗手面；其一以丁香、沉香、青木香、麝香诸香类，与桃花、蜀水花、榇花、梨花、红莲花、李花、樱桃花、白蜀葵花、旋覆花诸花类，掺和珍珠、玉屑捣成粉末，合和大豆末七合，研之千遍；其一以苜蓿香一升与土瓜根、商陆、青木香制成散；另方以多种中药与豆末四升、面一升和成，并用面浆煮猪胰制成饼子。《外台秘要》卷三十二引《崔氏方》，以白芷、芎䓖、皂荚、萎蕤、白术、蔓荆子、冬瓜子、栀子仁、栝楼仁、荜豆、猪脑、桃仁、鹰屎、商陆做成丸。《外台秘要》中的荜豆即豌豆，又名胡豆、青斑豆等，磨粉后白而细腻，可用于美容。《本草纲目》："作澡豆，去䵟䵞，令人面光泽"，"《千金》《外台》洗面澡豆方，盛用毕豆面，亦取其白腻耳。"澡豆的形态可散可丸，白腻光滑，若有芳香药，则带芳香气味。宋代《太平圣惠方》卷四十的澡豆没有豆类药，以祛风除痒药如白鲜皮、白僵蚕加以芳香类、子仁类药，并以猪胰、鸡子白和合成散。

　　佛经中洗浴常配以芳香之药，P. 3230《金光明最胜王经》中载香药洗浴方，以32味香药结合咒语进行洗浴，言可祛除疫病及恶星灾变、恶梦鬼神、蛊毒厌魅诸恶，"诸有智者，应作如是洗浴"，其32种香药为：

昌［菖］蒲（跋者）	牛黄（瞿嚧折娜）	苜蓿香（塞毕力伽）
麝香（莫诃婆伽）	雄黄（末捺眵罗）	合昏树（尸利洒）
白及（因达啰喝悉哆）	芎䓖（阇莫迦）	苟［枸］杞根（苦弭）
松脂（室利薜瑟得迦）	桂皮（咄者）	香附子（目窣哆）
沉香（恶［恶］揭噜）	栴檀（栴檀娜）	零陵香（多揭罗）
丁子（索瞿者）	欎［鬱］金（茶矩么）	婆律膏（曷罗婆）
苇香（捺剌拖）	竹黄（鹢噶战娜）	细豆蔻（苏泣迷罗）
甘松（苦弭哆）	藿香（钵坦罗）	茅根香（嗢尸啰）
叱脂（萨洛计）	艾纳（世黎也）	安息香（窭具攞）
芥子（萨利教跛）	马芹（叶婆你）	龙花须（那伽【鸡萨罗】）
白胶（萨折罗婆）	青木（矩瑟侘）。皆等分。	

"以布洒星日一处捣筛，取其香末"，咒一百八遍。①

香药具有芳香行气、辟秽解毒的功效，用香药洗浴可使气血流通，身体清洁。《大方广佛华严经入不思议解脱境界普贤行愿品》卷十一言香水沐浴有十功德，曰："香水沐浴具十功德：一能除风；二去魑魅；三精气充实；四增益寿命；五解诸劳乏；六身体柔软；七净除垢秽；八长养气力；九令人胆勇；十善去烦热。"② 可见香药洗浴，妙不可言。

2. 佛图澄洗肠图

敦煌莫高窟初唐第 323 窟北壁东侧佛图澄事迹画，表现天竺高僧佛图澄听塔铃辨吉凶、隔远洒酒救火灾等神异故事。其中有佛图澄洗肠图，佛图澄坐于溪水边，上身赤裸，左手提肠，右手握住肠的末端在水中漂洗。

佛图澄为西晋末后赵时高僧，为石勒国师，本姓帛氏，原为天竺人，于永嘉四年（310）来至洛阳。《晋书》及敦煌卷子都记有其斋日洗肠之事，《晋书》卷九十五"列传第六十五·佛图澄"载：

佛图澄，天竺人也。本姓帛氏。少学道，妙通玄术。永嘉四年，来适洛阳，自云百有余岁，常服气自养，能积日不食。善诵神咒，能役使鬼神。腹旁有一孔，常以絮塞之，每夜读书，则拔絮，孔中出光，照于一室。又尝斋时，平旦至流水侧，从腹旁孔中引出五脏六腑洗之，讫，还内腹中。又能听铃音以言吉凶，莫不悬验。③

南朝梁·释慧皎《高僧传》卷九"晋业中竺佛图澄"有相近记载，曰：

澄左乳傍有一孔，围四五寸，通彻腹中，有时腹从中出，或以絮塞之，夜欲诵书，拔去其絮，则一室洞明。又于斋日，至水边，引肠洗之。已洗，还内。④

敦煌《佛图澄和尚因缘记》与《高僧传》记载几近相同。佛图澄洗肠故事带有浓重的神异色彩，人身五脏六腑中常有积秽宿垢，若能以净水清洗，荡涤

① P.3230 金光明最胜王经［M］//沈澍农. 敦煌吐鲁番医药文献新辑校. 北京：高等教育出版社，2017：243.
② （唐）三藏般若，译. 大方广佛华严经入不思议解脱境界普贤行愿品［M］//（清）雍正，敕修. 乾隆大藏经 16 大乘经华严部 四（影印本）. 北京：中国书店，2010：155.
③ （唐）房玄龄. 晋书：卷八二—卷一三〇［M］. 长春：吉林人民出版社，1995：1502.
④ （南朝梁）释慧皎，撰. 高僧传［M］. 汤用彤，校注；汤一玄，整理. 北京：中华书局，1992：356.

秽垢，则内外清净，心身健康，实际上当时的医疗水平是难以做到的，世人便以佛图澄洗肠来表达一种清净内外的理想化构思。另外，从佛图澄颇带神异色彩的事迹及其"少学道，妙通玄术"看，洗肠也可能是佛图澄所行"玄术"之类。关于佛图澄洗肠，后世仍有"神迹"遗存，明《食物本草》载澄城县西有佛图澄洗肠的泉水，此泉水可避除天行不正之气，曰："洗肠泉，在澄城县西，相传晋佛图澄洗肠于此。""洗肠泉水，味甘，主天行不正之气，取此水饮之，兼洒。"①

敦煌壁画中的洒扫、净齿、洗浴图，虽然以佛教传说与信仰为主题，但也折射出当时国内特别是敦煌地区的卫生状况。洒扫、圊厕图反映了人们对公共卫生的重视，净齿、洗浴图反映了对于个人卫生的重视。洗头、澡浴是人们日常生活的一部分，从图中洗浴器具、洗浴方式，可以大体了解当时人们的卫生习惯。用齿木净齿原是印度的刷牙习俗，随着佛教传入中国，与中国传统的净漱卫生习俗相结合，慢慢影响国人的卫生方式，并且渗透至医学中，形成一种特殊的揩齿治疗方法。敦煌壁画中的洒扫、洗浴、净齿图，不但反映了国内的卫生习惯，而且也反映了来自印度的卫生习俗及其对国人的影响。

第八节 悲田院·病坊与寺院的慈善救疗

敦煌壁画中有多幅表现诊治疾病的诊疗图，这些图既是佛教福田悲田思想的显现，又是敦煌地区医疗状况的真实再现，尤其是敦煌地区病坊的设立、运行及寺院慈善医疗情况的反映。

如敦煌莫高窟北周第 296 窟壁画表现侍病施药及药物制备的场景，病人坐卧于床，眉头紧皱，表情痛苦，身后有人扶持，医生于前捧碗喂药，床侧一人在臼中捣药。莫高窟五代第 454 窟南壁施药图，病人躺卧于床，旁边一人捧碗喂药，床尾一人伸出双手相助。莫高窟隋代第 302 窟窟顶壁画，在一片绿色的树林中，病人裸身仰卧，左右各有一人执其手，医生两手分别按在病人的头及颈部，此幅图被普遍看作是正骨图，周围的树木显示可能在野外紧急救疗（彩图 3-14）。壁画中有较多描绘病坊场景的画面，主要是施药场景，如莫高窟初唐第 321 窟南壁壁画，病坊床上坐着两个病人，身旁各有医工侍候，一女子手

---

① （明）姚可成，汇辑. 食物本草［M］. 达美君，楼绍来，点校. 北京：人民卫生出版社，1994：121.

捧药钵侍药。莫高窟晚唐第9窟西壁壁画，病坊内二病患赤裸上身坐卧于床，各有医工扶持，一病人亲属手捧药钵喂药（彩图3-15）。莫高窟晚唐第85窟东披壁画，病坊内两个病人坐在床上，其中一位正在医工的协助下喝药。莫高窟五代第61窟南壁，病坊内床上坐着两个病人，各有女性眷属于旁伺候，另有医工正递送药碗。以上这些场景是敦煌地区医疗状况特别是病坊疗病的真实再现，反映了寺院的慈善医疗状况。

一、福田与悲田

壁画中的侍病施药行为体现了佛教的福田及悲田思想。大乘佛教有敬田、福田、悲田几种德报。称"田"者犹如种田，礼敬惠施他人的同时也为自己种下福德，其中以敬佛为敬田，以敬事父母为恩田，以广施他人、利益众生为福田，以接济贫苦、疗疾救病者为悲田。《佛说诸德福田经》言有七福田，"佛告天帝，复有七法，广施名曰福田"，七种福田中的第三种为"常施医药，疗救众病"①。《梵网经菩萨戒义疏》有八福田，其中第六为给事病人及施给汤药，曰："给事病人：谓病患之人，众苦集身，实可悲悯。当给施汤药及所须之物，使其四大调和，身得安乐，是为福田。"② 另外一种八福田中第八为"病田"，"病田：谓见人有病，即当念其苦楚，用心救疗，给与汤药，则能获福，故名病田。"③《佛说像法决疑经》指出敬田与悲田相比悲田更为重要，悲田最能体现佛家救疾济贫的慈悲心怀。

我于《处处经》中说布施者，欲令出家、在家人修慈悲心，布施贫老、孤老乃至饿狗。我诸弟子不解我意，专施敬田，不施悲田。敬田者，即是佛法僧宝，悲田者，贫穷孤老乃至蚁子。此二福田中，悲田最胜。善男子，若复有人多饶财物，独行布施，从生至老，不如复有众多人，不问贫富贵贱、若道若俗，共相劝化，各出少财，聚集一处，随宜布施贫穷、孤老、恶疾、重病、困厄之人，其福甚大。④

① （晋）沙门法立，法炬，译. 佛说诸德福田经 [M] // （清）宗仰上人，主编. 频伽大藏经：32. 北京：九洲图书出版社，1998：494.
② （隋）智顗. 菩萨戒义疏 [M] // （清）雍正，敕修. 乾隆大藏经 89 诸宗部此土著述 23（影印本）. 北京：中国书店，2010：415.
③ （隋）智顗. 菩萨戒义疏 [M] // （清）雍正，敕修. 乾隆大藏经 89 诸宗部此土著述 23（影印本）. 北京：中国书店，2010：414.
④ 伯2087 佛说像法决疑经 [M] // 黄永武博士. 敦煌宝藏：第 114 册 伯 2085-2118 号. 台湾：新文丰出版社，1985：30.

《涅般经·现病品第六》载二种福报因缘，其一为给施病者医药，曰："有二因缘则无病苦。何等为二？一者怜愍一切众生，二者给施病者医药。"① 《佛说诸德福田经》中比丘波拘卢言说前世奉药得福报之事，曰：

复有一比丘，名曰波拘卢……白世尊曰：我念宿命……持一药果，名呵黎勒，奉上众僧，缘此果报，命终升天，下生世间，恒处尊贵……尔时波拘卢，以偈颂曰：慈泽润枯槁，德勋济苦患，一果之善本，享福迄今存。②

惠施救病是佛教的一种重要戒规，不瞻视病人、见病不救则触犯"轻垢"罪，《梵网经·菩萨心地品》卷下（又见《梵网经·菩萨戒本·菩萨四十八轻戒》中"第九不看病戒"）曰：

若佛子见一切疾病人，应供养如佛无异。八福田中，看病福田第一福田。若父母、师僧弟子病，诸根不具，百种病苦恼，皆供养令差。而菩萨以瞋恨心不看，乃至僧房中、城邑旷野、山林道路中，见病不救济者，犯轻垢罪。③

惠施救疾也是菩萨的一种重要修行，按大乘佛教的要求，修行菩萨道需熟谙"五明"，其中之一为"医方明"，佛教中的大医王无不以救疾解难为大愿行，北凉·昙无谶译《大般涅槃经》卷十一"现病品第六"曰：

菩萨摩诃萨修菩提时，给施一切病者医药，常作是愿：
愿令众生永断诸病，得成如来金刚之身。
又愿一切无量众生作妙药王，断除一切诸恶重病。
愿诸众生得阿伽陀药，以是药力，能除一切无量恶毒。
又愿众生，于阿耨多罗三藐三菩提，无有退转，速得成就无上佛药，销除一切烦恼毒箭。
又愿众生勤修精进，成就如来金刚之心，作微妙药，疗治众病，不令有人生诤讼想。
亦愿众生作大药树，疗治一切诸恶重病。
又愿众生拔出毒箭，得成如来无上光明。

---

① （北凉）昙无谶，译. 大般涅槃经［M］. 上海：上海古籍出版社，1991：58.
② （晋）沙门法立、法炬，译. 佛说诸德福田经［M］//（清）宗仰上人，主编. 频伽大藏经：32. 北京：九洲图书出版社，1998：494.
③ （后秦）鸠摩罗什，译. 佛说梵网经［M］//碛砂大藏经：42（影印宋元版）. 北京：线装书局，2005：337.

又愿众生得入如来智慧大药微密法藏。①

历代史传中不乏身怀妙技、拯难救疾的高僧。孙思邈《备急千金要方序》："凡大医治病，必当安神定志，无欲无求，先发大慈恻隐之心，誓愿普救含灵之苦。"其"大医"可能受"大医王"信仰的影响，而"先发大慈恻隐之心"则是佛教慈悲普济之意，孙思邈的思想除了受儒道影响外，亦受释家思想的影响。

二、悲田院与病坊

施药救疾的福田悲田思想促成了悲田养病坊这种公益性慈善医疗机构的建立与运行。南北朝时期出现了带有佛教性质的公益医疗机构，南齐文惠太子与其弟竟陵王平素笃信佛教，受释家慈悲思想的影响，设立"六疾馆"以赡穷养病，《南齐书·文惠太子传》卷二十一："太子与竟陵王子良俱好释氏，立六疾馆以养穷民。"②《南齐书·列传第二十一·竟陵文宣王子良》卷四十："又与文惠太子同好释氏，甚相友悌。"竟陵王敬信尤笃，礼才好士，招致名僧，劝人为善，魏武帝病时曾使沙门为武帝诵经，吴兴大水时立廨以救济贫病之人，"九年，京邑大水，吴兴偏剧，子良开仓赈救，贫病不能立者，于第北立廨收养，给衣及药。"③

北魏有国家制定的救济制度，魏孝文帝元宏发布诏令以救济鳏寡六疾，对于不满六十而有废痼之疾的穷困之人，于别坊遣医救护。《魏书·高祖纪第七下》卷七下载：

丙申，诏曰：哀贫恤老，王者所先，鳏寡六疾，尤宜矜愍。可敕司州洛阳之民，年七十已上无子孙，六十以上无期亲，贫不自存者，给以衣食；及不满六十而有废痼之疾，无大功之亲，穷困无以自疗者，皆于别坊遣医救护，给医师四人，豫请药物以疗之。④

魏宣帝元恪令太常别立医馆以救济京畿内外贫病之人，使医署分师疗治，并考核医绩，又令医工精简医方，各郡县备写，并发布到地方乡邑，方便救疗。

---

① （北凉）昙无谶，译. 大般涅槃经［M］//宗文，点校. 涅槃经. 北京：宗教文化出版社，2011：176.

② （梁）萧子显，撰. 二十四史（简体字本）南齐书 卷一至卷五九［M］//中华书局编辑部，编. 北京：中华书局，2000：265.

③ （梁）萧子显，撰. 二十四史（简体字本）南齐书 卷一至卷五九［M］//中华书局编辑部，编. 北京：中华书局，2000：475.

④ （北齐）魏收，撰. 魏书［M］. 长春：吉林人民出版社，1995：123.

《魏书·世宗纪第八》卷八（魏世宗永平三年，即501年）载：

丙申，诏曰：朕乘乾御历，年周一纪，而道谢击壤，教惭刑厝。至于下民之茕鳏疾苦，心常愍之，此而不恤，岂为民父母之意也。可敕太常于闲敞之处，别立一馆，使京畿内外疾病之徒，咸令居处。严敕医署，分师疗治，考其能否，而行赏罚。虽龄数有期，修短分定，然三疾不同，或赖针石，庶秦扁之言，理验今日。又经方浩博，流传处广，应病投药，卒难穷究。更令有司，集诸医工，寻篇推简，务存精要，取三十余卷，以班九服，郡县备写，布下乡邑，使知救患之术耳。①

隋唐时期公益性的医疗救护机构日益增多，悲田养病坊逐渐遍及全国。隋代高僧那连提黎耶舍曾建疠人坊，收治麻风病人，"收养疠疾，男女别坊，四事供承，务令周给"②。唐代武则天长安年间（701—704）设立了悲田坊，救济贫苦无依、疾病羸弱之人，政府派专人管理，寺院也承担管理及运行责任，"悲田养病，从长安以来，置使专知"。开元以后这项工作主要由寺院负责，京城乞儿悉归寺院，政府以本钱所收利息资给，"至二十二年（734），断京城乞儿，悉令病坊收管，官以本钱收利给之"③。唐武宗会昌（845）废佛，大批僧尼被遣返回家，悲田坊无人管理，宰相李德裕建议将其改由政府管理而名"养病坊"，选派地方年高德重之人负责管理。《唐会要·病坊·论两京及诸道悲田坊状》卷四十九：

今缘诸道尼僧，尽已还俗，悲田坊无人主领，恐贫病无告，必大致困穷。臣等商量，悲田出于释教，并望改为养病坊，其两京及诸州，各于录事耆寿中，拣一人有名行谨信，为乡里所称者，专令勾当。其两京望给寺田十顷，大州镇望给田七顷，其他诸州，望委观察使量贫病多少，给田五顷，以充粥食。敕：悲田养病坊，缘僧尼还俗，无人主持，恐残疾无以取给，两京量给寺田拯济。诸州府七顷至十顷，各于本置选耆寿一人勾当，以充粥料。④

---

① （北齐）魏收，撰. 魏书［M］. 长春：吉林人民出版社，1995：140.

② （唐）道宣，著. 续高僧传：第一册［M］. 台北：文殊出版社，1988：29.

③ （唐）李德裕. 论两京及诸道悲田坊状［M］//唐会要：八. 上海：商务印书馆，1935：863.

④ （唐）李德裕. 论两京及诸道悲田坊状［M］//唐会要：八. 上海：商务印书馆，1935：863.

三、医事制度与敦煌寺院医学

由悲田坊到病坊的转变，可以看出政府在社会救疗方面的监控日渐加强，同时也可以看到政府医疗机构与社会慈善机构同时并存的医疗体制状况。

反映医疗状况的另一个重要方面是医学教育，包括中央及地方的"医学"机构设置。医学教育是促进医学发展的一个重要途径与手段，刘宋已有太医署，《唐六典·太常寺》卷第十四注文："宋元嘉二十年，太医令秦承祖奏置医学，以广教授；至三十年省。后魏有太医博士、助教。"①隋唐时期太医署设置日益完善，政府在重视中央太医署教育的同时，也逐渐加强地方医学教育，推动地方医疗机构的管理完善，在各州设有医学博士以掌疗民疾，教授医术，"博士掌以医术教授诸生"②。唐贞观三年（629）开始在各州设置医学，安排医药博士及医学生。开元元年（713）改医药博士为医学博士，为了协助地方医学教育，在诸州设助教，并抄写《本草经》《百一集验方》以备医用，但不久罢省医学博士及医学生，只在偏僻少医的州地保存；开元二十七年（739）诸州复置医学生，负责州境内巡疗。永泰元年（765）又恢复各地医学博士的设置。《新唐书·志第三十九下·百官志四下·外官》卷四十九下：

> 医学博士一人，从九品上。掌疗民疾。贞观三年，置医学，有医药博士及学生。开元元年，改医药博士为医学博士，诸州置助教，写《本草》《百一集验方》藏之。未几，医学博士、学生皆省。僻州少医药者如故。二十七年，复置医学生，掌州境巡疗。永泰元年，复置医学博士。③

《旧唐书·志第二十四·职官三·州县职官》卷四十四记载不同府、州医学博士等设置情况，各地均设有医学博士，医学博士的品秩州以上为从八品下，州一级中的上州为正九品下，中、下州为从九品下，助教、学生人数的设置视州府的级别而定，级别越低，学生人数越少。

> 京兆、河南、太原等府："医学博士一人，助教一人，学生二十人"；
> 大都督府："医学博士一人，从八品下。助教一人，学生十五人"；
> 中都督府："医学博士一人，学生十五人"；
> 下都督府："医学博士一人，助教一人，学生十二人"；

---

① （唐）李林甫，撰. 唐六典［M］. 陈仲夫，点校. 北京：中华书局，1992：410.
② （五代）刘昫，等，撰. 旧唐书［M］. 北京：中华书局，1975：1876.
③ （宋）欧阳修，撰. 新唐书 1 简体字本二十四史［M］. 北京：中华书局，2000：861.

上州"国家制，户满四万以下为上州"："医学博士一人，正九品下。助教一人，学生十五人"；

中州"户满二万户已上"："医学博士一人，从九品下。助教一人，学生十二人"；

下州"户不满二万"："医学博士一人，从九品下。学生十人"①。

依照唐代国家医事制度的有关规定，敦煌作为州郡之地应当有地方性的医学设置，据《唐天宝年代敦煌郡敦煌县差科簿》载，敦煌地区设有医学博士，"令狐思珍，载五十一，翊卫，医学博士。"②《沙州都督府图经》记敦煌医学被设置在州学院内，与儒学共处而偏置北墙一隅，曰："医学：上在州学院内，于北墙别构屋宇安置。"③ 唐代敦煌既有政府管理的地方性医学教育及医疗机构，同时又有佛教寺院设立的慈善性悲田坊、病坊。敦煌壁画中诊病施药场景，既可能发生在地方上官方医疗机构，更有可能是在寺院悲田坊、病坊。郑炳林等认为吐蕃时期敦煌寺院医学格外重要，"吐蕃占领敦煌以后，正常的学校制度遭到破坏，学术文化从官府转向寺院。这时，除了民间医家依旧收授徒弟外，寺院医学就显得格外重要。"④ 吐蕃时期由于朝廷失去此地的治理权，政府设置的地方医学遭到瓦解破坏，故只能依靠寺院医学维持敦煌地区的医学教育及医疗活动，所以此时寺院医学发挥了非常重要的作用。

敦煌卷子"治病所须"记载治病必须具备的医疗器具、本草方书、对治药物，卷子有小题"量处重轻物仪"，即根据治病的需要分轻重贮藏，卷子末记"沙门释迦道宣述"，标明由沙门僧徒所记。这些物品是由寺院贮藏以备医疗之用的，说明寺院可能设有病坊，或寺院本身兼具治病的功能。卷子末题"龙朔三年（663）写讫记"，由此可推知卷子记载的是唐高宗时期寺院病坊情况。

三，治病所须，其例有三。

初谓医术：针、灸、刀、角、槌、椑，疗疾之具。

二谓诸方：《本草》《明堂流注》《脉经》《药诀》之书。

---

① （五代）刘昫，等，撰. 旧唐书［M］. 北京：中华书局，1975：1915－1919.

② 唐天宝年代敦煌郡敦煌县差科簿［M］//唐耕耦，陆宏基. 敦煌社会经济文献真迹释录：第一辑. 北京：书目文献出版社，1986：246.

③ 沙州都督府图经［M］//唐耕耦，陆宏基. 敦煌社会经济文献真迹释录：第一辑. 北京：书目文献出版社，1986：12.

④ 郑炳林. 唐五代敦煌的医事研究［M］//郑炳林，主编. 敦煌归义军史专题研究. 兰州：兰州大学出版社，1997：515.

三谓对病：四药如上列名，余之三药，如上入重，尽形药中，如后正断。已（以）前三件，资身正要，非常恒有，是病即身。初一，治救刀针，律文通许。既是小细，机候所宜，准如《十诵》。灌鼻筒等，入轻所收，余有药筒、药函诸器相从分。第二，诸方本草，既是俗习，宜从重收。尽形药中，未捣治者入重，若已捣治，和合成汤、丸、膏、煎。异本药相者，及服残余分，此实非所奉，宜准僧祇入轻分之。①

马继兴指出此卷子"原系佛书《四分律删繁补缺行事钞》卷第一"②的内容，但"诸方"中的《本草》《明堂》《流注》《脉经》《药诀》明显属于中医经典、脉学方面的医书。以上治疗器具、药物是国内寺院中供医疗用需的实际备藏，医书是治病参考之用，也可能是供寺僧学习之用。

《百一物本》记有寺院所备的医用物品，"磨石　药臼　药杵　药□　盛药筒　附眼药物　摩药石"③，寺院贮备的医疗器物说明寺院兼具一定的医疗功能。《天宝年代敦煌郡会计牒》载唐代天宝年间敦煌病坊本钱、利钱及病坊内各种设施器物的账单，器物账单包括日常所需的铛、釜、瓦盆、瓦罐、镢、锹，病床尺度大小、张数，制药贮药用的药柜、药杵、药臼等等，从账单可见病坊设备齐全。载曰：

病坊：合同前月日见在本利钱，总壹佰叁拾贯柒拾贰文，壹佰贯文本，叁拾贯柒拾贰文利。

合同前月日见在杂药，总玖佰伍拾斤贰拾枚。

合同前月日见在什物，总玖拾肆事：

铛叁口，一受贰斗、一受壹斗、一受伍胜。釜壹口，受伍斗。凡（瓦）盆贰，凡（瓦）灌（罐）叁，锁肆具，刀壹口，镢壹具，锹壹张，泥漫壹，四尺床子二、八尺床贰张，食柜壹，药柜壹，药杵壹，药臼壹，喫单壹，步磑壹合，食单壹，鏊子壹面，按板壹，手罗壹，拭巾贰，白毡伍领，席伍领，绯绝被叁张，盘壹面，甀壹口，瓮大小伍口，椀（碗）拾枚，匙箸各拾口，木盆壹，食合拾具。

① 治病所须［M］//袁仁智，潘文，主编. 敦煌医药文献真迹释录. 北京：中医古籍出版社，2015：487.

② 马继兴，著. 中国出土古医书考释与研究：中卷：敦煌古医书考释［M］. 上海：上海科学技术出版社，2015：956.

③ 百一物本［M］//马继兴. 中国出土古医书考释与研究：中卷：敦煌古医书考释. 上海：上海科学技术出版社，2015：960.

合同前月日见在米，总壹硕陆斗捌合。①

从唐天保会计牒可见，病坊不但医疗器物、药材齐备，而且还备有病床、被、毡、席等床位设施以及日常生活用品，说明病坊可以收纳一定数量的病人，进行"住院"治疗，而本利钱当是维持病坊运行的经济保障。

四、"药藏"与寺院贮药

寺院医疗贮备中最重要的是药物贮备，为了保证寺院正常的医疗活动，其中包括为僧侣日常诊治以及慈善性救疗，寺院通常要贮备一定数量的药物，甚至建立"大药藏"。

寺院建药藏始于印度阿育王时期，阿育王在波咤利弗国城四门处设立药藏，施药供给比丘，《善见律毗婆沙》卷二："王念言，我国中比丘，求药而不能得，王于四城门边起作药藏，付药满藏中……四城门边药藏，日一万以用买药。"②国内"药藏"最早称为"药藏局"，是专为太子医疗服务的贮药及诊疗机构，始于北齐，属门下坊，设有监、丞、侍药官职，隋代因袭。唐代仍设药藏局，职官设置稍有改动，设药藏郎、丞、侍医典药、药童，药藏郎主管和剂医药，药藏局有严格的诊候、和药、尝药制度。《唐六典·太子三师三少詹事府左右春坊内官》卷二十六载：

药藏局：药藏郎二人，正六品上；北齐门下坊领药藏局，有监、丞各二人，正六品下；侍药四人，正七品下。隋门下坊领药藏局监、丞二人，侍药四人；监，正七品下。皇朝改监为太子药藏郎。丞二人，正八品上。北齐药藏局有丞二人，正八品下。隋正九品下，皇朝因之。药藏郎掌和齐医药之事；丞为之贰。凡皇太子有疾，命侍医入诊候以议方药。应进药，命药僮捣筛之，侍医和成之；将进，宫臣监尝，如尚药局之职。③

《旧唐书·志第二十四·职官志三·东宫官属》载：

药藏局：药藏郎二人，正六品上。丞二人，正八品上。侍医典药九人，药

① 天宝年代敦煌郡会计牒［M］//唐耕耦，陆宏基. 敦煌社会经济文献真迹释录：第一辑. 北京：书目文献出版社，1986：477.

② （南朝齐）僧伽跋陀罗，译. 善见律毗婆沙［M］//频伽大藏经：39. 北京：九洲图书出版社，1998：666.

③ （唐）李林甫，等，撰. 唐六典［M］. 陈仲夫，点校. 北京：中华书局，1992：668.

童十八人，掌固六人。药藏郎掌和剂医药。①

国内寺院设药藏始于南朝，如高僧法颖、慧达皆在寺院设立药藏。不同于印度阿育王施药比丘及国内药藏局专供太子使用，寺院药藏除供僧侣治病外，主要用于提供社会慈善医疗的药物。生活在南朝刘宋、萧齐之际的高僧法颖，分别受到刘宋孝武帝及齐高帝的封赐，敕为僧正、僧主，齐高帝即位后，法颖在长干寺设立药藏以备救济。《高僧传》卷第十一"齐京师多宝寺释法颖慧文"载：

释法颖，姓索，燉煌人。十三出家，为法香弟子，住凉州公府。与同学法力，俱以律藏知名。颖伏膺已后，学无再请，记在一闻。研精律部，博涉经论。元嘉末，下都止新亭寺。孝武南下，改治此寺，以颖学业兼明，勒为都邑僧正。后辞任，还多宝寺。常习定闲房，亦时开律席。及齐高即位，复敕属僧主，资给事事，有倍常科。颖以从来信施，造经像及药藏，镇于长干。②

慧达是南朝陈至隋代的高僧。陈朝曾发生大规模的疠疫，当时百姓死亡"过半"，慧达以慈济之心救民于难，在扬州建立大药藏，随时供给急救药物，救济弥隆。《续高僧传》卷第二十九"隋天台山瀑布寺释慧达"载：

释慧达，姓王，家于襄隰。幼年在道，糟修成携……有陈之日，疠疫大行，百姓毙者殆其过半。达内兴慈施，于杨都大市建大药藏，须者便给，拯济弥隆。③

《某僧向大德乞药状》记载某僧向大德高僧乞求药物的药单，由此推知寺院中贮有多种药物。

□上闻大德，卑僧有少乞赐，莫违重情，欲拟和合药草，亏阙颇多，幸望尊慈乞与（焉）。

橘皮　桂心　附子　香白芷　茱萸　干姜　芍药　高茛姜　草豆蔻　芎䓖　人参　胡椒　诃利勒　麻黄　地黄　细辛　黄蘗　天麻　牛膝　天南星　牵牛子　茯苓　槟榔　荜拨　黄连

---

①　（五代）刘昫，等，撰. 旧唐书［M］. 北京：中华书局，1975，1908.

②　（南朝梁）释慧皎，撰. 高僧传［M］. 北京：中华书局，1992：436.

③　（唐）道宣. 续高僧传：第五册［M］. 台北：文殊出版社，1988：1004.

上件药物乞赐少多矣。①

另外，从敦煌文献中发现较多的施舍文，从施舍文中可知世人向寺院施舍的众多物品中有药物。这些药物可能是施舍于某位僧人，也可能是为修寺造像施舍。世人施舍的目的是为祈求祛病免灾，而施入的药物一方面供寺僧私用，另一方面被收入寺院的药藏中供僧医慈善救疗取用。

背文《辰年支刚刚等施入疏》：把豆三颗，龙骨多少，并诸杂药，施入修造。上弟子所施意者，愿报平安。②

《无名疏》：升麻、杓药共二两，槐子七课入修造。上所施造者，为己身染患，经今数□，药饵虽投，竟无瘳减，虑恐多生宿愆，今投道场，请为念诵。③

施舍文：苏一升充乳药；《李吉子等施入疏》：荫蓼勒一课充乳药；《无名疏》：红花一斤。④

北京大学图书馆藏0162背文《辰年正月十五日道场施物疏》：芎芹子一升，槟榔一颗；黄丹二两，胡粉叁两施入修造；诃梨勒一颗，毕拨多少充乳药；油麻一升，草豉一升充乳药。⑤

背文《申年（828）比丘尼修德等施舍疏》：（上阙）一匹二丈五尺。蒲桃二斗，解毒药五两，已上物充转经僧儭。解毒药二两，充正月一日夜燃灯法仕宋教授和上（下阙）药。正月七日弟子节儿论荠热谨疏。⑥

施舍的药物中有许多注明是"充乳药"。乳药原指乳石类道家炼丹之品，在这里指代普通药物。从施舍文中可见向寺院施舍药物是比较常见的现象，说明寺院中有贮药的药藏。现今少林寺仍保留有药局，可能是古代寺院"药藏"制度的延续，释延亿指出："我们有理由推测少林药局的形式完全有可能是沿袭古

---

① 某僧向大德乞药状［M］//袁仁智，潘文，主编. 敦煌医药文献真迹释录. 北京：中医古籍出版社，2015：472.

② 辰年支刚刚等施入疏［M］//陕西省古籍整理办公室，编；吴钢，主编. 全唐文补遗：第九辑. 西安：三秦出版社，2007：36.

③ 无名疏［M］//陕西省古籍整理办公室，编；吴钢，主编. 全唐文补遗：第九辑. 西安：三秦出版社，2007：44.

④ 无名疏［M］//陕西省古籍整理办公室，编；吴钢，主编. 全唐文补遗：第九辑. 西安：三秦出版社，2007：44-45.

⑤ 0162辰年正月十五日道场施物疏［M］//陕西省古籍整理办公室，编；吴钢，主编. 全唐文补遗：第九辑. 西安：三秦出版社，2007：45-46.

⑥ 申年比丘尼修德等施舍疏［M］//陕西省古籍整理办公室，编；吴钢，主编. 全唐文补遗：第九辑. 西安：三秦出版社，2007：35.

已有之佛教寺院药藏，以布施医药为主，同时又有僧医兼治疾病。"①

五、高僧救疾

寺院在社会慈善医疗中发挥着重要的作用，而修习"医方明"的释门中不乏医术精湛、慈济救人的高僧，无论是历代史传中的高僧，还是敦煌地区佛医兼通的高僧，均在社会救疗中发挥着非常重要的作用。他们以佛宣法，以医救人，在当地民众中产生重要影响。或许正是因为其治病救人的现世效应，才使得佛教更广泛地深入民心而被推广普及。

（一）历代高僧传

历代史传中不乏医术精湛的高僧，如释慧皎《高僧传》、道宣《续高僧传》中记载的佛图澄、竺佛调、耆域，特别是参与疠病救疗的释慧达、那连提黎耶舍、释智严等，这些高僧不但医术惊人，而且以无私献身的慈悲胸怀广济救疗，令人敬服。

1. 佛图澄

释慧皎《高僧传》卷九"晋业中竺佛图澄"记载佛图澄事迹（前已述佛图澄洗肠故事）。佛图澄精通医药，遇有世间难以治疗的疑难痼疾，常应手而瘳，惠人无数，"时有痼疾，世莫能治者，澄为医疗，应时瘳损，阴施默益者，不可胜记。"② 又曾起死回生，救治石虎之子暴"亡"危证，"石虎有子名斌，后勒爱之甚重，忽暴病而亡。已涉二日，勒曰：朕闻虢太子死，扁鹊能生。大和上，国之神人，可急往告，必能致福。澄乃取杨枝咒之，须臾能起，有顷平复。由是勒诸稚子，多在佛寺中养之。"③ 佛图澄救治石虎儿子的事迹颇为怪诞，带有浓重的神异色彩，可能为了凸显佛法的神奇而隐去了具体的治疗过程，但救治暴亡与扁鹊起死回生有异曲同工之妙。

2. 竺佛调

《高僧传》卷九"晋常山竺佛调"记载晋常山寺竺佛调治病之事。佛调原为天竺人，曾师事佛图澄，在常山寺修行，为人纯朴，不善浮辞，时人奉为高僧。有信奉佛法的兄弟二人住在寺外百里处，兄奉佛调为师，兄之妇病急重，投奔常山寺佛调处救疗。

竺佛调者，未详氏族，或云天竺人。事佛图澄为师，住常山寺积年，业尚

---

① 释延亿. 少林禅医说养生［M］. 广州：广东科技出版社，2011：116.

② （南朝梁）释慧皎，撰. 高僧传［M］. 北京：中华书局，1992：354.

③ （南朝梁）释慧皎，撰. 高僧传［M］. 北京：中华书局，1992：348.

纯朴,不表饰言,时咸以此高之。常山有奉法者,兄弟二人,居去寺百里。兄妇疾笃,载至寺侧,以近医药。兄既奉调为师,朝昼常在寺中谘询行道。异日调忽往其家,弟具问嫂所苦,并审兄安否。调曰:病者粗可,卿兄如常。①

佛调既为佛法高深的高僧,又能救治急重之病,可见是佛医兼通之人。

3. 耆域

《高僧传》卷九"晋洛阳耆域"记晋代洛阳高僧耆域治愈太守两脚挛屈不行病及另一例暑中病瘵将死者,治疗过程中掺杂了较重的神异色彩。

时衡阳太守南阳滕永文在洛,寄住满水寺。得病经年不差,两脚挛屈不能起行。域往看之,曰:君欲得病疾差不。因取净水一杯,杨柳一枝,便以杨柳拂水,举手向永文而咒,如此者三。因以手搦永文两膝令起,即起行步如故……

尚方暑中有一人病瘵将死,域以应器著病者腹上,白布通覆之。咒愿数千言,即有臭气薰彻一屋,病者曰:我活矣。域令人举布,应器中有若垩淤泥者数升,臭不可近,病者遂活。②

4. 洪昉禅师

《太平广记·异僧九·洪昉禅师》记载武则天时期洪昉禅师的事迹。洪昉曾造龙光寺,建病坊,收治数百病人,"陕州洪昉,本京兆人,幼而出家,遂证道果,志在禅寂,而亦以讲经为事,门人常数百……昉于陕城中,选空旷地,造龙光寺;又建病坊,常养病者数百。"天帝请洪昉至天堂讲《大涅槃经》,昉以病人无以济养为由拒辞,曰:"此事诚不为劳,然病坊之中,病者数百,待昉为命,常行乞以给之。今若流连讲经,人间动涉年月,恐病人馁死,今也固辞。"③ 天堂讲经之事略属虚妄,但从中可见洪昉一心为病人着想,而寺院赡养病人的经济来源多为行乞所得。

5. 释慧达、那连提黎耶舍、释智严与疠病坊

许多高僧在疫疠病的救治中发挥了重要作用。《续高僧传》记隋代高僧释慧达在疠疫大行之日,于杨都大市建大药藏,以供给亟需药物(前已述);隋代高僧那连耶舍收治疠疾病人,分男女进行治疗,此事也反映了寺院对疫疠病的救疗情况。《续高僧传》卷第二"隋西京大兴善寺北天竺沙门那连耶

---

① (南朝梁)释慧皎,撰. 高僧传 [M]. 北京:中华书局,1992:363.
② (南朝梁)释慧皎,撰. 高僧传 [M]. 北京:中华书局,1992:365.
③ (宋)李昉. 太平广记 [M]. 北京:中华书局,631-634.

舍"载：

> 那连提黎耶舍，隋言尊称，北天竺国乌场国人……天保七年届于京业，文宣皇帝极见殊礼……耶舍每于宣译之暇，时陈神咒，冥救显助，立功多矣。未几，授昭玄都，俄转为统。所获供禄不专自资，好起慈惠，乐兴福业，设供饭僧，施诸贫乏，狱囚系畜，咸将济之。市鄽闹市所，多造义井，亲自漉水津众众生。又于汲郡西山，建立三寺，依泉旁谷，制极山美。又收养疠疾，男女别坊，四事供承，务令周给。又往突厥客馆劝持六斋，羊料放生，受行素食。又曾遇病，百日不起，天子皇后躬问起居，耶舍叹曰：我本外客，德行未隆，乘舆今降，重法故雨。内抚其心，惭惧交集。①

那连耶舍平时广施惠济，曾被授僧统，所获供禄用于慈善活动，其施济的范围广及僧人、贫乏甚至狱囚、牲畜，多造义井以造福世人，更设病坊以救治感染疫疠的病人。

疠病多是急性传染性疾病，其中包括令人恐惧的麻风病。由于疠病传染性强，死亡率高，古人很早就设立隔离区，如秦简中的"疠迁所"是最早关于麻风病人隔离的记载。在疫疠流行时设疠病坊、疠人坊进行隔离治疗，有利于阻断疫疠的流行与传播。同时，疠人坊也是传染病人集中的重传染区、疫病高发区。此危险之地常人唯恐避之不及，而高僧不但倾己之力设立疠病坊，而且长期住在疠病坊，亲施救疗，无时不与病人近身接触，展现了一种无私无畏的献身精神。《续高僧传》卷二十"丹阳沙门释智严"记载释智严为疠病之人吮脓事迹，令人感动。智严长期住在疠人坊进行救疗，最终卒于病坊。

> 释智严，丹阳曲阿人，姓华氏……贞观十七年，还归建业，依山结草……多在白马寺，后往石头城疠人坊住，为其说法，吮脓洗濯，无所不为。永徽五年二月二十七日终于疠所，颜色不变，伸屈如恒，室有异香经旬，年七十八矣。②

6. 医书中的僧医、胡医

除了历代史传中慈济救疗的高僧外，医书中亦记载许多医术精妙或者专擅某种治疗特技的僧医、胡医，他们常有医著传世，如支法存、僧深、僧坦等。

---

① （唐）道宣. 续高僧传：第一册［M］. 台北：文殊出版社，1988：29.
② （唐）道宣. 续高僧传：第三册［M］. 台北：文殊出版社，1988：654.

（1）支法存

支法存祖上原为西域月支人①，东晋时期生活于岭南广州，擅治脚气病。永嘉南渡时士大夫南迁，因不习惯异地水土，多患脚气病，仰赖支法存、仰道人治疗者多获全济。《千金要方》卷第七"风毒脚气·论风毒状第一"曰：

论曰：考诸经方，往往有脚弱之论，而古人少有此疾。自永嘉南渡，衣缨士人多有遭者。岭表江东有支法存、仰道人等，并留意经方，偏善斯术，晋朝仕望，多获全济，莫不由此二公。又宋齐之间，有释门深师道人述法存等诸家旧方为三十卷，其脚弱一方近百余首。②

宋·张杲《医说》载支法存治脚气病，与《千金》同，曰：

支法存者，岭表僧人也。幼慕空门，心希至道而性敦方药，寻览无厌，当代知其盛名。自永嘉南渡，晋朝士夫不袭水土，所患皆脚弱，唯法存能拯济之（出《千金方序》）。③

南朝宋·刘敬叔《异苑》、北齐·颜师古《冤魂志》、唐《法苑珠林》皆记载支法存的生平，内容略同，言其为胡人，以妙善医术而为巨富，因拥有八丈毹氍、八尺沉香板床二样至宝，被广州刺史抢掠而遭杀害。《异苑》卷六：

沙门有支法存者，本自胡人，生长广州，妙善医术，遂成巨富。有八丈氍毹，光彩耀目，作百种形象。又有沉香八尺板床，居常香馥。太原王琰一作王谈为广州刺史，大儿劭之，屡求二物，法存不与。王因状法存豪纵，乃杀而藉没家财焉。法存死后，形见于府内，辄打阁下鼓，似若称冤。如此经日，王寻得病，恒见法存守之，少时遂亡。邵之比至杨都，亦丧。④

《冤魂志》《法苑珠林》记作"魏支法存"，事迹相类。氍毹即毛毯之类，原产于西域，月支人的氍毹色彩光艳，织工颇佳，《后汉书·西域传》："（天竺国）西与大秦通，有大秦珍物。又有细布，好氍毹、诸香、石蜜、胡椒、姜、

① 姚薇元. 武汉大学百年名典 北朝胡姓考 修订版 [M]. 武汉：武汉大学出版社，2013：256.

② （唐）孙思邈，著；李景荣，等，校释. 备急千金要方校释 [M]. 北京：人民卫生出版社，1998：162.

③ （宋）张杲，撰. 医说 [M]. 王旭光，张宏，校注. 北京：中国中医药出版社，2009：22.

④ （南朝宋）刘敬叔. 异苑 [M]. 北京：中华书局，1996：59.

黑椒。"①

　　支法存撰有医书，《隋书·经籍志》载"梁有支法存《申苏方》五卷"。《备急千金要方》《外台秘要》中载有支法存的医方，如《备急千金要方》卷七"风毒脚气"载防风汤，并言"南方支法存所用"，曰："防风汤，治肢体虚风微疼，发热，肢节不随，恍惚狂言，来去无时，不自觉悟，南方支法存所用多得力，温和不损人，为胜于续命、越婢、风引等汤。罗广州一门南州士人常用，亦治脚弱甚良方。"② 防风汤以防风、麻黄、秦艽、独活、当归、远志、甘草、防己、人参、黄芩、升麻、芍药、石膏、麝香、生姜、半夏组方，一方用白术。

　　（2）僧深

　　僧深，又称深师、深师道人，为南朝宋齐间人，亦擅长治疗脚气脚弱病，曾撰述支法存著作为三十卷，《备急千金要方》卷第七"风毒脚气"："又宋齐之间，有释门深师道人述法存等诸家旧方为三十卷，其脚弱一方，近百余首。"《医说》卷一曰："僧深，齐宋间道人也。少以医术知名，疗脚弱、脚气之疾，为当时所伏。撰录法存等诸家旧方三十余卷，经用多效，时人号曰《深师方》。《千金方序论》。"③（《医说》卷一转载《千金方序》的这部分内容，现通行本及日本影印北宋版《千金要方》均未见。）

　　据史志及唐宋间医书的载录，可推知僧深撰著的医书在隋唐至宋尚存世。如《隋书·经籍志》载"梁有《僧深药方》三十卷"，《外台秘要》引载《深师方》，《医心方》引载《僧深方》，《证类本草》亦引载《深师方》。如《外台秘要》卷二十引《深师方》大豆汤治风水气，举身肿满、短气欲绝；《医心方》卷十引《僧深方》商陆酒治风水肿、癥癖、酒癖。

　　（3）僧坦

　　北魏名医李亮，曾拜僧坦为师。李亮初学医未精，及拜沙门僧坦后，略尽其术，针灸授药，罔不有效，乃为名医。李亮不但医术高超，而且医德高尚，为病人免费提供治疗的厅舍，其行为可能受佛教福田思想影响，而其精湛的医术及福田思想来自僧坦，由此可见僧坦应是一位有着高超医术的僧医。李亮之子李修亦为名医，且入仕，为高祖、文明太后修侍针药，治多有效，集合众人撰著医书。《魏书·卷九十一·列传术艺第七十九·李修》载李亮、李修父子事

①　（南朝宋）范晔. 后汉书［M］. 北京：中华书局，1965：2921.

②　（唐）孙思邈，著；李景荣，等，校释. 备急千金要方校释［M］. 北京：人民卫生出版社，1998：173.

③　（宋）张杲. 医说［M］. 王旭光，张宏，校注. 北京：中国中医药出版社，2009：26.

迹，曰：

李修，字思祖，本阳平馆陶人也。父亮，少学医术，未能精究。世祖时，奔刘义隆于彭城，又就沙门僧坦研习众方，略尽其术，针灸授药，莫不有效。徐究之间，多所救恤，四方疾苦，不远万里，竞往从之。亮大为厅事以舍病人，停车舆于下，时有死者，则就而棺殡，亲往吊视。其仁厚若此。累迁府参军，督护本郡……（修）晚入代京，历位中散令，以功赐爵下蔡子，迁给事中。太和中，常在禁内。高祖、文明太后时有不豫，修侍针药，治多有效……集诸学士及工书者百余人，在东宫撰诸药方百余卷，皆行于世。①

（二）敦煌高僧

敦煌文献记载有许多精通医术的高僧，其中不乏出身高门大姓，为敦煌世家名族者，如翟氏家族中的翟法荣，索氏家族中索崇恩、索智岳等。翟氏、索氏皆为敦煌名门大族，归义军期间与敦煌节度使张议潮（吐蕃）、曹元忠（五代）等通婚，入仕为官。同时尊崇佛教，家族中有多人出家，担任教授、法律、僧政、僧统等僧职。又积极进行造窟、写经、施舍等佛事活动，同时佛医兼通，以精妙医术慈济救人，在当地颇具声望。

翟法荣，敦煌龙兴寺僧，出身敦煌大族翟氏家族，"幼挺英灵，跻步殊常。风威卓荦，壮志昂藏。出家入道，雅范夙彰"，通晓南北禅宗，熟习戒定慧三学，为佛学中的领袖人物，"南能入室，北秀升堂。戒定慧学，鼎足无伤。俗之襟袖，释侣提纲"②，"先任沙州法律僧政"③，"早年曾游学肃州，后在沙州龙兴寺任法律僧政，直至都僧统，卒于咸通十年八月（869）"④。莫高窟第85窟为翟法荣修造的功德窟，其中有翟法荣等供养人壁画。唐·悟真撰写的功德碑《翟家碑》（P. 4640）详记翟家几代事迹，祖父翟希光尚武，曾建立军功，"蕴孙子之韬钤，晓黄公之秘略……定国难于奉天"；父亲翟涓曾入仕，后出家为僧，"一郡提纲，三端领袖……舍［身］出家"⑤；翟法荣之弟曾任沙州县尉。

① （北齐）魏收，撰. 魏书［M］. 长春：吉林人民出版社，1995：1207－1208.
② （唐）悟真. 河西都僧统翟和尚邈真赞［M］//郑炳林，著. 敦煌碑铭赞辑释. 兰州：甘肃教育出版社，1992：75.
③ （唐）悟真. 翟家碑［M］//郑炳林，著. 敦煌碑铭赞辑释. 兰州：甘肃教育出版社，1992：55.
④ 郑炳林，高伟. 从敦煌文书看唐五代敦煌地区的医事状况［J］. 西北民族学院学报（哲学社会科学版），1997（1）：68－74.
⑤ （唐）悟真. 翟家碑［M］//郑炳林，著. 敦煌碑铭赞辑释. 兰州：甘肃教育出版社，1992：54.

翟法荣不但佛法高深，而且精通医术，被称为"五凉师训，一道医王"①。医王可能指佛教中的"大医王"，也可能是当地百姓对其医道善行的称誉，以"大医王"赞誉，正说明其医术精妙，医德高尚。翟法荣在弘扬佛法的同时以医道济世，因此"名驰帝阙，恩被遐荒"②，其"迁加僧统"可能与名门家族的影响、高深的佛学造诣以及慈济救人的医疗活动有关。

索崇恩，出身于敦煌大族索氏家族。索氏家族原籍巨鹿郡，汉武帝元鼎六年（公元前111）迁徙敦煌，数代皆为高门大族，"积黄金以润室，衣紫绶以盈门。虽事各有时，亦贵宜后代"。索氏较有名的是晋代司空索靖，"翰墨无双，对策弟（第）一"③，惠帝时拜驸马都尉、酒泉太守。高祖索哲为隋朝散大夫、大黄府校尉、守龙勒府长，改迁游骑将军。曾祖索恪为唐安西通海镇将军，改迁游击大将军。祖父索艺，为大理司直、守沙州法曹参军。其父索稚为县学校书郎。索氏一族不但为冠缨世家，亦崇尚佛教，家族中有多人出家，任教授、法律等僧职。如索崇恩"出家于报恩寺，官至都教授"④，为精于佛法及医术的高僧。《索崇恩和尚修功德记》：

劲持高操，低意下人；蕃落信知，众情恢附。虎徒祇顺，□驾先迎；劝以八关，布行十善。瓜、凉、河、陇，相节尊重。门师悲同药王，施分医术。故使道应神知，得垂加被，则天落沼花，无染着之衣。⑤

这里的"药王"或谓药王菩萨，以"药王"相称，说明其医术神妙高超，可使"道应神知"。索崇恩作为"教授"，不单向弟子传授佛法知识，也可能传授医学知识。

索氏家族当中还有二位任"法律"僧职的佛医兼通高僧，《索法律智岳邈真赞》称法律索智岳"药闲中道，病释两遍"⑥，说明其进行医疗活动。《金光明

① （唐）悟真. 河西都僧统翟和尚邈真赞［M］//郑炳林，著. 敦煌碑铭赞辑释. 兰州：甘肃教育出版社，1992：175.
② （唐）悟真. 河西都僧统翟和尚邈真赞［M］//郑炳林，著. 敦煌碑铭赞辑释. 兰州：甘肃教育出版社，1992：175.
③ 索崇恩和尚修功德记［M］//郑炳林，著. 敦煌碑铭赞辑释. 兰州：甘肃教育出版社，1992：286.
④ 郑炳林，高伟. 从敦煌文书看唐五代敦煌地区的医事状况［J］. 西北民族学院学报（哲学社会科学版），1997（1）：68－74.
⑤ 索崇恩和尚修功德记［M］//郑炳林，著. 敦煌碑铭赞辑释. 兰州：甘肃教育出版社，1992：286.
⑥ （唐）悟真. 河西都僧统翟和尚邈真赞［M］//郑炳林，著. 敦煌碑铭赞辑释. 兰州：甘肃教育出版社，1992：170.

寺索法律邈真赞并序》称赞另一位索法律："堂堂律公，禀气神聪。行解清洁，务劝桑农。练心八解，洞晓三空。平治心地，克意真风。灯传北秀，导引南宗。神农本草，八术皆通。"① 《神农本草》即成书于两汉的《神农本草经》，"八术"是指印度医学的八种医术，索法律精通中西医学，无论是佛学还是医术均有较高造诣，在当时有一定的影响。前《高僧传》"齐京师多宝寺释法颖慧文"言北齐高僧法颖，"姓索，燉煌人。十三出家，为法香弟子，住凉州公府"。法颖原为索姓，为敦煌人，极可能出身敦煌索氏大族。

敦煌壁画的施疗图、病坊图，表面上是宣扬佛教福田悲田的福报思想，深层意义上却是折射了当时社会医疗的真实状况，反映了政府医疗与慈善救疗的同存与兼济，以及中央医署与敦煌地方医学的统一与分治；施药场景的背后透射出寺院的"药藏"制度，病坊的背后映衬出政府与寺院公"私"管理制度；历代高僧的施济救疗行为无不体现其高超的医术、慈悲的心怀，敦煌壁画以丰富而生动的画面，向我们展现了古代寺院医疗以及地方医学状况。

第九节 药王树与圣树崇拜

敦煌壁画的艺术特色之一表现为青绿山水画，点染青绿色的是郁郁苍苍的树木。无论是庄严肃穆的佛陀，灵动飘逸的飞天，还是俗世中忙碌奔波的人们，灵山里飞腾跳跃的动物，无不掩映在葱茏翠绿的树荫之中，一切都显得那么的和谐美妙！树荫下佛陀的吟诵，将我们带入一个奇妙玄幻、空明澈切的境界，而经变图中高大挺拔的圣树，郁郁葱葱的药草，向人们诉说着佛的伟大事迹，散播着佛的慈悲与智慧。

一、圣树与佛陀

佛陀一生的重大事迹与树有着千丝万缕的关系，释迦牟尼诞生于无忧树下，觉悟于菩提树下，在阎浮提树下陷入沉思，在芒果树下说法弘道，最后涅槃于娑罗双树之中。这些树成为佛教圣树，特别是无忧树、菩提树、娑罗树称为佛教三大圣树。在印度原始佛教中，还未出现偶像崇拜，又或者是反对偶像崇拜，佛陀的象征是圣树、佛足迹、法轮、塔，而佛像的出现晚于圣树崇拜，如印度

---

① （唐）悟真. 河西都僧统翟和尚邈真赞 ［M］//郑炳林，著. 敦煌碑铭赞辑释. 兰州：甘肃教育出版社，1992：108.

早期的佛教雕像中只出现圣树、法轮、佛足、金刚座。由于印度属于热带地区，树木浓茂，四季常青，这个自然环境使得佛教与树木之间产生了密不可分的联系，特别是一些高大挺拔、芳香浓郁的乔木，更增添庄严华盛之美，衬托出佛陀的伟大。

佛陀于蓝毗尼无忧树下的诞生过程，是在一种美好圣洁的氛围中发生的。摩耶夫人在回娘家待产时，看见园中高大的无忧树，花色香鲜，枝叶茂盛，心生欢喜，不由得伸出右手从树上摘花，佛顺势从右胁诞下，《过去现在因果经》卷一："夫人见彼园中，有一大树，名曰无忧，华色香鲜，枝叶分布，极为茂盛。即举右手，欲牵摘之，菩萨渐渐从右胁出。"①

菩提树由于佛觉悟于其下，更成为举世闻名的圣树。菩提即"觉悟"之意，实为毕钵罗树。佛经过多年苦修，终于菩提迦野的菩提树下觉悟正道，创造佛教，而菩提迦野的菩提树极为珍稀，为印度国树国宝。《大唐西域记》卷八"摩揭陁国上"记载菩提迦野的菩提树，曰："金刚座上菩提树者，即毕钵罗之树也。昔佛在世，高数百尺，屡经残伐，犹高四五丈。佛坐其下成等正觉，因而谓之菩提树焉。茎干黄白，枝叶青翠，冬夏不凋，光鲜无变。"② 菩提树经印度阿育王毁后复加保护，又被赏迦王毁佛时火烧，及阿拉伯人入侵时再被寺僧掩埋，终至寂没，现印度菩提树是从斯里兰卡的大菩提树上取枝栽活的。阿育王弘扬佛教时，派儿子摩哂陀去斯里兰卡传教，女儿僧伽密多随行时从菩提迦野的菩提树上截取一枝，至斯里兰卡扦插成功。我国的菩提树是从印度传入，梁武帝天监元年（502），西竺高僧智药三藏从印度带来一株菩提树，栽植于广州光孝寺坛前（《光孝寺志》）。"菩提本无树，明镜亦非台"，禅宗六祖慧能的绝世偈句表达了空明虚无的禅悟境界，而光孝寺不仅有菩提树，还有慧能的受戒坛，"高宗仪凤元年，六祖慧能薙发菩提树下，遂开东山法门"③。

佛陀还曾在阎浮提树下禅思，国内思维菩萨造像表现的是释迦牟尼修行菩萨时深入思维的形象，《佛说普曜经》：

时菩萨游独行无侣，经行其地，见阎浮树荫好茂盛，则在彼树荫凉下坐，一心禅思，三昧正定，以为第一……时王群臣及大众人，各各驰走，欲见太子

---

① （南朝宋）天竺三藏求那跋陀罗，译. 过去现在因果经［M］. 南京：金陵刻经处，2009：31.

② （唐）玄奘. 述;（唐）辩机，撰. 大唐西域记［M］. 董志翘，译. 北京：中国旅行出版社，商务印书馆，2016：275.

③ （清）顾光，（清）何淙修，撰. 光孝寺志［M］. 仇江，曾燕闻，点校. 广州：广东教育出版社，2015：17.

今为所在。遥见诸臣逐之随后，见阎浮树下禅思定意。①

　　芒果树园是佛陀说法的重要场所，芒果亦名菴（或庵）罗果，《杂阿含经（五七四）》卷二十一："如是我闻：一时，佛住菴罗聚落菴罗林中，与众多上座比丘俱。"② 有一次佛陀在菴罗林中与众比丘说法时，维摩诘称疾问辩，佛于是派善辩的文殊菩萨前去问疾，并与维摩诘展开论辩。佛陀最后涅槃于娑罗树双树中，《长阿含经》卷二："佛曰：止！止！波旬！佛自知时，不久住也，是后三月，于本生处拘尸那竭娑罗园双树间，当取灭度。"③

　　敦煌壁画中的圣树形象与印度雕像中的圣树不完全一样，一般不表现为完整的树干、树枝，说法图中常描画出由树叶组成的盛大华冠。但有的树形不能辨认究竟为何种树，有的图中还有中国常见的树木如柳树、松树、银杏、竹林，"无论在中国还是在印度，佛教艺术都没有完全按照佛经中记载的圣树来塑造。"④ 在莫高窟北周 428 窟中心柱的四面，以树干象征圣树，这在敦煌石窟中是不常见的。

二、药王树与圣树

　　佛教的圣树除了无忧树、菩提树、娑罗树等与佛陀有关的树外，在更宽泛意义上，还有其他圣树位列其中，如药王树。药王树能医治俗世间的心身疾苦，普救众生，而医方明是菩萨修行的一门重要学问与技能，菩萨发大弘愿，誓愿身化药王树以普救众生，故药王树从解除疾苦、普救众生的角度言亦是圣树。佛教常以药王树譬喻如来智慧大药树，以药王树医治百病辟喻佛法破除无明，故药王树常作为佛教说法譬喻的对象。

　　（一）照见腹脏的药王树

　　药王树最早见于东汉安息国安世高译《佛说㮈女祇域因缘经》，经云祇（耆）域在一小儿的担柴中发现了一棵药王树，能照见人的五脏六腑。

　　于宫门前，逢一小儿担樵，耆域望视，悉见此儿五脏肠胃，缕悉分明。耆域心念，本草经说有药王树，从外照内，见人腹脏，此儿樵中得无有药王耶？……

① （晋）竺法护，译. 佛说普曜经［M］//频伽大藏经：14. 北京：九洲图书出版社，1998：25.
② （南朝宋）求那跋陀罗，译. 杂阿含经：第二册［M］. 北京：华文出版社，2013：824.
③ （后秦）佛陀耶舍共竺佛念，译. 长阿含经［M］. 恒强，校注. 北京：线装书局，2012：53.
④ 付玉峰. 敦煌壁画中"树"的造型研究［D］. 郑州：郑州大学，2013.

便雇钱取樵，下樵置地，闇冥不见腹中。耆域更心思惟，不知束中何所为是药王。便解两束，一一取之，以著小儿腹上，无所照见。辄复更取，如是尽两束樵。最后有一小枝，裁长尺余，试取以照，具见腹内，耆域大喜，知此小枝定是药王。①

从耆域所见的药王树可知其是一种有奇异透视功能的树，但这个药王树过于神奇，让人难以置信。药王树到底是什么树，是否真实存在，药王树是泛指还是专指呢？实际上，药王树并不是特指某一种药树，而是泛指功效奇特、疗效甚佳的草木类药，如丁福保说"草木有可以治病者，其中最胜者，称为药王"（《佛教大辞典》）。《大涅槃经·如来性品第四之六》指出"譬如药树，名曰药王，于诸药中最为殊胜"。并进一步指出药王既可以和合酪浆蜜酥，又可以为末为丸，能外用涂疮及熏身敷目，甚至仅是看见或嗅见，即可减除众生一切疾苦，曰："复次善男子，譬如药树，名曰药王，于诸药中最为殊胜，若和酪浆，若蜜若酥，若水若乳，若末若丸，若以涂疮，熏身涂目，若见若嗅，能灭众生一切诸病。"②

（二）药王树与佛法譬喻

佛经常以药王树作为譬喻说明佛法的广大无边。如以《大涅槃经》为经中之王，如同药王树为药中之王；修习此经能破除世间一切烦恼诸恶，如同药王树除灭一切病苦；但《大涅槃经》不能使断善根之人达到无上正等正觉大智慧，如同药王树不能治死人一样。

如是药树不作是念："一切众生若取我根，不应取叶。若取叶者，不应取根。若取身者，不应取皮，若取皮者，不应取身。"是树虽复不生是念，而能除灭一切病苦。善男子，是《大涅槃》微妙经典亦复如是，能除一切众生恶业、四波罗夷、五无间罪，若内若外，所有诸恶。诸有未发菩提心者，因是则得发菩提心。何以故？是妙经典，诸经中王，如彼药树，诸药中王，若有修习是《大涅槃》及不修者，若闻有是经典名字，闻已敬信，所有一切烦恼重病皆悉除灭，唯不能令一阐提辈安止住于阿耨多罗三藐三菩提。如彼妙药虽能疗治种种重病，而不能治必死之人。③

① （汉安息国）安世高，译. 佛说㮈女祇域因缘经 ［M］//频伽大藏经：32. 北京：九洲图书出版社，1998：49.

② （北凉）昙无谶. 涅槃经 ［M］. 宗文，点校. 北京：宗教文化出版社，2011：144.

③ （北凉）昙无谶. 涅槃经 ［M］. 宗文，点校. 北京：宗教文化出版社，2011：144.

《华严经》中多处以药王树作譬喻，如以雪山药王树比喻如来智慧大药王树、如来应正等觉无上药王。雪山药王树为万树之根本，其生根时能令阎浮提一切树生根，其生茎时能令一切树生茎，其生枝、叶、花、果，能令一切树生枝、叶、花、果，故名无尽根；如来智慧大药王树亦如此，其根、茎、枝、叶、花、果生时，能令一切菩萨生不舍众生大慈悲根、增长坚固精进深心茎等，故名无尽根。《大方广佛华严经》卷五十一"如来出现品第三十七之二"载：

复次，佛子！如雪山顶有药王树，名无尽根。彼药树根从十六万八千由旬下尽金刚地水轮际生。彼药王树若生根时，令阎浮提一切树根生。若生茎时，令阎浮提一切树茎生。枝叶华果悉皆如是。此药王树，根能生茎，茎能生根，根无有尽，名无尽根。

……

佛子！如来智慧大药王树亦复如是，以过去所发成就一切智慧善法，普覆一切诸众生界，除灭一切诸恶道苦，广大悲愿而为其根，于一切如来真实智慧种性中生，坚固不动，善巧方便以为其茎，遍法界智诸波罗蜜以为其枝，禅定、解脱、诸大三昧以为其叶，总持、辩才、菩提分法以为其华，究竟无变诸佛解脱以为其果。佛子！如来智慧大药王树何故得名为无尽根？以究竟无休息故，不断菩萨行故，菩萨行即如来性，如来性即菩萨行，是故得名为无尽根。

佛子！如来智慧大药王树其根生时，令一切菩萨生不舍众生大慈悲根。其茎生时，令一切菩萨增长坚固精进深心茎。其枝生时，令一切菩萨增长一切诸波罗蜜枝。其叶生时，令一切菩萨生长净戒头陀功德少欲知足叶。其华生时，令一切菩萨具诸善根相好庄严华。其果生时，令一切菩萨得无生忍乃至一切佛灌顶忍果。①

雪山药王树有异常神奇的作用，见之则眼得清净，闻之则耳得清净，嗅之则鼻得清净，无论视、闻、嗅、尝、触，皆能使人耳、目、鼻、舌、身得清净，即使取其地土，亦能除病益身，故名善见；如来应正等觉无上药王亦复如是，得见其身，闻其名号，嗅其戒香，尝其法味，触如来光，皆能得其清净，灭除一切烦恼。《华严经·如来出现品第三十七之三》载：

佛子！譬如雪山有药王树，名曰善见。若有见者，眼得清净。若有闻者，耳得清净。若有嗅者，鼻得清净。若有尝者，舌得清净。若有触者，身得清净。

---

① （唐）实叉难陀. 华严经：2 [M]. 林世田，等，点校. 北京：宗教文化出版社，2001：900－901.

若有众生，取彼地土，亦能为作除病利益。

佛子！如来应正等觉无上药王，亦复如是，能作一切饶益众生。若有得见如来色身，眼得清净。若有得闻如来名号，耳得清净。若有得嗅如来戒香，鼻得清净。若有得尝如来法味，舌得清净，具广长舌，解语言法。若有得触如来光者，身得清净，究竟获得无上法身。若于如来生忆念者，则得念佛三昧清净。若有众生供养如来，所经土地及塔庙者，亦具善根。灭除一切诸烦恼患，得贤圣乐。①

《华严经》举出许多药物可以解除各种不同的病厄，以譬喻菩提心药可以解脱世间各种烦恼横难。《华严经·入法界品第三十九之十九》云：

善男子！譬如有人得解脱药，终无横难。菩萨摩诃萨亦复如是，得菩提心解脱智药，永离一切生死横难。

善男子！譬如有人持摩诃应伽药，毒蛇闻气即皆远去。菩萨摩诃萨亦复如是，持菩提心大应伽药，一切烦恼诸恶毒蛇，闻其气者悉皆散灭。

善男子！譬如有人持无胜药，一切冤敌无能胜者。菩萨摩诃萨亦复如是，持菩提心无能胜药，悉能降伏一切魔军。

善男子！譬如有人持毗笈摩药，能令毒箭自然堕落。菩萨摩诃萨亦复如是，持菩提心毗笈摩药，令贪恚痴诸邪见箭自然堕落。

善男子！譬如有人持善见药，能除一切所有诸病。菩萨摩诃萨亦复如是，持菩提心善见药王，悉除一争诸烦恼病。

善男子！如有药树名珊陀那，有取其皮以涂疮者，疮即除愈，然其树皮随取随生，终不可尽。菩萨摩诃萨从菩提心生一切智树亦复如是。若有得见而生信者，烦恼业疮悉得消灭，一切智树初无所损。

善男子！如有药树名无生根，以其力故，增长一切阎浮提树。菩萨摩诃萨提心树亦复如是。以其力故，增长一切学与无学，及诸菩萨所有善法。

善男子！譬如有药名阿蓝婆，若用涂身，身之与心咸有堪能。菩萨摩诃萨得菩提心阿蓝婆药亦复如是，令其身心增长善法。

善男子！譬如有人得念力药，凡所闻事忆持不忘。菩萨摩诃萨得菩提心念力妙药，悉能闻持一切佛法，皆无忘失。

善男子！譬如有药名大莲华，其有服者，住寿一劫。菩萨摩诃萨服菩提心

① （唐）实叉难陀. 华严经［M］. 高振农，释译；星云大师，监修. 北京：东方出版社，2016：154.

大莲华药亦复如是，于无数劫寿命自在。

善男子！譬如有人执翳形药，人与非人悉不能见。菩萨摩诃萨执菩提心翳形妙药，一切诸魔不能得见。①

以上这些药大多治身心疾病，许多是作为譬喻而非真实可用的药物，但其中有些药是具有实际治疗作用的，如珊陀那可外涂愈疮，亦可续断伤骨，《华严经·探玄记》（大正35·488b）卷二十："珊陀那大药王树者，此云续断药，谓此树能令所伤骨肉等皆得复续故云也。"此药因能续断伤骨，又名续断，《一切经音义·慧琳音义》卷二十三："药树名珊陀那：珊陀那者，此云和合，或云续断，谓此药能令已断伤者再续和合也。"阿蓝婆药可用于涂身，"药名阿蓝婆：此云汁药。其药出香山及雪山中，天生在于石臼内。或云得喜，谓得此药者皆生欢喜也。"②

《大般涅槃经·现病品第六》中菩萨祝愿众生化作药王、大药树，断除一切诸恶重病；愿众生得阿伽陀药，去除一切恶毒。

菩萨摩诃萨修菩提时，给施一切病者医药，常作是愿：

……

又愿一切无量众生作妙药王，断除一切诸恶重病。

愿诸众生得阿伽陀药，以是药力，能除一切无量恶毒。

又愿众生，于阿耨多罗三藐三菩提，无有退转，速得成就无上佛药，销除一切烦恼毒箭。

又愿众生勤修精进，成就如来金刚之心，作微妙药，疗治众病，不令有人生诤讼想。

亦愿众生作大药树，疗治一切诸恶重病。③

众愿之中"愿诸众生得阿伽陀药"，希望借其消除一切恶毒，说明阿伽陀药是一种能解除诸种病痛恶毒的神奇药。阿伽陀药在佛经中经常出现，一般指能治一切病的药，或称无病药，《一切经音义·慧琳音义》："阿伽陀药：此云无病

---

① （唐）实叉难陀. 华严经［M］. 高振农，释译；星云大师，监修. 北京：东方出版社，2016：205.

② （唐）慧琳，译. 一切经音义［M］//徐时仪，校注. 一切经音义三种校本合刊：中. 上海：上海古籍出版社，2008：907.

③ （北凉）昙无谶，译. 涅槃经. 大般涅槃经［M］. 宗文，点校. 北京：宗教文化出版社，2011：176.

药也，谓有药处必无有病也。"① 在佛经中阿伽陀药常作为无上佛法的譬喻，如
《百喻经·偈颂》云：

> 此论我所造，合和喜笑语。
> 多损正实说，观义应不应。
> 如似苦毒药，和合于石蜜。
> 药为破坏病，此论亦如是。
> 正法中戏笑，譬如彼狂药。
> 佛正法寂定，明照于世间。
> 如服吐下药，以酥润体中。
> 我今以此义，显发于寂定。
> 如阿伽陀药，树叶而裹之。
> 取药涂毒竟，树叶还弃之。
> 戏笑如叶裹，实义在其中。
> 智者取正义，戏笑便应弃。
> 尊者僧伽斯那造作《痴华鬘》竟。②

《百喻经》以佛经"正法"中加入"喜笑"之语，犹如苦药中加入石蜜易
于服用，比喻加入"喜笑"之后，佛经"实义"易于被愚痴之人理解；但理解
之后要去其喜笑而存实义，犹如用阿伽陀药解毒，以树叶裹药涂敷毒处后，药
（"实义"）存而叶（"戏笑"）弃。

李叔同《甲戌初夏大病说偈》，将"阿伽陀药"比作"阿弥陀佛"：

> 阿弥陀佛，无上医王；舍此不求，是为痴狂。
> 一句弥陀，阿伽陀药；舍此不服，是为大错。③

关于阿伽陀药的主治、组成，诸佛经中不尽相同；其用法可内服，可佩带，
密教加持密法时亦用阿伽陀药。有的佛经中只有药名而没有组成。陈明认为阿
伽陀药还指有名无方、有名有方的解毒药，如大唐罽宾国三藏般若译《大乘本
生心地观经》卷四"厌舍品第三"中的雪山阿伽陀药，大唐天竺三藏菩提流志

---

① （唐）慧琳，译. 一切经音义［M］//徐时仪，校注. 一切经音义三种校本合刊：中.
上海：上海古籍出版社，2008：907.
② （古天竺）伽斯那，（南朝齐）求那毗地，译. 百喻经（大字版）［M］. 北京：中国盲
文出版社，2015：195.
③ 李叔同. 送别［M］. 北京：北京联合出版公司，2014：57.

译《不空罥索神变真言经》卷二十一"如意阿伽陀药品第四十五",皆为"有名有方的解毒阿迦陀"①。《备急千金要方》卷二十一"万病·阿伽陀丸主万病第二"中载有阿伽陀药,"主诸种病,及将息服法,久服益人神色,无诸病方",方以紫檀、小檗、茜根、郁金、胡椒各五两,"上五味,捣筛为末,水和纳臼中更捣一万杵,丸如小麦大,阴干,用时以水磨而用之"②。在《千金要方》中阿伽陀丸可治"万病",属于"无病药"之类的万能药。

(三)愿做药王树普救众生

药王树为无尽根,能生长世间一切树的根、茎、枝、花、果,且药王树为药中最胜者,能医治世间百病,故菩萨发愿能化身药王树,普救众生,使众生无论见之、闻之、嗅之、触之,或食其皮肤血肉,病悉除愈。《菩萨优婆塞戒经讲记》卷二:

善男子!……疾疫世时,复立大愿:以愿力故,身为药树,诸有病者见闻触我,及食皮肤血肉骨髓,病悉除愈。③

因为药王树能减除疾苦灾难,所以人们希望能身化药树,体如金刚,远离疾病。敦煌愿文中常有"身化药树"的祝愿词,《燃灯文》:"以此然登(灯)功德、回向福因,尽用庄严众社即体:惟愿身如药树,恒净恒明;体若金刚,常坚常固。"④《患文》:"又持胜福,次用庄严持炉施主及内外亲姻等:惟愿身如药树,万病不侵;体若金刚,常坚常固。"⑤ 古代诗词当中常以药树、药王树寄寓身体健康,显然受佛教药王树观念的影响,如《清凉山歌》:"瓣香我自长安至,祖德佛慈同一致。愿祈不动至尊躯,痰疾永消如药树。"白居易《病中诗十五首·病中五绝句》:"目昏思寝即安眠,足软妨行便坐禅。身作医王心是药,不劳和扁到门前。""身如药树"后来成为祝愿人们身体健康的吉祥语,出现在对联、铜钱中,如张志中《花钱》一书中,出示铸有"身如药材""万病不侵"字样的铜钱。"身如药树"这个吉祥语的背后是来自古印度的药王树文化。

明末清初著名医家喻昌曾出家禅修,其医学思想不自觉地掺杂了释家思想,如《尚论后篇·会讲篇》"会讲《素问·评热论》病温经文一段"中阐释《内

---

① 陈明. 中古医疗与外来文化 [M]. 北京:北京大学出版社,2013:233.
② (唐)孙思邈,撰;李景荣,等,校释. 备急千金要方校释 [M]. 北京:人民卫生出版社,1998:326.
③ 金雄师.菩萨优婆塞戒经讲记:第二辑 [M]. 兰州:甘肃民族出版社,2011:382.
④ 燃灯文 [M]//黄征,吴伟,编校. 敦煌愿文集. 长沙:岳麓书社,1995:518.
⑤ 患文 [M]//黄征,吴伟,编校. 敦煌愿文集. 长沙:岳麓书社,1995:664.

经》理论时，以"身如药树"譬喻正气存内、邪无所干的机理，曰："《内经》谓精者，身之本也。故藏于精者，春不病温。是则藏精之人，外邪不入，身如药树，百病不生矣。"①

（四）诃梨勒与药中王

诃梨勒树是药王树中较为特异的。此树是一种常绿乔木，其果实常被用作药物，在印度医学及佛经中被奉为"药中王"，认为功效殊胜，无病不治，不但可作药用，还可食用。

1. 药中王

《金光明经最胜王经》卷九"除病品第二十四"指出诃梨勒具足六味，为药中王，"诃梨〔梨〕勒一种，具足有六味，能除一切病，无忌药中王。"② 诃梨勒又是佛家"五药"之一，《根本说一切有部毗奈耶杂事》卷一曰："余甘子、诃梨勒、毗醯勒、毕钵黎、胡椒，此之五药，有病无病，时与非时，随意皆食。"③ 按佛律戒规，所谓"非时"的食与药是不能随便食用的，但以上五种药不受戒规所限，无论有病无病，时与非时，皆可随意食用，可见此"五药"于佛家之重要。《医心方·中风部》卷三"治一切风病方第二"引《录验方》，称诃梨勒为"最上仙药"，曰："《录验方》云：帝释六时。服诃梨勒丸方：上诃梨勒者，具五种味，辛酸苦咸甘，服无忌。治一切病，大消食，益寿补益，令人有威德，延年，是名最上仙药。"④ 诃梨勒具足五味，能治一切病，尚能延年益寿，故被奉为最上仙药、药中之王。

《杂譬喻经·草木皆可为药喻》言耆域善识药物，认为天下草木皆可为药，但耆域殁后无人能遍识药草，天下药草俱皆涕哭，因为再无医者能辨识而善用他们，独有诃梨勒没有哭，自言能治众病，只要服用便能病瘥，由此可见诃梨勒功效之神奇，可治一切病，为药中王。同时，以耆域喻佛，以众药草喻诸法，以诃梨勒喻非常法，以此言说佛以诸法及常法瘥人病。

天下草木皆可为药，直不善别者，故不知耳。昔有圣医王，名曰耆域，能和合药草，作童子形，见者观喜，众病皆愈。或以一草治众病，或以众草治一

① （清）喻昌. 尚论后篇［M］//万友生，等，校注. 喻嘉言医学三书. 南昌：江西人民出版社，1984：222.
② （唐）义净，译. 金光明经最胜王经［M］//沈澍农. 敦煌吐鲁番医药文献新辑校. 北京：高等教育出版社，2017：447.
③ （唐）义净，译. 根本说一切有部毗奈耶杂事［M］//赵朴初，主编. 永乐北藏：第84册. 北京：线装书局，2005：876.
④ （日本）丹波康赖. 医心方［M］. 上海：上海科学技术出版社，1998：183.

病。天下之草，无有不任用者；天下之病，无有不能治者。

耆域命终，天下药草一时涕哭，俱发声言：我皆可用治病，唯有耆域能明我耳！耆域死后，无复有人能明我者。后世人或能错用，或增或减，令病不差，令举世人皆谓我不神。思惟此，以故涕哭耳。唯有一诃梨勒别在一面，独不涕哭，自言：我众病皆能治，服我者病皆当差，不服我者自不差耳。不须人明，故不涕耳。

耆域者喻如佛也；众药草者，如诸法也；诃梨勒者，如非常也。言佛在世时，善用法，能即以淫怒痴为药，差人病也；及诸余善法，随宜而用，无常轨已，喻病者良医耳。佛去世后，少有能善用诸法应时而变者也。非常观者，多所治也，亦能治淫，亦能治恚，亦能治痴。善用者则去病，不善用者无所伤，是故喻如诃梨勒也。其余诸法不易用也。用之者，宜必得其师；善用者则病损，不善用者刚增病也。①

佛经中常记载用诃梨勒治病，即使佛陀有病也用诃梨勒治疗，如《五分律》卷十五"第九张"："尔时世尊身有风患，摩修罗山神即取诃梨勒果奉佛，愿佛食之，以除风患。佛受为食，风患即除，结跏趺坐七日，受解脱乐。"② 诃梨勒常作为一种重要的供养品或施舍品，无论是俗人还是出家人，若能向僧众供奉施舍诃梨勒，就是一种功德，自身可免除疾病灾疫，《阿毗达磨俱舍论》卷十二"分别世品第三之五"云："若能以一诃梨怛鸡起殷净心，奉施僧众，于当来世决定不逢疫病灾起。"③《佛本行集经·空声劝厌品第十五》卷十四："往昔有一佛，名曰微妙音，将一阿梨勒，供养彼世尊。"④ 敦煌施舍文中常见有施舍诃梨勒者，《李吉子等施入疏》载"莳藜勒一课充乳药"⑤；北京大学图书馆藏0162背文《辰年正月十五日道场施物疏》载"诃梨勒一颗，毕拨多少充乳药"⑥。陈

---

① （后秦）鸠摩罗什，译. 杂譬喻经［M］//王文元，注释. 佛典譬喻经全集. 重庆：重庆出版社，2009：362.

② （南朝宋）罽宾三藏佛陀什并竺道生，等，译. 五分律［M］//《中华大藏经》编辑局. 中华大藏经（汉文部分）：第四〇册. 北京：中华书局，1990：50.

③ （印）尊者世亲，造；（唐）三藏法师玄奘，奉诏译. 阿毗达磨俱舍论［M］//《中华大藏经》编辑局. 中华大藏经（汉文部分）：第四五册. 北京：中华书局，1990：111.

④ （隋）天竺三藏阇那崛多，译. 佛本行集经［M］//《中华大藏经》编辑局. 中华大藏经（汉文部分）：第三五册. 北京：中华书局，1989：699.

⑤ 李吉子等施入疏［M］//陕西省古籍整理办公室，编；吴钢，主编. 全唐文补遗：第九辑. 西安：三秦出版社，2007：44 - 45.

⑥ 0162辰年正月十五日道场施物疏［M］//陕西省古籍整理办公室，编；吴钢，主编. 全唐文补遗：第九辑. 西安：三秦出版社，2007：45 - 46.

明指出，"当时受戒僧尼皆须出资纳物，其中规定要缴纳诃梨勒"①。由此可见诃梨勒的重要，被当作佛家圣药。

2. 诃梨勒的产地

诃梨勒是外来引进药，我国的诃梨勒树可能是由波斯、印度引进，《魏书·列传第九十·西域》"波斯"条记波斯国有"薰陆、郁金、苏合、青木等香、胡椒、毕拨、石蜜、千年枣、香附子、诃梨勒、无食子、盐绿、雌黄等物"②，《南海寄归内法传》言"西则多诃黎勒"。《南方草木状考补》认为："古代中国人常常将伊朗（波斯）这个词泛指西方外国人，并非有意强调那一国家，因此我倾向于相信这种产品是通过印度僧人或商人直接传入中国的。"③ 诃梨勒是梵语译名，唐·玄应《一切经音义》卷二十四："诃黎旦鸡：旧言呵黎勒，翻为天主持来。此果堪为药分，功用极多，如此土人参、石斛等也。"④ 诃梨勒因是译名，故又可写作诃黎勒、呵梨勒，又名诃子、随风子。诃子之名古今多谓避后赵国主石勒讳，如宋·高承《事物纪原》卷十："诃子：本出南海诸番国，胡人谓之诃梨勒。后赵时，避石勒名，改曰诃子，故今犹云然也。"⑤ 此药东汉已传入我国，《金匮要略·呕吐哕下利病脉证治第十七》载诃梨散治气利："气利，诃梨勒散主之。诃梨勒散方：诃梨勒十枚（煨）。上一味，为散，粥饮和，顿服。"⑥

据《光孝寺志》卷二"建置志"记载，广州光孝寺不但有西竺载来的菩提树，而且在三国时期已有苛（诃）林，此地的诃梨勒树乃外来引植。光孝寺原为南越王建德王故宅，三国时吴国虞翻被孙权贬谪于此，废其宅为苑囿，多植苹果、苛子，时人称为虞苑，又曰苛林，虞翻于此地讲学。虞翻卒后，其宅改为寺院，成为佛家译经讲经之所，寺名屡有变易，如王园寺、制止寺、乾时法性寺，光孝寺是宋高宗时所改。东晋安帝隆安年间，罽宾国三藏法师于此地始创王苑朝延寺，即王园寺。刘宋武帝永初元年（420），梵僧求那跋陀罗三藏至此地，指苛子树而谓"西方诃梨果之林也"，在此地创制止道场，立戒坛。梁武帝普通八年（527），达摩祖师至此地。后六祖慧能在此地开东山法门。

① 陈明. 印度梵文医典《医理精华》研究［M］. 北京：商务印书馆，2014：60.
② （北齐）魏收，撰. 魏书［M］. 长春：吉林人民出版社，1995：1389.
③ 中国科学院昆明植物研究所，编. 南方草木状考补［M］. 云南民族出版社，1991：233.
④ （唐）玄应，译. 一切经音义［M］//徐时仪，校注. 一切经音义三种校本合刊：中. 上海：上海古籍出版社，2008：493.
⑤ （宋）高承. 事物纪原［M］. 北京：中华书局，1989：553.
⑥ （汉）张仲景. 金匮要略［M］. 北京：中国医药科技出版社，2013：55.

寺在郡城西北，本南越王故宅……寺故建德（笔者注：建德王）所属之宅也。三国吴虞翻谪徙居此，废其宅为苑圃，多植蘋婆、苛子。时人称为虞苑，又曰苛林。翻卒，后人施其宅为寺，扁曰"制止"……东晋安帝隆安中，罽宾国三藏法师始创为王苑朝延寺，又曰王园寺。法师名昙摩耶舍尊者，东游震旦，就此地建立大殿五间，随于此寺奉敕译经。武当沙门慧严笔授。

刘宋武帝永初元年，梵僧求那跋陀罗三藏飞锡至此，始创戒坛，立制止道场。初，师至此，指苛子树谓众曰：此西方诃梨勒果之林也，宜曰苛林制止……梁武帝天监元年，梵僧智药三藏至诃林。自西竺国携菩提树航海而来，植于坛前，志曰：吾过后一百七十年，当有肉身菩萨于此树下开演上乘，度无量众。普通八年，达摩初祖至，自天竺，止于诃林。①

《本草图经》引载《岭南异物志》，云广州法性寺有诃子树四、五十株，诃子品质甚佳，为六道棱纹者，每岁州贡只用此寺诃子。寺有古井，诃子熟时，取井水将新摘诃子与甘草同煮，色若新茶，口味甚佳。此寺的诃子茶自此成为茶饮佳话，南海一带的茶饮风俗以此为贵。法性寺即现今光孝寺。

《岭南异物志》云：广州法性寺佛殿前，有四、五十株，子极小，而味不涩，皆是六路。每岁州贡，只以此寺者。寺有古井，木根蘸水，水味不咸。每子熟时，有佳客至，则院僧煎汤以延之。其法用新摘诃子五枚，甘草一寸，皆碎破，汲木下井水同煎，色若新茶。今其寺谓之乾明，旧木犹有六七株，占井亦在。南海风俗尚贵此汤，然煎之不必尽如昔时之法也。②

由于诃梨勒树是热带、亚热带植物，所以国内只生长在南方，主要在岭南、海南一带。晋·稽含《南方草木状》卷中："诃梨勒，树似木梡，花白，子形如橄榄，六路，皮肉相着。可作饮，变白髭发令黑。出九真。"③ 九真郡为汉武帝时所设，在越南北部。《新修本草》首次将诃梨勒作为药物正式列入本草著作中，指出其产地为交州、爱州，其《草木部下品》卷十四"诃梨勒新附"："诃梨勒，味苦，温，无毒。主冷气，心腹胀满，下宿物。生交、爱州。树似木梡，

---

① （清）顾光，（清）何淙修，撰. 光孝寺志 [M]. 仇江，曾燕闻，点校. 广州：广东教育出版社，2015：17.
② （宋）苏颂，撰. 本草图经 [M]. 合肥：安徽科学技术出版社，1994：417.
③ 中国科学院昆明植物研究所，编. 南方草木状考补 [M]. 昆明：云南民族出版社，1991：230.

花白，子形似枝子，青黄色，皮肉相着。水磨或散水服之。新附。"① 《千金翼方·本草部》卷二所载诃梨勒与《新修本草》同，曰："诃梨勒，味苦，温，无毒。主冷气，心腹胀满，下食。生交、爱州。"② 爱州即原汉代九真郡，唐代设。罗香林认为，"唐时交州爱州，均在越南北圻。是中南半岛原为诃子树重要产地，而广东一带，亦适于诃子繁植。"③ 萧炳《四声本草》指出以波斯产的黑色、六路诃梨勒为药中良品，"诃梨勒，苦、酸。下宿物，止肠澼久泄，赤白痢。波斯舶上来者，六路，黑色，肉厚者良。"④

出身于波斯的唐人李珣，在《海药本草》中记载波斯人海外航行时，常将诃梨勒、大腹子（槟榔）带在身上，以防海难。遇到大鱼吐涎滑于水中而船不能行时，煮诃梨勒、槟榔倒入海水中，则涎化为水而船能行。《海药本草·草木部》卷三载：

> 诃梨勒　按徐表《南州记》云：生南海诸地。味酸、涩，温，无毒。主五膈气结，心腹虚痛，赤白诸痢，及呕吐，咳嗽，并宜使。其皮主嗽。肉炙，治眼涩痛。方家使陆路诃梨勒，即六棱是也。按波斯将诃梨勒、大腹等，舶上用防不虞。或遇大鱼放涎滑水中数里，不通舡也，遂乃煮此洗其涎滑，寻化为水。可量治气功力者乎。大腹、诃子，性焦者，是近铛下，故中国种不生。故梵云：诃梨恒鸡，谓唐言天堂，未并只此也。⑤

宋《本草图经·木部下品》卷十二附有广州诃梨勒图，指出诃梨勒产地除交州、爱州外，岭南亦有，且以广州者最盛，曰："诃梨勒，生交、爱州，今岭南皆有，而广州最盛。株似木梡花白，子似栀子，青黄色，皮肉相著。七月、八月实熟时采，六路者佳。"⑥

3. 诃梨勒在医方中的应用

诃梨勒酸、涩、苦，平，温，能涩肠止泻，敛肺止咳，开音利咽，下气消胀，用于治疗久泻久痢，久咳失音，心腹胀满，还用于眼病及脱发的治疗，除

① （唐）苏敬，等，撰；尚志钧，辑校. 新修本草 辑复本第 2 版［M］. 合肥：安徽科学技术出版社，2004：205.
② （唐）孙思邈. 千金翼方［M］. 太原：山西科学技术出版社，2010：79.
③ 罗香林. 唐代广州光孝寺与中印交通之关系［M］. 香港：中国学社，1960：148.
④ （五代）萧炳. 四声本草［M］//（宋）唐慎微，撰. 重修政和经史证类备用本草. 北京：人民卫生出版社，1957：342.
⑤ （唐）李珣，撰；尚志钧，辑校. 海药本草 辑校本［M］. 北京：人民卫生出版社，1997：63.
⑥ （宋）苏颂，撰. 本草图经［M］. 合肥：安徽科学技术出版社，1994：416.

内服外，还可外用点眼、洗发及熏前后阴，《金光明经最胜王经·除病品》言"热病下药，服呵梨勒"。呵梨勒在隋唐时期的医方中较为常见，如隋《广济方》、唐《备急千金要方》《外台秘要》中皆载有呵梨勒组方。从《证类本草》所引隋唐医书的呵梨勒方，可见呵梨勒可用于治疗呕逆、水痢、小儿霍乱，《证类本草·木部下品》卷十四①载：

《广济方》：治呕逆不能食。呵梨勒皮二两，去核，熬为末，蜜和丸如梧桐子大，空心服二十九，日二服。

孙真人：治常患气。以呵黎三枚，湿纸裹煨，纸干即剥去核，细嚼，以生乳一升下之，日三服。

又方：治一切气，宿食不消。呵梨一枚，入夜含之，至明嚼咽。

《集验方》：蜀沙门传水痢。以呵梨勒三颗，面裹炮赤去面，取呵梨勒皮捣为末，饭和为丸，米饮空腹下三七九。已百人见效。

《子母秘录》：治小儿霍乱。呵梨一枚，末。沸汤研一半，顿服，未差再服。

《食医心镜》：下气，消食。并茶青色呵梨勒一枚，打碎为末，银器中水一大升，煎三两沸后，下呵梨勒，更煎三五沸，便如麹尘色，著少盐服。

《证类本草》引载《广异记》，云高仙芝从大食国得呵梨勒，抹于肚腹上便能快利，大食国人将之带在身上以除秽消病。

《广异记》云：高仙芝大食得呵梨勒，长五寸，初置抹肚中，便觉腹中痛，因大利十余行，初为呵梨为祟。待欲弃之。后问大食长老，云此物人带，一切病消，利者出恶物耳。仙芝甚保，天宝末被诛，遂失所在。②

《本草图经》引唐·刘禹锡《传信方》，云刘禹锡用呵梨勒治赤白下利，并言此法得之令狐将军。

唐·刘禹锡《传信方》云：予曾苦赤白下，诸药服遍久不差，转为白脓。令狐将军传此法：用呵梨勒三枚上好者，两枚炮取皮，一枚生取皮，同末之，以沸浆水一两合服之，淡水亦得。若空水痢，加一钱匕甘草末；若微有脓血，

加二匕；若血多，加三匕，皆效。①

《本草图经》又载用随风子即未成熟的诃梨勒含咽治痰嗽、咽喉不利，曰："其子未熟时，风飘堕者，谓之随风子，曝干收之。彼人尤珍贵，益小者益佳。治痰嗽，咽喉不利，含三数枚，殊胜。"②

《医心方·中风部》卷三"治一切风病方第二"引《录验方》的诃梨勒丸，主治颇广：

疗二十八种风，癖块，大便不通，体枯干燥，面及遍身黄者，痔，赤白利，下部疼痛，久壮热，一切心痛，头旋闷，耳痛重听，有身体痛疽，积年不瘥，痢，不思食，痰冷在胸中，咳嗽，唇色白干燥，癖，小便稠数，腹胀痃气，初患水病者，疗声破，无颜色，色黄，肠内虫，脚肿气上，吐，无力，肢节疼痛，血脉不通，心上似有物涌，健忘心迷。如是等，皆悉差除也。

诃梨勒皮八分　槟榔仁八分　人参三分　橘皮六分　茯苓四分　芒硝四分　狗脊三分　豉四分　大黄八分　干姜十二分　桃仁八分　牵牛子十三两　桂心八分③

敦煌卷子中亦载较多的诃梨勒组方，说明在敦煌地区，随着中西交流的频繁及佛教的东渐，来自西域的诃梨勒亦得到较广泛的应用。诃梨勒组方所治疾病主要为肺系疾病、脾胃病、眼科病及脱发。僧海霞分析，"《杂疗病药方残卷》、《唐人选方》丙卷、《不知名医方第六种残卷》、《不知名医方第九种残卷》、《不知名医方第十六种残卷》、《乞药笺》等均载有诃梨勒医方"④。

敦煌卷子中《杂疗病药方》⑤ 中的诃梨勒组方较多，所治疾病大体有以下几个方面：

（1）治风冷热

"疗风冷热不调方：甘草、干姜、桂心、诃藜勒，以水一升，煎取半升，服之即瘥。"

此方药偏温热，可能治疗风病而偏于寒者。

①　（宋）苏颂，撰. 本草图经［M］. 合肥：安徽科学技术出版社，1994：417.
②　（宋）苏颂，撰. 本草图经［M］. 合肥：安徽科学技术出版社，1994：417.
③　（日本）丹波康赖. 医心方［M］. 上海：上海科学技术出版社，1998：183.
④　僧海霞. 唐宋时期"药中王"诃梨勒医方探析—基于敦煌医药文献考察［J］. 敦煌研究，2016（2）：68.
⑤　杂疗病药方［M］//袁仁智，潘文，主编. 敦煌医药文献真迹释录. 北京：中医古籍出版社，2015：400－402.

"三黄汤方：麻黄、黄芩、勺（芍）药、□□、独活、葱（葱）白、豉、防风、黄耆、甘草、大黄、诃藜勒十二物，以水一升半，煎取一升，服之即瘥。"

此方既有辛温发表药，又有大黄、黄芩寒性药，可治表寒里热证。

"疗人一切百种风病：秦胶（艽）一两、牛乳二升，煎取一升，下诃藜勒，一服之瘥。"

方有秦艽祛风湿，加以牛乳补虚，可治风湿兼虚之证，病者出现痹痛筋挛。

（2）劳瘦少力

"疗人劳瘦少力，煎桃柳枝湢：东南桃枝一握，东南柳枝一握。（葱）豉、勺（芍）药、甘草、大黄、诃藜勒，煎汤服之，立瘥。"

（3）上气咳嗽

"疗人上气咳嗽方：黄牛苏（酥）一升、紫草，煎之，下甘草、诃藜勒，服之即瘥。"

诃梨勒功擅敛肺止咳，故能治上气咳嗽等肺系疾病。

（4）腹痛下痢

"疗人腹度（肚）痛不正（止）方：当归、艾、诃藜勒，煎汤服之瘥。"

"疗人赤白利（痢）不正（止）方：艾、阿胶、黄连、勺（芍）药、当归、桂心、椒、姜、诃藜勒，以水二升，煎取一升，分二服，服之即瘥。"

诃梨勒能涩肠止利，降气调中，故可用于治疗腹胀腹痛、下利不止。其治下利与《金匮要略》治气利功同。

（5）外洗脱发

"疗发落：以诃梨（黎）勒二两去子、毗梨（黎）勒二两去子、阿摩罗二两，三物以醋、浆各二升，煎去滓，洗头，一日洗五度。空煎阿摩罗二两，洗之亦瘥。"

（6）外用点眼

"疗眼开不得，有仓（疮）：取诃藜勒心，冷水，沛（滴）目中着，立瘥。"

此方取诃藜勒心以点眼，《海药本草》谓"肉炙，治眼涩痛"，《本草图经》："又取其核，入白蜜研，注目中，治风赤涩痛，神良。"①

《不知名医方第十六种》有紫苏煎治上气咳嗽，诃梨勒主治与《杂疗病药方》相同。

紫苏煎。治肺病上气咳嗽，或吐脓血方。

紫苏一升，酒研取汁　款冬花　桑根白皮　桔梗各三分　甘草四分　诃勒皮二分　杏仁五分，去皮尖，熬　石蜜五两　猫【牦】牛酥一升　贝母　通草各三分

上件药捣筛为末，和酥蜜等微火上煎一两沸，置器中，以生绢袋子及绵囊□弹九大，含之□咽汁。②

另外，此卷子"治一切冷气吃食不消化却吐出方"有 3 个医方，其中一方有诃梨勒，"又方：荜茇末　诃梨勒末，等分　乳煎□服。"③

诃梨勒的药用部位主要是果实，亦有用其皮、核、叶者，但不多见。诃梨勒组方既可煎服，亦可作丸，还可作茶饮，唐·包佶诗《抱疾谢李吏部赠诃黎勒叶》："一叶生西徼，赍来上海查。岁时经水府，根本别天涯。方士真难见，商胡辄自夸。此香同异域，看色胜仙家。茗饮暂调气，梧丸喜伐邪。幸蒙祛老疾，深愿驻韶华。"④ 从诗中可见唐人将诃梨勒作赠品相馈，"茗饮暂调气"说明诃梨勒茶是当时的一种茶饮时尚，这种茶饮与光孝寺的诃梨勒果茶有一定的渊源，彼用果做茶，此用叶做茶，《本草纲目·木部》第三十五卷："叶：下气消痰，止渴及泄痢，煎饮服，功同诃黎。"⑤ "梧丸喜伐邪"即作丸如梧桐子大，是指治病内服之法。诃梨勒还做成酒浆类，而来自波斯的"三勒浆"，也成了唐人酒饮时尚，位于名酒之列。《唐国史补》卷下载：

酒则有郢州之富水，乌程之若下，荥阳之土（土）窟春，富平之石冻春，剑南之烧春，河东之乾和蒲萄，岭南之灵谿、博罗，宜城之九酝，浔阳之湓水，京城之西市腔，虾蟆陵郎官清、阿婆清。又有三勒浆类酒，法出波斯。三勒者，

① （宋）苏颂，撰. 本草图经［M］. 合肥：安徽科学技术出版社，1994：417.
② P. 2662 不知名医方第十六种［M］//马继兴，著. 中国出土古医书考释与研究：中卷：敦煌古医书考释. 上海：上海科学技术出版社，2015：592.
③ P. 2662 不知名医方第十六种［M］//马继兴，著. 中国出土古医书考释与研究：中卷：敦煌古医书考释. 上海：上海科学技术出版社，2015：591.
④ （唐）包佶. 抱疾谢李吏部赠诃黎勒叶［M］//黄勇，主编. 唐诗宋词全集：第二册. 北京：北京燕山出版社，2007：605.
⑤ （明）李时珍. 本草纲目［M］. 太原：山西科学技术出版社，2014：924.

谓菴摩勒、毗梨勒、诃梨勒。①

　　三勒浆即由菴摩勒、毗梨勒、诃梨勒制作的一种酒饮类饮料。总之，诃梨勒的用法颇多，可药可食，而且被佛家推崇，《佛说四十二章经》佛言"视大千世界为一诃子"，小小一诃子，蕴藏大乾坤！

　　敦煌壁画的圣树图、药草图，犹如一幅幅充溢着勃勃生机的美丽山水画，高大挺秀、婆娑摇曳的林木，蕴藏着深奥的禅机，向人诉说佛的智慧；郁郁葱葱的药草，散发着馥郁芬芳，护佑着众生；满眼的苍翠与庄严的佛众体现了天人之间的和谐与圆融。

第十节　竞技百戏与体育健身运动

　　敦煌壁画犹如一幅幅动态的连环画，画中人物雄姿百态，动作不一，或奋力举重，或赤膊角力，或张弓远射，或马上腾跃，或纵马击球，或倒立或顶竿。这些带有强烈动感的画面，向人们展现了敦煌地区丰富多彩的竞技百戏及体育健身活动。

一、佛传故事中的体育竞技活动

　　敦煌壁画中的体育竞技题材以佛传故事中悉达太子竞技比赛最为典型，主要见于莫高窟北周290窟、五代第61窟，以及莫高窟第17窟藏经洞幡幢图像。

　　莫高窟北周第290窟人字披佛传故事画，有相扑、掷象、射鼓图，表现悉达太子与他人比试武艺的场景。悉达太子为选妃试艺，率众勇士出城。时城门安置一头大象以"决有力者"，调达一拳将大象打死，难陀将死象移置道侧，悉达见到死象后心生不忍，将象徐徐举起投掷城外，象随即复生。三人相较，既显示太子仁慈，又突出其力大无穷。图中太子右手举象，左手五指张开，身体略扭曲呈施力状。

　　《修行本起经·试艺品第三》卷上载悉达太子较技故事，曰：

　　　　太子即与优陀、难陀、调达、阿难等五百人，执持礼乐射艺之具，当出城门。安置一象，当其城门，决有力者。调达先出，见象塞门，扠之一拳，应时即死。难陀寻至，牵著道侧。太子后来，问其仆曰：谁枉杀象。答言：调达杀

---

　　① （明）李肇，撰. 唐国史补［M］. 北京：中华书局，1991：155.

之。谁复移者？答言：难陀。菩萨慈仁，徐前接象，举掷城外，象即还苏，更生如故。①

随后的比赛是相扑，或称角抵。290 窟图中两人赤裸，只穿犊鼻裤，其中一人将对方摔倒在地，胜者应是悉达太子。按经中所载，先是难陀与调达角斗，难陀胜后应与太子决斗，但难陀自知不敌，拜谢而退。后勇猛无比的力人王前来挑战，太子遂与之展开激烈争斗，最终将其摔扑于地而取胜。太子将力人王摔倒时，地为大动，可见打斗之猛烈。

王告难陀，汝与调达二人相扑。难陀受教，即扑调达，顿躃闷绝……王告难陀，与太子决。难陀白王，兄如须弥，难陀如芥子，实非其类。拜谢而退……时力人王踏地勇起，奋臂举手，前撮太子，太子应时，接扑著地，地为大动。②

比赛还有射箭项目。290 窟射鼓图射场中前后架设七只铁鼓，三人张弓力射。《修行本起经》记载比赛场中设七铁鼓，十里一设。比赛时，一般射手不及一鼓，调达彻一中二，难陀箭贯三鼓。太子取用先祖硬弓，张弓时响声如雷，声震四十里，一发箭穿七鼓，再发穿鼓入地，泉水奔涌，三发穿鼓而过，直达铁围山，其膂力箭术无人能比。

复以射决。先安铁鼓，十里置一，至于七鼓。诸名射者，其箭力势，不及一鼓。调达放发，彻一中二。难陀彻二，箭贯三鼓。其余艺士，无能及者。太子前射，挽弓皆折，无可手者。告其仆曰：吾先祖有弓，今在天庙，汝取持来。即往取弓，二人乃胜。令与众人，无能举者。太子张弓，弓声如雷。传与大众，莫能引者。太子揽弓，牵弹弓之声，闻四十里，弯弓放箭，彻过七鼓，再发穿鼓入地，泉水踊出。三发贯鼓，著铁围山。一切众会，叹未曾有。诸来决艺，悉皆受折，惭辱而去。③

莫高窟五代第 61 窟佛传故事屏风画，也有太子竞技角术的题材，比 290 窟画面丰富，有射铁鼓、射铁猪、射铁瓮、斫多罗树、相扑、马术、举铁排、掷

① （汉）沙门竺大力共康孟详，译. 修行本起经 ［M］// （清）雍正，敕修. 乾隆大藏经 31 小乘经 阿含部 四（影印本）. 北京：中国书店，2010：992 – 993.

② （汉）沙门竺大力共康孟详，译. 修行本起经 ［M］// （清）雍正，敕修. 乾隆大藏经 31 小乘经 阿含部 四（影印本）. 北京：中国书店，2010：993.

③ （汉）沙门竺大力共康孟详，译. 修行本起经 ［M］// （清）雍正，敕修. 乾隆大藏经 31 小乘经 阿含部 四（影印本）. 北京：中国书店，2010：979.

象以及投壶博弈等种种项目，与隋·天竺三藏阇那崛多译《佛本行集经·捔术争婚品下》卷十三的内容相吻合。壁画中比赛场上有多人竞技，表现的是悉达太子与诸释族种姓子弟竞赛场景，其中头戴三叉冠、身着宽袍儒服者为太子。

　　射箭比赛中首先是射铁鼓，赛者或射二拘卢奢所置铁鼓，或四拘卢奢，最远是八拘卢奢。太子手挽硬弓，射穿十拘卢奢远的铁鼓，箭势过猛，箭矢没于虚空。《佛本行集经·捔术争婚品下》卷第十三载：

　　时阿难陀弯弓射彼二拘卢奢所置铁鼓，才得中及，以外更远，则不能过。提婆达多童子所射四拘卢奢安置之鼓，射而即著，更不能过。摩诃那摩大臣所射八拘卢奢铁鼓得著，远不能过。是诸释子，各各所立铁鼓远近悉皆射著，其分已外，不能越过。

　　……

　　是时太子施张彼弓，右手执箭，出现如是微妙身力，牵挽彼箭，平胸而射，过阿难陀及提婆达，乃至大臣摩诃那摩三人等鼓，其箭射达十拘卢奢所安置处，皆悉洞过，没于虚空。①

　　其次是射多罗树，诸释童子只能射穿一棵或二三棵树，最多五棵，太子一箭贯穿七树，箭坠地碎为百段。

　　是时彼地，相去不远，自然而有多罗树行，其中或有诸释童子，用一箭射即穿过于一多罗树，或有穿过二多罗树，或三或四，及过五者。是时太子，执箭一射，即便穿过七多罗树。彼箭穿七多罗树已，箭便堕地，碎为百段。②

　　再次是射铁猪、射盛水铁瓮比赛。太子射穿七只铁猪后，箭穿入地，直至黄泉，入地处形成一口井，后人称为箭井；太子用燃火的箭射穿七口盛水铁瓮后，箭又射入不远处的大树，火烧树林，一时燃尽。

　　时诸释种，复更别立铁猪之形。其内或有释种童子，执箭射一铁猪形过，或二三四，及过五者。太子执箭一射，便穿七铁猪过。七猪过已，彼箭入地，至于黄泉，其箭所穿，入地之处，即成一井，于今人民，常称箭井。

　　时诸释族，复更立于七口铁瓮，满中盛水。其中或有释种童子，热烧箭镞，

---

　①　（隋）天竺三藏阇那崛多，译. 佛本行集经［M］//《中华大藏经》编辑局. 中华大藏经（汉文部分）：第三五册. 北京：中华书局，1989：686－687.

　②　（隋）天竺三藏阇那崛多，译. 佛本行集经［M］//《中华大藏经》编辑局. 中华大藏经（汉文部分）：第三五册. 北京：中华书局，1989：687.

极令猛赤，而用射于一铁瓮彻，或二或三，止至四五。太子执彼烧热赤箭一射，便过七铁水瓮，去瓮不远，即有一大娑罗树林，其箭过已，悉烧彼林，一时荡尽。①

比赛中有斫树的剑术项目，即以一剑砍断多罗树的数目较输赢。诸释族或一剑只斫断一棵，最多四五棵，而太子则一剑斫断七棵。

时诸释族，复作是言：射鞭技能，太子已胜，今复试斫，须一下断。其中或有诸释种子，手执利剑，一下斫一多罗树断，或二或三，乃至四五。太子之手，执于剑已，一下斫七多罗树断，而彼七根多罗之树，虽复被斫，其树不倒。彼诸释种作如是言：太子不能斫一树彻。是时色界净居诸天，即便化作大猛威风，吹彼树倒。②

画面中有三人在三丛多罗树前执剑相砍。许多学者将此幅图说成对剑图或剑术图，谓是两人持剑对斗，按经中之意此图原是持剑斫树。

比赛项目中还有"象技跳掷上下"及马术骑射。象技跳掷即手举重物跳上象背，跳上的同时将重物左手抛上、右手接住。重物为粗大铁棒，或铁轮、铁排，或戟槊、长刀。这种举重跳掷的难度非常大。太子跳时，象"背立却走"，太子左手持种种重器，脚蹋象牙，攀上象顶，并在象顶左右抛掷，无人能比。

其中复有诸释童子，从象鼻前，跳上象背；或有童子，从脚跳上；或有童子，从尾跳上。其跳上时，或手执持粗大铁棒，或执铁轮，或执铁排，或执戟槊，或执长刀，左执跳上，上已右接，即以掷地。太子跳时，背立却走，脚蹋象牙，上于象顶，左手执持种种诸器，或棒或轮，或排或槊，及以长刀，左执右掷，右执左掷，而投于地，诸释种族，既不能及。③

马术比赛异常精彩，赛者手持铁槊、弓箭，在奔跑的马上一一腾跃而过，同时在马上舞槊弄刀，张弓瞄射。太子执槊跳过六匹马，立于第七匹马上，射中头发毛端，其马上箭术无人赶超。

---

① （隋）天竺三藏阇那崛多，译. 佛本行集经［M］//《中华大藏经》编辑局. 中华大藏经（汉文部分）：第三五册. 北京：中华书局，1989：687－688.

② （隋）天竺三藏阇那崛多，译. 佛本行集经［M］//《中华大藏经》编辑局. 中华大藏经（汉文部分）：第三五册. 北京：中华书局，1989：688.

③ （隋）天竺三藏阇那崛多，译. 佛本行集经［M］//《中华大藏经》编辑局. 中华大藏经（汉文部分）：第三五册. 北京：中华书局，1989：688.

复作是言：今须马上，更共相试。其中或有释种童子，手执槊腾上，或执箭跳，从于一马，骑第二马，槃槊弄刀；或复以箭，射于指环，或有遇中，或不著者；或有释子，跳过二马，骑第三马，乃至射著，及以不著，或跳三马，跳已即便骑第四马，射著不著，或跳四马，骑第五马，及著不著。太子是时，手执于槊，我执弓箭，跳过六马，骑第七马，箭射乃至头发毛端，皆悉得著。①

画面中众人皆骑跨或挺立在疾驰的马上，一人俯身拾物，太子手举铁排立于马背上（彩图3-16），旁有一人也举铁排立于马上。另有一图，太子立于马上，左右开弓，此图展现太子高超的骑术及射技。

比赛中有相扑比斗，太子先将提婆达多摔倒，后与多人同时较技而取胜。

尔时太子，不急不缓，安详用心，右手执持提婆达多童子而行，擎举其身，足不著地，三绕试场，三于空旋，为欲降伏其贡高故，不生害心，起于慈悲，安徐而扑，卧于地上，使其身体不损不伤。

太子复言：咄！汝等辈，不假人人共我相扑，饶汝一切一时尽来共我相扑。

尔时彼诸释种童子，一切皆起憍慢之心，并各奔来，走向太子，而欲扑之。是诸童子各以手触，彼等以是太子身力，复威德力，各各不禁，皆悉倒地。②

壁画中有表现太子相扑的场景，图中二人在一方形的地毯上角力，旁边站立数人，其中一人可能是裁判。壁画中还有太子举钟的举重画面，太子单手擎举一口巨钟，另一人正在抓拿地上的铁钟，通过二人动作对比表现太子的力大无穷。太子衣袖飞扬，奋力上举，画面极具动感，一种撼天动地的气势油然而生。比赛中还有诸多项目，如投壶博弈、围棋双陆，太子一一取胜，"博弈拷蒲，围棋双陆，握槊投壶，掷绝跳坑，种种诸技，皆悉备现，如是技能，所试之者，而一切处，太子皆胜"。

莫高窟第17号窟藏经洞幡幢有2幅佛教故事画，其中有翘关图。一人上身赤裸半仰，粗长沉重的木栓从左胁下横出，其人用左臂夹住，欲将木栓搬起，这是一项难度很大的角力举重活动。

敦煌壁画中的这些角技场景原为佛传故事中的题材，此时却是现实体育竞技活动的真实写照。画师在创作时固然以佛教故事为蓝本，但画作中的各种体

① （隋）天竺三藏阇那崛多，译. 佛本行集经［M］//《中华大藏经》编辑局. 中华大藏经（汉文部分）：第三五册. 北京：中华书局，1989：688.
② （隋）天竺三藏阇那崛多，译. 佛本行集经［M］//《中华大藏经》编辑局. 中华大藏经（汉文部分）：第三五册. 北京：中华书局，1989：688－689.

育竞技活动并非凭空想象，而是以当时社会上流行的角技活动为参照，所以这些图真实地反映了敦煌及中土地区丰富多彩的体育竞技运动。同时，由于敦煌地区特殊的地理位置及交融并存的多民族文化，这些竞技活动掺杂了少数民族弓马骑射的文化特色。

二、中国古代体育竞技运动

中国自古以来崇文尚武，特别是由于战争的需要推崇武技与勇力，诸如举重扛鼎、骑马射箭、相扑角抵等的体育竞技活动，人们早已耳熟能详。"力拔山兮气盖世"，传说项羽力能扛鼎，气力过人，《史记·项羽本纪》："籍长八尺余，力能扛鼎，才气过人。"① 鼎是古代重要礼器，常重逾百斤甚至千斤，古人以扛鼎显示力大无穷，《吴子·料敌》："然则一军之中，必有虎贲之士；力轻扛鼎，足轻戎马，搴旗取将，必有能者。"② 传说秦武王力气很大，喜好武斗之戏，任鄙、乌获、孟说这些勇力之人皆封高官，秦武王与孟说举鼎较力，武王用力过猛而伤断髌骨，终至殒命，《史记·秦本纪》："武王有力好戏，力士任鄙、乌获、孟说皆至大官。王与孟说举鼎，绝膑。"③ 翘关是我国特殊的举重活动，关是古代城门上的大门闩，异常沉重，翘关即扛举门闩，传说孔子劲力非常，能翘举国门之关，《列子·说符》："孔子之劲能拓国门之关，而不肯以力闻。"④《文选·左思·吴都赋》"翘关扛鼎，拚射壶博"，唐·李善注："翘关、扛鼎，皆逞壮力之劲，能招门开也。"⑤ 翘关至唐代成为武举重要课目之一，《新唐书·选举志上》："长安二年，始置武举。其制，有长垛、马射、步射、平射、筒射，又有马枪、翘关、负重、身材之选。翘关，长丈七尺，径三寸半。凡十举后，手持关距，出处无过一尺；负重者，负米五斛，行二十步，皆为中第，亦以乡饮酒礼送兵部。"⑥ 敦煌佛传故事画中太子翘关，实际上是以中国传统的翘关举重为底本绘就。

相扑，早期称"角抵"，即两两角力，是以力量为主的搏斗角技。传说蚩尤以角抵人，南朝梁·任昉《述异记》卷上："秦汉间说，蚩尤氏耳鬓如剑戟，头

① （汉）司马迁. 史记［M］. 北京：中华书局，1959：296.
② 吴子［M］//陈志坚，主编. 诸子集成：第四册. 北京：北京燕山出版社，2008：408.
③ （汉）司马迁. 史记［M］. 北京：中华书局，1959：209.
④ （晋）张湛，注；（唐）卢重玄，解；（唐）殷敬顺，（宋）陈景元，释文. 列子［M］. 陈明，校点. 上海：上海古籍出版社，2014：223.
⑤ （南朝梁）萧统，编；（唐）李善，注. 昭明文选［M］//任继愈，主编. 中华传世文选. 长春：吉林人民出版社，2007 第 2 版：83.
⑥ （宋）欧阳修，（宋）宋祁，著. 新唐书：第一册［M］. 北京：中华书局，2000：768.

有角，与轩辕斗，以角觝人，人不能向。今冀州有乐，名蚩尤戏。其民两两三三，头戴牛角而相觝。汉造角觝戏，盖其遗制也。"① 在《礼记·月令》中有军队习射、角力的记载，"［孟冬之月］天子乃命将帅讲武、习射御、角力。"② 汉代有大型的角抵戏，为娱乐百戏之一，《汉书·武帝纪》卷六："［元封］三年春，作角抵戏，三百里内皆观。"颜师古注引应劭曰："角者，角技也；抵者，相抵触也。"引文颖曰："名此乐为角抵者，两两相当角力，角技艺射御，故名角抵，盖杂技乐也。巴俞戏、鱼龙曼延之属也。"③ 汉画像石中角抵图比较多见。角抵本为武技，常作为军队操演比赛的项目。比赛之时，壮士裸袒相搏，军雷大鼓震响，气势滔天，《文献通考·乐二十》卷一四七"散乐百戏"曰："角力戏：壮士裸袒相搏而角胜负，每群戏既毕，左右军雷大鼓而引之，岂亦古者习武而变欤？"④《洛阳伽蓝记》卷五"城北"条记载禅虚寺前阅武场经常举行习战、角觝活动，曰：

　　禅虚寺在大夏门御道西，寺前有阅武场，岁终农隙，甲士习战，千乘万骑，常在于此。有羽林马僧善觝角戏，掷戟与百尺树齐等，掷刀出楼一丈。帝亦观戏在楼，恒令二人对为角戏。⑤

　　骑射因狩猎战争需要成为一项重要的武技，甚至是士子修习的技艺之一，孔子的六艺中就有"射""御"。敦煌壁画中骑射画面向人们展示了各种高难度的骑马射箭技艺，虽然以佛经故事为蓝本，但也展现了敦煌地区高超的骑射技艺。敦煌壁画中还有许多狩猎骑射图，反映了少数民族特殊的弓马生涯。

三、马球图

　　敦煌壁画中有描绘马球运动的题材，特别是大型的出行图出现马球供奉官，显示敦煌地区特殊的马球运动，如莫高窟五代第61窟东壁"维摩诘经变"执球杖供奉官，说明了敦煌地区流行马球运动。

　　马球，亦名"击鞠""打球"，据说传自波斯，一说传自西藏。曹植《名都

① （南朝梁）任昉. 述异记：上册［M］//丛书集成初编. 北京：中华书局，1985：2.
② （汉）戴圣，纂辑. 礼记［M］//陈戊国，点校. 四书五经：上. 长沙：岳麓书社，2014：497.
③ （汉）班固. 汉书［M］. 北京：中华书局，1964：194.
④ （元）马端临. 文献通考：上册［M］. 北京：中华书局，1986：1288.
⑤ （北魏）杨衒之，撰；范祥雍，校注. 洛阳伽蓝记校注［M］. 上海：上海古籍出版社，2011：247.

篇》"连翩击鞠壤，巧捷唯万端"，晋·陆机释以"连骑击壤"，似乎说明东汉已有马球运动，《鞠歌行序》："案《汉宫门》有含章鞠室、灵芝鞠室，后汉马防第宅卜临道，连阁、通池、鞠城，弥于街路。《鞠歌》将谓此也。又东阿王诗'连骑击壤'，或谓蹴鞠乎？"① 南朝梁·宗懔《荆楚岁时记》云"寒食，为打毬、秋千、藏钩之戏"。马球运动风行于唐代，皇帝中不乏擅长马球者，唐太宗因在升仙楼观吐蕃人打马球，反省自诫而焚球，说明太宗时打马球已比较流行。唐·封演《封氏闻见记·打球》卷六载：

太宗常御（一本无御字）安福门，谓侍臣曰：闻西蕃人好为打球，比亦令习，会一度观之。昨升仙楼有群蕃街里打球，欲令朕见，此蕃疑朕爱此，骋为之。以此思量，帝王举动，岂宜容易？朕已焚此球以自诫。②

唐中宗、玄宗对马球的喜好与积极参与带动了唐代的马球运动，《资治通鉴·唐纪二十五·中宗大和大昭孝皇帝下》卷二〇九："上好击球，由是风俗相尚，驸马武崇训、杨慎交洒油以筑球场。"③ 马球常在皇宫内苑举行，故宫禁内修有马球场，1955 年在西安北郊唐代大明宫含元殿遗址出土石碑，上有碑文"含光殿及毬场等大唐大和辛亥岁乙未月建"，说明修建含元殿的同时亦建有马球场，"大唐大和辛亥"是唐文宗李昂大和五年（831）。

唐中宗景龙年间，吐蕃遣使至长安迎接和亲的金城公主，唐中宗在梨园亭赐观马球，应使者要求汉蕃双方进行马球比赛。比赛开始时皇宫马球供奉不敌吐蕃一方，中宗遂令临淄王李隆基与驸马杨慎交等 4 人与吐蕃 10 人对抗，结果唐方大胜，李隆基在赛中表现出高超的马技及精湛的球技，"玄宗东西驱突，风回电激，所向无前，吐蕃功不获施"。李隆基登基后对马球的喜爱有增无减，"开元、天宝中，玄宗数御楼观打球为事能者，左萦右拂，盘旋宛转，殊可观"④。唐·阎宽《温汤御球赋》描绘了浩浩荡荡的禁内马球比赛。玄宗意图通过禁内马球赛将这项运动推向天下，使之为用兵之技。

天宝六载，孟冬十月……皇帝思温汤而顺动，幸会昌之离宫……伊蒐鞠之戏者，盖用兵之技也。武由是存，义不可舍。顷徒习于禁中，今将示于天下。

---

① （清）严可均，校辑. 全上古三代秦汉三国六朝文：第四册 晋下 [M]. 石家庄：河北教育出版社，1997：1003.
② （唐）封演. 四库家藏　封氏闻见记 [M]. 济南：山东画报出版社，2004：27.
③ （宋）司马光. 资治通鉴（注释本）：第四册 [M]. 长沙：岳麓书社，2010：498.
④ （唐）封演. 四库家藏　封氏闻见记 [M]. 济南：山东画报出版社，2004：27.

广场惟新，扫除克净。平望若坻，下看犹镜……宛驹冀骏，体佶心闲。银鞍月上，华勒星还。细尾促结，高髻难攀。俨齐足以骧首，待驰骛乎其间。羽林孤儿，力壮身勇……珠球忽掷，月仗争击。并驱分镳，交臂叠迹。或目留而形往，或出群而受敌……有骋趦才，专工接来。未拂地而还起，乍从空而倒回。密阴林而自却，坚石壁而迎开。百发百中，如电如雷。更生奇绝，能出虑表。善学都庐，仍骑骒衰。轻剧腾狄，迅拚鸷鸟。梢虚而讶人手长，攒角而疑马身小。分都聚满，别部行收。哮瞰则破山荡谷，踊跃则跳峦簸丘……状威凤之飞翔，等神龙之变化。①

唐玄宗将马球推行天下，意在通过马球进行军事演武。马球是一种团队性的对抗争斗赛，犹如军队行军打仗一样需要统一协调作战，同时马球手必须有高超的骑射技术，这是骑兵作战必须具备的战技，所以马球不单是一般的马上游戏及健身活动，而是带有军事操演性质的激烈运动，"然打球乃军州（一本作军中）常戏，虽不能废，时复为耳"②，"伊蹙鞠之戏者，盖用兵之技也。武由是存，义不可舍"。

唐代章怀太子李贤之墓的墓室壁画（墓道西壁）中有大型马球赛的场景，从画面上看参赛人数众多，场面浩大。在山林旷野之中，骑手分朋对垒，纵马驰骋，挥舞球杆，奋力争抢投掷，"珠球忽掷，月仗争击。并驱分镳，交臂叠迹"，林中旌旗猎猎，战马嘶鸣，"哮瞰则破山荡谷，踊跃则跳峦簸丘"，一场比赛堪比军事演练。

马球不但流行于宫内及军队内，在文人当中亦颇为盛行。节度使张建封本为文士出身，却喜好打马球，从其与韩愈的诗歌对酬中可见马球争锋之剧烈、竞技之精彩。韩愈观看张建封的马球赛后，作"汴泗交流赠张仆射建封"诗以赞之，诗中红旗飘展，战鼓隆隆，百马攒蹄，球队分曹决胜：

汴泗交流郡城角，筑场十一作千步平如削。

短垣三面缭逶迤，击鼓腾腾树赤旗。

新秋朝凉未见日，公早结束来何为。

分曹决胜约前定，百马攒蹄近相映。

球惊杖奋合且离，红牛缨绂黄金羁。

---

① （唐）阎宽. 温汤御球赋［M］//（宋）李昉，（清）宫梦仁，编；任继愈，主编. 中华传世文选 文苑英华选. 长春：吉林人民出版社，1998：62.

② （唐）封演. 四库家藏 封氏闻见记［M］. 济南：山东画报出版社，2004：27.

侧身转臂著马腹，霹雳应手神珠驰。

超遥散漫两闲暇，挥霍纷纭争变化。

发难得巧意气粗，欢声四合壮士呼。

此诚习战非为剧，岂若安坐行良图。

当今忠臣不可得，公马莫走须杀贼。①

张建封作诗酬答韩愈，自谓修文持笔而喜竞驰骏逸，"护军对引相向去，风呼月旋朋先开"，形容两军对垒、激烈开场的紧张场景；"俯身仰击复傍击，难于古人左右射"，贴切地描绘了马上俯仰转侧、左右击打的高难度动作，犹如骑在战马上左右开弓一般；"杖移鬃底拂尾后，星从月下流中场"，球杖从鬃底拂尾迅疾挥出，球如流星赶月飞入中场。诗文如下：

酬韩校书愈打球歌

仆本修文持笔者，今来帅领红旌下。

不能无事习蛇矛，闲就平场学使马。

军中伎痒骁智材，竞驰骏逸随我来。

护军对引相向去，风呼月旋朋先开。

俯身仰击复傍击，难于古人左右射。

齐观百步透短门，谁美养由遥破的。

儒生疑我新发狂，武夫爱我生雄光。

杖移鬃底拂尾后，星从月下流中场。

人不约，心自一；马不鞭，蹄自疾。

凡情莫辨捷中能，拙目翻惊巧时失。

韩生讶我为斯艺，劝我徐驱作安计。

不知戎事竟何成，且愧吾人一言惠。②

马球作为一种激烈的马上竞技运动，不仅武卒文士操习，就连妇人亦参与其中。后蜀主孟昶妃子花蕊夫人徐氏作《宫词》，其中一首描绘女子打马球时唯美画面："自教宫娥学打球，玉鞍初跨柳腰柔。上棚知是官家认，遍遍长赢第一筹。"

---

① （唐）韩愈. 汴泗交流赠张仆射建封［M］//黄勇，主编. 唐诗宋词全集：第三册. 北京：北京燕山出版社，2007：1067.

② （唐）张建封. 酬韩校书愈打球歌［M］//黄勇，主编. 唐诗宋词全集：第二册. 北京：北京燕山出版社，2007：876.

马球不但是军队演练的重要项目，同时，也作为一种重要的礼仪仪式，出现在祭祀、迎接招待使节、出行仪仗中，敦煌壁画中曹议金出行图中有执球仗供奉官（100窟）。宋代的郊祀卤薄中有专门的执球供奉官导驾迎引，《宋史》卷一四五"志第九十八·仪卫三·国初卤薄"载：

景祐五年，贾昌朝言仪卫三事：一曰南郊卤薄，车驾出宫诣郊庙日，执球杖供奉官，于导驾官前分别迎引，至于斋宫。夫球杖非古，盖唐世尚之，以资玩乐。其执之者皆襄服，锦绣珠玉，过于侈丽，既不足以昭文物，又不可以备军容。常时豫游，或宜施用。方今夙夜斋戒，亲奉大祀，端冕颙昂，鼓吹不作，而乃陈戏赏之具，参簪绅之列，导迎法驾，入于祠宫。①

《宋史》卷一四八"志第一百一·仪卫六"载：

球杖，金涂银裹，以供奉官骑执之，分左右前导。大礼，用百人，花脚幞头、紫绣裤袍袄。常出，三十人，公服，皆骑导。②

从壁画及文献记载可以了解球杖的形制及供奉官或赛者衣着。一般供奉官着窄袖袍，戴幞头帽，穿黑靴。球杖杖头呈偃月形，"金涂银裹"。

打马球不但风靡于中原，也流行于敦煌地区，从敦煌文献及壁画中可窥一斑。《杖前飞·马球》描绘两队马球对抗赛的盛况：

时仲春，草木新，□初雨后路无尘。林间往往临花马，楼上时时见美人。青一队，红一队，敲磕玲珑得人爱。前回断当不赢输，此度若输后须赛。脱绯紫，著锦衣，银镫金鞍耀日晖。场里尘飞马后去，空中球势杖前飞。毬似星，杖如月，骤马随风直冲穴。□□□□□□□，□□□□□□□。人衣湿，马汗流，傅声相问且须休。或为马乏人力尽，还须连夜结残筹。③

敦煌《张淮深变文》记叙张淮深抗击吐蕃胜利后，唐朝廷派天使至敦煌委任张淮使为节度使，委派的使节中有马球供奉官，宣诏册封的地点是在毬场，诏封完成后举行宴乐招待天使，宴乐中就有打马球活动。

乃命左散骑常侍李众甫，供奉官李全伟，品官杨继璃等上下九使，重赍国

---

① （元）脱脱. 宋史［M］. 北京：中华书局，1977：3402.
② （元）脱脱. 宋史［M］. 北京：中华书局，1977：3470.
③ 杖前飞［M］//任半塘，编著. 敦煌歌辞总编：中. 上海：上海古籍出版社，2006：727.

信，远赴流沙。诏赐尚书，兼加重锡，金银器皿，锦绣琼珍，罗列球场，万人
称贺……尚书捧读诏书……若为陈说：……到日毬场宣诏喻，敕书褒奖更丁
宁……尚书授敕已讫，即引天使入开元寺，亲拜我玄宗圣容……安下既毕，日
置歌筵，毬乐宴赏，无日不有。①

　　马球作为一种团体性的马上竞技运动，非是一般意义上的强身健体，而是
具有更深层次上的军事演武意义。这种运动盛行于唐代，沿袭于宋元明，无论
是在中原地区还是在少数民族混居的敦煌地区皆风靡一时，上自皇亲贵胄下至
士卒百姓无不习以为乐。马球反映了古代特殊的骑射文化，对于当今的马术体
育运动有重要影响。

　　敦煌壁画中丰富的体育竞技活动画面，以佛教题材为主，以现实的体育健
身活动为参照。这些竞技活动既有外来的体育竞技文化，也有国内由来已久的
各种竞技百戏。敦煌的体育竞技活动显示了多元文化的交融与互渗，也使敦煌
文化更加异彩纷呈。

第十一节　禅观、气功与养生

　　敦煌壁画中有坐禅图及观想图，显现了佛教的禅观内修之法；还有类似于
气功的动功图，表现了佛教的气功外修之法。敦煌壁画及文献中的禅观、气功
等题材，为了解佛、道、医之内修与气功养生提供了重要依据。

一、禅观与数息法

　　莫高窟初唐第 431 窟观无量寿经变图有十六观想图，即韦希提夫人静坐观
想的画面，有日想观、水想观、宝树观、华座观等，表示通过观想日、水、宝
树、莲花等得见西方极乐世界。莫高窟盛唐第 172 窟北壁日想图（彩图 3 - 17），
一女子手持香炉端坐于方形毯上，专注地观望前方一轮沉沉落日，身边流水潺
潺，枝叶摇曳，静寂无声。《观无量寿经》记载韦希提夫人因太子无道向佛祖乞
求解脱之法，佛祖为之讲述十六观的内容，通过观想可见西方极乐世界，祛除
杂念，生彼西方净土。十六观原是阐扬净土思想，包含日想观、水想观、地想

---

　　① 　张淮深变文［M］//黄征，张涌泉，校注. 敦煌变文校注. 北京：中华书局，1997：
　　　192.

观、宝树想观、八功德水想观、总观想、华座想、像想（一佛二菩萨）、观无量寿佛一切色身相、观观世音菩萨真实色身相、观大势至色身相、普想观、杂想观、上品往生、中品往生、下品往生。

《观无量寿经》中第一观为日想观，专心观望日没之状，使心坚住，专想不移。

时韦提希白佛言：世尊！如我今者，以佛力故，见彼国土；若佛灭后，诸众生等，浊恶不善，五苦所逼，云何当见阿弥陀佛极乐世界？佛告韦提希：汝及众生，应当专心系念一处，想于西方。云何作想？凡作想者，一切众生，自非生盲，有目之徒，皆见日没，当起想念，正坐西向，谛观于日欲没之处，令心坚住，专想不移，见日欲没，状如悬鼓。既见日已，闭目开目，皆令明了，是为日想，名曰初观。①

次为水想观，专心想象水的清澄及水化为冰的晶莹明彻，继而想象琉璃的内外映彻，西方的净琉璃世界光明映照，有金刚七宝金幢，星光华彩的光明台，万千楼阁，无量乐器，清风鼓乐，美妙无比。

次作水想：见水澄清，亦令明了，无分散意；既见水已，当起冰想；见冰映彻，作琉璃想；此想成已，见琉璃地，内外映彻，下有金刚七宝金幢，擎琉璃地；其幢八方，八楞具足，一一方面，百宝所成，一一宝珠，有千光明，一一光明，八万四千色，映琉璃地，如亿千日，不可具见；琉璃地上，以黄金绳，杂厕间错，以七宝界，分齐分明，一一宝中，有五百色光，其光如华，又似星月，悬处虚空，成光明台；楼阁千万，百宝合成，于台两边，各有百亿华幢，无量乐器，以为庄严；八种清风，从光明出，鼓此乐器，演说苦、空、无常、无我之音。②

观想图虽然以表现西方净土世界为主题，但静坐观想反映了佛教禅观存想的修行之法，壁画中的佛、菩萨以及禅僧结跏趺坐的静坐打禅则是内观禅修之法（彩图 3 – 18）。

《禅秘要法经》阐述了深奥的禅观理论，即通过各种禅思存想以精进佛法，心身双修。如第十五观空想观，通过观想空无之相，想象人体内外四大皆为虚

---

① （南朝宋）西域三藏法师畺良耶舍，译. 观无量寿经 ［M］//方立天. 佛学精华：中册. 北京：北京出版社，1996：942.
② （南朝宋）西域三藏法师畺良耶舍，译. 观无量寿经 ［M］//方立天. 佛学精华：中册. 北京：北京出版社，1996：942.

无，使心无羁绊，恬泊悦乐。

佛告阿难……谛观身内地大。身内地大者，骨齿爪发，肠胃腹肝心肺诸坚实物，悉是地大精气所成。外地无常，所以知之。譬如大地，二日出时，大地焦枯；三日出时，江河池沼，悉皆枯竭；四日出时，大海三分减二；五日出时，大海枯尽；六日出时，大地焰起；七日出时，大地燃尽。外地犹尔，势不支久。况身内地，当复坚牢。尔时行者，应自思惟，今我此身，发是我耶，爪是我耶，骨是我耶，身诸五脏为是我耶。如是谛观，身诸支节，都无有我，自观诸骨，一一谛观此骨者，从何处生。父母和合，赤白精时，如乳时，如泡时，如是歌罗逻时，如安浮陀时，如是诸时，何处有骨？当知此骨，本无今有，已有还无，此骨者同虚空相。外地无常，内地亦尔。作是思惟时，谛观己身一切诸骨，自然破散，犹如微尘，入定观骨，但见骨处，不见骨相，出定见身，如前无异。

复当更观身内诸火，从外火有，外火无常，无有暂停。我今身火，何由久热？作是观时，观诸骨上，一切火光，悉灭不现。

复当更观，身内诸水，我此诸水，因外水有，外水无常，势不支久。内水亦尔，假缘而有，何处有水？及不净聚，外风无常，势不支久，从因缘生，还从缘灭。今我身内，所有诸风，假伪合成，强为机关，何处有风？从妄想起，是颠倒见。作是思惟时，不见身内诸龙，耳中所有诸风，悉灭不现。

如是种种，谛自思惟，何处有人，及地水火风？观此地是败坏法，观此火犹如幻，又观此风从颠倒起，观此水从虚妄想现。作是观时，行者见身，犹如芭蕉，中无坚实；或自见心，如水上泡；闻诸外声，犹如谷声。

作是观时，见诸骨上一切火光，见白光水，见诸龙风，悉在一处，观身静寂，不识身相，身心安稳，恬泊悦乐。如此境界，名第十五四大观竟。①

此论观想空无之相，人身地水风火与外界地水风火相同，本无今有，已有还无，不能势久；外之地水风火无常，人之地水风火亦无常，一切因缘而生，因缘而灭，如梦如幻，犹如芭蕉，中无坚实，或自见心，如水上泡，闻诸外声，如空谷之声。由此作空无之想，天地为空，自当空己心智，与大空相通；天地自有无常，人身顺其无常，切莫自缚心智，拘执身相，"观身静寂，不识身相"，如此观想，而使身心安稳，恬淡虚无，怡然自得。

---

① （后秦）三藏法师鸠摩罗什，等，译. 禅秘要法［M］//南怀瑾，著. 禅观正脉研究. 北京：中国世界语出版社，1996：32.

"第十六观"补想观，通过禅定，观想天药灌顶以达到补益心身作用。

佛告阿难，汝今至心受持……作此观时，以学观空故，身虚心劳，应服酥及诸补药。于深禅定，应作补想观。补想观者，先自观身，使皮皮相裹，犹如芭蕉，然后安心，自开顶上想，复当劝进。释梵护世诸天使，持金瓶，盛天药，释提桓因在左，护世诸天在右，持天药灌顶，举身盈满。昼夜六时，恒作此想。若出定时，求诸补药，食好饮食，恒坐安稳，快乐倍常，修是补身。经三月已，然后更念其余境界，禅定力故，诸天欢喜。时释提桓因，为说甚深空无我法，赞叹行者，头面敬礼，以服天药。故出定之时，颜色和悦，身体润泽，如膏油涂。①

此言学观空时身虚心劳，当用补益之法。如用药物治疗，"应服酥及诸补药"，而通过禅定观想，可以达到与药物相同的补益心身作用。首先冥想人身如芭蕉层层相裹，为空无之相；然后冥想有释梵护世诸天使，手持金瓶，中盛天药，以天药灌顶，使举身盈满。昼夜作此观想，连续六日。如此禅定三月，出定之时，颜色和悦，身体润泽，如膏油涂，身心得益。

在禅定观想时可以辅以呼吸定息之法，即"数息法"。如第二十观讲说"不净观灌顶法门"，是针对"贪淫多者"的修炼之法。禅定时自观己身，作光明之想，同时辅以定息凝神贯注，即以数念一至十之呼吸息数，将精神系念于身体某处以安住心神，然后忏悔持念，精进勤修，涤除体内诸恶贪淫，最后想象体内生大光明而修得诸贤圣法。

佛告阿难，贪淫多者，虽得如此观佛三昧，于事无益，不能获得贤圣道果。次当更教自观己身，令如前法。还作骨人，使皎然大白，犹如雪山。复当系念，住意在脐中，或在腰中。随息出入一数二随，或二数三随，或三数四随，或四数五随，或五数六随，或六数七随，或七数八随，或八数九随，或九数十随。终而复始，随息往反。至十复舍数而止。尔时心意，恬静无为，自见身皮，犹如练囊，见此事已，不见身骨，不知身处。

……

佛告阿难，若有比丘、比丘尼、优婆塞、优婆夷，贪淫多者，先教观佛，令离诸罪。然后方当更教系念，令心不散。心不散者，所谓数息。此数息法，是贪淫药，无上法王之所行处。汝好受持，慎勿忘失。此想成者，名第二十数

---

① （后秦）三藏法师鸠摩罗什，等，译. 禅秘要法［M］//南怀瑾，著. 禅观正脉研究. 北京：中国世界语出版社，1996：34.

息观竟。①

以数息安定心神的修持方法，还见于东汉安世高译小乘经典《佛说大安般守意经》。安般守意即"数息观""持息念"之意，《止意章第五》："安名为入息，般名为出息，念息不离，是名为安般"②。安般即呼吸出入，通过循环默数一至十的呼吸之数以守住心神，止住心神躁乱，继而进入禅定。数息与相随、止、观、还、净称为"守意六事"，又称为"六妙门"，是相连续的六个守意修炼层次，通过数息凝神，净心禅定，以开悟佛法，"息亦是意，亦非意"（《数息相随章第十二》）。数息观为"五停心观"中第五观，与不净观、慈悲观、因缘观、界分别观分别对治贪欲、瞋恚、愚恚、我见、散乱。

二、医学养生中的禅观

唐代孙思邈为佛、道、医集于一身的大医，其调气养生理论中渗入了佛教禅观思想，《备急千金要方·养性》卷二十七"调气法第五"云：

每旦夕面向午，展两手于脚膝上，徐徐按捺肢节，口吐浊气，鼻引清气。良久，徐徐乃以手左托、右托、上托、下托、前托、后托，瞑目张口，叩齿摩眼，押头拔耳，挽发放腰，咳嗽发阳振动也。双作只作，反手为之，然后掣足仰振，数八十、九十而止。仰下徐徐定心，作禅观之法，闭目存思，想见空中太和元气，如紫云成盖，五色分明，下入毛际，渐渐入顶，如雨初晴，云入山。透皮入肉，至骨至脑，渐渐下入腹中，四肢五脏皆受其润，如水渗入地，若彻则觉腹中有声汩汩然，意专思存，不得外缘，斯须即觉元气达于气海，须臾则自达于涌泉，则觉身体振动，两脚蜷曲，亦令床坐有声拉拉然，则名一通。一通二通，乃至日别得三通五通，则身体悦怿，面色光辉，鬓毛润泽，耳目精明，令人食美，气力强健，百病皆去，五年十岁，长存不妄。得满千万通，则去仙不远矣。人身虚无，但有游气，气息得理，即百病不生。若消息失宜，即诸病竞起。善摄养者，须知调气方焉。调气方疗万病大患，百日生眉须，自余者不足言也。③

---

① （后秦）三藏法师鸠摩罗什，等，译. 禅秘要法［M］//南怀瑾，著. 禅观正脉研究. 北京：中国世界语出版社，1996：51-54.
② （汉安息国）三藏法师安世高，译. 佛说大安般守意经［M］//天台止观教学丛书. 2005：20.
③ （唐）孙思邈，著；李景荣，等，校释. 备急千金要方校释［M］. 北京：人民卫生出版社，1998：582.

此段叙述呼吸导引之法。导引的同时兼修佛教禅观之法，即闭目存想有太和之气，在人身由上向下、由外至内，逐渐深入，元气直达气海，深入涌泉，充盈全身。用此调息数通之后，身体悦怿，气力强健，百病皆去，且能长寿延年，甚至去仙不远。另外，孙思邈在论述五脏之病的嘘吸疗法时，利用五色相法及梦中所见异象判断病证属性，这种诊病法隐含了佛教观想禅境。

凡百病不离五脏，五脏各有八十一种疾，冷热风气计成四百四病，事须识其相类，善以知之。

心脏病者，体冷热。相法：心色赤。患者梦中见人著赤衣，持赤刀杖火来怖人。疗法：用呼吹二气，呼疗冷，吹治热。

肺脏病者，胸背满胀，四肢烦闷。相法：肺色白。患者喜梦见美女美男，诈亲附人，共相抱持，或作父母、兄弟、妻子。疗法：用嘘气出。

肝脏病者，忧愁不乐，悲思，喜头眼疼痛。相法：肝色青。梦见人著青衣，捉青刀杖，或狮子、虎狼来恐怖人。疗法：用呵气出。

脾脏病者，体上游风习习，遍身痛烦闷。相法：脾色黄，通土色。梦或作小儿击历人邪犹人，或如旋风团栾转。治法：用唏气出。

肾脏病者，体冷阴衰，面目恶瘿。相法：肾色黑。梦见黑衣及兽物捉刀杖相怖。用呬气出。①

孙思邈《千金翼方》中载"正禅方"，春、夏、秋分别服食桑耳、桑子、桑叶辅助禅定，服用一年，万相如视掌中，得见佛性。《千金翼方·养生》卷第十二"养性服饵"正禅方：

春桑耳　夏桑子　秋桑叶

上三味等分，捣筛，以水一斗煮小豆一升，令大熟，以桑末一升和煮微沸，著盐豉服之，日三服，饱服无妨。三日外稍去小豆，身轻目明，无眠睡，十日觉运智通初地禅，服二十日到二禅定，百日得三禅定，累一年得四禅定，万相皆见，坏欲界，观境界，如视掌中，得见佛性。②

佛教的坐禅与道家内丹修炼有异曲同工之妙，佛教通过坐禅内观及存思冥想以精进禅悟，禅悟的同时辅以调息，可使气血调畅、五脏和调而获心身双修之益，印度的瑜伽与气功修炼也有一定相通之处。自佛教传入中土以后，

---

① （唐）孙思邈，著；李景荣，等，校释. 备急千金要方校释［M］. 北京：人民卫生出版社，1998：583.

② （唐）孙思邈. 千金翼方［M］. 太原：山西科学技术出版社，2010：271.

道家的导引与佛教的禅修相互渗透，互为补充，医学养生中也掺杂了佛、道修炼之法。

三、气功动功

佛教除坐禅静修之法外，还有动功的气功修炼法，即以动作辅助调息的行气功法。莫高窟北凉第272窟西壁听法菩萨图，共40身供养菩萨，分布在洞窟佛龛两侧，每侧上下4排，每排5身，皆坐于莲花座上，手姿奇妙，形态不一，可能表现的是听法时心生欢喜的舞蹈之态，但亦颇似气功的动功图，亦有学者认为是武术（彩图3-19）。

敦煌壁画中的坐禅图、观想图，通过画家的丰富想象，以形象化手法表现佛教禅观内修的禅境，同时听法图显现佛教的动功修炼法。敦煌壁画及佛道医文献既反映了道家导引与佛教禅观相交融的情况，也反映了佛道对医学养生的重要影响。

第四章

宋代韩城盘乐壁画中的制药场景

宋代韩城盘乐壁画墓主图有反映宋代制药场景的画面。图中有宋初大型官修方书《太平圣惠方》，以及在此书指导下配制成方的场面，另外还有捣药、筛药加工炮制药物的场景。壁画反映了《太平圣惠方》在宋代医药方面的重要影响，配制成方、捣筛药物场景提供了有关宋代熟药制作及煮散等药物炮制、剂型问题的线索。壁画对了解宋代官修方书的影响及制药情况，研究宋代医药状况，有十分重要的意义。

2009年陕西考古研究所在陕西韩城盘乐村发现一座宋代男女合葬墓葬，女墓主人手中握有"熙宁元宝"钱币，熙宁为北宋神宗年号（1068－1077），专家由此推断此为北宋时期墓葬，"该墓的下葬年代当在神宗至徽宗之间"①。墓室中有保存完整的壁画，分别绘于东、西、北壁上，东壁为佛祖涅槃图，西壁为杂剧图，北壁为墓主人图（彩图4－1）。北壁壁画分为上下二部分，上层图呈圆形，为大型牡丹山石图，图中还点缀有仙鹤及蝴蝶，属于装饰图；下层图为长方形，描绘的是一幅以墓主人为中心的加工炮制药物的场景，是壁画的主体。

北壁下层主题图中央是坐于屏风前的男墓主，屏风后有二人侧身探出，男墓主右前方有一女子捧盏；男墓主左侧有一张桌子，桌子上摆满药罐及药瓶，桌子后面站立二人，一人手捧医书，书的封面上写有"太平圣惠方"，一人两手各持一袋药材，药袋上分别写有"白术""大黄"，桌前一人捧一个较大的药匣，盒中置放许多小药瓶，盒上面书写"朱砂丸"（彩图4－2）；墓主右侧亦有一长桌，桌后站立一人，手捧一盘状物；桌前方蹲坐二人，一人捣药，一人筛药（彩图4－3）。梁永宣、郑金生等对此图有短篇论述，提出3点推断，"墓主为当地医官，再现的是用《太平圣惠方》指导配药的实况"，"画中的朱砂丸仍

---

① 康保成，孙秉君. 陕西韩城宋墓壁画考释 [J]. 文艺研究，2009（11）：80.

用'丸'字，推测原画时间当为北宋"，"北宋时期多用煮散"①。此图反映了北宋初期官修方书《太平圣惠方》对医学的重要影响，其所展现的药物加工炮制场景，反映了宋代熟药制作及煮散的特殊炮制方法。画面主题不是医生在诊病时参考医书指导处方用药的过程，而是直接参照方书进行配药，故其反映的是根据方书加工熟药的过程，而其背后暗衬了宋代官方"熟药所"这种特殊的医学机构及医学背景。

第一节　宋初方书《太平圣惠方》的编撰、传播及影响

壁画以在《太平圣惠方》指导下配制药物为主线，映射了此部官修方书在指导用药配方中的重要作用。

《太平圣惠方》始撰于太平兴国三年（978），成书于淳化三年（992），是北宋初年宋太宗赵炅诏令敕撰的一部大型医书。赵炅平素喜好医药，搜集名方，出其潜邸所集经验妙方千余首，又令翰林医官院搜集家传应效药方，合万余首，使翰林医官使王怀隐与王祐、郑奇、陈昭遇校勘编类，赐名"太平圣惠方"，雕板印行。此书共 100 卷，1670 门，16834 方。特点是先论后方，"每部以隋太医令巢元方《病源候论》冠其首，而方药次之，成一百卷"②。此书大体结构：首诊脉，后论处方、合和、用药等，次详论内、外、妇、儿各科病证用方，最后为神仙、食治、补益方。《御制太平圣惠方序》：

朕昔自潜邸，求集名方，异术玄针，皆得其要，兼收得妙方千余首，无非亲验，并有准绳，贵在救民，去除疾苦，并遍于翰林医官院，各取到经乎家传应效药方，合万余道，令尚药奉御王怀隐等四人，校勘编类。凡诸论证，并该其中；品药功效，悉载其内。凡候疾之深浅，先辨虚实，次察表里，然后依方用药，则无不愈也。庶使天高地厚，明王道之化成；春往秋来，布群黎之大惠……今编勒成一百卷，命曰太平圣惠方。仍令雕刻印版，遍施华夷，凡尔生灵，宜知朕意。③

《玉海·艺术·太平圣惠方》亦载其编撰情况，曰：

①　梁永宣，郑金生，梁嵘. 考古史上首次发现的宋代医学壁画 [J]. 中华医史杂志，2011，41（1）：63.

②　（元）脱脱. 宋史 [M]. 北京：中华书局，1977：13507 - 13508.

③　（宋）王怀隐，等，编. 太平圣惠方 [M]. 北京：人民卫生出版社，1959：1 - 2.

太宗留意医术，自潜邸得妙方千余首。太平兴国三年，诏医官院献经验方，合万余首，集为《太平圣惠方》百卷，凡千六百七十门，万六千八百三十四首，并序论、总目录。每部以隋巢元方《病源候论》冠其首，凡诸论证品药功效悉载之。目录一卷。御制序。①

《太平圣惠方》主要编撰者王怀隐原为道士，善医，曾住在京城的建隆观，太宗尹京，王怀隐曾为其诊治疾病。太平兴国初年，太宗诏令还俗，命为尚药奉御，三迁升至翰林医官使，太宗命其与医官副使王祐、郑奇及医官陈昭遇编撰此书。《宋史·方技上·王怀隐传》载：

王怀隐，宋州睢阳人。初为道士，住京城建隆观，善医诊。太宗尹京，怀隐以汤剂祗事。太平兴国初，诏归俗，命为尚药奉御，三迁至翰林医官使……初，太宗在藩邸，暇日多留意医术，藏名方千余首，皆尝有验者。至是，诏翰林医官院各具家传经验方以献，又万余首，命怀隐与副使王祐、郑奇、医官陈昭遇参对编类。②

在《宋史·王怀隐传》后附陈昭遇传，曰："昭遇本岭南人，医术尤精验，初为医官，领温水主簿，后加光禄寺丞，赐金紫。"③ 陈昭遇本为岭南人，医术精验，后加入此书的编撰工作。

《太平圣惠方》初刊于淳化三年（992），为大字本，因造价大而出卖价钱较高，普通百姓无力购买，外州军亦难以买到，故在北宋绍圣三年（1096）国子监又作小字本刊行（此两种版本均佚）。南宋绍兴十七年（1147）由福建路运转司再度刊行。《脉经》"宋刻国子监牒文"曰：

国子监准监关，准尚书礼部符，准绍圣元年六月二十五日敕。中书省尚书省送到礼部状，据国子监状、据翰林医学本监三学看治任仲言状：伏睹本监，先准朝旨，刊雕小字《圣惠方》等共五部出卖，并每节镇各 10 部，余州各 5 部，本处出卖。今有《千金翼方》《金匮要略方》《王氏脉经》《补注本草》《图经本草》，算之皆医家要用而不可阙。本监虽见出卖，皆是大字官本，贫民难于辨钱请买，兼外州军，尤不可得。欲乞刊作小字，重行校对出卖，及降外州军施行。本部看详，欲依国子监申请事理施行状，候指挥。六月二十三日奉圣旨：

① （宋）王应麟，撰；武秀成，赵庶洋，校证. 玉海艺文校证：卷二十九：下册［M］.南京：凤凰出版社，2013：1434.

② （元）脱脱. 宋史［M］. 北京：中华书局，1977：13507.

③ （元）脱脱. 宋史［M］. 北京：中华书局，1977：13508.

依奉敕如右，牒到奉行……绍圣三年六月。①

《太平圣惠方》刊印后，政府十分重视其发行传播情况，淳化年间每道州各赐大字本2部，由医博士掌管；若无医博士，则令本州选拔医术优长、治疗疾病有效验者，发牒补为医博士，掌管此书。淳化三年《行圣惠方诏》曰：

淳化三年五月己亥：……其《圣惠方》并目录共一百一卷，应诸道州府各赐二本，仍本州选医术优长、治疾有效者一人，给牒补充医博士，令专掌之，吏民愿传写者并听。先已有医博士，即掌之，勿更收补。《宋大诏令集》卷二一九。②

"仍令镂板颁行天下，诸州各置医博士掌之。"③大字本印成后，曾赐宰相李昉等五人，于庆历四年（1044），又赐德顺军，《玉海·艺术·太平圣惠方》曰：

淳化三年二月癸未，赐宰相李昉、参政黄中、沅、枢臣仲舒、准。内出五部赐。五月己亥颁天下，诸州置医博士掌之。书目：首卷兴国中王怀隐等承诏撰。庆历四年正月赐德顺军。④

绍圣三年刊行小字本后，向各节镇出卖，每节镇各10部，余州各5部，本处出卖。

因《圣惠方》卷帙较大，不便于发行利用，故皇祐三年仁宗又诏令医官使周应编写简要本，名为《皇祐简要济众方》。《宋史·仁宗纪》载皇祐三年五月乙亥："颁《简要济众方》，命州县长吏按方剂以救民疾。"⑤《玉海》云：

皇祐三年，集《简要济众方》五卷颁行，标脉证，叙病源，去诸家之浮冗。国史志：……《皇祐简要济众方》，一云广济。五卷。皇祐中。仁宗谓辅臣曰：外无善医，其令太医简《圣惠方》之要者，颁下诸道。仍敕长史拯济，令医官

---

① 宋刻国子监牒文［M］//（晋）王叔和，撰. 脉经. 商务印书馆，1940：3.
② 行圣惠方诏［M］//曾枣庄，刘琳，主编. 全宋文：第二册. 成都：巴蜀书社，1988：559.
③ （元）脱脱. 宋史［M］. 北京：中华书局，1977：13508.
④ （宋）王应麟，撰；武秀成，赵庶洋，校证. 玉海艺文校证：卷二十九：下册［M］. 南京：凤凰出版社，2013：1434.
⑤ （元）脱脱. 宋史［M］. 北京：中华书局，1977：231.

使周应编，三年颁行。纪：三年五月己亥颁，命长史按方剂救民疾。①

　　政府发行医书，除了方便百姓治病之外，还有打击巫术、宣行教化之义。宋代许多偏远地区由于缺医少药，存在较为严重的重巫轻医的现象，故政府及儒士常常通过发行医书以打击巫术。北宋庆历六年（1046），时任福州知府的蔡襄因感《太平圣惠方》发行受限，不能使吏民得利，而闽俗左医右巫的现象十分严重，极力推行此书。时闽郡何希彭简选原书内容，辑《圣惠选方》60卷，方6096首。蔡襄亲作《圣惠方后序》刻于石碑上，同时将《圣惠选方》内容刻于木版上，立在牙门左右，供士民抄录。《圣惠方后序》曰：

　　宋当天命，出九州之人于火鼎之中，吹之濯之。太宗皇帝平一宇内，极所覆之广，又时其气息而大苏之。乃设官赏金缯之科，购集古今名方与药石诊视之法，国医诠次，类分百卷，号曰《太平圣惠方》。诏颁州郡，传于吏民。然州郡承之，太率严管钥、谨曝凉（笔者注：疑为"晾"）而已，吏民莫得与其利焉。闽俗左医右巫，疾家依巫索祟，而过医之门十才二三，故医之传益少。余治州之明年，议录旧所赐书以示于众。郡人何希彭者，通方伎之学，凡《圣惠方》有异域瑰怪难致之物，及食金石草木得不死之篇，一皆置之，酌其便于民用者，得方六千九十六。希彭谨慎自守，为乡间所信。因取其本誊载于版，列牙门之左右，所以导圣主无穷之泽沦究于下，又晓人以依巫之谬，使之归经常之道，亦刺史之要职也。庆历六年十二月八日右正言直史馆知事蔡襄序。②

　　《三山志》卷三十九曰：

　　劝用医：庆历六年十二月，蔡正言襄知州日，作《太平圣惠方后序》，亲书于碑，其略曰"太宗皇帝……亦刺史之一职也"。今其碑在府衙宅堂右。希彭家，今太平公辅坊，有墨宝轩，藏蔡公真迹《治平图》榜《圣惠方》虎节门内。③

　　由于政府的重视与推行，《圣惠方》在全国传布较广，"遍及全国诸路、京

① （宋）王应麟，撰；武秀成，赵庶洋，校证. 玉海艺文校证：卷二十九：下册［M］. 南京：凤凰出版社，2013：1438.
② （宋）蔡襄，著. 蔡襄全集［M］. 福州：福建人民出版社，1999：583.
③ 梁克家，修纂；福州市地方志编纂委员会，整理. 三山志［M］. 福州：海风出版社，2000：633.

城、驻军处所、河堤、学校、陵墓及西夏、高丽、日本等地"①，成为北宋影响力最大的方书。"宋代皇帝、官僚士大夫、医学家、普通士人、外交使节等五个阶层对《太平圣惠方》的介绍与推广，奠定了《太平圣惠方》在宋代医学发展中的独特地位。"②

在疫病发作期间，政府通过发放医书、发布方书中的配方以方便救急治疗。如皇祐三年南方州军发生疾疫瘴疬，死者十余万，因当地缺少医书，故奏请刊印《外台》等医书，同时将《圣惠方》药方出榜晓示诸县，供人抄录使用。《宋刻外台秘要劄子》：

> 皇祐三年五月二十六日内降劄子：臣寮上言，臣昨南方州军，连年疾疫瘴疬，其尤甚处，一州有死十余万人，此虽天令差舛，致此札瘥，亦缘医工谬妄，就增其疾。臣细曾询问，诸州皆阙医书习读，除《素问》《病源》外，余皆传习伪书舛本，故所学浅俚，贻误病者。欲望圣慈特出秘阁所藏医书，委官选取要用者校定一本，降付杭州开板模印，庶使圣泽及于幽隐，民生免于夭横。奉圣旨宜令逐路转运司指挥辖下州府军监，如有疾疫瘴疬之处，于《圣惠方》内写录合用药方，出榜晓示及遍下诸县，许人抄劄。仍令秘阁检《外台秘要》三两本送国子监，见校勘医书官仔细较勘，闻奏劄付孙兆准此。③

《太平圣惠方》受到政府推重，还表现在其被列入太医局选用教材之一，《元丰备对》言及太医局所习方书，其《小方脉》中就有《太平圣惠方》十二卷。在太医局考试应答题中，也多次出现以《太平圣惠方》作答的内容。如《太医局诸科程文格》卷四论咽喉病，2次出现《太平圣惠方》，其文如下：

> 第二道：问：假令咽喉疼痛候，目即节气，当得何脉？本因何脏腑受病？发何形候？即今宜用是何方药调理？设有变动，又当随脉，如何救疗？各须引本经为证，及本草逐药主疗、所出州土、性味畏恶、正辅佐使、重轻奇偶，及修制之法、处方，对答。
>
> ……
>
> 对：风热内盛，既搏脾肺之经，邪气上攻，故作咽喉之痛……《太平圣惠

---

① 韩毅. 国家、医学与社会《太平圣惠方》在宋代的应用与传播 [M] //姜锡东，主编. 宋史研究论丛：第 11 辑. 保定：河北大学出版社，2010：535.
② 韩毅. 国家、医学与社会《太平圣惠方》在宋代的应用与传播 [M] //姜锡东，主编. 宋史研究论丛：第 11 辑. 保定：河北大学出版社，2010：517.
③ （唐）王焘. 外台秘要 [M]. 北京：人民卫生出版社，1955：25.

方》云：夫咽喉者，气之所通流，呼吸之道路。若风邪热气搏于脾肺，则经络否涩，气不通利，邪热攻冲，上焦壅滞，故令咽喉疼痛也……《太平圣惠方》云：夫咽喉者，气液之通流，脾肺之道路，呼吸出入，水谷往来，莫不自于咽喉也。若阴阳不调，脾肺壅滞，风邪搏于经络，伏留于上焦，攻注咽喉，结聚肿痛，故名风肿也。①

正是由于《太平圣惠方》在宋代医学上的重要作用，以及在政府推重下社会上的广泛普及，此书的影响，上自朝廷下至百姓，甚至边远地区，可谓无所不及，而韩城壁画出现《圣惠方》正是这种情况的反映。

第二节　成药的制作与熟药所

韩城壁画反映的另一个主题是熟药的制作。桌子上摆满盛放成药的药罐及小药瓶，提示配制的可能是成药，药童手中所拿的朱砂丸亦为成药，故此画面反映了宋代制作成药的医药背景，而由政府主管的熟药所大批制作成药则是宋代另一个重要的医药现象。

熟药即成品药如丸、散、膏、丹之类，具有取用方便快捷的优点。重视熟药的制作及官方熟药所的成立，是宋代医学一个特殊的现象。宋神宗熙宁九年（1076），成立太医局熟药所，即将原来的熟药库、合药所罢除合并，改为太医局熟药所，或称卖药所。熟药所隶属太医局，负责成药的制作、管理与销售，由专人负责管理，此为中国历史中最早的官办成药店。宋神宗熙宁九年五月十四日诏：

十四日，诏罢熟药库、合药所，其应御前诸处取索俵散药等，及所减人吏，并隶合卖药所。本所仍改入太医局，以光禄寺丞程公孙、三班奉职朱道济管勾合卖太医局药。②

熟药所配方来源一般是太医局经验效用方，药材选用、成药制作由药局严格控制，这样保证了药物的质量及效用。而成药具有易保存、取用便捷的优点，

---

① 何大任，辑. 太医局诸科程文格 [M]. 邢玉瑞，孙雨来，校注. 北京：中国中医药出版社，2015：69.
② 宋会要辑稿·职官二十二·太医局：6 [M]. 刘琳，刁忠民，舒大刚，等，校点. 上海：上海古籍出版社，2014：3636.

故熟药所的建立及较大规模的成药配制是利济天下之事。绍圣年间，京师疾疫，因取熟药疗治，"绍圣元年（1094）四月九日，诏：访闻在京军民疾病者众，令开封府关太医局取熟药疗治。"① 熟药所给政府带来了巨大的经济效益，《宋会要》："元丰元年（1078）四月二十四日，三司言：（大）［太］医局熟药所熙宁九年（1076）六月开局，至十年（1077）六月，收息钱二万五千余缗，计倍息。"②

由于熟药较好的经济效益及社会需求的增加，宋徽宗崇宁二年（1103）将熟药所增至 5 所，同时增设 2 所修合成药的药所。政和四年（1114）将 5 所卖药所改名为医药惠民局，将 2 所修合药所改名为医药和剂局，不再隶属太医局，而归属太府寺。《宋会要》"太府寺"篇载：

四年四月十一日，尚书省言：两修合药所，五出卖药所，盖本《周官》医官，救万民之疾苦。今只以都城东壁、西壁、南壁、北壁并商税院东出卖熟药所名之，甚非元创局惠民之意。翘今局事不隶太医所，欲乞更两修合药所曰医药和剂局，五出卖药所曰医药惠民局。从之。③

宋政府不但在京师设置成药所，还将药所逐渐扩充到地方。崇宁二年（1103）五月何执中奏言："太医熟药所，其惠甚大，当推之天下凡有市易务置处。外局以监官兼领。"④ 建议将熟药所制作的成药通过各地的市易务进行交易，得徽宗允可。市易务是王安石变法以后政府成立的控制市场交易的机构，熙宁五年（1072），在京师首设市易务，以后地方亦设市易务。大观三年（1109）三月下诏令各路皆置熟药所："三年三月十九日诏：诸路会府依旧复置熟药所，仍差抵当库监官兼管。药材有阙，即（开）［关］和剂局修合应副。"⑤

熟药的配制药方通常是依据太医局专为修合成药编撰的《太医局方》，是书编集于元丰年间。晁公武《郡斋读书后志》："《太医局方》十卷，右（上）元

① 宋会要辑稿·职官二十二·太医局：6［M］. 刘琳，刁忠民，舒大刚，等，校点. 上海：上海古籍出版社，2014：3636.

② 宋会要辑稿·职官二十二·太医局：6［M］. 刘琳，刁忠民，舒大刚，等，校点. 上海：上海古籍出版社，2014：3715.

③ 宋会要辑稿·职官二十七·太府寺：6［M］. 刘琳，刁忠民，舒大刚，等，校点. 上海：上海古籍出版社，2014：3721.

④ 宋会要辑稿·职官二十七·太府寺：6［M］. 刘琳，刁忠民，舒大刚，等，校点. 上海：上海古籍出版社，2014：3719.

⑤ 宋会要辑稿·职官二十七·太府寺：6［M］. 刘琳，刁忠民，舒大刚，等，校点. 上海：上海古籍出版社，2014：3720.

丰中，诏天下高手医，各以得效秘方进，下太医局验试，依方制药鬻之，仍模本传于世。"① 大观年间由陈承、陈师文、裴宗元等重加校正，名《和剂局方》。南宋以后《和剂局方》复加多次补充修正，由于绍兴二十一年（1151）以后熟药所均改作"太平惠民局"，故《太平惠民和剂局方》成为南宋官定的书名。壁画中指导处方配药的是《太平圣惠方》而不是《和剂局方》，一是此时《和剂局方》可能尚未成书，一是彰显《太平圣惠方》的重要影响，后面这个可能性更大。

壁画中显示的成药药名"朱砂丸"，在《圣惠方》中多次出现，组成、主治不尽相同，但皆以朱砂为主药，因朱砂的作用是镇惊安神、清热明目，故朱砂丸的主要作用为镇惊安神、清心除烦、明目。《圣惠方》中以朱砂丸命名的方剂主要用于儿科，治疗小儿惊痫癫狂、抽搐、小儿疳证，如卷八十五"治小儿急惊诸方"中的朱砂丸，"治小儿急惊风，痰涎口噤，手足抽掣"②，用朱砂、犀角霜、天南星、半夏等十二味药制成绿豆大小的丸药，用以镇惊安神、息风去痰；此篇中另有朱砂丸，"治小儿急惊风，兼去心间涎"③，用朱砂、豆豉等做成黍米大丸药。另在卷四十九"治积年厌食癥块诸方""经效化气消食丸方"中出现2个朱砂丸，组成不同，大致以消食除癥、化气导滞为主。《圣惠方》中还有治疗心疝、眼昏暗等作用的朱砂丸，组成不同。

壁画墓主人可能是一位地方医官，此图映射的是地方管理的熟药所制作成药的场景。若墓主人只是一介平民或普通医者，此图可能不是墓主生平医事活动的真实反映，只是一种象征意义的描述，即描述了当时熟药加工制作过程，熟药所只是一种背景文化。于赓哲认为，"从壁画推测墓主身份并不见得是一种可靠的路径"，"这种备茶图、备食图的范式在那个时代大量出现"，"只是备茶、备食转化为备药而已，这种转变不足以说明墓主就是一个与医药有关之人"④，即墓主图表现为一种备药的供奉范式，与同时期墓葬壁画中的备茶图、备食图相近。

① （宋）晁公武. 郡斋读书后志［M］//冈西为人，编. 宋以前医籍考. 北京：人民卫生出版社，1958：956.
② （宋）王怀隐，等，编；田文敬，等，校注. 中医名家珍稀典籍校注丛书 太平圣惠方校注：9［M］. 郑州：河南科学技术出版社，2015：187.
③ （宋）王怀隐，等，编；田文敬，等，校注. 中医名家珍稀典籍校注丛书 太平圣惠方校注：9［M］. 郑州：河南科学技术出版社，2015：190.
④ 于赓哲. 韩城盘乐村宋墓壁画的范式与创新——备药图背后的医学衍变［J］. 中医药文化，2018（6）：5–18.

第三节　宋代煮散剂型的普遍应用

梁永宣、郑金生根据壁画中只出现捣筛而"没有南宋制药时常用的铡刀"①，推断其炮制方法为煮散，其说可信。煮散是宋代盛行的一种药物炮制方法。

煮散与通常意义上的成药散剂不同，是将药物通过捣筛加工成粗颗粒或粉末，进而再用水或其他煎剂煮服，兼汤、散两重意义。与汤剂不同的是，药材在煎煮之前，先粗加工为粉末颗粒，而后将颗粒再煎。这种方法一则节省药材，二则有效成分宜煎出，再则散剂更宜贮存、取用。煮散方在《伤寒杂病论》中初见端倪，如《金匮要略》中薏苡附子败酱散，以薏苡子、附子、败酱三味药，"杵为末，取方寸匕，以水二升，煎减半，顿服"②。《备急千金要方》出现许多以"煮散"命名的方剂，如防风煮散、独活煮散、远志煮散、丹参煮散等。卷十一"肝虚实第二""治肝实热，梦怒虚惊，防风煮散方"，以防风、茯苓、葳蕤、白术、橘皮、丹参、细辛、甘草、升麻、黄芩、大枣、射干、酸枣仁组方，"上十三味，治下筛，为粗散，以方寸两匕，帛裹，以井花水二升煮，时时动裹子，煎取一升。分服之，日二"③。

隋唐五代时期，由于战争及南北交通不便，药材流通受限，煮散开始流行，而宋代则是煮散的盛行时期。宋代流行煮散有诸多原因，如节省药材、快捷方便、疗效较好及便于向边远地区发放，特别是熟药所的成立及较大规模地加工炮制熟药，致使煮散的使用极为普遍。《伤寒总病论》卷六"辨论"云：

近世常行煮散，古方汤液存而不用。盖古方升两大多，或水少汤浊，药味至厚。殊不知圣人专攻一病，决一两剂以取验，其水少者，自是传写有舛，非古人本意也。唐自安史之乱，藩镇跋扈，至于五代，天下兵戈，道路艰难，四

---

① 梁永宣，郑金生，梁嵘. 考古史上首次发现的宋代医学壁画 [J]. 中华医史杂志，2011，41（1）：63.

② （汉）张仲景. 金匮要略 [M]. 北京：中国医药科技出版社，2013：56.

③ （唐）孙思邈，著；李景荣，等，校释. 备急千金要方校释 [M]. 北京：人民卫生出版社，1998：255.

方草石，鲜有交通，故医家省约，以汤为煮散。①

"上苏子瞻端明辨伤寒论书"："唐遭安史之乱，藩镇跋扈，迨至五代，四方草石，鲜有交通，故医家少用汤液，多行煮散。"②

《苏沈良方》对汤、散、丸各自剂型特点及所主疾病进行论述，特别指出宋人喜将汤剂作煮散使用，"论汤散丸"云：

汤、散、丸各有所宜，古方用汤最多，用丸散者殊少，煮散古方无用者，惟近世人为之。大体欲达五脏四肢者莫如汤，欲留膈胃中者莫如散，久而后散者莫如丸。又无毒者宜汤，小毒者宜散，大毒者须用丸。又欲速用汤，稍缓用散，甚缓者用丸。此大概也。近世用汤者全少，应汤者全用煮散。大率汤剂气势完壮，力与丸散倍蓰。煮散多者，一啜不过三五钱极矣，比功较力，岂敌汤势。然既力大，不宜有失，消息用之，要在良工，难可以定论拘也。③

煮散用量少，一般三至五钱，用水常一盏至二盏，《伤寒总病论》卷六"修治药法"：

以上除不可作煮散方外，凡汤剂言㕮咀者，如㕮咀菱藕之滓状，今之粗末是也。凡粗末，每服四钱，水一盏半，煮八分，滤去滓，得七分为准。内有半夏、附子为毒药之类，每四钱，水二盏，入生姜三片，煎七分。④

宋代方书中煮散所用比例较大，如《太平圣惠方》《圣济总录》《太平惠民和剂局方》。"《太平圣惠方》全方16836个，按照内服外用分为煮散方、膏方、丸方、调（点）方及外用洗剂及膏药方……制散方占总方数的76.1%以上……煮散剂在《太平圣惠方》中占五分之一强，比例较高。"⑤

韩城壁画中一人捣药、一人筛药的炮制场景显示的是将药物捣碎、筛罗的炮制方法，主要表现的是制作散剂的过程。

---

① （宋）庞安时. 伤寒总病论［M］. 邹德琛，刘华生，点校. 北京：人民卫生出版社，1989：158.

② （宋）庞安时. 伤寒总病论［M］. 邹德琛，刘华生，点校. 北京：人民卫生出版社，1989：160.

③ （宋）沈括；（宋）苏轼，撰. 苏沈良方［M］. 杨俊杰，王振国，点校. 上海：上海科学技术出版社，2003：123.

④ （宋）庞安时. 伤寒总病论［M］. 邹德琛，刘华生，点校. 北京：人民卫生出版社，1989：182.

⑤ 汪晓蓉，朱向东.《太平圣惠方》煮散方初探［J］. 亚太传统医药，2017（24）：77 - 80.

　　总之，韩城壁画的墓主图反映了北宋时期特殊的医药现象，即官修方书《太平圣惠方》及其重要影响，以及加工制作成药与政府成立熟药所的医药文化现象，同时反映了宋代煮散剂的盛行情况，为我们了解北宋医药文化现象提供了极其珍贵的线索和材料。

第四节　宋人以白术为贵

　　制药图展示的药物原材料只有二种，即两个药袋所标记的"白术""大黄"。有学者就《太平圣惠方》中二药组方进行论述。笔者认为，画中白术、大黄除了可能指这两味药为主的组方外，还有可能说明这两味药在宋代医方中使用的较多，如宋人对于白术的使用就有一定偏好。

　　中药白术与苍术常相提并论，二者在宋以前无论是形态还是功用，一直混淆不清。在《神农本草经》上卷上品中只有"术"，马王堆出土西汉帛书《五十二病方》及《武威汉简》《居延汉简》中也只有"术"，没有白术、苍术之分，说明汉代只有"术"。南朝梁·陶弘景首先提出术分二种，即白术、赤术，陶弘景只从形态上区分，但未区分二者之功用。后世本草书逐渐区别二者之用，《药性论》《日华子》始见端倪。南北朝至隋唐方书中出现"术""白术""苍术"分别入药的情况，说明此时术类药还处于混淆不清及混用状态。

　　宋人始将白术与苍术从形态区分开来，宋代《本草图经》对白术、苍术某些形态的描述与今之白术、苍术颇近。宋人亦明确区分白术、苍术之功用，日本《杂病广要》引宋代施发《续易简方》，曰："白术肉厚而味甘，甘入脾，能缓而养气，凡养气调中则相宜耳。苍术肉薄而味辛烈，辛烈走气而发外，凡于治风去湿则相宜耳。"① 宋人关于白术、苍术功效之分，基本上被后世本草遵循，乃至成为我们今天选用苍术、白术的标准。

　　对于宋以前本草及方书中的"术"，宋人有二种认知倾向，或谓术是苍术，或谓是白术。宋人林亿"新校正《备急千金要方例》"曰："又如白术一物，古书惟只言术，近代医家咸以术为苍术。"② 但宋人包括林亿的观点，更倾向于术为白术，而时医喜用白术，宋·苏颂《本草图经》："凡古方云术者，乃白术也，

----

① 丹波元坚. 杂病广要 ［M］. 北京：人民卫生出版社，1965：35.
② 林亿. 新校正备急千金要方例 ［M］∥（唐）孙思邈，著；李景荣，等，校释. 备急千金要方校释. 北京：人民卫生出版社，1998：18.

非谓今之术矣。"① 宋·寇宗奭《本草衍义》曰:"古方及《本经》止言术,未见分其苍白二种也。只缘陶隐居言术有两种,自此人多贵白者。今人但贵其难得,惟用白者,往往将苍术置而不用。如古方平胃散之类,苍术为最要药,功尤速。殊不详本草元无白术之名,近世多用,亦宜两审。"② 观宋代方书以白术入药多,如《太平圣惠方》的《伤寒论》方全部用白术,宋代庞安时《伤寒总病论》基本上用白术,其他如朱肱、许叔微亦有此取向。庞安时在给苏轼的信中,提到当时白术的价格飙升,《伤寒总病论·上苏子瞻端明辨伤寒论书》卷六曰:"白术自来每两十数文,今增至四五百。"③ 白术价格数十倍地飙升,可能与宋人贵白术的倾向有关,使用偏好带动药物价格的飙升,而这价格数十倍飙升的背后,也可能有市场的推高。

　　宋人偏重白术与官方编撰、校定医书密切相关,宋臣苏颂主持官修的《本草图经》中"凡古方云术者乃白术也",代表了官方的用药取向。宋臣林亿在主持校正官定本《备急千金要方》时,将古之"术"一律改为"白术",林亿"新校正《备急千金要方例》"曰:"又如白术一物,古书惟只言术,近代医家咸以为苍术,今则加以白字。"④ 同样,林亿等人在校定官定本的《伤寒论》时,也可能采用了与《备急千金要方》相同的体例,将原书中的"术"一律作"白术"处理,因此目前国内各种《伤寒论》《金匮要略》传本(包括《金匮玉函经》)中,凡是有术的方子,都只言"白术"而没有"术"。林亿等校定《备急千金要方》《伤寒论》及苏颂等编撰《本草图经》,皆是以官方形式进行的,故其对于白术的看法及医书中的"律改",代表的是官方的观点。而其对于白术的倾倒性偏重,一方面反映了时医对于白术的喜好,另一方面,这种官方"强硬性"的推高,又影响了时医对白术使用的偏好。

　　从以上情况分析,制药图中出现原药材白术,与宋人对于白术的偏好有一定的关系。⑤

---

① (宋)苏颂,撰. 本草图经 [M]. 合肥:安徽科学技术出版社,1994:75.
② (宋)寇宗奭,撰. 本草衍义 [M]. 颜正华,等,点校. 北京:人民卫生出版社,1990:46.
③ (宋)庞安时. 伤寒总病论 [M]. 邹德琛,刘华生,点校. 北京:人民卫生出版社,1989:161.
④ (宋)林亿. 新校正备急千金要方例 [M] // (唐)孙思邈,著;李景荣,等,校释. 备急千金要方校释. 北京:人民卫生出版社,1998:18.
⑤ 以上关于白术的观点,详见笔者论文:《神农本草经》与宋本《伤寒论》术类药差异分析,中华中医药杂志,2012,27(8):2009-2011.

第五节　佛祖涅槃图、杂剧图与
汉画像石象征意义的比较分析

　　韩城壁画除了北壁的墓主图及制药图外，还有东壁的佛祖涅槃图、西壁的杂剧图，这几幅图从墓葬文化的角度来说，还有一种象征意义。

　　佛教文化自汉代传入我国后，与本土文化交融，逐渐成为汉民族文化中一种有重要影响的文化成分。佛教生死轮回观念逐渐被民众接受，佛教题材也是历代壁画中的一个重要内容，此幅涅槃图反映了生死轮回、超度往生的意识，"墓主人希望能像佛祖般进入涅槃境界，应当说这是一种美好的愿望"①，"韩城盘乐村壁画墓西壁所绘涅槃图具有将佛祖寂灭的抽象性转化为超度亡灵和往生的意义"②，这与汉代画像石大量的神仙图表达的意象有一种相似性。汉画像石表达的是不死成仙的观念，受早期道家神仙思想的影响。

　　杂剧图的表征意义与汉画像石中的舞乐图有一定的相近性。汉画像石中的舞乐图既是墓主人生前生活的一种写照，同时也是对地下世界享乐生活的一种虚妄想象。宋人墓葬中的杂剧图尽管表现形式不一样，但表达的含义也应有地下享乐的成分在内，"为墓主人的娱乐"③。

---

① 康保成，孙秉君. 陕西韩城宋墓壁画考释 [J]. 文艺研究，2009（11）：84.
② 杨效俊. 陕西韩城盘乐村宋墓壁画的象征意义 [J]. 文博，2015（5）：61.
③ 康保成，孙秉君. 陕西韩城宋墓壁画考释 [J]. 文艺研究，2009（11）：88.

第五章

金元明佛教水陆壁画中的涉医图像

佛教水陆壁画中有较多的涉医图像，"十代名医"图像为元代医祀三皇制度中十大从祀名医，人物服饰中有串铃及眼睛装饰者标示着走方医的特殊身份；"五瘟使者"图像显示了道教、佛教信仰与瘟疫的流行及四时温病理论之间的密切关系；"堕胎产亡"除反映冤死业报外，同时展现了古代妇女临产过程及妇人诊病禁忌；瘟疫流行、严寒大暑、虫蛇咬伤、误施针医等，反映了当时人们对不同致病因素的认识。

佛教水陆壁画为佛教举行水陆法会时所供的神像画。水陆法会是佛教寺院举行超度水陆一切鬼魂、普济六道四生的法会。水陆画的内容十分丰富，包括儒、佛、道教神祇，先哲圣贤、世俗民众之"往古人伦"，以及堕胎产亡、恶病身殂等横死孤魂。水陆画大约出现于唐代，元明清时期较为多见，目前比较有代表性的壁画如河北石家庄毗卢寺壁画、蔚县故城寺、重泰寺壁画，山西繁峙县公主寺、右玉县宝宁寺、稷山县青龙寺、浑源县永安寺壁画等，其内容较为相近。水陆画常分组排列各类人物，上自三皇圣贤，下至三教九流，皆集于画中，其中部分题材与医学相涉。试析如下。

第一节　医家——儒士九流百家之一

医家作为"九流"之一出现在水陆壁画中，一般列在往古"九流百家者众"中，属于被追悼超度之"往古人伦"类。通常，壁画中只描绘一位医师，与儒士、画师、卜算等众共处一个画面。但毗卢寺水陆画中将"十代名医"单独作为一组，且画中人物多达五位。

一、"十代名医等众"与医祀三皇制度

在河北毗卢寺东壁上层有一组图，题为"十代名医等众"（彩图 5 - 1）。正

中一人戴幞头帽，身着圆领红袍，右手做针刺状，前卧一虎；最右一人（按图中人物分左右）手捧红色药葫芦，头着巾帻。其他三人身份特征不明显，而左边第二人由于墙面断裂、脱落，致图像漫漶，难以分辨。"十代名医"是一个特殊的称谓，存在于一个特殊的历史时期，与元明时期的医祀三皇制度有密切关系。

医祀三皇制度始于元代。元代自元成宗元贞元年（1295）以后，朝廷明令全国各郡县通祀三皇。是时上至朝廷下至郡县，皆祀三皇，将伏羲、神农、黄帝作为医药之祖进行祭祀，《绩溪县三皇庙记》说："国朝之制，通天下得祀者，唯三皇、社稷、孔子而已。"① 在医祀三皇的同时，设庙立学，建立医学教育制度，祭祀三皇的活动与医学考试、升迁及医学教育、医学交流同时进行。其三皇庙祠仿照释奠礼，主祀三皇时，设四配及十大从祀，四配为句芒、祝融、力牧、风后，十大从祀即以十大名医从祀。元武宗至大二年（1309），中书省确立从祀之"十大名医"，"请以十名医视孔庙诸大儒，列祀两庑，遂著为令"②，即以黄帝名臣俞跗、桐君、僦贷季、少师、雷公、鬼臾区、伯高、岐伯、少俞、高阳十大名医配。而在民间，由于民众的喜爱，"十大名医"逐渐被在民众中影响力较大的"十代名医"取代。元惠宗至元三年（1337）《三皇庙两庑碑》记有十代名医，即岐伯、雷公、扁鹊、张仲景、华佗、王叔和、淳于意、皇甫士安、真人孙思邈、药王韦慈藏，碑文曰：

> 三皇实开天人文之祖……于是有名医者出，且医教源自伏羲，流于神农，注于皇帝，而派于岐伯，雷公制立《素问》，灸焫炮燔，始显医药之源。其后则有扁鹊编集《难经》，仲景《伤寒论》，魏华佗疮科，王叔和《脉诀》，诚有功于世者也。若太仓公淳于意、皇甫士安、真人孙思邈、医王韦慈藏，历代推为名医，皆以其有济世活人之方，感鬼通神之圣，名书简册，列诸从祀。俾为医者朔望瞻仰，庶知圣人之道，非历代名医无以明。③

明景泰元年（1450），建阳熊宗立作《历代名医图赞》，其《图赞》中的人物与以上"十代名医"同（见《名方类证医书大全·医学源流》）。元明时期的

---

① （元）郑玉. 师山集·绩溪县三皇庙记 [M] //万里，刘范弟，周小喜，辑校. 炎帝历史文献选编. 长沙：湖南大学出版社，2012：462.

② （元）揭傒斯. 文安集 [M] //万里，刘范弟，周小喜，辑校. 炎帝历史文献选编. 长沙：湖南大学出版社，2012：471.

③ （元）刘云孙. 三皇庙两庑碑 [M] //苟德麟，主编；淮阴市地方志编纂委员会，编. 淮阴市志. 上海：上海社会科学院出版社，1995：2508.

"十代名医"不尽相同，但多为岐伯、雷公、扁鹊（或称神应王）、淳于意、张仲景、华佗、王叔和、皇甫谧（皇甫士安）、葛洪、韦慈藏（或称药王）、孙思邈（或称真人）。

由此可见，毗卢寺壁画中的"十代名医者众"，当是元明时期医祀三皇时从祀的名医。因孙思邈有坐虎针龙的传说，故壁画中戴幞头帽、身前坐卧一虎者，当指"真人孙思邈"；最右侧手捧葫芦者，极有可能是指药王韦慈藏（与传说中药王韦古、韦善俊合身）；其他三人身份特征不显，当是十代名医中的其他人，如扁鹊、华佗、张仲景或皇甫谧等。

二、走方医与虎撑

山西太谷县净信寺壁画"九流百家者众"一组人物，画面中处于队列最前面，站在幡旗下的一人，左手食指套一圆环状的串铃，串铃为走方医常持之物，由此推知此人为走方医。走方医是行走于民间的草泽医生，又名铃医，与坐堂医不同，"负笈行医，周游四方，俗呼为走方"（《串雅·绪论》）。走方医手持串铃，串街走巷，货药治病。串铃以铁为之，形如环盂，其内虚空，放置铁丸，摇之则响，又曰虎刺。虎刺的由来有两个传说，一说走方医李次口常行深山，有虎啮刺于口，求李拔之，李置此器于虎口，为拔其刺，后其术大行，走方医皆以虎刺为标识，名虎刺、虎撑（《串雅·绪论》）。另一个传说是孙思邈为虎拔刺，但孙思邈并非走方医。

走方医与常规坐堂医生不同，大多对医理不甚了解，其术秘而不传，治疗上只求速效，"其所传诸法与国医少异，治外以针刺、蒸、灸胜，治内以顶、串、禁、截胜。"串、顶、截，实即内科常用的汗、吐、下法。由于走方医为"江湖郎中"，不同于儒医，中有挟技牟利、手法粗暴、伤人损命者，"取其速验，不计万全"[1]，"人每贱薄之，谓其游食江湖，货药吮舐，迹类丐；挟技劫病，贪利恣睢，心又类盗……败草毒剂，悉曰仙遗；刴涤魇迷，诧为神授"（《串雅》原序）。但其中许多治疗方法快捷有效，"然闻走方医中有顶、串诸术，操技最神，而奏效甚捷"[2]，"使沉疴顿起，名医拱手"（《串雅·绪论》），不能一概鄙弃。清代著名医家赵学敏，其宗子赵柏云为走方医，名闻南北，赵

---

① 串雅绪论［M］//（清）赵学敏，著；郭华，校注. 中医非物质文化遗产临床经典读本 串雅内外编. 北京：中国医药科技出版社，2011.

② 串雅原序［M］//（清）赵学敏，著；郭华，校注. 中医非物质文化遗产临床经典读本 串雅内外编. 北京：中国医药科技出版社，2011.

学敏根据其治疗经验，总结走方医技中的精华，去其糟粕，著《串雅》内外编，欲使俗医归于"雅"，故名"串雅"。其归纳走方医三字诀，"一曰贱，药物不取贵也；二曰验，以下咽即能去病也；三曰便，山林僻邑，仓卒即有"①，能够就地取材（《串雅·绪论》）。走方医为民间行医群体，行医的对象基本上是生活在下层的民众，或行医于穷乡僻壤、缺医少药之处。

三、有眼睛标志的走方医者

宝宁寺水陆画"往古九流百家诸士艺术众"中（彩图5-2），站在最前列中间的一位男子，着黑色衣袍，头戴方形黑帽，身背布袋，其帽子、衣服前胸部及所背布囊上皆画有眼睛纹样，标示医者的身份。眼睛为什么是医者身份的象征？这可以从另一幅图《眼药酸图》得到佐证。故宫博物院藏宋绢本画《眼药酸图》，描绘的是南宋杂剧医生货药的题材。图中二人皆艺者所扮，一人指着自己的右眼，表示眼睛有疾，另一个浑身装饰有眼睛、作秀才打扮的"医者"（酸者）②，伸手递出眼药。"患者"腰后别有一柄破扇子，上写"诨"，是插科打诨之意，场面颇为滑稽，有谓此图为卖药的广告。《眼药酸图》中的医者，可能是眼科的走方医，进而眼睛成为走方医的象征，而宝宁寺壁画中有同样眼睛标志的人，则可能代表的是走方医。

同样出现在水陆画中，"十代名医"与走方医的身份截然不同。"十代名医"作为三皇庙祭祀中的从祀之神，其地位比走方医要高出许多，故在毗卢寺水陆画中单独列为一组，并未列入"往古九流百家"之中，而净信寺、宝宁寺水陆画中的走方医直接列入"九流"之中，作为俗医，身份低微。另在昭化寺"往古儒流贤士九流者众"亦有医者。

第二节　主病主药之神

水陆画中除了"往古人伦"类的医家外，另有主病主药之神，他们的地位

---

① 串雅绪论［M］//（清）赵学敏，著；郭华，校注. 中医非物质文化遗产临床经典读本 串雅内外编. 北京：中国医药科技出版社，2011.

② 酸者：杂剧中穿秀才服的扮作"医者"的角色。"如诸杂大小院本内，以孤名者十，孤为装官者（见《太和正音谱》）。以酸名者十一，金元间以秀才为细酸，又谓措大（见《少室山房笔丛》）"（王国维，吴梅，著. 中国戏曲史［M］. 南昌：江西教育出版社，2014：135.）。

则高于往古医家。这类题材几乎出现在所有的水陆画中，但其中医家身份高下不同。

如毗卢寺东壁上层，一组共5人，题"主病药苗稼昼夜之神"（彩图5-3），最右二人同向而立，其中一人手捧红色葫芦，此二人当是主病主药之神。宝宁寺水陆画中有"主苗主稼主病主药五谷神众"（彩图5-4），与毗卢寺壁画内容相近，其主病主药之神手持红色药丸（前排最右）。公主寺中"主苗主林主病主药之神"，其中一人头戴幞头帽，身着圆领红袍，前卧一虎，衣着形象与毗卢寺壁画"十代名医者众"中的孙思邈十分相近，故此人当是孙思邈，在这里是主病主药之神。其他如稷山县青龙寺"主苗主药大神众"、阳高县云林寺大雄宝殿"主苗主稼主病主药神众"，皆为此类题材。有的水陆画中主病主药之神与龙神合身，如山西灵石资寿寺"主风主雨主苗主稼主病主药龙王"，画中五人皆冠带袍服，捧笏而立，与其他壁画中平民化的主病主药之神不同，但图中人物特征不显，看不出哪个是主病主药之神，只能从衣饰及题识中得知其是龙王。永安寺"主苗主稼主病主药诸龙神神众"，重泰寺"主苗主稼主病主药诸龙神众宝幡"，皆是将主病主药等神与龙神合身。

医者题材除了以上这些外，尚有佛教中的药王、药上二菩萨、药师佛，如公主寺、阳高县云林寺大雄宝殿水陆画"药王菩萨""药师琉璃光佛"。

第三节　主病鬼王五瘟使者

此类题材是水陆画中的重要内容。如河北毗卢寺东壁上层有"主病鬼王五瘟使者"一组鬼神画。其他如山西青龙寺"五瘟使者众"、宝宁寺"主病鬼王五瘟使者众"、灵石资寿寺"五瘟使者神祇众"、浑源县永安寺"主病鬼王五瘟使者众"、河北重泰寺"主病鬼王五瘟使者众"，皆属此类。"五瘟使者"即五瘟鬼神，是传说中传播五种瘟疫的鬼神。五瘟鬼比较常见的说法是春瘟张元伯，夏瘟刘元达，秋瘟赵公明，冬瘟钟仕贵，总管中瘟史文业，分别主管四季瘟疫的发生。佛教水陆画中的"主病鬼王五瘟使者众"，原意指冤死业报之类，即瘟疫的发生是鬼神的恶报，而五瘟使者之由来，除了道教、佛教及民间信仰外，亦与瘟疫的暴发流行及四时温病医学理论密切相关（详见"第七章"）。

第四节 往古堕胎产亡

"往古堕胎产亡"属于佛教中"九横死",这类题材的本意原是冤死业报。毗卢寺壁画"往古随(堕)胎产亡"、永安寺"堕胎产亡仇冤报恨诸鬼神众"、公主寺"自刑自缢堕胎落孕"、重泰寺"堕胎产亡仇冤报恨诸鬼众宝幡"、宝宁寺"堕胎产亡严寒大暑孤魂众",皆属于此类题材。画中妇人怀抱夭折小儿,神情悲戚。由于古代医疗水平、接生条件、卫生条件及夹杂着祝祷符咒等巫术在内的复杂社会因素,妇人生产过程中常发生堕胎难产等死难事故,这些意外或人为的灾难,古人常常将其归咎于因果业报。与大多壁画悲戚场景不同的是,山西宝宁寺明代水陆画反映了古代接生及洗儿过程,从中可以大体了解古代接生过程。宝宁寺壁画产房中,产妇侧卧于床蓐上,旁有一人侍立,桌案上香炉飘出缕缕烟气。床前二妇人正在浴儿,一红衣女子左手持一把剃头刀,欲待为婴儿剃胎发;房外火炉上置一水壶,一侍女欲将水壶提起。房外端坐一位男性,这位男性通常是医者。画面以较为写实的手法,反映了古代妇女产蓐过程及浴儿场景,同时也暗示了古代妇女诊病时男医与病人之间的戒隔。宝宁寺水陆画为我们研究古代产蓐及新生儿护理提供了宝贵的史料佐证(详见"第八章")。

第五节 蚖蛇毒害

河北毗卢寺壁画中题为"蚖蛇毒害"画面,一老者被毒蛇咬伤右腿,流血不止,蛇仍蜿蜒于旁,伺机啮咬。河北蔚县故城寺、重泰寺"严寒大暑兽咬虫伤诸鬼众宝幡"、山西永安寺"严寒大暑兽咬虫伤诸鬼神众",皆属于此类题材。《神农本草经·序录》总述疾病之因,其中一种病因是"虫蛇蛊毒所伤",虫蛇咬伤是一种外来致病因素,救治不及时则致人亡。

第六节 严寒大暑

重泰寺"严寒大暑兽咬虫伤诸鬼众宝幡"、永安寺"严寒大暑兽咬虫伤诸鬼神众"为同一主题,即为描绘遭受严寒酷暑而死者。宝宁寺"堕胎产亡严寒大暑孤魂众"上部似是中暑的画面。

《神农本草经·序录》叙述各种致病因素曰"夫大病之主，有中风伤寒，寒热温疟"，其严寒大暑属外感致病因素。《伤寒论》有"中暍"病，"太阳中热者，暍是也。其人汗出恶寒，身热而渴也"①，即中暑。宝宁寺"堕胎产亡严寒大暑孤魂众"上部似是中暑昏厥的画面（彩图5-5），画中一人中暑昏迷，袒胸倒地，身后一人扶持，身前一人端碗欲灌，旁有一人扶伞盖遮荫，描绘的是中暑救治的场景。

古代有许多救治中暑之法，《小品方·治热暍诸方》："取路上热尘土，以壅其心上，小冷复易之，气通乃止。"②《温热暑疫全书·动暑》记中暑昏厥急救方法，将病人扶于阴处，以地上热土置于脐中，中间挖开一小孔，令人尿于热土中。将生姜或蒜捣汁，以热水或童子小便灌下，并用布蘸热水反复熨脐部，醒后用药。

酷夏之时，道途卒倒，汤药不便，恐气脱难治，急扶阴凉处，不可卧湿冷地，掬地上热土，放脐腹上，拨开作窍，令人溺于其中，索生姜或蒜捣汁，和童便或热汤灌下，外用布蘸揭，俟醒后用药。③

中暑病常用的方子，如热盛心气虚、阴液耗伤者，常用白虎汤、白虎加人参汤，兼湿者，用香薷饮加减。暑热伤气伤阴，又可致高热昏厥，故救治也要益气养阴。

第七节　误施针医而死

宝宁寺水陆画"依草附木树折崔摧针灸病患众""误死针医横遭毒药严寒众"，阳高县云林寺大雄宝殿"惧死针医横遭毒药"，属于同类题材，反映的是由于医生施治过程中针灸或治疗不当而发生的死亡。

宝宁寺水陆画"误死针医横遭毒药"（彩图5-6），反映的是庸医误治致人

---

①　（汉）张仲景，撰. 伤寒论 [M]. 杨金萍，罗良，何永，点校. 北京：中国中医药出版社，2006：26.

②　（晋）陈延之，撰. 小品方 [M]. 高文铸，辑校注释. 北京：中国中医药出版社，1995：188.

③　（清）周扬俊，著. 温热暑疫全书 [M]. 赵旭初，点校. 上海：上海中医学院出版社，1993：38.

病重的画面。图中屋内病人因误治而吐血不止，神情委顿，旁有一人用盆盂接血，一人在旁扶持病人。屋外数人拦住医者，神情激愤，一人紧紧拽住医者不放，庸医肩挎葫芦和药箱，药箱上有眼睛标志，显示其走方医的身份，其人神情狼狈不堪，旁有一毛驴，暗示医者将要逃离。医生治疗不当，或误施针灸，或妄用毒药，往往也是导致病情恶化甚至病人死亡的一个重要原因，图中反映的正是这种情况。

除以上内容外，水陆画中还有"饥荒殍饿疾病缠绵""树折崔摧"摔伤砸死、"水溺火焚"等种种伤恶横死之状。纵览佛教水陆壁画中的这些题材，可知其多是各种原因导致枉死的被超度孤魂野鬼类，在佛教中原指冤死业报，通过水陆法会被超度，正如《天地冥阳水陆仪文·召请孤魂仪》中说：

> 或恶病而身殂，或三冬野外冻亡，或九夏长衢于殍卒……或遭蛇蝎以伤残……或值蛊中毒药，或经水溺火焚……或下药而堕落胞胎，或产难而子母俱丧，或八大鬼王而横取，或五瘟使者以错，患时而少药少汤，病日多而多疼多痛。①

从医学角度，难产堕胎、瘟疫流行、寒暑失节、虫蛇咬伤、水溺火焚、误死针医等，属于不同的致病致死因素，可归于内伤、外伤之类。除此类内容外，水陆画中的其他题材，如十代名医及走方医等被超度的"往古人伦"类，从医学的角度，反映了古代医祀三皇制度、医者的地位、走方医之俗医特点；妇人产蓐题材，反映了古代妇人产蓐过程、浴儿风俗，以及妇人诊病禁忌。水陆画中涉医题材，为医学史及医学文化史的研究提供了丰富而生动的图像资料，借助这些特殊的图像资料及特殊的视角，可使我们的研究得到意想不到的结果，故值得对这方面的题材进行深入地发掘与研究。②

---

① 天地冥阳水陆仪文. 明正德十五年山西文水广报寺释文宝等刻，嘉靖元年释法空增刻本. 国图缩微胶片. 戴晓云《佛教水陆画研究》认为《天地冥阳水陆仪文》属于北水陆法会的轨仪。本文所列举的水陆画多见于山西、河北地区，应属于北水陆法会的地域，故基本遵从戴晓云的观点。

② 本节部分内容来自笔者论文：佛教水陆壁画中的涉医图考［J］. 医学与哲学，2017，38（7A）：67 – 71.

第六章

河北毗卢寺明代水陆壁画中"三皇"及"十代名医"图缘起

　　河北毗卢寺水陆壁画中的"三皇"与"十代名医等众",在佛教水陆法会中属于被超度的"往古人伦",有着佛教的内涵;但"三皇"与"十代名医"有着更为原始的、本土的内涵,与元代医祀三皇制度及从祀的名医有着密切关系。伏羲、神农、黄帝三皇作为医药之祖被祭祀,是伴随着元代医事制度的建立、医学地位的提升而产生的;其从祀之名医,由最初誉为"十大名医"的黄帝名臣,到后来逐渐演化为在民间颇具影响力的孙思邈、韦慈藏等"十代名医"。

　　河北石家庄毗卢寺始建于唐天宝年间,寺内保存有明代重修的水陆壁画,内容十分丰富,包括儒、佛、道教神祇,先哲圣贤、世俗民众,以及亡故鬼魂、堕胎产亡等众。水陆画为佛教举行水陆法会所供的神像画。虽然水陆法会的功能是为超度六道四生,但其中也包含了本土的、原始的儒道等文化及民间信仰,其中有部分内容与医学相涉。笔者曾至河北毗卢寺进行实地考察,为壁画精美的技法及构图所震撼,更为幸运的是看到了其中与医学相涉的内容。今就毗卢寺壁画中的三皇及"十代名医"涉医图进行考析。

第一节　三皇与"十代名医等众"图

一、"伏羲、女娲、神农"——三皇图

　　在毗卢寺西壁上层有一组人物,题为"伏羲、女娲、神农"(彩图6-1)。图左(按图中人物正面分左右)二人皆披发袒胸,头上长角,正中一人手持人参样物,最左一人身披草叶;右侧一人,美面修髯,身着黄袍,衣冠楚楚,拱手而立,其旁有二侍官恭立。对于此图像众说不一,有谓身披草叶者为伏羲,有谓身披黄袍者为伏羲;但女娲皆不知所指;亦谓图中有黄帝,但不能指出是

哪一位。以上解读,皆含糊其词,不能自圆其说。

元明时期的帝王图像及庙宇中的形象,可以为我们解读此三人真实身份提供参考。元明时期庙宇中伏羲、神农的形象较相似,多为披发草衣,头上长角,带有远古原始蛮荒色彩。明《帝京景物略》记天坛北药王庙供奉三皇,庙中伏羲形象为"叶掩体,手玉图,文八卦",神农"手药草",黄帝"附函挺朵,修髯花瘤,衮冕服"①,三人形象与此图非常相近。明《三才图会》中伏羲、神农、黄帝的形象亦类似。另与清代吴承砚神农像对比,可以确定手持人参样物者(与"神农尝百草"的传说有关)为神农,故可进一步确定身披草叶者为伏羲。史传黄帝"垂衣裳",故图中广袖黄袍、衣冠楚楚者当为黄帝。图中三人皆无法与女娲形象相联系,故此图题字"伏羲、女娲、神农"为误,当为"伏羲、神农、黄帝"。河北张家口蔚县重泰寺水陆壁画中有伏羲、神农、黄帝图像,与毗卢寺壁画相互呼应,证明了毗卢寺壁画中的是伏羲、神农、黄帝。山东嘉祥武氏祠汉画像石"历代帝王图"(图6-2),从前往后依次是伏羲女娲、祝融、神农、黄帝等。伏羲、女娲相互交尾(图6-3),神农披蓑衣,持耒耜(图6-4),黄帝则是冠冕衮服(图6-5)。

图6-2 山东嘉祥武梁祠汉画像石历代帝王图

图6-3 山东嘉祥武梁祠汉画像石伏羲女娲交尾图

---

① 刘侗,于奕正. 帝京景物略 [M]. 北京:北京古籍出版社,1980:101.

图6-4　山东嘉祥武梁祠汉画像石
神农图

图6-5　山东嘉祥武梁祠汉画像石
黄帝图

伏羲、神农、黄帝古称"三皇"，这幅图可以称作"三皇图"。毗卢寺及重泰寺壁画为什么会出现三皇图？从水陆法会本身的功能言，三皇作为圣王明主出现在毗卢寺、重泰寺水陆壁画中，纳入"往古人伦"之类，是通过法会超脱六道轮回，进入四生极乐世界，正如《天地冥阳水陆仪文》曰："盖闻上古三皇，下该五帝，明王圣主，次第相承……今当召请，即是往古人伦。"但三皇为什么被选入水陆会中，三皇作为本土文化，其背后有着怎样的历史背景？

二、"十代名医等众"——十代名医

毗卢寺东壁上层有一组五人图，题为"十代名医等众"（图6-6）。正中一人戴幞头帽，身着圆领红袍，右手做持针状，前卧一虎；最右一人手捧红色药葫芦，头着巾帻。其他三人形象特征不明显，而左边第二人由于墙面断裂、脱落，致图像漫漶。

壁画为什么出现"十代名医"，"十代名医"是具体有所指，还是泛泛之称？壁画上的五人可能有谁？有学者在释读此图时，未就图像上五人进行考证，只是介绍传说中的韦古为药王菩萨，并指出，"出现在水陆画中的药王形象也是佛教对药王的崇拜，完全和道教及民间信仰无涉"[1]。笔者不认同这种观点。佛

---

① 戴晓云. 佛教水陆画研究［M］. 北京：中国社会科学出版社，2009：116.

图6-6 河北毗卢寺壁画"十代名医等众"

教水陆画可谓容纳百川，儒佛道及民间信仰的神祇都囊括在内，若因这些本土神祇都被纳入水陆画中、一概归为佛教的神祇，从而抹杀其原始的、本来的内涵，我认为是不可取的。尽管"十代名医"出现在佛教水陆画中而被渲染了佛教色彩，作为被召请的"往古人伦"有追悼超度之意，但"十代名医"实质上是元明以后一个特殊名词，有特殊所指，"十代名医"的提法与元明时期兴起的"三皇庙"医学崇祀及医学人物信仰密切相关。兹就三皇及十代名医的原始本义进行考述。

第二节 三皇考

一、三皇由来勾勒

"三皇"之名在战国时期已有之，《吕氏春秋·用众》："此三皇五帝之所以大立功名也。"① 《庄子·天运》亦提及三皇五帝，"余语汝，三皇五帝之治天

---

① （战国）吕不韦；（汉）高诱，注. 吕氏春秋［M］. 上海：上海古籍出版社，2014：85.

下，名曰治之，而乱莫甚焉。"① 但战国时期文献并没有具体指出三皇是谁。《史记·秦始皇本纪》记秦臣博士说，谓"古有天皇，有地皇，有泰皇，泰皇最贵"②，即天皇、地皇、泰皇。对于"三皇"的考证，顾颉刚、吕思勉、杨宽论之甚细，顾颉刚对于战国到秦汉时期的天皇、地皇、泰皇，太一与三皇，及天皇、地皇、人皇进行了系统的论述。早期的三皇，大多没有与圣王相联系。（本文重点不在秦汉早期的三皇，此不细述。）

到了东汉时期，远古开天立极的圣人开始与三皇对号入座。"三皇"在汉代纬书中提及较多，东汉应邵《风俗通义》提及几种不同的"三皇"称谓，《风俗通义·皇霸》卷一"三皇"篇，引《春秋运斗枢》说："伏羲、女娲、神农是三皇也。"③ 引《礼号谥记》谓三皇为"伏羲、祝融、神农"④，引《（礼纬）含文嘉》"记伏戏、燧人、神农"⑤，引《尚书大传》说"遂人为遂皇，伏羲为戏皇，神农为农皇也"⑥。东汉《白虎通德论·号》曰："三皇者何谓也？谓伏羲、神农、燧人也。或曰伏羲、神农、祝融也。"⑦ 谯周《古史考》曰"伏羲、神农、黄帝为三皇"，晋·皇甫谧《帝王世纪》："伏羲、神农、黄帝为三皇，少昊、高阳、高辛、唐、虞为五帝。"⑧ 可见，"三皇"中的二皇是固定的，即伏羲、神农，其他一皇，或指女娲，或指祝融，或指燧人，或指黄帝。

《周易·系辞下》："古者包牺氏之王天下也……包牺氏没，神农氏作……神农氏没，黄帝、尧、舜氏作。"⑨ 其伏羲、神农、黄帝的排列与《古史考》《帝王世纪》等的三皇相同。

孔安国《尚书序》（或称《伪尚书序》，即《古文尚书》）以伏羲、神农、黄帝之书为"三坟"，曰："古者伏牺氏之王天下也，始画八卦，造书契，以代结绳之政，由是文籍生焉。伏牺、神农、黄帝之书，谓之《三坟》，言大道也；

---

① 庄子 [M]. 方勇，译注. 北京：中华书局，2010：240.
② （汉）司马迁. 史记 [M]. 北京：中华书局，1959：236.
③ （汉）应劭，撰；吴树平，校译. 风俗通义校释 [M]. 天津：天津人民出版社，1980：10.
④ （汉）应劭，撰；吴树平，校译. 风俗通义校释 [M]. 天津：天津人民出版社，1980：11.
⑤ （汉）应劭，撰；吴树平，校译. 风俗通义校释 [M]. 天津：天津人民出版社，1980：11.
⑥ （汉）应劭，撰；吴树平，校译. 风俗通义校释 [M]. 天津：天津人民出版社，1980：11.
⑦ （汉）班固. 白虎通德论 [M]. 上海：上海古籍出版社，1990：10.
⑧ （晋）皇甫谧. 帝王世纪 [M]. 北京：中华书局，1985：1.
⑨ 马恒君. 周易正宗 [M]. 北京：华夏出版社，2004：648 – 651.

少昊、颛顼、高辛、唐虞之书，谓之《五典》，言常道也。"其引《春秋左氏传》"楚左史倚相，能读《三坟》《五典》《八索》《九丘》"句，"谓上世帝王遗书也"①，顾颉刚："他（伪孔）以《三坟》属之于伏羲、神农、黄帝，以《五典》属之于少昊、颛顼、高辛、唐、虞，隐隐把这八个人分列为三皇、五帝。"② 可见，孔氏是以伏羲、神农、黄帝为三皇。

孔安国这一说法对后世"三皇"的定位有重要影响。唐·孔颖达《尚书正义》遵孔安国《尚书序》，将三皇定格为伏羲、神农、黄帝，将《三坟》定为三皇之书。

案《左传》上有《三坟》《五典》，不言《坟》是三皇之书，《典》是五帝之书。孔知然者。案今《尧典》《舜典》是二帝二典，推此二典而上，则五帝当五典，是《五典》为五帝之书。今《三坟》之书在《五典》之上，数与三皇相当，"坟"又大名，与"皇"义相类，故云三皇之书为《三坟》。③

唐代首次将伏羲、神农、黄帝作为三皇共同祭祀，可能与孔安国至孔颖达一脉相承的观点为官方认同有关。伏羲、神农、黄帝为三皇的说法，是汉代古文经及纬书演义的结果。

二、三皇与《三坟》

《三坟》与三皇的关系非同一般。"三坟"之说，始见于《左传·昭公十二年》，言楚国的左史倚相"是能读《三坟》《五典》《八索》《九丘》"。《三坟》基本上有两个说法，一是《三坟易》之《归藏》《连山》《易经》，二是三皇伏羲、神农、黄帝之书，如孔安国《尚书序》以伏羲、神农、黄帝之书为《三坟》，又《周礼·春官》："外史……掌三皇五帝之书。"郑玄注："楚灵王所谓《三坟》《五典》。"④

宋金时医家隐隐将《三坟》归为医书之祖，谓《易》与《神农本草经》《黄帝内经》为医学之《三坟》，大概是托古之意。宋初《开宝本草序》："《三坟》之书，神农预其一；百药既辩，《本草》存其录。"⑤ 陈振孙《直斋书录解

① （汉）孔安国. 尚书传序［M］//昭明文选：下. 北京：京华出版社，2000：179.
② 顾颉刚. 中国上古史研究讲义［M］. 北京：中华书局，2002：285.
③ （唐）孔颖达，编著. 尚书正义：第1册［M］. 北京：文物出版社，1982年影印吴兴刘氏嘉业堂刊本：7.
④ 周礼注疏［M］//（清）阮元，校刻. 十三经注疏：上. 北京：中华书局，1979：820.
⑤ （日本）丹波元胤. 中国医籍考：八十卷［M］. 北京：人民卫生出版社，1956：93.

题》卷十三《医书类》："《黄帝内经素问》二十四卷，黄帝与岐伯问答。《三坟》之书，无传尚矣。此固出于后世依托，要是医书之祖也。"① 这里的《神农本草经》《黄帝内经》，即医家眼里的《三坟》。宋·刘温舒《素问入式运气论奥》序："夫医书者，乃《三坟》之经。伏羲观天文造甲历，神农尝百药制《本草》，黄帝论疾苦成《素问》。"② 宋、金关于三坟之书的说法，已将伏羲、神农、黄帝与医学相勾连。金代民间始将三皇作为医药之祖祭祀，而在元朝政府大力推进医祀三皇制度的背景下，作为三皇之书的《三坟》几乎被公认为医家之远祖，金·元好问《遗山集·三皇堂记》曰：

老子职柱下史，阅人代之久，其述伏牺、神农、黄帝氏以来，有"太上下知""有之其次""亲之誉之"之论。邵康节因之，亦谓皇与帝为千万世之人，其次第盖如此。自《三坟》为吾夫子所删，三圣人者，与天同功，乃无德业可考，见医家者流，谓神农一日尝七十毒，与岐、黄《至真大要》，《三坟》书特止于此。③

王应麟《庆元路建医学记》曰：

古《三坟》书，倚相后无闻。《易》以筮传，《本草》《内经》以医传，天之牖民至矣。《本草》《内经》，医之原也。《易》何与于医？坎离阴阳，参同纳甲发其蕴，养生者宗焉。是以言医必曰羲、农、黄帝云。④

三、三皇合祭

伏羲、神农、黄帝、女娲等的官祭历代皆有，但并没有出现合祭情况。三皇合祭始于唐代，此时的三皇是指伏羲、神农、黄帝，三皇作为人类的始祖及开天立极的文明之祖被祭祀。《唐会要》卷二十二载：

（天宝）六载正月十一日敕：三皇五帝，创物垂范，永言龟镜，宜有钦崇。三皇：伏羲（以勾芒配）、神农（以祝融配）、轩辕（以风后、力牧配）……其择日及置庙地，量事营立。其乐器请用宫悬。祭请用少牢。仍以春秋二时致享，

---

① （宋）陈振孙. 直斋书录解题：卷十三［M］. 北京：中华书局，1985：367.

② （宋）刘温舒. 素问入式运气论奥序［M］//素问入式运气论奥. 上海：上海涵芬楼影印正统道藏本：1.

③ （金）元好问. 遗山集：卷三十二［M］. 康熙四十九年（1710）华希闵重校订本：17.

④ （宋）王应麟. 庆元路建医学记［M］//庄仲方，任继愈，主编. 中华传世文选·南宋文范. 长春：吉林人民出版社，1998：638.

共置令、丞，令太常寺检校。①

从《唐会要》可见，唐玄宗时的三皇是指伏羲、神农、黄帝，并且将三皇正式列入国家祀典，于京师祭祀，三皇除主祀外，有四大配祀，春秋致享，用少牢等。

唐代之所以将伏羲、神农、黄帝作为三皇祭祀，从孔颖达的《尚书正义》可见其由，而孔颖达的三皇之说实源自孔安国《尚书序》，顾颉刚《古史辨》说：

在五帝以前既有三皇御世，而三皇名目依照伪孔《尚书传序》是伏羲、神农、黄帝，于是在唐代祭祀前代帝王的祀典里就有了他们三人的位分也……《唐会要》云：（天宝）六载……可知他们全依伪孔的话办事的。②

五代至宋三皇祭祀的情况，由于文献阙如，难以详考。但从宋代的文献可知，宋人基本上沿袭唐代，以伏羲、神农、黄帝为三皇，宋·杨简诗："混沌凿开吞几岁，洪荒莫考传承裔。但闻前史载三皇，伏羲神农及黄帝。三皇之后五帝传，少昊颛顼高辛继。唐尧虞舜又继之，天下于斯为盛际。"《宋史·志第五十八·先代陵庙》记载宋代朝廷分祀伏羲、神农、黄帝：

乾德初……又诏"先代帝王，载在祀典，或庙貌犹在，久废牲牢，或陵墓虽存，不禁樵采"。其太昊、炎帝、黄帝……各置守陵五户，岁春秋祠以太牢。③

《金史·礼志·卷三十五》记前代帝王："三年一祭，于仲春之月，祭伏牺于陈州，神农于亳州，轩辕于坊州。"④ 说明金代三皇亦是分祀。

《宋史》卷一○五《礼志八》载：

时又有算学……寻诏以黄帝为先师。礼部员外郎吴时言：书画之学，教养生徒，使知以孔子为师，此道德之所以一也。若每学建立殿宇，则配食、从祀，难于其人。请春秋释奠，止令书画博士量率职事生员，陪预执事，庶使知所宗师。医学亦准此。诏皆从之。⑤

---

① （宋）王溥．唐会要：上［M］．上海：上海古籍出版社，2006：500 - 501.
② 顾颉刚．古史辨自序［M］//古史辨上．北京：商务印书馆，2011：421 - 422.
③ （元）脱脱．宋史［M］．北京：中华书局，1977：2558.
④ （元）脱脱．金史：2［M］．北京：中华书局，1975：504.
⑤ （元）脱脱．宋史［M］．北京：中华书局，1977：2551 - 2553.

《宋史》言医学与书画学一样，不能单独建庙立学，只能在春秋祭祀孔子时，令博士量率职事生员，陪预执事，共同参加祭祀活动，使知其行业宗师。可见医学是随祭孔一同陪祀。

四、元代医祀三皇

（一）金代及蒙元时期医家私祀三皇

金代正史未见朝廷合祭三皇的记载，但已有医师私祀三皇作为本业祖师的记载，《定兴县三皇庙记》："定兴有祠，在县东北隅，亡金大安庚午所建，前进士张狙文石在焉。国初，蔡国张公，改筑于县治西南河内村，距城二十里而近。"①"亡金大安庚午"即金代卫绍王完颜永济大安三年（1210）。金代私人立祠的情况还很多，"在华北，至少在金代后期就出现了私人修建的三皇庙。"②

元朝立国之前，蒙古已有私人建祠祭祀三皇，金·元好问《遗山集》"三皇堂记"（蒙古定宗海迷失后，1249 年）：

太原医师赵国器，谓吾业当有所本也，即其家起大屋，立三圣人像事之，以历代名医岐伯而下凡十人侑其坐，栋宇既备，像设既严……国器名天用，今为惠民局直长。③

诸如此类私祀的情况从蒙元时期的许多碑刻中可见一斑。元代立国以后，国家正式建立三皇庙制度，将伏羲、神农、黄帝作为医药之祖进行祭祀，医者主持祭祀，仿照儒学与孔子庙学的体制，设庙立学，将三皇庙与医学教育紧密结合，庙学合一，成为极有特色的"三皇庙学"，《增城三皇庙记》："国朝始诏天下，以郡县皆立庙，以医者主祠，建学置吏设教，一视孔子庙学。"④

（二）元代建庙立学

元朝建立初期，医学机制尚未形成，医事制度亟待完善。据《元史·志三十一·选举一·学校》记载，元世祖中统二年（1262），元朝尚未统一立国之前，朝廷听从太医院的建议，开始派专门官员往各路设立医学。

---

① （元）阎复. 定兴县三皇庙记［M］//李修生，主编. 全元文：9. 南京：江苏古籍出版社，1999：238.

② 方明. 元代中国的三皇祭祀［D］. 上海：复旦大学，2005：14.

③ （金）元好问. 遗山集：卷三十二［M］. 康熙四十九年（1710）华希闵重校订本：17－18.

④ （元）揭傒斯. 文安集：卷十［M］//世界书局，编辑. 四库全书荟要集部：第57册别集类. 上海：世界书局影印摛藻堂本，404－164.

世祖中统二年夏五月，太医院使王献言：医学久废，后进无所师授。窃恐朝廷一时取人，学非其传，为害甚大。乃遣副使王安仁授以金牌，往诸路设立医学。其生员拟免本身检医差占等役，俟其学有所成，每月试以疑难，视其所对优劣，量加劝惩。后又定医学之制，设诸路提举纲维之。凡宫壸所需，省台所用，转入常调，可任亲民。①

当时最高行政机构中书省提议设立三皇庙，元·陆文奎《三皇殿讲堂记》："先是，太医院奏医学久废，后进无师，谓宜随路设学，置博士弟子员，岁时讲肄，制可。于是中书省建言各学创三皇殿，春、秋释奠，著为令符，下本路施行。"② 据元《延祐四明志·本路医学》记载，中统三年，奉诏立学，建三皇殿，"医学：中统三年奉诏立学，建三皇殿，岁以三月三日、九月九日祭享，配以句芒、祝融、风后、力牧。"③ 元朝立国以后，诏立广建三皇庙，《定兴县三皇庙记》："圣朝自至元（1271 – 1294）以来，诏立三皇祠，始于京师，达乎郡邑，著之甲令，以为彝典。"④ 元成宗元贞元年（1295）以后，朝廷明令全国上起朝廷下至各郡县通祀三皇，而且在朝廷主持的祭祀活动中，医学祭典仿宣圣祀典，将医学祭祀的规模等级与孔子祭典等同，在某种程度上，将医学地位提升至与儒家近于等同的地位上。反思这种情况，在宋代儒家思想占主导地位的情况下几乎不可能发生，虽然宋代有儒医之称，但医不可能与儒并立齐等。《元史·祭祀志·郡县三皇庙》载：

元贞元年（1295），初命郡县通祀三皇，如宣圣释奠礼。太皞伏羲氏以句芒氏之神配，炎帝神农氏以祝融氏之神配，轩辕黄帝氏以风后氏、力牧氏之神配。黄帝臣俞跗以下十人，姓名载于医书者，从祀两庑。有司岁春秋二季行事，而以医师主之。⑤

可见自元世祖至元成宗时期是三皇庙建立时期，国家上自国都，下至郡县，

① （明）宋濂，等，撰. 元史：中［M］. 阎崇东，等，校点. 长沙：岳麓书社，1998：1151.

② （元）陆文圭. 墙东类稿：卷八［M］//四库全书：第1194册集部133别集类. 上海：上海古籍出版社，1987：629.

③ （元）袁桷，等，撰. 延祐四明志·本路医学［M］//浙江省地方志编纂委员会，编著. 宋元浙江方志集成：第9册. 杭州：杭州出版社，2009：4270.

④ （元）阎复. 定兴县三皇庙记［M］//李修生，主编. 全元文9. 南京：江苏古籍出版社，1999：238.

⑤ （明）宋濂，等，撰. 元史：中［M］. 阎崇东，等，校点. 长沙：岳麓书社，1998：1075.

都设建三皇庙，以春秋二岁祭祀，《澧州路慈利州重建三皇庙记》："国家之制，自国都至于郡邑，无有远迩，守令有司之所在，皆得建庙，通祀三皇，而医者主之，盖为生民立命之至意也。"①

元代的各种祭祀中，通祀者只有社稷、孔子及三皇，可见当时三皇庙祭祀规格之高。《吉安路三皇庙田记》："今天下自国都至于郡县，得通祀者，唯社稷之神，与学之先圣先师。而医学有伏羲、神农、黄帝之祠，居其一焉。"②《绩溪县三皇庙记》说："国朝之制，通天下得祀者，唯三皇、社稷、孔子而已。"③三皇庙主持祭祀者，地方以医官主持，国都三皇庙，始由太医院主持，后由中书省主持，天子亲遣官致祭。三皇庙建筑结构中有开天殿、棂星门，完全等同孔庙的建构。

元代三皇庙南北地区立庙情况不同，早在金代，北方已出现私人立庙祭祀的情况，而元代诏令全国通祀以后，南方执行情况尚不理想，这大概是宋人南迁，南方社会受儒文化的影响比北方较深重久远的原因，儒子们岂愿医者之流等同于孔子儒学。《丰郡三皇庙碑》："三皇于江南，故未有庙，至元混一，令郡邑俱建医学，始立庙。"④元代儒学对三皇庙的态度有二种，一是持反对意见；另一种兴起于南宋以后的"道统论"，将三皇归于儒家之道统，列为道统之首，反映了儒、医之争，而从另一角度，即从道统的角度阐明了三皇存在的合理性。虞集谓："昔者儒先君子论道统之传，自伏羲、神农、黄帝、尧、舜、禹、汤、文、武、周公，至于孔子，而后学者传焉。"⑤这样，三皇庙的设置，从儒家的角度就讲得通了。"在道统论的发展史中……士大夫们通过将三皇完全融入儒教传统之中，以此作为三皇庙祭祀的正统性根据吧。是否正是根据士大夫们的这种合理性解释，才推动了三皇庙在江南的受容呢？"⑥

① （元）虞集. 道园学古录：卷三十六 澧州路慈利州重建三皇庙记［M］//世界书局，编辑. 四库全书荟要集部：第56册别集类. 上海：世界书局影印摛藻堂本：528.

② （元）虞集. 道园学古录：卷三十六 吉安路三皇庙田记［M］//世界书局，编辑. 四库全书荟要集部：56册别集类. 上海：世界书局影印摛藻堂本：403－533.

③ （元）郑玉. 师山集：卷五 绩溪县三皇庙记［M］//万里，刘范弟，周小喜，辑校. 炎帝历史文献选编. 长沙：湖南大学出版社，2012：462.

④ （元）刘埙. 水云村稿：卷二［M］//四库全书：第1195册集部134别集类. 上海：上海古籍出版社，1987：349.

⑤ （元）虞集. 鹤山书院记［M］//缪荃孙，编. 中华传世文选·辽文存. 长春：吉林人民出版社，1998：597.

⑥ （日）水越知. 元代的祠庙祭祀与江南地域社会—三皇庙与赐额赐号［J］//姜锡东，李华瑞，主编. 宋史研究论丛第8辑. 保定：河北大学出版社，2007：535.

（三）设庙立学的社会背景

元代为什么要通过三皇庙来立学？元代朝廷通过三皇庙设立医学以提升医学的地位及影响。而设庙立学有着复杂的社会背景。一是由于战争，亟需要大量的医生，故通过祭祀三皇提升医学的地位，保证医生的质量与数量。二是元代统治者对汉民族始祖文化的淡化，将伏羲、神农、黄帝作为医药之祖进行祭祀，而不是作为汉民族的始祖，意在淡化民族文化，目前许多学者持这种观点。三是医生官衔品级的提高，元代太医院的官衔为三品，最高可达正二品，太医院首设置院使及提点，院使品秩最高，为正二品，唐宋的太医院从未达到此级品秩。《济南路改建三皇庙记》载：

我元以好生有天下，世祖皇帝诏太医院视三品，寻登二品，无所于统，为其学者不揉诸民而殊其籍。又例儒学官，置提举教授、正录教谕，俾理其户而训迪其生徒，岁上能者不于铨曹，于太医院听差，其上而官之，于是任日专学益盛，而三皇之祀遍天下矣。①

医生官阶品秩提高，与医学地位的提高是相一致的，从而将三皇列为医学之祖才能地位相当。王应麟《庆元路建医学记》："自古昔方技为王官之一守，今朝廷崇奖蠲复，悉与儒等，诸路设校立师教育之，将跻斯民寿域，德至渥也。"② 四是设立三皇庙的同时，建立医户制度，确立了医生的承袭体制，医者别籍为户，除了服军役外，可免除一定的徭役，这样则保证及稳定了医学队伍的数量。《三皇殿讲堂记》："至元戊寅（即至元十五年，1278），诏下所属，收拣明阴阳医术之士。是岁十月，天雄赵珪实来江阴，领本路医学，医始别籍为户，除徭役。"③ 第五，儒文化影响减弱，儒学地位的下降。第六，金元医家的影响，马明达指出"很可能某些在蒙元初期参与政事的医家起了促进作用，而这些医家大多是从金朝投向蒙古的"，他提出了耶律楚材、许国祯等人，既通医术，又为朝廷重臣④。另一方面，医之门户，分于金元，金元医家在医学上的突出成就，如世人所称的金元四大家医学上的影响，也可能对三皇庙学的建立

---

① （元）张养浩. 归田类稿：卷四［M］//四库全书：第 1192 册集部 131 别集类. 上海：上海古籍出版社影印本，1987：508.

② （宋）王应麟. 庆元路建医学记［M］//庄仲方，任继愈，主编. 中华传世文选·南宋文范. 长春：吉林人民出版社，1998：638.

③ （元）陆文圭. 墙东类稿：卷八［M］//四库全书：第 1194 册集部 133 别集类. 上海：上海古籍出版社影印本，1987：629.

④ 马明达. 元朝三皇庙学考［J］. 暨南大学中国文化史籍研究所，等，编. 宋元明清史论集. 广州：暨南大学出版社，1997：291.

起到重要推进作用。

　　元代将伏羲、神农、黄帝看作是医学的始祖，这一观点有着较深的思想渊源。在汉唐三皇说的深远影响下，宋金医家已经萌生了三皇为医家远祖的思想。早自宋代医家已隐隐有三皇、三坟的思想，可以说是医家三皇思想的发端，从前面所说宋初《开宝本草序》"《三坟》之书，神农预其一"① 可见端倪；刘温舒《素问入式运气论奥》序中"夫医书者，乃《三坟》之经。伏羲观天文造甲历，神农尝百药制《本草》，黄帝论疾苦成《素问》"②，亦可见三皇思想之发端。金元四大家之一刘完素，其《素问玄机原病式序》言"夫医教者，源自伏羲，流于神农，注于黄帝，行于万世，合于无穷，本乎大道，法乎自然之理"③，从中明显可见三皇为医家远祖的思想，而元惠宗至元三年（1337）《三皇庙两庑碑》所言"医教源自伏羲，流于神农，注于皇帝"，与刘完素所说同出一辙，医家之影响于此可见。故从唐代将三皇作为人文始祖共同祭祀，至金元时期的医祀三皇，其变化的原因除社会因素外，尚与宋代始医家内部萌生的三皇为医家远祖的思想有一定的关系，医祀三皇的产生，其中必然有着重要的医家思想渊源。关于三皇于医学的贡献，人们多谓伏羲画八卦、辨阴阳，神农尝百草，黄帝著医经，《丰郡三皇庙碑》："而三神人者，或显卦画、辨阴阳以露神机，或尝百草、品药性以开医道，又或著医经、制针法以救民生，俱能寿斯人欲绝之脉，补造化不及之功，世咸尊称之曰三皇。"④ 值得一提的是，元代参加三皇祭祀的，除了医家外，还有从事阴阳卜筮者流，可能与伏羲创制八卦、辨阴阳、善卜筮有关。

　　（四）三皇庙学体制的创建及对医学教育的影响

　　元代的三皇庙制度不仅作为国家法定的祭祀制度，而且与元代的医学教育、考试制度、医生的考核升迁密切相关。元代的三皇庙最初是祭祀医学始祖之处，同时成为医师聚会讲习交流之所。庙中建学，设有讲堂。地方每月朔望祭祀之时，隶属医户者及行医之人聚集于此，讲习《素问》《灵枢》《难经》《圣济总录》等书，述其一家之言。地方医官并于此时考较医者行医得失，根据行医的

①　开宝本草序［M］//（日本）丹波元胤. 中国医籍考：八十卷. 北京：人民卫生出版社，1956：93.
②　（宋）刘温舒. 素问入式运气论奥序［M］//素问入式运气论奥. 上海：上海涵芬楼影印正统道藏本：1.
③　（金）刘完素. 素问玄机原病式［M］. 北京：人民卫生出版社，1983：1.
④　（元）刘埙. 水云村稿：卷二［M］//四库全书：第1195册集部134别集类. 上海：上海古籍出版社，1987：348.

优劣进行提拔或降免。故三皇庙兼祭祀、讲学、医家聚会交流之功能，即所谓"庙学合一"，如同儒学与孔庙的关系。《元典章·礼部五·学校二》"医学·讲究医学"至元二十二年（1285）二月：

> 各路并州县余医学生员外，应有系隶籍医户及但是行医之家，皆是医业为生，拟合依上，每遇朔望诣本处，及聚集三皇庙，圣前焚香，各说所行科业，治过病人，讲究受病根因、时月运气、用过药饵是否合宜，仍令各人自写曾医愈何人，病患、治法、药方，具呈本路教授……考较优劣，备申擢用，以革假医为名之弊。①

可见到了至元二十二年，庙学体制已经完善。《长清县志》"三皇庙记"："元朝至元年，有尝建三皇庙，聚历代医书于中，令邑人习之，以袪民病。"②《福州三皇庙学田记》："三皇有庙，医者有学，其制虽昉见于前代，而合庙学为一，则又我国家之盛典也。"③《增城三皇庙记》："然后三皇之祀始尊，医学之教始行。"④ 三皇庙旁常设有惠民局，故三皇庙又兼有惠民治疾及施药之公益慈善功能。

元代建立庙学制度，对促进医学的发展，扩大医学的影响力，促进医学的交流，有重要意义。从元代多地修建三皇庙的碑刻中可见，地方官员常捐己俸以修缮三皇庙，并主持讲堂医事活动，而这一行为无疑从官方角度促进了医学的交流与医生医学理论及技术的提高。刘埙《丰郡三皇庙碑》载：南丰县始无三皇庙，太守陇西公到任后自捐己俸，与医人一同建庙。其庙中为正殿，内有三皇及四配塑像，殿外设医学门，"公常躬程课，无倦意，月朔望，公常躬奠谒，无废事。命医官诸生，审究脉病证治，交畅互阐"⑤。元《延祐四明志》载"奉化州医学"三皇庙经三次修缮：延祐元年，达鲁花赤木八刺奉议将旧道观修葺后，改作三皇庙。延祐六年春，达鲁花赤忽都答儿奉训，欲将三皇庙迁于岳林寺东馆驿故址，未完而离任。是冬知州马奉议到任，以"殿宇基址，湫隘卑

① 元典章［M］//海王邨古籍丛刊.北京：中国书店，1990：477.
② 三皇庙记·长清县志［M］//张奇文，主编.山东中医药志.济南：山东科学技术出版社，1991：409.
③ （元）贡师泰.玩斋集：卷七［M］//世界书局，编辑.四库全书荟要集部：第60册别集类.上海：世界书局影印摘藻堂本，360.
④ （元）揭傒斯.文安集卷十［M］//四库全书荟要集部：第57册别集类.上海：世界书局影印摘藻堂本，164.
⑤ （元）刘埙.水云村稿：卷二［M］//四库全书：第1195册集部134别集类.上海：上海古籍出版社，1987：349.

陋"，于是首捐己俸，及劝医户出助，迁就州东一百步赵氏故址，"筑砌墙围，创立棂星门，起盖大殿、讲堂、廊庑等屋，咸一新之，规模宏丽，不负尊崇"①。《至正四明续志》载："（昌国州）医学：学在州前贞武宫之南，至元二十九年，医提领许若璧、陈锡寿、李继之买民屋以建。前以祠三皇圣像，后以为医生讲肄之所。至元甲午，胡逢辰以儒者流，精仓扁之术，来为学正。医学赖其启迪。"② 胡逢辰以儒者身份而精于医学，担任学正以教授学生，这无疑提升了医学生的文化素质教育。《沂州三皇庙记》记载，泰定元年二月，都护府都事孙天正出任沂州，次日奠谒三皇，"顾瞻庙宇，库陋且阤，惕然不安"，遂将县治迁移，在县旧地改建三皇庙。庙建成后，利益众人，士庶皆喜，聚往观之，这一事件无形中扩大了医学的影响，"为殿三楹，侑以两庑，雅丽中度，称厥神栖，殿后讲堂又五楹，民不知劳而功毕。于其年中八月落成之日，士庶啧啧聚观，始利前日之迁矣，阖州咸喜"③。元·蒲道源《三皇庙学记》载：当时官员及医人多次修缮兴元路三皇庙，后又在三皇庙外专辟一地，为医学讲堂，名为"明本"，取医者治病须明标本之义，"又直大门外，置地一区，周回二百举武，创立讲堂七楹，榜曰'明本'，盖取医者治疾当明标本之义。谒香毕，率医之长与其子弟，升堂讲究《难》《素》凡医氏书"④。

　　三皇庙正常运作必须有足够的资金支撑，一般由政府出资，但也有地方官吏自捐己俸，或者政府提供学田，或由地方医者士人出资，《浦江县三皇庙记》："医有学，三皇有庙，尚矣。合庙学为一，而俾医师领其祠事，有司以春、秋之季，发公帑具祭料而折俎升觞焉，今制也。"⑤《三皇庙学记》亦言"公帑出钱，守土者行礼如式"。但三皇庙的资金及学田远不如儒学深厚，导致各地的三皇庙常有失修破败的情况，从现存诸多的元代三皇庙重修碑文中可见其端倪。

---

① （元）袁桷，等，撰．延祐四明志·本路医学［M］//浙江省地方志编纂委员会，编著．宋元浙江方志集成：第9册．杭州：杭州出版社，2009：4274．

② （元）王元恭．至正四明续志大德昌国州图志·医学［M］//浙江省地方志编纂委员会，编著．宋元浙江方志集成：第9册．杭州：杭州出版社，2009：4748．

③ （元）张养浩．归田类稿：卷四［M］//四库全书：第1192册 集部131 别集类．上海：上海古籍出版社影印本，1987：510．

④ （元）蒲道源．闲居丛稿：卷十四［M］//万里，刘范弟，周小喜，辑校．炎帝历史文献选编．长沙：湖南大学出版社，2012：474．

⑤ （元）黄溍．文献集：卷七上［M］//世界书局，编辑．四库全书荟要集部：第60册别集类．上海：世界书局影印摛藻堂本，443．

五、明清时期的三皇庙祭祀

明朝初年，三皇庙祭祀仍沿袭元制。洪武四年，儒臣提出以医药祭祀三皇不合于礼，朱元璋采用其说，令天下郡县不得亵祀，三皇庙的祭祀落入低谷。而到了嘉靖年间，朝廷又在太医院北建三皇庙，由礼部官主持祭祀，另建圣济殿，祀先医，由医官主持，三皇庙祭祀又达到一个高潮。嘉靖二十一年，拓建其庙。《明史·志第二十六·礼四》"三皇"：

明初仍元制，以三月三日、九月九日通祀三皇。洪武元年（1368），令以太牢祀。二年（1369）命以句芒、祝融、风后、力牧左右配；俞跗、桐君、僦贷季、少师、雷公、鬼臾区、伯高、岐伯、少俞、高阳十大名医从祀。仪同释典。四年（1371），帝以天下郡邑通祀三皇为渎。礼臣议：唐玄宗尝立三皇五帝庙于京师。至元成宗时，乃立三皇庙于府州县，春秋通祀，而以医药主之，甚非礼也。帝曰：三皇继天立极，开万世教化之原，泹于药师可乎？命天下郡县毋得亵祀。正德十一年（1516），立伏羲庙于秦州……嘉靖间，建三皇庙于太医院北，名景惠殿。中奉三皇及四配。其从祀……岁仲春、秋上甲日，礼部堂上官行礼，太医院堂上官二员分献，用少牢。复建圣济殿于内，祀先医，以太医官主之。二十一年，帝以规制湫隘，命拓其庙。①

清代沿袭明制，在太医院景惠殿祭祀，以礼部尚书主持祭祀，其四配、从祀仍同明嘉靖之制。《清史稿·志第五十九·礼三》载：

群祀：先医，初沿明旧，致祭太医院景惠殿，岁仲春上甲，遣官行礼。祀三皇：中伏羲，左神农，右黄帝。四配：句芒、风后、祝融、力牧。东庑僦贷季、岐伯、伯高、少师、雷公、伊尹、淳于意、华陀（佗）、皇甫谧、巢元方、韦慈藏、钱乙、刘完素、李杲十四人；西则鬼臾区、俞跗、少俞、桐君、马师皇、扁鹊、张机、王叔和、葛洪、孙思邈、王冰、朱肱、张元素、朱彦修十四人。礼部尚书承祭，两庑分献，以太医院官。礼用三跪九拜。三献。雍正中（1723—1735），命太医院官咸致斋陪祀。②

清代以后许多三皇庙变身为先医庙。

---

① （清）张廷玉，等，著．明史：二 [M]．北京：中华书局，2000：863 – 864.
② 赵尔巽，等，撰．清史稿：三 [M]．长春：吉林人民出版社，1998：1074.

第三节　三皇的配祀及从祀之十大名医

一、官方十大名医的拟立与反对

三皇庙祭典中，为了达到与孔子祀典相等的规格，"比依文宣大儒从祀之例"，仿照孔子庙祀四配（颜回、孔伋、曾参、孟轲）十哲（颜回、闵损、冉耕、冉雍、宰予、端木赐、冉求、仲由、言偃、卜商）之例，在三皇庙祭礼中复加四配及十大名医从祀。四配即伏羲以勾芒配，神农以祝融配，黄帝以风后、力牧配，仿唐制；从祀之十大名医，太医院拟选黄帝时臣俞跗、桐君、鬼臾区、岐伯等 10 人，为新制。

对于十大名医从祀，朝廷曾经有过争议。元成宗大德三年（1299），太常寺对太医院拟立十大名医从祀的作法提出反对意见，认为以医者从祀，则是将开天立极的三皇归类于医家专门之祖，降低了三皇的身份，不合礼制，主张依从唐代三皇四配的祭祀制度，其实还是将三皇作为开天立极的始祖祭祀，这也是儒子们的态度。《元典章》卷三十"礼部三·配享三皇体例"载：

> 大德三年……太常寺关送博士斤照拟得《唐会要》所载三皇创物垂范，候言藻鉴，宜有钦崇，于是伏羲、神农、黄帝俱有庙貌之设，春秋二时致祭，仍以勾芒、祝融、风后、力牧各附配享之位。稽诸典礼定规，虽百世不易也。况所谓创物垂范，是即开天建极、立法作则之义。今乃援引夫子庙堂十哲为例，拟十代名医，从而配食。果若如此，是以三皇大圣限为医流专门之祖，揆之以礼，似涉太轻；兼十代名医，考之于史，亦无见焉。合无止令医者于本科所有书内照勘定拟？①

《增城三皇庙记》亦有相同的记载：

> 大德三年，太常言三皇开天建极，创物垂范，为万世帝王传道之首，今太医院请以黄帝臣俞跗、桐君、鬼臾区、岐伯之属十大名医，视孔子十哲配享庙廷，是欲以三皇为医家专门之祖，非礼经，宜从唐制。②

---

① 元典章［M］//海王邨古籍丛刊. 北京：中国书店，1990：465 - 466.
② （元）揭傒斯. 文安集：卷十［M］//世界书局，编辑. 四库全书荟要集部：第57册别集类. 上海：世界书局影印摛藻堂本，164.

中书省将此提议下至礼部议，礼部同意了太常寺的提议而否定了太医院的提议，故此时尚未有十大名医从祀，只是建议医者依据医书中的人物随机选择从祀之名医。元武宗至大二年（1309），中书省又将湖广行省提议的太医院所请配享下达至礼部谋议，礼部会聚集贤院、翰林院、太常礼仪院等官员一同议论此事，得到一致认可，十大名医从祀始为通例，"请以十名医视孔庙诸大儒，列祀两庑，遂著为令"①，至此十大名医才正式"合法"地成为从祀。十大从祀以黄帝名臣俞跗、桐君、僦贷季、少师、雷公、鬼臾区、伯高、岐伯、少俞、高阳十大名医配。

《元典章》卷三十"礼三·三皇配享"载：

> 至大二年正月，行省准中书省咨湖广行省咨为祭享三皇事理……准此，送据礼部呈参详：三皇开天立极，泽流万世，有国家者所当崇祀。自唐天宝以来，伏羲以勾芒配，神农以祝融配，黄帝以风后、力牧配……其配享坐次，宜东西相向，以勾芒、祝融居左，风后、力牧居右。若其相貌冠服，年代辽远，无从考证，不可妄定。当依古制，以木为主，书曰勾芒氏之神，祝融氏之神，风后氏之神，力牧氏之神。所谓十大名医，比依文宣大儒从祀之例，列置两庑。如此尊卑先后之序，似为不紊。于十月初十日，会集到集贤、翰林、太常礼仪院等官，一同议得三皇配享事理，合依礼部所拟，定为通例。②

《济南路改建三皇庙记》（至治年间）："奉其故像居中，而又益以两庑，命工肖岐伯、雷公、少师等像，夹侍左右。"③《吉安重修三皇殿》记其庙："自三圣人而下，四配十哲像塑。"④

二、从"十大名医"到"十代名医"

三皇庙从祀的"十大名医"，由最初的黄帝名臣，逐渐衍化为在民间影响较大的"十代名医"。元·蒲道源《三皇庙学记》："且命工绘历代十名医像，朝

① （元）揭傒斯．文安集：卷十［M］//世界书局，编辑．四库全书荟要集部：第57册别集类．上海：世界书局影印摛藻堂本，164.
② 元典章［M］//海王邨古籍丛刊．北京：中国书店，1990：466.
③ （元）张养浩．归田类稿：卷四［M］//四库全书：第1192册集部131别集类．上海：上海古籍出版社影印本，1987：508.
④ （元）刘诜．桂隐文集：卷一［M］//四库全书：第1195册集部134别集类．上海：上海古籍出版社，1987：137.

269

拱于殿，以备从祀。"① "代"为逐代之意，一是指不同时代递相出现的名医，非黄帝一时之名医；二是在民间傩祭中，将十代理解为十代转世之意。这十代名医，元明清不同朝代、不同地区从祀的人物不尽相同。十代名医中，除保留少数黄帝名医如岐伯、雷公外，扁鹊、华佗、孙思邈、韦慈藏等人逐渐占据重要地位。元惠宗至元三年（1337）《三皇庙两庑碑》记医学源流人物，这些人物多进入十代名医的行列：

三皇实开天人文之祖……于是有名医者出，且医教源自伏羲，流于神农，注于皇帝，而派于岐伯，雷公制立《素问》，灸焫炮熜，始显医药之源。其后则有扁鹊编集《难经》，仲景《伤寒论》，魏华佗疮科，王叔和《脉诀》，诚有功于世者也。若太仓公淳于意、皇甫士安、真人孙思邈、医王韦慈藏，历代推为名医，皆以其有济世活人之方，感鬼通神之圣，名书简册，列诸从祀。俾为医者朝望瞻仰，庶知圣人之道，非历代名医无以明。②

从此碑文可见，十代名医有岐伯、雷公、扁鹊、张仲景、华佗、王叔和、淳于意、皇甫士安、真人孙思邈、药王韦慈藏。又由此碑文可见，元代有"医王"韦慈藏之说。

《明史·志第二十六·三皇》记洪武初年及嘉靖年间从祀的名医，洪武初年，朝廷祭祀仍以黄帝名臣10人作为十大名医；嘉靖年间建于太医院北的三皇庙，从祀的名医增至28位，礼部主持祭祀。

洪武元年，令以太牢祀。二年，命以句芒、祝融、风后、力牧左右配；俞跗、桐君、僦贷季、少师、雷公、鬼臾区、伯高、岐伯、少俞、高阳十大名医从祀。仪同释典……嘉靖间，建三皇庙于太医院北，名景惠殿。中奉三皇及四配。其从祀，东庑则僦贷季、岐伯、伯高、鬼臾区、俞跗、少师、桐君、雷公、马师皇、伊尹、扁鹊、淳于意、张机十四人；西庑则华陀、王叔和、皇甫谧、葛洪、巢元方、孙思邈、韦慈藏、王冰、钱乙、朱肱、李杲、刘完素、张元素、朱彦修十四人。岁仲春、秋上甲日，礼部堂上官行礼，太医院堂上官二员分献，用少牢。复建圣济殿于内，祀先医，以太医官主之。③

① （元）蒲道源. 闲居丛稿：卷十四［M］//万里，刘范弟，周小喜，辑校. 炎帝历史文献选编. 长沙：湖南大学出版社，2012：474.
② （元）刘云孙. 三皇庙两庑碑［M］//荀德麟，主编. 淮阴市地方志编纂委员会，编. 淮阴市志. 上海：上海社会科学院出版社，1995：2508.
③ （清）张廷玉，等，著. 明史：二［M］. 北京：中华书局，2000：863-864.

唐·甘伯宗《历代名医》、宋·许慎斋《历代名医探源报本之图》皆以图文形式胪列历代名医。许慎斋之《名医图》自三皇述及宋金医家。明景泰元年（1450），建阳熊宗立追溯二家之说，考析《历代名医图》，作《图赞》，并续以元代名医，"闲尝讨寻史子百氏诸医方书，作为传义，以发明行事之实"①，名曰《医学源流》，载于其所编集之《名方类证医书大全》卷首。明·陈嘉谟《本草蒙筌》卷前载明成化十二年（1476）熊氏《历代名医图姓氏》及《图赞》，并附图。明朱橚主持、李恒主编的《袖珍方》（洪武至永乐年间），其弘治十八年（1505）、正德二年（1507）及嘉靖十八年（1539）刊本前亦附熊氏的《图赞》及附图（图6-7、6-8、6-9）。《医学源流》《历代名医图姓氏》中的《图赞》所述，实即三皇及从祀的十代名医。《医学源流》之《图赞》曰：

图6-7　《袖珍方》明正德本 岐伯 雷公

---

①　（明）熊宗立. 历代名医图姓氏［M］//（明）陈嘉谟，撰. 本草蒙筌. 北京：人民卫生出版社，1988：29.

伏羲皇帝：茫茫上古，世及庖牺。始画八卦，爰分四时。究病之源，以类而推。神农之降，得而因之。

神农炎帝：仰惟神农，植艺五谷。斯民有生，以化以育。虑及夭伤，复尝草木。民到于今，悉沾其福。

轩辕皇帝：伟哉黄帝，圣德天授。岐伯俞附，以左以右。导养精微，日穷日究。利及生民，勿替于后。

图6-8　《袖珍方》明正德本
孙真人 韦慈藏

图6-9　《袖珍方》明正德本
扁鹊 王叔和

从《图赞》对三皇的赞述，或可逆推宋·许慎斋《名医图》有伏羲、神农、黄帝三皇的明确说法。

其十代名医即天师岐伯、太乙雷公、神应王扁鹊、淳于意、医圣张仲景、良医华佗、太医王叔和、皇甫士安、药上真人孙思邈、药王韦慈藏。

天师岐伯："天师岐伯，善答轩辕。制立《素问》，始显医源。"

太乙雷公："太乙雷公，医药之宗。炙煿炮爁，千古无穷。"

神应王扁鹊："秦神扁鹊，精研医药。编集《难经》。古今钦若。""神应

（侯）"之名，乃宋仁宗赐号。

淳于意："汉淳于意，时遇文帝。封赠仓公，名传万世。"

医圣张仲景："汉张仲景，伤寒论证。表里实虚，载名亚圣。"

良医华佗："魏有华佗，设立疮科。剔骨疗疾，神效巧多。"

太医王叔和："晋王叔和，方脉之科。撰成要诀，普济沉疴。"

皇甫士安："皇甫士安，治法千般。经言《甲乙》，造化实难。"

药上真人孙思邈："唐孙真人，方药绝伦。扶危拯弱，应效如神。"①

这里"药上"其实是借"药上菩萨"之名，而"真人"是道家称谓，按照这个称法，孙思邈身兼菩萨、真人佛道及名医三家身份。孙思邈称"真人"，除医家称谓外，还与宋徽宗赐号"妙应真人"有关。

十代名医的另一个重要人物即药王韦慈藏，"药王姓韦氏，名讯，道号慈藏。医中之圣，药中之王，灵应如神，人皆仰之。今医家皆图绘其像而祀之。大唐药王，德号慈藏。老师韦讯，万古名扬。"②

《本草蒙筌》卷前所附熊宗立的《历代名医图姓氏》又载："抱朴子葛洪：隐居罗浮，优游养导。世号仙翁，方传《肘后》。"③

熊宗立的《医学源流》在当时有一定影响，或许正是熊氏的"十代名医"说，奠定了明代"十代名医"从祀的主基调。

明《万病回春·医学源流》中医学人物有岐伯、雷公、扁鹊、淳于意、张仲景、华佗、王叔和、皇甫谧、葛洪、孙思邈、韦慈藏，与熊氏《图赞》相近，多为三皇庙从祀名医。

炎黄发源医祖，轩辕岐伯绳书，雷公炮制别精粗，扁鹊神应桓主，于懿（笔者按：即淳于意）治溺神效，仲景《伤寒》谁知，华佗秘授当时无，又得叔和《脉》助，皇甫仕安《甲乙》，葛洪《肘后》非殊，真人思邈圣神途，慈藏药主恍悟。上调西江月。④

① （明）熊宗立，撰. 名方类证医书大全［M］. 宋咏梅，郑红，刘伟，校注. 北京：中国中医药出版社，2015：1－18.
② （明）熊宗立，撰. 名方类证医书大全［M］. 宋咏梅，郑红，刘伟，校注. 北京：中国中医药出版社，2015：18.
③ （明）熊宗立. 历代名医图姓氏［M］//（明）陈嘉谟，撰. 本草蒙筌. 北京：人民卫生出版社，1988：42.
④ （明）龚廷贤，原著. 万病回春［M］. 朱广仁，点校. 天津：天津科学技术出版社，1993：55.

　　此中十代名医亦可能是沿袭熊氏之说。河北磁县纸马图"十代明医"，与熊宗立所述的十代名医几乎完全一致。图中居于正中的左右二人分别是"药圣韦慈藏""药王孙思邈"，称谓与前不同。韦慈藏右侧又有4人，题"太乙雷公神""神应王扁鹊""抱朴子葛洪"，孙思邈左侧题亦有4人，题"医圣张仲景""良医华佗"。图中共10人，但题字者只有7人，按熊氏的《历代名医图姓氏》，可能还有"太医王叔和""皇甫士安""天师岐伯""淳于意"中的三人。明《帝京景物略》记天坛北药王庙供奉三皇及从祀，实属三皇庙祭祀，曰：

　　天坛之北药王庙，武清侯李诚铭立也。庙祀伏羲、神农、黄帝，而秦汉来名医侍。①

　　其从祀名医：

　　左次，孙思邈，曾医龙子，出《千金方》乎龙藏者。右次，韦慈藏，左将一丸，右蹲黑犬，人称药王也。侧十名医，三皇时之岐伯、雷公，秦之扁鹊，汉之淳于意、张仲景，魏之华陀，晋之王叔和、皇甫谧、葛洪，唐之李景和，盖儒道服不一矣。②

　　这里较以前不同的是多了唐代的李景和。明代万历末年，济南布政使孙方伯在趵突泉前建药王庙，碑记："肖神农于上，以岐伯、韦药王配之；而雷公、秦越人、长桑君、淳于意、张仲景、华佗、王叔和、皇甫士安、葛洪、孙思邈列于两廊。"③ 少了岐伯，多了一位长桑君。

　　民国时期安国药王庙，供奉十代名医塑像，"计北屋内有徐文伯、黄普世安（皇甫士安）、孙思邈、张仲景、扁鹊，南屋内有华陀、张介宾、刘何（河）间、孙林、张子和等之像"④。可见所祀十代名医不尽相同。

　　河北隆尧县千户营乡杜家村北五里大陆泽庙，供奉三皇，十大名医从祀。

　　两旁供有站神"十大名医"，东边有：王叔和、扁鹊、朱丹溪、张仲景、孙思邈，西边有华佗、藏公、皇甫大安、岐伯天师、太乙雷公。庙正门书有"大

① 刘侗，于奕正. 帝京景物略［M］. 北京：北京古籍出版社，1980：100.
② 刘侗，于奕正. 帝京景物略［M］. 北京：北京古籍出版社，1980：101.
③ 明代济南布政使孙方伯建药王庙碑记［M］//张奇文，主编. 山东中医药志. 济南：山东科学技术出版社，1991：410.
④ 郑合成. 安国县药市调查［M］//李文海，主编. 民国时期社会调查丛编宗教民俗卷. 福州：福建教育出版社，2004：143.

陆泽庙",两边联为"三皇治世戡定蚩尤之乱,十代名医救护人民疾苦"。

除朱丹溪外,其余皆与熊氏《图赞》中的人物相同。此庙未知建于何时,1991年重修碑记言"曾在万历年代得修两次,乾隆六年重修一次"① 云云,大约可推断为明代万历以前所立。

从以上文献及碑文可见,不同时地三皇庙从祀的十代名医不尽相同,但较常见的人物是岐伯、雷公、扁鹊(或称神应王)、淳于意、张仲景、华佗、王叔和、皇甫谧(皇甫士安)、葛洪、韦慈藏(或称药王)、孙思邈(或称真人)。

三、韦慈藏"药王"称号真伪辨

"十代名医"中多次出现"药王韦慈藏",熊宗立的《医学源流》《历代名医图姓氏》中的《图赞》皆称:"大唐药王,德号慈藏。老师韦讯,万古名扬。"明代徐春甫《古今医统大全·历世圣贤名医姓氏》:"韦慈藏,姓韦,名讯,道号慈藏,善医术,常带黑犬随行,施药济人。玄宗重之,擢官不受。世仰为药王。"② 其说皆讹。

韦慈藏为唐代名医,京兆人,《旧唐书》2处有载,卷一九一"列传·方伎传·张文仲(李虔纵、韦慈藏附)"载:

张文仲,洛州洛阳人也。少与乡人李虔纵、京兆人韦慈藏,并以医术知名……时特进苏良嗣,于殿庭因拜跪便绝倒,则天令文仲、慈藏随至宅候之……慈藏,景龙中光禄卿。自则天、中宗已后,诸医咸推文仲三人为首。③

卷七十五"列传第二十五·苏世长(子良嗣)传"载:

(苏良嗣)与地官尚书韦方质不协,及方质坐事当诛,辞引良嗣,则天特保明之。良嗣谢恩拜伏,便不能复起,舆归其家。诏御医张文仲、韦慈藏往视疾。④

这2处都记载苏良嗣病昏厥及张文仲、韦慈藏救治之事。武则天初年,苏

① 大陆泽庙考 [M] //冯平印,著. 唐风尧韵. 北京:大众文艺出版社,2009:243 –
244.
② (明)徐春甫,编集. 崔仲平,王耀廷,主校. 古今医统大全:上 [M]. 北京:人民
卫生出版社,1991:23.
③ (五代)刘昫,等,撰. 旧唐书 [M]. 北京:中华书局,1975:5099 – 5100.
④ (五代)刘昫,等,撰. 旧唐书 [M]. 北京:中华书局,1975:2630.

良嗣遭韦方质攀诬，武则天虽未加追究，但苏良嗣于廷堂上跪拜时晕厥，武则天令张文仲、李虔纵、韦慈藏救治。从《旧唐书》可见，韦慈藏为宗兆人，武则天（690－704）时为御医，医术精湛，在当时颇有医名，后在唐中宗景龙年间（707－710）任光禄卿。但韦慈藏为什么成了"药王"？这其实是一段历史错案，韦慈藏被与另二位称为药王的人韦善俊、韦古（韦讯）相混淆。

韦善俊，正史未见，其传说约见于唐、五代时期，言其为唐武则天时京兆人，常卖药为人看病，身边有一黑犬相随，后黑犬化为龙，韦善俊乘以升天。五代王松年《仙苑编珠》卷下：

韦俊龙跃：韦善俊亦卖药愈疾于人间，常将以黑犬相随。以则天如意年中，过嵩岳少林寺，请斋饭餧（喂）犬，僧怒，善俊乃含水一喷，犬化为黑龙，乘以冲天。①

《太平广记》引唐代《仙传拾遗》有相同的传说，曰：

韦善俊者，京兆杜陵人也。访道周游，遍寻名岳，遇神仙，授三皇檄召之文，得神化之道……常携一犬，号之曰乌龙，所至之处，必分己食以饲之。犬复病疥，毛尽秃落，无不嫌恶之。其兄为僧，久居嵩寺，最为长老。善俊将欲升天……牵犬而去，犬已长六七尺，行至殿前，犬化为龙，长数十丈，善俊乘龙升天，掣其殿角，踪迹犹在。出《仙传拾遗》。②

宋·韩元吉《桐荫旧话》载忠献公病甚，得一牵犬道士相救，道士即韦善俊。

（忠献公）年六七岁，病甚……忽若张口饮药状，曰：有道士牵犬，以药饲我。俄汗而愈。后因画像以祀。按《列仙传》：韦善俊，唐武后朝京兆人，长斋奉道法。尝携黑犬，名乌龙。世俗谓为药王云。③

从以上传记可见，传说中的韦善俊与正史中的韦慈藏皆为武则天时人，这为二人"合身"从时间上提供了契合的条件。韦善俊是道教传说中的神仙人物，

---

① （宋）王松年. 仙苑编珠［M］//四库全书存目丛书编纂委员会. 四库全书存目丛书子部：第258册. 济南：齐鲁书社，1995：202－203.

② （五代）杜光庭. 仙传拾遗［M］//（宋）李昉. 太平广记. 北京：中华书局，1961：295－296.

③ （宋）韩元吉. 桐荫旧话［M］. 北京：中华书局出版社，1939：1.

民间俗谓药王，因与韦慈藏同时，故其事被附加到韦慈藏身上。明·王世贞《列仙全传》将韦善俊的故事描绘得更加丰满，曰：

> 韦善俊，京兆人。母王氏妊时，每啖血食则腹痛，蔬食则无恙。既生，至十三岁遂长斋。遇道士韩元最，授以秘要。常有二青童侍左右。嗣圣中，寓升仙观，有神人厉声曰：子何人，辄来此？宜速去。善俊曰：神人试我耳。何相逼太甚。神人逊谢而去。又尝过坛墟店，遇黑犬绕旋不去，因畜之，呼为乌龙。一日谓弟子曰：吾百年学道，今太上召我，我当去矣。其犬忽长数丈，化为黑龙，善俊乘之而去。①

《列仙全传》附有韦善俊骑犬升天图。

另有韦古，宋·沈汾《续神仙传》言其为天竺人，唐开元时入京师，广施药饵，医人多效，常腰悬葫芦，有一黑犬相随，得玄宗赐号为"药王"，《清嘉录》卷四转载：

> 沈汾《续神仙传》：药王姓韦名古，道号归藏，西域天竺人。开元二十五年入京师，纱巾毳袍，杖履而行，腰系葫芦数十，广施药饵，病人多效。帝召入宫，图其形，赐号药王。②

元《释氏稽古略》亦有相似的说法，谓其为疏勒人。

> 药王，姓韦氏，名古，字老师，疏勒国人，开元二十五年至京，纱巾毳袍，杖藜而行，腰悬数百葫芦，普施药饵，以一黑犬自随。凡有患者，古视之即愈，帝敬礼，为药王菩萨。皇后图其形而供养之。出《本草序》及《神仙传》。③

从以上2条记载看，韦古更近于佛教中人，故亦名药王菩萨。元《历世真仙体道通鉴》卷四十三"韦古"条载：

> 韦古，字老师，疏勒国人。身衣毳袍，腰悬数百葫芦，顶戴纱巾，手持藜杖，常以一黑犬同行。唐玄宗时入中国，每施药饵以救人疾病，行莫不愈。玄

---

① （明）王世贞，辑．绘图列仙全传［M］．台北：大中国图书公司，1972：389．
② （清）顾禄．清嘉录［M］．扬州：广陵书社，2003：208－209．
③ （元）释觉岸，释幻轮，撰．释氏稽古略·续集［M］．扬州：江苏广陵古籍刻印社，1992：314．

宗重之，敬称药王。厥后其犬化为黑龙，乘之冲天而去，时开元二十五年也。①

　　《太平广记》引唐代《惊听录》言韦老师故事，事与以上三说相近。韦老师即前言韦古者，但其身份变成了道士，牵犬至岳寺求食，后犬化龙，韦老师亦骑龙升天。

　　嵩山道士韦老师者，性沉默少语，不知以何术得仙。常养一犬，多毛黄色，每以自随。或独坐山林，或宿雨雪中，或三日五日至岳寺，求斋余而食。人不能知也。唐开元末岁，牵犬至岳寺求食……老师乃出，于殿前池上洗犬。俄有五色云遍满溪谷。僧骇视之，云悉飞集池上。顷刻之间，其犬长数丈，成一大龙。老师亦自洗濯，服绮衣。骑龙坐定，五色云捧足，冉冉升天而去（出《惊听录》）。②

　　以上 4 个版本的传说，其实是同一个故事，皆是关于韦古的，故事中的黑犬与韦善俊牵犬传说相同，说明韦善俊、韦古为药王的说法应是同一回事。

　　总之，医学人物中的药王之说，较早的有韦善俊、韦古，二者合而为一，又与韦慈藏合身，最终这三个同姓、医事活动时间相近（唐武则天、开元）的人物相互混揉到一起，才形成了韦慈藏为药王的说法。元惠宗至元三年刘云孙《三皇庙两庑碑》中"医王韦慈藏"，元末陶宗仪《南村辍耕录》（约元至正二十六年，1366）有"药王韦慈藏"，皆是三者合于一身。

　　另外，古代的药王庙中亦供奉扁鹊、皮场等，因与韦慈藏无关，此不细述。另一个后世流传极盛的名医是药王孙思邈，郑金生谓："至于唐代名医孙思邈，笔者至今还未在明代史料中发现称孙思邈为药王者。孙思邈的故里陕西耀县有多处以'药王'命名（如药王山、药王庙、药王大殿等），但这些名称并非早已有之……现在所说的药王庙，在碑记中称之为真人祠。"③ 十代名医的称谓中常称"真人孙思邈"也佐证了郑金生的说法。

　　按以上各种说法，韦慈藏为药王一说可能始于元代，而韦善俊、韦古为药王的说法的起源年代比较相近，应在唐宋时期。元明时期，三韦才完全变身为一个药王韦慈藏，作为御医与行医于民间所有相互矛盾的事迹统统归于一人

　　① 历世真仙体道通鉴［M］//道藏：第 5 册. 北京：文物出版社，上海：上海书店，天津：天津古籍出版社，1988：351.

　　② （唐）王坤. 惊听录［M］//（宋）李昉. 太平广记. 北京：中华书局，1961：248.

　　③ 郑金生. 中国历代药王及药王庙探源［J］. 中华医史杂志，1996，26（2）：65–72.

之身。

山西省曲沃县任庄村扇鼓傩祭活动，带有汉代傩祭遗风。现存清代《扇鼓神谱》详述了傩祭整个过程，其中一个环节是奏请诸神，中有三皇五帝及十代名医，"奏请起降龙伏虎、药王老爷、十代名医来受香烟"①。与十代名医相并称的降龙伏虎可能是指孙思邈，而不是佛教中的降龙与伏虎罗汉，此处药王老爷有可能是韦慈藏。

民国期间北平东岳庙有药王殿，供奉三皇及十大名医。孙思邈案前神签，一为卜求吉凶，一为求药方签，《北平东岳庙调查》言：

药王殿求神方：西跨院南门内药王殿，内祀三皇、药王孙真人、药圣韦慈藏及八大名医。孙真人神案有签筒，签分两种，一种是通常卜吉凶者，一种是求神方者，求签者按号取帖。②

明清以后，十代名医中最负盛名的是真人孙思邈、药王韦慈藏，他们几乎成了十代名医的代名词。

从文献记载及碑刻中发现，十代名医中的孙思邈因有"坐虎针龙"的典故，故三皇庙中的孙思邈塑像或画像，常呈坐虎针龙的形态，或身边仅有虎相伴。而韦慈藏的形象是手持药丸，黑犬伴随，腰挂葫芦，或仅有黑犬相随。

通过以上考述可知，三皇与"十代名医"之间本是相互关联的，与元明时期的医祀三皇制度有着十分密切的关系。毗卢寺壁画中的"十代名医等众"，必是医祀三皇时的从祀名医。壁画中的五人，戴幞头帽、身前有一虎者，当指坐虎针龙之"真人孙思邈"，戴幞头帽、着圆领袍是唐代男子常见的服饰；最右侧手持葫芦者，极有可能是指药王韦慈藏；其他三人身份特征不显，但一定是十代名医中的人，如扁鹊、华佗、张仲景等。毗卢寺壁画中的三皇，除了有可能是作为人文始祖之外，在元明时期祭祀三皇的文化背景下，当与医祀三皇有着密切关联。

———————

① 黄竹三，王福才，著. 山西省曲沃县任庄村《扇鼓神谱》调查报告［M］. 台北：财团法人施合郑民俗文化基金会，1994：38.
② 叶郭立，诚搜记. 北平东岳庙调查［M］//李文海，主编. 民国时期社会调查丛编 宗教民俗卷上：二编. 福州：福建教育出版社，2014：151.

第四节 三皇及"十代名医"在水陆画中的佛教内涵

佛教题材中为什么吸纳医家人物？首先，医家是作为"九流"之一，被包罗在水陆画中。佛教水陆画"往古人伦"类中的"儒士九流百家者众"有医家，一般只有一人，唯独毗卢寺壁画中将十代名医作为民间信仰中的神祇，单独列为一组，凸显医家之重要。其次，按佛教的说法，修行菩萨道，需习"五明"，通俗地讲即五种知识或技能，其中有"医方明"，即以菩提救苦之心，以众生之心为心，体众生之苦，同众生之忧，救疗疾厄，虚云大师说："众生身有风寒暑湿之病，佛为演'医方明'以治之。《净名经》所谓众生病故菩萨病。同体大悲，慈眼如是。"佛教中本有药王、药上菩萨，"菩萨为众生救疗沉疴，不惜身命。如药王菩萨，以众香涂身，自焚供佛，供佛即是供众生"。菩萨为救疗众生，不惜牺牲自己。医者父母心，亦以众生之苦为苦，神农为众生尝百草，乃如菩萨化身，"世间贤圣，亦同此心，亦同此理。只如神农尝百草，亦是为众生而尝。菩萨在因地修行，现种种身而为说法。神农氏即是菩萨，现医王身而为说法"①。十代名医从这个角度讲，皆如菩萨为人救苦疗疾，在六道当中应属"三善道"。即如孙思邈，明代熊宗立《（名医）图赞》中亦称"药上（菩萨）"，传说中的韦古亦称药王菩萨。如此这般，这些医家在佛教中，终是分不清是医家还是菩萨。这也正是佛教题材中引入十代名医之因缘。

为什么三皇及十代名医出现在毗卢寺水陆法会中？水陆法会为超度水陆空一切有情者众超脱轮回，进入极乐世界，这是法会的本旨。但所招请的众人有善有恶，反映善恶因果业报，其中亦有宣教警示的意义。选入水陆法会的当是在历史文化中有重要影响的人物，三皇的名气从汉唐至元明可谓显赫，与儒教中的孔子、佛教中的释迦牟尼、道教中的老子、玉皇大帝等侪比肩，而元明时期星罗棋布的三皇庙中供奉的神祇，在民众信仰中亦有一定的影响，故被移置于佛教的水陆壁画中。这些先贤圣哲、"过往者众"之"往古人伦"，从佛教的角度言，并未超脱生死轮回，皆成为水陆法会中超度的对象，通过水陆法会，在引路王菩萨的带领下，由六道轮回超脱到极乐世界中。

---

① 虚云大师. 在广州佛教志德医院演讲［M］//净慧，主编. 虚云和尚开示录全编. 北京：金城出版社，2011：30.

正如《天地冥阳水陆仪文·召请往古人伦》所言：

盖闻上自三皇，下该五帝，明王圣主，次第相承。或临万国以称尊，或居一方而独霸。金枝玉叶，圣后贤妃，文卿武将，为国亡躯，一切英贤，九州岛四海之内，儒流释道之间，乃至今宵施主，檀越家亲等众，任是荣枯贵贱，终成白骨微尘，同居幻化之乡，未出轮回之际，纷纷天谢，实可哀怜，若非甘露门开，毕竟无由解脱。是以今宵会首，大启无遮，西资极乐之因，上助菩提之路，今当召请，即是往古人伦。①

水陆画中儒佛道同时出现，反映了外来佛教文化与本土文化的相互融合与包容，这种文化百态实际上是一个海纳百川的文化交汇。

---

① 天地冥阳水陆仪文. 明正德十五年山西文水广报寺释文宝等刻，嘉靖元年释法空增刻本. 国图缩微胶片.

第七章

元明佛教道教壁画图像中"主病鬼王五瘟使者"之由来及与疫病关系

　　"主病鬼王五瘟使者"出现在众多的佛教水陆壁画中，更早地出现在早期道教题材中。"五瘟使者"之由来有着复杂的社会原因及疾病原因，反映了疫病的暴发流行所带来的复杂社会问题。五瘟鬼神信仰与早期的鬼神致病思想，传统的四时五行思想，道教及民间信仰的神化夸张及神话谱系的推演，佛教因果业报思想，特别是瘟病的肆虐造成民众的恐惧心态以及由此产生的巫术心理有着密切关系，其中折射出医学上对四时温病的认识与辨治。

　　"主病鬼王五瘟使者"是佛教水陆画中的重要内容，如河北毗卢寺东壁上层

图7-2　《三教搜神大全》五瘟使者
清光绪刻本

（彩图7-1），有"主病鬼王五瘟使者"一组鬼神画，画面有五位，马面者持勺，牛头者持扇，虎头者背一火葫芦，鸡头者持锤，只有一位人面虬髯怒目，手执一柄长剑。其他如山西青龙寺、宝宁寺、灵石资寿寺、浑源县永安寺等皆有此类题材。画面中五瘟使者多呈牛头马面，鸡首虎头，或兔头龙首等怪异形象，所持之物有火葫芦、锤、扇、勺、剑、罐、袋等。"五瘟使者"不但浓墨重彩地反复出现在佛教题材中，同时亦是道教中的一个重要题材，早期的道教中已经有关于五瘟使者、五瘟鬼神的记载（图7-2）。

　　"五瘟使者"的由来有着深刻的社会原因与思想根源，同时与疫病的

暴发流行密切相关，其中夹杂着医学上对四时温病的认识与辨治。兹述如下。

第一节　道教及民间信仰中五瘟鬼神的由来

一、五瘟鬼神与四时五行

五瘟使者又称为五瘟鬼神，古代比较流行的说法是春瘟张元伯，夏瘟刘元达，秋瘟赵公明，冬瘟钟仕贵，总管中瘟史文业，即五瘟分管四时温病。五瘟手中各持勺、罐、剑、扇、锤等，与佛教水陆画相同。五瘟鬼神原是道教传说中散播瘟疫的恶神，瘟神出现则疠疫流行。传说隋文帝开皇十一年出现五瘟神，是年国中大疫，民死者众，帝乃立祠祭祀，封为将军，隋唐皆以五月五日祭祀，后五瘟神被匡阜真人收为部将。《三教搜神大全》卷四载：

昔隋文帝开皇十一年六月内，有五力士现于凌空三五丈，于身披五色袍，各执一物。一人执杓子并罐子，一人执皮袋并剑，一人执扇，一人执锤，一人执火壶。

帝问太史居仁曰：此何神？主何灾福也？张居仁奏曰：此是五方力士，在天为五鬼，在地为五瘟，名曰五瘟。春瘟张元伯，夏瘟刘元达，秋瘟赵公明，冬瘟钟仕贵，总管中瘟史文业。如现之者，主国民有瘟疫之疾，此为天行时病也。帝曰：何以治之而得免矣？张居仁曰：此行病者，乃天之降疾，无法而治之。于是其年国人病死者甚众，是时帝乃立祠，于六月二十七日，诏封五方力士为将军。青袍力士封为显圣将军，红袍力士封为显应将军，白袍力士封为感应将军，黑袍力士封为感成将军，黄袍力士封为感威将军。隋唐皆用五月五日祭之，后匡阜真人游至此祠，即收伏五瘟神为部将也。①

五瘟使者又按五方得名，道教《正一殟司辟毒神灯仪》有东方行瘟张使者，南方行瘟田使者，西方行瘟赵使者，北方行瘟史使者，中央行瘟钟使者。五方瘟神与前相对应的是春瘟东方使者张元伯，五行属木；秋瘟西方行者赵公明，五行属金。其他或人名不同，或五行对应不同，单就"五瘟使者"这一称谓与水陆画中同。

南宋道教《无上玄元三天玉堂大法》卷十三"斩瘟断疫品"言五瘟神主五

---

①　三教搜神大全［M］//叶启悼，辑. 郋园全书：109. 清光绪长沙叶氏刻本，1935：2.

种瘟病，曰：

东方青瘟鬼刘元达，木之精，领万鬼行恶风之病；南方赤瘟鬼张元伯，火之精，领万鬼行热毒之病；西方白瘟鬼赵公明，金之精，领万鬼行注炁之病；北方黑瘟鬼钟士季，水之精，领万鬼行恶毒之病；中央黄瘟鬼史文业，土之精，领万鬼行恶疮痈肿。①

五瘟神与五行、五种温病有一系列的对应关系，即：

刘元达——东方——木之精——青瘟鬼——恶风之病

张元伯——南方——火之精——赤瘟鬼——热毒之病

赵公明——西方——金之精——白瘟鬼——注气之病

钟士季——北方——水之精——黑瘟鬼——恶毒之病

史文业——中央——土之精——黄瘟鬼——恶疮痈肿

其五瘟与五行五方四时的对应与前不同，但赵公明一直都是西方瘟鬼，五色为白，五行属金，季节对应秋，其他与《三教搜神大全》近同而略有差异。

从医学的角度言，东方属木，在脏为肝，其病主风，故主恶风之病；南方属火，在脏为心，多火热之病，故主热毒之病。故道教神谱的推演，其中夹杂了医学中对四时温病发病特点的认识。五瘟鬼所持之物有似潘多拉的盒子，里面所盛的是瘟疫与灾难。

二、八部瘟神

道教又有八部瘟神之说，这八部瘟神所行疾病不一，分别主内科杂病、瘟病、下痢、外科疡肿、寒疟、酸癀、五毒等，道教认为皆是五行不正之邪气作祟，《真仙通鉴》卷十八载：

时有八部鬼帅，各领鬼兵，动亿万数，周行人间。刘元达领鬼行杂病，张元伯行瘟病，赵公明行下痢，钟子季行疡肿，史文业行暴汗寒疟，范巨卿行酸癀，姚公伯行五毒，李公仲行狂魅赤眼。皆五行不正殃祸之气，随时更名。②

五行不正殃祸之气是从邪鬼致病的角度言，而从天气异常的情况言，五行

---

① （宋）路时中. 无上玄元三天玉堂大法［M］//道藏：第四册. 北京：文物出版社，上海：上海书店，天津：天津古籍出版社，1988：40.

② 赵道一. 历世真仙体道通鉴：上［M］. 扬州：江苏广陵古籍刻印社，1997：596.

不正之气又指非时之异气，即四季不正常的气候变化，这是瘟疫发生的重要因素。

《封神演义》第99回姜子牙封神时，封吕岳为瘟部正神，为主掌瘟癀之昊天大帝，统率瘟部六位正神。此外，还有七瘟的说法（《太上洞渊神咒经》）。

三、四海神与主司杀厉之禺强

《伤寒总病论》载心念四海神名辟温法，系来自道教的说法，这四海神恐怕也属于瘟神之列。

> 常以鸡鸣时，存心念四海神名三七遍，辟百邪恶鬼，令人不病温。东海神阿明，南海神祝融，西海神巨乘，北海神禺强。每入病人室，存心念三遍，口勿诵。①

此说见于道教《黄庭遁甲缘身经》，曰：

> 若有县官，或有殃害之气，军阵险难之处，及入佗国未习水土，或遇疫病辰日，数数存念之。或入孝家，临尸见丧，亦入门一步诵一遍，叩齿三下，当诵三遍，此我法也。来日平觉，便念四海神名：东海神名阿明，西海神名祝良，南海神名巨乘，北海神名禺强。四海大神辟百鬼，荡凶灾，急急如律令！②

禺强，《山海经》载其人面鸟身，居于北海，处于北极，为北海之神，主司西北杀厉之不周风。《大荒北经》："北海之渚中，有神，人面鸟身，珥两青蛇，践两赤蛇，名曰禺强。"③《海外北经》："北方禺强，人面鸟身。"郭璞注："字玄冥，水神也。庄周曰：禺强立于北极。"④ 禺强的形象为半人半鸟，是风神的化身。《淮南子·坠形训》："隅强，不周风之所生也。"⑤ 不周风古代传说中是来自西北的凛冽之风，亦指厉风疫鬼之类。《楚辞·天问》提到伯强，曰："伯强何处？惠气安在？"伯强乃传说中的大厉疫鬼，王逸注《楚辞》曰："伯强，大厉疫鬼也，所至伤人。"⑥ 古今学者多谓伯强为禺强，王夫之曰："伯强，厉

① （宋）庞安时，撰. 伤寒总病论［M］. 邹德琛，刘华生，点校. 北京：人民卫生出版社，1989：124.

② 黄庭遁甲缘身经［M］//张君房，编. 云笈七签：1. 北京：中华书局，2003：362.

③ 袁珂，校注. 山海经校注［M］. 上海：上海古籍出版社，1980：425.

④ 袁珂，校注. 山海经校注［M］. 上海：上海古籍出版社，1980：248.

⑤ （汉）刘安. 淮南子［M］. 长沙：岳麓书社，2015：38.

⑥ （汉）王逸，注. 楚辞章句补注·楚辞集注［M］. 长沙：岳麓书社，2013：81.

鬼。一曰禺强，北方阴气之化。"① 故主司西北不周风的北极、北海之神禺强，本身亦是疫鬼的化身，也是早期瘟神之一。

四、云南甲马"瘟司"图中的五瘟神

云南甲马"瘟司"图（彩图7-3）展示了瘟神的另一种形象，反映了民间送瘟神的习俗。瘟司海会王神图龙舟中的瘟司为牛头马面、鸡首虎头等动物形象（《天地人鬼神图鉴》）。瘟司图的画面有点像赛龙舟场景，但巨大而神秘的龙舟中坐的不是赛船手，而是五位瘟神。古代闽浙、四川等近江海一带有用船送瘟神的习俗。用纸扎成船，船中放置数位纸做的瘟神，祭祀活动后，到江边或海边将纸船连带瘟神烧掉。从此甲马图可见，云南少数民族亦有送瘟神的习俗。此甲马图应是"送瘟神"祭祀之用，可能是端午节赛龙舟的另一层解释。1958年，毛泽东为江西余江县消灭血吸虫病作"送瘟神"七律二首，其一："春风杨柳万千条，六亿神州尽舜尧。红雨随心翻作浪，青山着意化为桥。天连五岭银锄落，地动三河铁臂摇。借问瘟君欲何往，纸船明烛照天烧。"诗中"借问瘟君欲何往，纸船明烛照天烧"，原指用纸船送瘟神的习俗，而这里指消灭了血吸虫病这样的"瘟病"。

江西婺源民间道法科仪中有请瘟司、送瘟司的仪轨，在祭祀供养瘟司之后，要送瘟司上船，将瘟疫灾祸都带走，"大送钱科文（斋醮用）"：

> 伏以五瘟使者收五瘟煊赫之威，四季明神敛四时天灾之气。收藏万毒，整顿雕鞍……轻摇柔橹，飘飘直向于沧浪。收拾葫芦，款款摇登于诸府……瘟司钱送于郊外，家神守护于门庭。

> ……

> （祭舡）舡头昂得好。（唱）舡头昂昂装百疹。

> （白）舡尾弯得妙。（唱）舡尾弯弯送灾殃。

> ……

> （白）到底装什么？（唱）专到醮信们收敛了天瘟地瘟年瘟月瘟日瘟时瘟，伤寒咳嗽瘟，疟疾肚痛泻痢瘟，二十四节气一切灾化一化，（又）化在龙宫殿。龙宫土地来接舡，他那里口口声声，（白）口口声声讲甚么？……（又）五瘟使，百鬼王，（又）奉上差来除灾殃，多劳你们降坛场，（又）受此人钦仰，收

---

① （明）王夫之. 楚辞通释 [M]. 中华书局上海编辑所，编辑. 北京：中华书局，1975：49.

时气，免灾殃。（又）饯送你们回辕去与人间消除灾障。（又）酒当初酌献都天，祭奠瘟司请上舡。奉劝儿郎并水手，送归沧海是洲边。瘟司圣众，气候明神，相邀上彩舡，初奠酒上献。酒当二酌献天符，饯拜天符下五湖。尘世岂能留圣驾，送归沧海是水都。瘟司圣众，气候明神，相邀上彩舡，二奠酒上献。三杯酒敬胜瑶红，祭叩龙舟便顺风。起马花舡何处去，送归天界往河汉中。①

五、藏传佛教中的瘟神与"打牛魔王"风俗

藏传佛教有"打牛魔王"的风俗，藏历 2 月 29 日送瘟神，又名"打牛魔王"，即达赖驱逐瘟神。其俗每年有一人扮瘟神，从拉萨大招（昭）寺被逐至桑叶（耶）寺旁石洞中。至藏历 2 月 29 日，扮达赖者与瘟神在拉萨大招寺前相对斗法，始相诘难，瘟神词屈。后掷骰以赌胜负，达赖之骰以象牙为之，面面皆六，三掷皆卢，瘟神之骰以木为之，面面皆枭，三掷皆枭，负而色赧，意欲别斗法术，达赖连同法师及揭谛诸神明共斥责之，瘟神反抗，达赖即遣五雷驱逐，众喇嘛诵经送至河下，焚草烧之。徐珂《清稗类钞·时令类·西藏岁时纪略》：

二月二十九日，送瘟神，又名打牛魔王。相传西藏为瘟神托足之地，达赖坐床，乃始逐之。故历年预雇一人扮瘟神，向番官商民敛钱，可得千金。自大招逐出，即起解，营官护送，悉以王爷称之。解至山南，安置之于桑叶寺石洞。洞在寺之大殿旁，幽深而寒栗，体健者，年余辄死……

是日，大招前之官兵，均如扬武状，一人扮达赖喇嘛，与瘟神先后至招。旛帜不一色，击鼓吹笳，亦如前状。有花衣黑帽者十数人，帽各插鬼头，衣之前后，悉绣鬼形，在招前跳舞诵经。扮达赖者，铺垫坐招前，与一戴鬼头之法师对坐。须臾，瘟神出，面涂黑白，与达赖相诘难，词屈。复掷骰以赌胜负，达赖之骰，以象牙为之，面面皆六，三掷皆卢；瘟神之骰，以木为之，面面皆枭，三掷皆枭，负而色赧，意欲别斗法术。达赖与法师及揭谛神明斥其非，瘟神负隅不行，即遣五雷逐之，众喇嘛诵经送至河下，焚草堆如前。②

《燕京岁时记》载："打鬼本西域佛法，并非怪异，即古者九门观傩之遗风，亦所以禳除不祥也。每至打鬼，各喇嘛僧等扮演诸天神将以驱逐邪魔，都人观者甚众，有万家空巷之风。朝廷重佛法，特遣一散秩大臣以临之，亦圣人朝服

---

① 卜永坚，毕新丁，编. 婺源的宗族、经济与民俗：上册［M］. 上海：复旦大学出版社，2013：934.

② 徐珂. 清稗类钞：第 1 册［M］. 北京：商务印书馆，1984：14.

阼阶之命意。打鬼日期，黄寺在十五日，黑寺在二十三日，雍和宫在三十日。"① 这种打瘟鬼风俗清代以后北京仍沿袭，成为老北京的风俗之一。

第二节　疫病之鬼神致病观念

"五瘟使者"的概念，除了道教的宣教神化及民间信仰的演义外，其根源是基于古代的鬼神致病说，认为瘟病是由瘟鬼等作祟。由于瘟病发作快，传染性强，常大规模流行，古代医疗水平低下，难以控制，往往沿门阖户，死者枕藉，人们对这种疾病心怀恐怖，认为是鬼神所作，由此衍生出瘟神的概念，道教谱系更将其复杂化。同时，五瘟神与四时五行的观念有关，从医学的角度言，即与四季温病发生有关。

厉，有恶鬼之意，如"晋侯梦大厉"（《左传·成公十年》），但厉、疠皆有疫病之意，亦指麻风病之类传染性极强的恶疫类，秦简中载有"疠迁所"，是目前关于麻风病隔离的最早记载。《太素》卷十六"杂诊"："贼风成为厉。注：贼风入腠，不泄成极，变为疠，亦谓大疾，眉落鼻柱等坏之也。"②

甲骨文中有祭风、宁风的卜辞，这里的"风"不是指自然之风，而是鬼邪风邪，"戊子卜，宁风，北巫，犬？"（《甲骨文合集》34140）"翌癸卯，帝不令风"（《甲骨文合集》672 正）。在殷人的眼里，风（凤）是致病的鬼祟之类，人们希望通过祭祀的方式以止邪风，常用犬作牺牲。

《山海经》中有"兆疫""御疫"之鸟。如《东次二经》有"兆疫"鸟，"其名曰絜钩，见则其国多疫"③。《中次十经》跂踵，"见则其国大疫"④。《骈雅·释鸟》云："絜钩、跂踵，兆疫鸟也。"《山海经·中次十一经》堇理之山有青耕，"可以御疫"⑤。郭璞《中次十经·图赞》曰："青耕御疫，跂踵降灾。物之相反，各以气来。见则民咨，实为病媒。"⑥ 兆疫鸟本身也可能是传播疫病的鸟。传说有九头鸟、鬼车鸟，其毛或尘落于小儿身上则致病，《水经注·江

① （清）潘荣陛，（清）富察敦崇，（清）查慎行，（清）让廉. 帝京岁时纪胜［M］. 北京：北京古籍出版社，1981：49.
② （隋）杨上善，撰注. 黄帝内经太素［M］. 萧延平，校正；王洪图，李云，点校. 北京：科学技术文献出版社，2000：507.
③ 袁珂，校注. 山海经校注［M］. 上海：上海古籍出版社，1980：110.
④ 袁珂，校注. 山海经校注［M］. 上海：上海古籍出版社，1980：162.
⑤ 袁珂，校注. 山海经校注［M］. 上海：上海古籍出版社，1980：167.
⑥ （清）郝懿行. 山海经笺疏［M］. 成都：巴蜀书社，1985：18.

水》卷三十五："是鸟落尘于儿衣中，则令儿病。"①《酉阳杂俎·羽篇》："（夜行游女）毛落衣中，当为鸟祟，或以血点其衣为志。"② 五瘟神中鸡头人身者，可能与鸟为疫病使者（"病媒"）有一定的关联。

传说昔颛顼有三个儿子，死后化作疫鬼，一为疟鬼，一为魍魉鬼，一化为魃鬼即小儿鬼，汉·蔡邕《独断》："疫神：帝颛顼有三子，生而亡去为疫鬼，其一者居江水，是为疟鬼；其一者居若水，是为魍魉（一作蜮鬼）；其一者居人宫室区隅处，善惊小儿。"③ 古人将疫比作鬼之行役，《释名·释天》："疫，役也，言有鬼行役也。"④ 古有客忤、中恶、鬼击、鬼注之病名，认为是鬼神致病，《神农本草经》多见此类病名，《诸病源候论·中恶病诸候》卒忤候："卒忤者，亦名客忤，谓邪客之气，卒犯忤人精神也。此是鬼厉之毒气，中恶之类。"⑤ 鬼击候："鬼击者，谓鬼厉之气击著于人也。"⑥ 邪住（注）候："邪注候，注者住也，言其病连滞停住，死又注易傍人也。凡云邪者，不正之气也。谓人之腑脏血气为正气，其风寒暑湿，魅魃魍魉，皆谓为邪也。"⑦ 客忤、中恶、鬼击、鬼注多指原因不明的急性病或传染性疾病，死后又能传染别人，巢元方指出此类病的病因，是"邪客之气""鬼厉之气""风寒暑湿魅魃魍魉"不正之气。邪客鬼厉之气实为瘟毒疫气，但这里亦夹杂了鬼神致病的观念。

曹植《说疫气》载建安二十二年瘟疫大作，死者无数，"建安二十二年，疠气流行。家家有僵尸之痛，室室有号泣之哀。或阖门而殪，或覆族而丧。"因于对疫病的恐惧，人们将疫病归于鬼神，妄想用悬符的办法来压制疫鬼。曹植针对这种情况，指出瘟疫流行是缘于异常气候所致，对于悬符厌鬼的巫术作法进行批判，实是难能可贵，"或以为疫者，鬼神所作……此乃阴阳失位，寒暑错时，是故生疫。而愚民悬符厌之，亦可笑也。"⑧《诸病源候论》指出疫疠病因

① （北魏）郦道元. 水经注：下［M］. 华辰，编. 呼和浩特：远方出版社，2007：492.

② （唐）段成式，撰. 酉阳杂俎［M］. 曹中孚，校点. 上海：上海古籍出版社，2012：96.

③ （汉）蔡邕. 独断［M］//丛书集成初编. 北京：中华书局，1985：11.

④ （汉）刘熙. 释名［M］//丛书集成初编. 北京：中华书局，1985：9.

⑤ （隋）巢元方，著；南京中医学院，校释. 诸病源候论校释［M］. 北京：人民卫生出版社，1983：669 - 670.

⑥ （隋）巢元方，著；南京中医学院，校释. 诸病源候论校释［M］. 北京：人民卫生出版社，1983：671.

⑦ （隋）巢元方，著；南京中医学院，校释. 诸病源候论校释［M］. 北京：人民卫生出版社，1983：698.

⑧ （三国）曹植. 说疫气［M］//王巍，校注. 建安文学全书·曹植集校注. 石家庄：河北教育出版社，2013：448 - 449.

是由于节气不和，寒暑乖候，病情急暴，有如鬼厉之作，《诸病源候论·疫疬病诸候》："其病与时气、温、热等病相类，皆由一岁之内，节气不和，寒暑乖候，或有暴风疾雨，雾露不散，则民多疾疫。病无长少，率皆相似，如有鬼厉之气，故云疫疬病。"①

第三节　历史上瘟疫的暴发流行概况

一、先秦瘟疫的记载

瘟鬼信仰与瘟疫的暴发有直接关系。从甲骨文中已发现有关于疫疬的记载。《周礼·地官·大司徒》："大荒、大札，则令邦国移民、通财、舍禁、弛力、薄征、缓刑。"郑玄注："大札，大疫病也。"②《左传·昭公四年》："冬无愆阳，夏无伏阴，春无凄风，秋无苦雨，雷不出震，无灾霜雹，疬疾不降，民不夭札。"③《春秋公羊传·庄公二十年》载："夏，齐大灾。大灾者何？大瘠也。大瘠者何？痢也。"汉·何休《解诂》："痢，民疾疫也。"④《管子·度地》中将"厉"称为五大害之一，曰："桓公曰：愿闻五害之说。管仲对曰：水，一害也；旱，一害也；风雾雹霜，一害也；厉，一害也；虫，一害也。此谓五害。"⑤

二、历史上疫病暴发流行情况分析

纵观我国疫病史，特别是从有明确记载的疫病文献看，我国疫病的发生状况可谓触目惊心。张志斌《中国古代疫病流行年表》记载674BC—AD1840我国疫病发生的详细情况，从表中可见，从秦汉以后至明清时期，疫病的发生非常频繁，约3~4年则有一次大规模的暴发，特别是社会动乱及战争时期，疫疬发生更为严重；从其统计分布的情况看，明清时期是疫病流行的最高峰⑥。龚胜生统计770BC—AD1911年间疫病发生情况，"平均每四年就有一年发生疫灾"，

---

① （隋）巢元方，著；南京中医学院，校释. 诸病源候论校释 [M]. 北京：人民卫生出版社，1983：356.

② （汉）郑玄，注. 周礼注疏：上 [M]. 上海：上海古籍出版社，2010：377.

③ 春秋左传 [M]. 顾馨，徐明，校点. 沈阳：辽宁教育出版社，2000：306.

④ 春秋公羊传 [M]. 计硕民，选注. 上海：商务印书馆，1926：68.

⑤ 刘建生，主编. 管子精解 [M]. 北京：海潮出版社，2012：463.

⑥ 张志斌. 中国古代疫情流行年表 [M]. 福州：福建科学技术出版社，2007：6 – 105.

"从总体上看，中国疫灾的流行有越来越频繁的趋势"①。疫疠的发生与天灾人祸皆有关系，古人云"大灾之后，必有大疫"，旱涝、蝗灾、饥馑、地震、水源污染、瘴气等"天灾"都可引发瘟疫的流行，而战乱、社会动荡、大规模的人口迁移等"人祸"是瘟疫发生的社会根源。《管子·小问》："飘风暴雨为民害，涸旱为民患，年谷不熟，岁饥籴贷贵，民疾疫。"②

从疫病发生的时间看，东汉建安年间，永嘉之乱，北宋末年至南宋时期，明代崇祯末年，都是瘟疫的高发时期，这与战乱密不可分。龚胜生说："过去3000年来，中国疫灾频度的朝代变化具有两个明显的高峰期，第一高峰期为魏晋南北朝，其疫灾频度约21%……第二高峰期为南宋以来，特别是明清两朝，其疫灾频度高达33%～82%，超过59.6%，超过以往任何时期。"③历史上三次北人南迁，永嘉之乱，安史之乱，宋人南迁，造成南北人口比例发生变化，而使瘟疫的发生由北向南迁徙。另外，人口密集的地区如城市，较人口稀薄、相对封闭的乡村偏远地区，瘟疫的发生率要高。《宋史·五行志》记载北宋亡时（1127）金人围攻汴京，城中疫死惨状，"建炎元年三月，金人围汴京，城中疫死者几半。"④

瘟疫也是导致国家覆亡以及影响战争胜负的重要因素。著名的赤壁之战，曹操大军之所以败北，除了军事上的原因外，与疫疠的发生有密切关系，《三国志·蜀书》记建安十二年，"先主与吴军水陆并进，追到南郡，时又疾疫，北军多死，曹公引归。"⑤《三国志·魏书》记建安十三年，"公至赤壁，与备战，不利。于是大疫，吏士多死者，乃引军还。"⑥

疫疠发生与气候有着更为密切的关系。从四季瘟疫的发生情况看，春夏之季是瘟疫的高发期，如张全明统计北宋疫病发生情况，"夏季是疫灾流行的最主要季节，约有37%的疫灾发生在这一时期"⑦。四季瘟疫发生是按夏、春、秋、冬依次递减。春夏之季，气温高，各种病原微生物易于滋蔓，故是疫病的高发季节。喻嘉言《尚论篇》"详论瘟疫以破大惑"篇，指出饥馑灾荒兵凶之年及春夏之季，瘟疫最易发生：

---

① 龚胜生. 中国疫灾的时空分布变迁规律［J］. 地理学报，2003（6）：870，872.

② 刘建生，主编. 管子精解［M］. 北京：海潮出版社，2012：418.

③ 龚胜生. 中国疫灾的时空分布变迁规律［J］. 地理学报，2003（6）：872.

④ （元）脱脱. 宋史［M］. 北京：中华书局，1977：1370.

⑤ （晋）陈寿. 三国志［M］. 北京：中华书局，1964：878.

⑥ （晋）陈寿. 三国志［M］. 北京：中华书局，1964：31.

⑦ 张全明. 简论北宋时期疫灾的时空分布及其特点［J］. 宋史研究论丛，2011（第0期）：103.

夫四时不正之气，感之者因而致病，初不名疫也。因病致死，病气、尸气，混合不正之气，斯为疫矣。以故鸡瘟，死鸡；猪瘟，死猪；牛马瘟，死牛马。推之于人，何独不然？所以饥馑兵凶之际，疫病盛行，大率春夏之交为甚。盖温暑热湿之气交结互蒸，人在其中，无隙可避。病者当之，魄汗淋漓。一人病气，足充一室，况于连床并榻，沿门阖境，共酿之气，益以出尸尸虫，载道腐瑾，燔柴掩席，委壑投崖，种种恶秽，上淆苍天清净之气，下败水土物产之气，人受之者，亲上亲下，病从其类，有必然之势。①

第四节　医学中五瘟与四时五行及运气的关系

瘟鬼之说来源于瘟病的鬼神致病观念，而五瘟之说与四季异常的气候变化有关。五瘟与五行、四时、五方的概念相关，五行即木、火、土、金、水，对应春、夏、长夏、秋、冬，按季节发病则有春温、暑温、湿温、秋温、冬温。

一、五厉、五疫的提出

《管子·轻重甲》有"五厉"之说，可能是"五瘟"的源头，"昔尧之五吏五官无所食，君请立五厉之祭，祭尧之五吏。"②《素问·刺法论》提出"五疫"之说，曰："五疫之至，皆相染易，无问大小，病状相似。"③

二、四时外感与温病

《周礼·天官·疾医》指出四时皆有疠疾，随着季节的不同而发病各异，曰："四时皆有疠疾。春时有痟首疾，夏时有痒疥疾，秋时有疟寒疾，冬时有漱上气疾。"唐·贾公彦疏："疠谓疠疫。"④ 这应是较早关于季节性温病的记载。

《管子·度地》将异常的寒暑风雨称为"四刑"，曰："凡天灾害之下也，君子谨避之，故不八九死也。大寒、大暑、大风、大雨，其至不时者，此谓四刑。或遇以死，或遇以生，君子避之，是亦伤人。"⑤ 特别指出夏天异常的气候

---

① 万友生，等，校注. 喻嘉言医学三书［M］. 南昌：江西人民出版社，1984：24.

② 刘建生，主编. 管子精解［M］. 北京：海潮出版社，2012：662.

③ 黄帝内经素问［M］. 田代华，整理. 北京：人民卫生出版社，2005：207.

④ （汉）郑玄，注；（唐）贾公彦，疏. 周礼注疏［M］∥（清）阮元，校刻. 十三经注疏. 北京：中华书局，1979：667.

⑤ 刘建生，主编. 管子精解［M］. 北京：海潮出版社，2012：468.

物候易致人病，"夏有大露原烟，噎下百草，人采食之伤人。人多疾病而不止，民乃恐殆。"《管子·五行》将一年三百六十日分为五个时段，每个时段为七十二天，然后与五行相配，指出一年五季不同的季节物候特点；并进一步说明天子若不按时令季候行政事，则易致疾病的发生，曰："睹丙子火行御……然则天无疾风，草木发奋，郁气息，民不疾而荣华蕃。七十二日而毕。"① "睹壬子水行御……然则羽卵者不段，毛胎者不贖，臕妇不销弃，草木根本美。七十二日而毕。"② 此为正常情况。"睹丙子火行御，天子敬行急政，旱札苗死民厉……睹壬子水行御，天子决塞，动大水，王后夫人薨。不然则羽卵者段，毛胎者贖，臕妇销弃，草木根本不美。"③ 以上为违时政而致疫疠灾祸的情况。

《吕氏春秋》"十二纪"（亦见于《礼记·月令》），叙述春、夏、秋、冬之孟、仲、季"十二纪"的气候、物候与季节的关系，若气候与季节不符，则易生疫疠。

（孟春）行秋令，则民大疫，疾风暴雨数至，藜莠蓬蒿并兴。④

（季春）行夏令，则民多疾疫，时雨不降，山陵不收。⑤

（仲夏）行秋令，则草木零落，果实早成，民殃于疫。⑥

（孟秋）行夏令，则多火灾，寒热不节，民多疟疾。⑦

（仲冬）行春令，则虫螟为败，水泉减竭，民多疾疠。⑧

《素问·本病论》指出"四时不节，即生大疫"⑨，即四时不正常的气候变化，易致瘟疫的发生。《宋史·五行志》记载宋"（乾道）六年春，民以冬燠疫作"⑩，即暖冬这种不正常的季节气候，导致来年春天瘟疫的发生。

《素问·生气通天论》指出外感病四时之气致病不同，曰：

---

① 刘建生，主编. 管子精解 [M]. 北京：海潮出版社，2012：372.

② 刘建生，主编. 管子精解 [M]. 北京：海潮出版社，2012：374.

③ 刘建生，主编. 管子精解 [M]. 北京：海潮出版社，2012：375.

④ （战国）吕不韦；（汉）高诱，注. 吕氏春秋 [M]. 上海：上海古籍出版社，2014：6.

⑤ （战国）吕不韦；（汉）高诱，注. 吕氏春秋 [M]. 上海：上海古籍出版社，2014：50.

⑥ （战国）吕不韦；（汉）高诱，注. 吕氏春秋 [M]. 上海：上海古籍出版社，2014：90 - 91.

⑦ （战国）吕不韦；（汉）高诱，注. 吕氏春秋 [M]. 上海：上海古籍出版社，2014：135.

⑧ （战国）吕不韦；（汉）高诱，注. 吕氏春秋 [M]. 上海：上海古籍出版社，2014：211.

⑨ 黄帝内经素问 [M]. 田代华，整理. 北京：人民卫生出版社，2005：214.

⑩ （元）脱脱. 宋史 [M]. 北京：中华书局，1977：1371.

春伤于风,邪气留连,乃为洞泄;夏伤于暑,秋为痎疟;秋伤于湿,上逆而咳,发为痿厥;冬伤于寒,春必病温。四时之气,更伤五脏。①

其中"冬伤于寒,春必温病",有伏气温病之意,即冬伤于寒,寒毒蕴伏体内,得春天阳气发动而致温病,但这里的温病未必是指瘟疫。

东汉张仲景《伤寒杂病论》主要是针对外感伤寒病的辨证论治,但在《伤寒例》(或谓晋王叔和所作)中有较多关于温病的理论。《伤寒论·伤寒例》指出普通伤寒与温病的区别,伤寒为感受外邪后即时发作,而温病是伏气温毒蕴于体内,至春遇暖而发,表现为壮热,名伏气温病,"中而即病者,名曰伤寒。不即病者,寒毒藏于肌肤,至春变为温病,至夏变为暑病。""从立春节后,其中无暴大寒,又不冰雪,而有人壮热为病者,此属春时阳气,发于冬时伏寒,变为温病。"温病的发作,与四时不正常的季节气候有关,如冬温的发作与暖冬气候有关,"其冬有非节之暖者,名为冬温。冬温之毒,与伤寒大异。"温病又称时行病,发作特点是不同年龄、体质的患者病状相同,"一岁之中,长幼之病多相似者,此则时行之气也。"《伤寒例》提出按一年四季不同节气(斗历)的气候特点,以预占时行疫气发病的占病之法,"夫欲候知四时正气为病及时行疫气之法,皆当按斗历占之。"②"非典"时期有学者按"五运六气"推算当年的气候与发病的关系,与此相类。

《难经》指出伤寒病有五种,有中风,有伤寒,有湿温,有热病,有温病。宋《伤寒总病论》指出《难经》的五种伤寒分别与五行对应,"中风木,伤寒金,热病火,湿温水,温病土"③。

晋·葛洪《肘后备急方·治伤寒时气瘟病方》指出瘟疫与伤寒的区别与联系,虽没有将外感伤寒与传染性瘟病区分开,但指出瘟病乃"其年岁中有疠气兼挟鬼毒相注",说明温病的发生与疠气鬼毒有关,曰:

伤寒、时气、瘟疫三名同一种耳,而源本小异。其冬月伤于暴寒,或疾行力作,汗出得风冷,至春夏发,名为伤寒。其冬月不甚寒,多暖气及西南风,使人骨节缓堕受邪,至春发,名为时气。其年岁月中有疠气,兼挟鬼毒相注,

---

① 黄帝内经素问 [M]. 田代华, 整理. 北京: 人民卫生出版社, 2005: 6.
② (汉) 张仲景. 伤寒论 [M]. 杨金萍, 罗良, 何永, 点校. 北京: 中国中医药出版社, 2006: 18 – 19.
③ (宋) 庞安时, 撰. 伤寒总病论 [M]. 邹德琛, 刘华生, 点校. 北京: 人民卫生出版社, 1989: 121.

名为温病。如此诊候并相似。又贵胜雅名总名伤寒，世俗因号为时行，道术符刻言五温亦复殊。①

其"道术符刻言五温"，即夹杂了道术符咒之五温的概念，可能指的是五瘟鬼之类。

晋《小品方·治冬月伤寒诸方》指出瘟疫乃是毒病之气所作，与普通伤寒截然不同，"论曰：古今相传，称伤寒为难治之病，天行瘟疫是毒病之气，而论治者，不别伤寒与天行瘟疫为异气耳。云伤寒是雅士之辞，云天行瘟疫是田舍间号耳，不说病之异同也。考之众经，其实殊矣。"②《诸病源候论·温病令人不相染易候》："此病皆因岁时不和，温凉失节，人感乖戾之气而生病，则病气转相染易，乃至灭门，延及外人，故须预服药及为法术以防之。"③ 指出除了岁时不和以外，乃由人感"乖戾之气"而致病，其"为法术"应是掺杂了道术巫术，夹杂了温鬼思想。宋·庞安时提出"乖气"之说，特别是金元医家刘完素提出"秽毒"说，是瘟病病因说的一大突破，《伤寒直格·伤寒传染论》："伤寒传染之由者，因闻大汗秽毒，以致神狂气乱，邪热暴甚于内，作发于外而为病也。"④ 明末吴又可《瘟疫论·自叙》提出"异气致病"说，"夫瘟疫之为病，非风，非寒，非暑，非湿，乃天地间别有一种异气所感"⑤。所以，从瘟疫病因的角度来说，与"非其时有其气"的四时气候异常有关，更与毒疠之气有关，这种毒疠之气，民间信仰中则化身为面目可憎可惧的瘟鬼。

三、青筋牵、赤脉攒、白气狸、黑骨温、黄肉随——四时五种温病

唐代孙思邈的《备急千金要方》中首次论述了"青筋牵""赤脉攒""白气狸""黑骨温""黄肉随"之四时温病。北宋庞安时《伤寒总病论》中专立《天行温病论》一篇，发挥《备急千金要方》四时温病的思想，指出四时温病病因为"四时自受乖气而成腑脏阴阳温毒者"。南宋陈无择《三因方·叙疫论》对

① （晋）葛洪，原著；（南朝梁）陶弘景，增补；尚志钧，辑校. 补辑肘后方［M］. 合肥：安徽科学技术出版社，1983：48.

② （晋）陈延之，撰. 小品方［M］. 高文铸，辑校注释. 北京：中国中医药出版社，1995：108.

③ （隋）巢元方，著；南京中医学院，校释. 诸病源候论校释［M］. 北京：人民卫生出版社，1983：355.

④ （金）刘完素. 伤寒直格［M］. 北京：人民卫生出版社，1982：87.

⑤ （明）吴又可. 瘟疫论［M］. 孟澍江，杨进，点校. 北京：人民卫生出版社，1990：7.

五种温病的病因进行阐发，并指出"夫疫病者，四时皆有不正之气，春夏有寒清时，秋冬亦有暄热时"①。

　　春温"青筋牵"："春三月者，主肝胆青筋牵病。"② 其病五行属木，受病脏腑为肝胆，肝在体为筋，其病因"若春时应暖，而清气折之，则责邪在肝"③，病则颈背双筋牵急，先寒后热，腰背强急，脚缩不伸，胸中欲折，目中生花（腑虚为阴邪所伤）；或前寒后热，颈外双筋牵，不得屈伸，颈直背强，眼赤黄（脏实为阳毒所损）。《伤寒总病论》分别治用柴胡地黄汤（柴胡、生地、香豉、生姜、石膏、桂枝、大青、白术、芒硝、栀子仁），石膏竹叶汤（淡竹叶、栀子仁、黄芩、升麻、芒硝、细辛、玄参、石膏、车前子）。《千金方》引"扁鹊"，"灸肝肺二俞"。

　　夏温"赤脉攒"："夏三月，心主小肠赤脉攒也。"④ 其病五行属火，受病脏腑为心与小肠，心主脉，其病因"夏时应暑，而寒气折之，则责邪在心"⑤，病则身热，皮肉痛起，脏实则为阳毒所侵，口干舌破而咽塞；若腑虚则为阴邪所伤，战掉不定而惊。《伤寒总病论》通用石膏地黄汤（石膏、生葛根、麻黄、玄参、知母、栀子、大青、芒硝、湿地黄）。《千金方》引扁鹊之说，"灸肾肝心三俞"。

　　"黄肉随"：亦名"四时随"。按五行中央土不独主时、四季各余十八日寄日的说法，发病于四季之余各十八日，"四季之月，各余十八日，此为四季之余日，主脾胃，黄肉随病也。"⑥ 五行属土，受病脏腑为脾与胃，土主肌肉，故名，"土无正形，因火而名，故附金木水火而变"⑦，其病源"从太阴阳明相格，

① （宋）陈无择. 中医非物质文化遗产临床经典读本 三因极一病证方论［M］. 侯如艳，校注. 北京：中国医药科技出版社，2011：87.
② （唐）孙思邈，著；李景荣，等，校释. 备急千金要方校释［M］. 北京：人民卫生出版社，1998：254.
③ （宋）陈无择. 中医非物质文化遗产临床经典读本 三因极一病证方论［M］. 侯如艳，校注. 北京：中国医药科技出版社，2011：87.
④ （唐）孙思邈，著；李景荣，等，校释. 备急千金要方校释［M］. 北京：人民卫生出版社，1998：288.
⑤ （宋）陈无择. 中医非物质文化遗产临床经典读本 三因极一病证方论［M］. 侯如艳，校注. 北京：中国医药科技出版社，2011：87.
⑥ （唐）孙思邈，著；李景荣，等，校释. 备急千金要方校释［M］. 北京：人民卫生出版社，1998：327.
⑦ （宋）陈无择. 中医非物质文化遗产临床经典读本 三因极一病证方论［M］. 侯如艳，校注. 北京：中国医药科技出版社，2011：87.

节气相移，三焦寒湿不调，四时关格而起，则脏腑伤疴，随时受疠，阳气外泄，阴气内伏"①。病则头重项直，皮肉强。腑虚则阴邪所加，头重颈直，皮肉强痹；脏实则阳疫所伤，蕴而结核，起于喉颈之侧，布毒热于皮肤分肉之中，上散于发际，下贯颏颔，隐隐而热，不相断离。其病当有结核之类。《伤寒总病论》通用玄参寒水石汤（羚羊角、大青、升麻、射干、芒硝、玄参、寒水石、栀子仁）。《千金方》引扁鹊法，"灸肝脾三俞"，并用镰破、薄贴等法除其结核。

秋温"白气狸"："秋三月者，主肺大肠白气狸病也。"② 五行属金，受病脏腑为肺与大肠，肺主气，病因"秋时应凉，而热气抑之，则责邪在肺"③。腑虚为阴邪所伤，乍寒乍热，损肺伤气，暴嗽呕逆，用石膏杏仁汤（石膏、杏仁、前胡、甘草、栀子仁、麻黄、紫菀、桂枝、大青、玄参、葛根）；脏实为阳毒所损，体热生斑，气喘引饮，用石膏葱白汤（豉、葱白连须、石膏、生姜、栀子仁、升麻、大青、芒硝）。《千金方》引扁鹊法，"灸心肺二俞"。

冬温"黑骨温"："冬三月者，主肾膀胱，黑骨温病也。"④ 五行属水，受病脏腑为肾与膀胱，肾主骨，病因"冬时应寒，而暖气抑之，则责邪在肾"⑤。腑虚为阴毒所伤，里热外寒，意欲守火而引饮，或腰中痛欲折；脏实为阳温所损，胸胁切痛，类如刀刺，不得动转，热彭彭，用苦参石膏汤（苦参、生葛、石膏、湿地黄、栀子仁、茵陈、香豉、葱白）。又用知母解肌汤（麻黄、甘草、知母、葛根、石膏）疗温热病，头痛骨肉烦疼，口燥心烦，或是夏月天行毒，外寒内热，或已下之，余热未尽者，或热病自得利，有虚热烦渴者。《千金方》用扁鹊法，"灸脾肝肾三俞"。

作为北宋"能与伤寒说话"（张耒《柯山集》）的伤寒名家庞安时，在善用仲景辛温之方论治伤寒的同时，广开温病治用辛凉之思路，实是难能可贵。北

---

① （唐）孙思邈，著；李景荣，等，校释. 备急千金要方校释［M］. 北京：人民卫生出版社，1998：327.
② （唐）孙思邈，著；李景荣，等，校释. 备急千金要方校释［M］. 北京：人民卫生出版社，1998：369.
③ （宋）陈无择. 中医非物质文化遗产临床经典读本 三因极一病证方论［M］. 侯如艳，校注. 北京：中国医药科技出版社，2011：87.
④ （唐）孙思邈，著；李景荣，等，校释. 备急千金要方校释［M］. 北京：人民卫生出版社，1998：414.
⑤ （宋）陈无择. 中医非物质文化遗产临床经典读本 三因极一病证方论［M］. 侯如艳，校注. 北京：中国医药科技出版社，2011：87.

宋苏轼的圣散子方，原用于治疗寒疫，因苏轼文名之盛，宣和七年京师疫疠，太学生率用此方，以致"服之多死"（《巽斋文集》卷十《欧阳生兵书序》）。

四、风温、温毒、湿温、温疟四种温病

《伤寒总病论》发挥《伤寒例》之说，提出风温、温毒、湿温、温疟四种温病说，特别指出温毒为病最重。

王叔和云：阳脉浮滑，阴脉濡弱，更遇于风热，变成风温；阳脉洪数，阴脉实大，更遇其热，变成温毒，温毒为病最重也；阳脉濡弱，阴脉弦紧，更遇湿气，变为湿温；脉阴阳俱盛，重感于寒，变成温疟，斯乃同病异名，同脉异经者也。①

宋代伤寒医家并不是一味用温性药治伤寒，开始注意温病与伤寒不同，认为温病与伤寒，病证不同，用药各异，如庞安时曰"温病若作伤寒行汗下必死"②，其针对风温、湿温、温疟、温毒等分别用知母石膏汤、白虎加桂枝汤、石膏甘草汤、三黄石膏汤。

五、风温、暑温、湿温、秋燥、冬温五种温病

清代吴瑭《温病条辨》指出温病有风温、温热、瘟疫、温毒、暑温、湿温、秋燥、冬温、温疟数种类型，特别是风温、暑温、湿温、秋燥、冬温，体现了四时温病的发病特点，其中瘟疫、温毒当有流行性，曰：

风温者，初春阳气始开，厥阴行令，风夹温也。温热者，春末夏初，阳气弛张，温盛为热也。瘟疫者，厉气流行，多兼秽浊，家家如是，若役使然也。温毒者，诸温夹毒，秽浊太甚也。暑温者，正夏之时，暑病之偏于热者也。湿温者，长夏初秋，湿中生热，即暑病之偏于湿者也。秋燥者，秋金燥烈之气也。冬温者，冬应寒而反温，阳不潜藏，民病温也。温疟者，阴气先伤，又因于暑，阳气独发也。③

① （宋）庞安时，撰. 伤寒总病论［M］. 邹德琛，刘华生，点校. 北京：人民卫生出版社，1989：121 – 122.
② （宋）庞安时，撰. 伤寒总病论［M］. 邹德琛，刘华生，点校. 北京：人民卫生出版社，1989：121.
③ （清）吴瑭. 温病条辨［M］. 北京：人民卫生出版社，1979：1.

六、秽毒致病说与明清温病学派的形成

金代医家刘完素提出"秽毒"说，是温病病因说的一大突破，《伤寒直格》："伤寒传染之由者，因闻大汗秽毒，以致神狂气乱，邪热暴甚于内，作发于外而为病也。"明末吴又可《瘟疫论》提出"异气"说，"夫瘟疫之为病，非风，非寒，非暑，非湿，乃天地间别有一种异气所感。"认为温邪犯人是通过口鼻而入，完成第一部瘟疫学的专著，开明清温病学说之先河。著名的温病四大家叶桂《温证论治》《临证指南医案》、薛雪《湿热条辨》、吴鞠通《温病条辨》、王孟英《温热经纬》，在温病的辨治方面皆有独特之处，从而形成了与伤寒学派相对待的温病学派。

第五节　运气与瘟疫

运气即五运六气，用五运之木火土金水及六气之风寒暑湿燥火相推演的方式，以天干地支相合，推算六十年一个甲子循环中每年的气候特点。主要见于《素问》中的《六元正纪大论》《气交变大论》等七篇大论（唐·王冰所补）。虽然以干支的五行及六气推算气运有一定的机械性，但其所反映的五运及风寒暑湿燥火气候的过与不及从而导致温病疫疠发生的病变机理，还是有一定道理的。

一、五运之岁运、主运

五运即以五行配天干来纪年，称为"十干统运"，用以推算岁运、主运和客运之太过不及，以说明某一年气运特点及一年中四季气候的规律。岁运，指统主一年的五运主气，《素问·五运行大论》曰："首甲定运，余因论之。鬼臾区曰：土主甲己，金主乙庚，水主丙辛，木主丁壬，火主戊癸。"①　即甲己（又分阴阳，以五音与五行相配，以五音太少表示五运的太过与不及）年为土运，依次相推。岁运太过或不及，气候会发生相应的变化，同时伴随不同的疾病发生，如《素问·气交变大论》曰：

---

①　黄帝内经素问［M］. 田代华，整理. 北京：人民卫生出版社，2005：130.

岁木太过，风气流行，脾土受邪。民病飧泄食减，体重烦冤，肠鸣腹支满。
……

岁火太过，炎暑流行，肺金受邪。民病疟，少气咳喘，血溢血泄注下，嗌燥耳聋，中热肩背热。
……

岁土太过，雨湿流行，肾水受邪。民病腹痛，清厥意不乐，体重烦冤……甚则肌肉萎，足痿不收，行善瘈，脚下痛，饮发中满食减，四肢不举。①

某运太过如木运太过，其所主气候风气太过，病则伤及所克脏腑即脾土之脏，出现飧泄食减、肠鸣腹满、四肢困重等症状，其他仿此。反之，不及亦可致病。

主运，即以五运分主一年五季。每年主运是固定不变的，以木运为初之运开始，至水运为五之运止，依五行相生顺序推算，每运各主七十二日零五刻。客运与主运相近，以五运分主五时，但不同的是，以当年的岁运为初之运，依太少相生，五运推算，行于主运之上。《管子·五行》将一年三百六十日分为五个时段，每个时段为七十二天，与五行相配，这种五行与季节相配的方式，与后世的运气主运比较相近。管子重点说明天子要顺时行政，若违背时政，则从君王至国家都可能发生危亡，这里也包括疾病疫疠类（见前述）。

二、六气之主气、客气

六气即风寒暑湿燥火六种气象与三阴三阳相配属，以说明气候特点，即风化厥阴，热化少阴，湿化太阴，火化少阴，燥化阳明，寒化太阳；以六气配地支的方法推算某一年主要气候特点及一年六节中的气候规律，称"地支纪气"。六气分为主气、客气、客主加临。主气主司一年四季正常的气候变化，每年的主气是固定不变的，主气分六步，每步主四个节气，统主六十天八十七刻半。初之气始于厥阴风木，二气为少阴君火，三气为少阳相火，四气为太阴湿土，五气为阳明燥金，六气为太阳寒水。主气与主运相近，实际上反映了一年四季气候变化的常态。如主运中初运木运，主气初之气厥阴风木，主要反映了春季（大寒、立春、雨水、惊蛰）的气候特点，即春季气候温暖，多风；二之气、三之气为君火、相火，与主运中二之运为火运相近，主要反映夏季气候特点，其

---

①　黄帝内经素问［M］. 田代华，整理. 北京：人民卫生出版社，2005：139 - 140.

余以此类推。

客气六步的顺序为厥阴风木（一阴）、少阴君火（二阴）、太阴湿土（三阴）、少阳相火（一阳）、阳明燥金（二阳）、太阳寒水（三阳），三阴三阳中的一、二、三（阴或阳）两两相对。每年的客气不同于主气的固定不变，随地支而变化。客气有司天（主司上半年的气候变化）、在泉（主司下半年的气候变化），三阴三阳中两两相对的一、二、三阴或阳互为司天、在泉。司天的位置在主气的三之气上，位正南方位；在泉在主气的终之气上，位于正北方，《素问·五运行大论》："子午之上，少阴主之；丑未之上，太阴主之；寅申之上，少阳主之；卯酉之上，阳明主之；辰戌之上，太阳主之；巳亥之上，厥阴主之。"[①]即子午年为少阴君火司天，丑未年为太阴湿土司天，寅申年为少阳相火司天，卯酉年为阳明燥金司天，辰戌年为太阳寒水司天，巳亥年为厥阴风木司天。客主加临，即每年的客气六步加于主气六步上，将客气的司天之气加于主气的三之气上，在泉加于主气的终之气上，依次类推。

客气的司天、在泉之气正常，则气候趋于正常。若客气的司天、在泉之气不迁正或不退位，即某一年的司天、在泉之气不及、不迁正，不能正常主值天气，或司天、在泉之气太过而不退位，至次年仍主值天气，会发生气候的异常，如《素问·六元正纪大论》："凡此太阳司天之政……初之气，地气迁，气乃大温，草乃早荣，民乃厉，温病乃作，身热头痛呕吐，肌腠疮疡。"[②] 言太阳寒水司天之年，即地支辰戌之岁，初之气，其主气为厥阴风木，客气为少阳相火，按季节是在春天（大寒、立春、雨水、惊蛰），"地气迁"是指上年在泉之气即少阴君火不退位，则影响此时的气候，在春季温暖多风的同时，出现异常大热的气候，"气乃大温"，草木提前繁茂，温病大发，民病乃厉。《素问·本病论》："太阳不迁正，即冬清反寒，易令于春，杀霜在前，寒冰于后，阳光复治，凛冽不作，氛云待时，民病温疠至，喉闭嗌干，烦燥而渴，喘息而有音也。"[③] 言太阳寒水司天之岁，司天之气太阳寒水不能及时主值时令，则冬天应寒而反暖，"阳光复治，凛冽不作"，容易发生疫疠。

三、《素问·六元正纪大论》中的运气异常与疫病

《温病条辨·原病篇》将《素问·六元正纪大论》中有关运气部分抽取出

---

① 黄帝内经素问 [M]. 田代华，整理. 北京：人民卫生出版社，2005：130 - 131.
② 黄帝内经素问 [M]. 田代华，整理. 北京：人民卫生出版社，2005：155.
③ 黄帝内经素问 [M]. 田代华，整理. 北京：人民卫生出版社，2005：213.

来，以此"叙气运，原温病之始也"，即用气运推原温病的发生，曰：

《六元正纪大论》曰：辰戌之岁，初之气，民厉温病。卯酉之岁，二之气，厉大至，民善暴死。终之气，其病温。寅申之岁，初之气，温病乃起。丑未之岁，二之气，温厉大行，远近咸若。子午之岁，五之气，其病温。巳亥之岁，终之气，其病温厉。①

《素问·六元正纪大论》详列瘟疫发生之岁，如：

凡此太阳司天之政……初之气，地气迁，气乃大温，草乃早荣，民乃厉，温病乃作，身热头痛呕吐，肌腠疮疡。

……

凡此阳明司天之政……二之气，阳乃布，民乃舒，物乃生荣，厉大至，民善暴死……终之气，阳气布，候反温，蛰虫来见，流水不冰，民乃康平，其病温。

……

凡此少阳司天之政……初之气，地气迁，风胜乃摇，寒乃去，候乃大温，草木早荣，寒来不杀，温病乃起，其病气怫于上，血溢目赤，咳逆头痛，血崩胁满，肤腠中疮……三之气，天政布，炎暑至，少阳临上，雨乃涯，民病热中聋瞑，血溢脓疮，咳呕鼽衄，渴嚏欠，喉痹目赤，善暴死。

……

凡此太阴司天之政……二之气，大火正，物承化，民乃和，其病温厉大行，远近咸若，湿蒸相薄，雨乃时降……四之气，畏火临，溽蒸化，地气腾，天气否隔，寒风晓暮，蒸热相薄，草木凝烟，湿化不流，则白露阴布，以成秋令。民病腠理热，血暴溢，疟，心腹满热胪胀，甚则胕肿。

……

凡此少阴司天之政……三之气，天政布，大火行，庶类蕃鲜，寒气时至。民病气厥心痛，寒热更作，咳喘目赤……五之气，畏火临，暑反至，阳乃化，万物乃生乃长乃荣，民乃康，其病温。

……

凡此厥阴司天之政……四之气，溽暑湿热相薄，争于左之上，民病黄疸而

---

① （清）吴瑭. 温病条辨［M］. 北京：人民卫生出版社，1979：1.

为胕肿……终之气，畏火司令，阳乃大化，蛰虫出见，流水不冰，地气大发，草乃生，人乃舒，其病温厉。①

分析《素问·六元正纪大论》中发生瘟疫的气运特点，皆是五运六气出现异常情况，如"地气迁""大火正""畏火司令"等，气候出现"气乃大温""阳气布，候反温""风胜乃摇，寒乃去，候乃大温""火暑至""蒸热相薄""暑反至"等非时或太过之温热气候，皆可导致瘟疫的发生，可见瘟疫的发生与运气亦有一定的关系。

四、宋代运气学说的盛行及其影响

运气学说在宋代特别是宋徽宗时期得到极致发挥与运用，沈括《梦溪笔谈·物理有常有变》曰："医家有五运六气之术，大则候天地之变，寒暑风雨，水旱螟蝗，率皆有法；小则人之众疾，亦随气运盛衰。"② 但沈括认为，运用运气学说时不可拘执，要知常达变。宋徽宗推崇运气学说，将运气作为太医局考试的重要科目之一，宣和元年（1119）以《内经》作为殿试的重要科目，其中包括了运气的内容，"宣和元年，帝亲取贡士卷考定，能深通《内经》者，升之以为第一"③，政和八年（1118）的殿试中亦有运气的内容。在其所主持的大型方书《圣济总录》中，开卷首列从甲子年开始的60年中每年的气运、物候、疾病包括疫疠发生的情况，其基本思想承续《素问》的运气七篇。宋徽宗重视运气，有医学方面的因素，即以运气推算每年的气运及疾病的特点，对于疾病特别是疫病的防治有一定意义，同时亦有其政治方面的原因，即与宋徽宗实行"天运"政治有关。徽宗于政和七年（1117）始，在建立明堂制度的同时，依据运气学说，每年十月颁布下年的岁运及月令，"十月乙卯朔，御明堂平朔左个，以是月天运政治布告于天下，又颁来岁岁运历数。"④ "以每岁十月朔御明堂，设仗，受来岁新历，退而颁之郡县。"⑤ 这样做体现其"受命于天"之意，正如每代帝

① 黄帝内经素问 [M]. 田代华，整理. 北京：人民卫生出版社，2005：155－163.

② （宋）沈括，著. 梦溪笔谈 中华国学百部 [M]. 蒋筱波，编译. 西安：三秦出版社，2008：41.

③ （元）脱脱. 宋史 [M]. 北京：中华书局，1977：3668.

④ （宋）杨仲良，撰. 皇宋通鉴长编纪事本末：第4册 [M]. 哈尔滨：黑龙江人民出版社，2006：2104.

⑤ （宋）杨仲良，撰. 皇宋通鉴长编纪事本末：第4册 [M]. 哈尔滨：黑龙江人民出版社，2006：2277.

王即位都要改正朔、易服色，以示天子受命于天。

宋代医家刘温舒重视运气学说，其《素问入式运气论奥》细述"气运最为补泻之要"。运气学说对金代医家亦有重要影响，刘完素"六气皆从火化"是运气学说的发挥。张子和："余亲见泰和六年丙寅，征南师旅大举，至明年军回，是岁瘴疠杀人，莫知其数。昏瞀懊憹，十死八九，皆火之化也。次岁疟病大作，侯王官吏上下皆病。"① 亦涉及运气理论，用"火化"运气学说推算瘴疟的发作。

明清时期的许多温病医家亦执运气学说，最有代表性的是清代吴鞠通，《温病条辨序》："癸丑岁，都下温役大行……又历六年，至于戊午，吾乡汪瑟庵先生促瑭曰：来岁己未湿土正化，二气中温厉大行，子盍速成是书，或者有益于民生乎。"② 汪瑟庵以运气推算来年瘟疫的发生，并催促吴瑭作此书，可见吴瑭作书原委涉及温病与运气的关系。《温病条辨》多处涉及温病与运气关系，如在论述伏暑病时，曰："长夏受暑，过夏而发者，名曰伏暑……子、午、丑、未之年为多也。"其自注"子、午、丑、未之年为独多者，子、午君火司天，暑本于火也；丑、未湿土司天，暑得湿则留也。"③ 即子、午年为少阴君火司天，其热为甚，丑、未年为太阴湿土司天，湿气大盛，暑湿合盛之年易发生伏暑之病。

运气学说对越南医学产生了深刻的影响，十八世纪越南医圣黎有卓撰《海上医宗心领》，其《运气秘典》阐述大量运气理论，"五运六气理论继承了《黄帝内经·素问》运气七篇大论。""黎有卓还参考大统历以便推算运气交司时刻。"④

运气学说试图通过五运六气的推演方式，以预测不同年岁的气运特点、物候特点以及疾病疫疠发生特点，有一定的道理，但往往也有机械推算的成分在。同时宋代推崇运气，与天运政治有一定的关系，含有一定的主观因素在内。

综上可见，五瘟鬼神之说除了道家的鬼神化之外，与医学中的温病学说及运气理论有一定内在关联。而随着对温病愈来愈清晰的认识及治疗水平的提高，医学对温病的辨治与瘟鬼信仰形成了鲜明的对峙。

---

① （金）张从正，撰；张海岑，等，校注. 儒门事亲校注 ［M］. 郑州：河南科学技术出版社，1984：43.

② （清）吴瑭. 温病条辨自序 ［M］//温病条辨. 北京：人民卫生出版社，1972：6－7.

③ （清）吴瑭. 温病条辨 ［M］. 北京：人民卫生出版社，1972：38.

④ 杜尹心. 黎有卓《海上医宗心领·运气秘典》的梳理研究 ［C］. 云南中医学院硕士论文，2014：1，7.

第六节 瘟疫与巫术

一、淫祀与禁巫

瘟疫的鬼神致病说是巫术孳生的丰厚土壤，特别是边远地区缺医少药，更为巫术肆虐创造了有利条件。民俗重鬼尚巫，疫则祈祷鬼神，不事医药。巫以妖言蛊惑民众，获利攫财，而民至死不悟。即使在经济发达、文化昌明的宋代，巫风淫俗仍很严重，"蜀民尚淫祀，病不疗治，听于巫觋"①；江西安仁"俗好巫，疫疠流行，病者宁死不服药"②；"岭南风俗，病者祷神不服药"③。苏东坡记述海南杀牛淫祀之状，民病不用医药，以巫为医，杀牛以祷，致人牛俱死，其况甚惨。

岭外俗皆恬杀牛，而海南为甚。客自高化载牛渡海，百尾一舟，遇风不顺，渴饥相倚以死者无数，牛登舟皆哀鸣出涕。既至海南，耕者与屠者常相半。病不饮药，但杀牛以祷，富者至杀十数牛。死者不复云，幸而不死，即归德于巫。以巫为医，以牛为药。间有饮药者，巫辄云：神怒，病不可复治。亲戚皆为却药，禁医不得入门，人牛皆死而后已。地产沈水香。香必以牛易之黎。黎人得牛，皆以祭鬼，无脱者。中国人以沈水香供佛，燎帝求福；此皆烧牛肉也，何福之能得？哀哉!④

这种重巫祀鬼情况，迫使政府采取一定的举措禁巫抑巫，宋代许多明达官员在这方面做出了突出贡献。他们不信巫鬼，毁祠惩巫，积极提供医药及医书，或将医方刻石，便利当地百姓，强使巫者转习医药，变巫为医，通过移风变俗，较好地控制疫病的发生蔓延。如针对蜀民尚淫祀的鄙俗，开宝年间以三史解褐涪陵尉的李惟清当众鞭笞大巫，使民信知巫非神，而后教民以医，移风易俗；蒋静任安仁令时，针对病者宁死不服药、信巫不信医的恶俗，悉论巫罪，搜集

① （元）脱脱. 宋史［M］. 北京：中华书局，1977：9216.
② （元）脱脱. 宋史［M］. 北京：中华书局，1977：11211.
③ （元）脱脱. 宋史［M］. 北京：中华书局，1977：9584.
④ （宋）苏轼. 书柳子厚牛赋后［M］//张春林，编. 苏轼全集：下. 北京：中国文史出版社，1999：1374 – 1375.

巫祀神像三百躯，皆毁坏而投诸江；岭南缺医少药，民祷神不服药，陈尧叟编集《集验方》，刻石于桂州驿站。

《宋史·王嗣宗传》记王嗣宗知邠州期间，当地有灵应公庙供奉狐仙，庙旁山洞有狐群。巫蛊惑民众，祠狐为神，每逢水旱疾疫辄祷之，民众迷信至甚，平时避讳"狐"音，而当地官吏行事之先，亦要先谒庙拜奠，可见巫淫之重。王嗣宗到邠州后，毁庙杀狐，淫祀遂止。

（大中祥符）四年……徙嗣宗知邠州兼邠宁环庆路都部署。城东有灵应公庙，傍有山穴，群狐处焉，妖巫挟之为人祸福，民甚信向，水旱疾疫悉祷之，民语为之讳"狐"音。前此长吏，皆先谒庙，然后视事。嗣宗毁其庙，熏其穴，得数十狐，尽杀之，淫祀遂息。①

《夷坚志》记载张子智知常州期间，庆元乙卯春夏间瘟疫大作，民死者众，张子智尽备药物，放发诸坊曲，但病者极少去求药。张子智不解其故，多方询察，才知此地祭祀太岁及瘟神，民有疾祷之，庙中四巫竟戒患者不得服药，以免触怒瘟神。张氏亲至庙，当众贬斥瘟神，拘其四巫，杖责驱逐，罢庙毁像，而后民病益瘳，民俗遂改。

张子智知常州。庆元乙卯春夏间，疫气大作，民病者十室而九。张多治善药，分诸坊曲散给，而求者绝少，颇以为疑。询于郡士，皆云：此邦东岳行宫后有一殿，士人奉祀瘟神，四巫执其柄。凡有疾者，必使来致祷，戒令不得服药，故虽府中给施而不敢请。张心殊不平。他日，至岳祠奠谒，户庭悄悄，香火寥落。问瘟庙所在，从吏谓必加瞻敬，命炷香设褥。张悉撤去。时老弱妇女，祈赛阗咽，见使君来，争丛绕环视。张指其中像褒冕者，问为何神，巫对曰：太岁灵君也。又指左右数躯，或擎足，或怒目，或戟手，曰：此何佛？曰：瘟司神也。张曰：人神一也，贵贱高卑，当有礼度。今既以太岁为尊，冠冕正坐，而侍其侧者，顾失礼如此，于义安在？即拘四巫还府。而选二十健卒，饮以酒，使往击碎诸像，以供器分诸刹。时荐福寺被焚之后，未有佛殿，乃拆屋付僧，使营之。扫空其处，杖巫而出诸境。蚩蚩之民，意张且贻奇谴，然民病益瘳，习俗稍革。未终更召为吏部郎中。②

①　（元）脱脱. 宋史［M］. 北京：中华书局，1977：9650.
②　（宋）洪迈，著；李宏，主编. 夷坚志（文本对照全译本）：第4册［M］. 北京：北京燕山出版社，1998：2057-2058.

《宋史·刘彝传》载刘彝知虔州期间，俗尚巫鬼，不用医药，刘彝乃著方书《正俗方》以传，并罢除巫者 3700 人，使其改习医药，这可能是史书记载地方官员斥巫罢巫最多的一次，称得上是一次壮举，"俗尚巫鬼，不事医药。彝著《正俗方》以训，斥淫巫三千七百家，使以医易业，俗遂变"①。

宋天圣年间，高邮军有巫设五瘟神中张使者庙，被知军刘龟从严加禁断，《宋会要辑稿》曰："天圣三年四月二十三日，淮南江浙荆湖发运司言：昨高邮军有师巫起张使者庙宇神像，扇惑人民，知军、国子博士刘龟从已行断绝。"②

宋景祐年间，潭州有人建五瘟神庙，广南西路转运使夏侯或令人毁拆。

景祐元年九月二十五日，广南西路转运使夏侯或言：潭州妖妄小民许应于街市求化，呼召鬼神，建五瘟神庙。已令毁拆，收到材木六万三千余，修天庆观讫，乞下本州止绝。奏可。③

二、被除巫术中的医药卫生知识

不同于单纯的淫祀鬼神，许多巫术中掺杂了医药卫生知识及应用。

（一）国傩与被除巫术

按《周礼》记载，朝廷常于季春及仲秋瘟疫易发之时，举行大规模的国傩，以除疫气，《礼记·月令》："（季春之月）命国难（傩），九门磔攘，以毕春气。""（仲秋之月）天子乃难（傩），以达秋气。"郑玄注引《王居明堂礼》曰："季春出疫于郊，以攘春气。""仲秋，九门磔禳，以发陈气，御止疾疫。"④

《周礼·春官·女巫》："女巫掌岁时被除衅浴。"郑玄注："岁时被除，如今三月上巳如水上之类。衅浴，谓以香薰草药沐浴。"⑤ 古人在三月上巳节于东流水上洗除秽浊，防止疫病的发生。因为此时阳气来复，天气转暖，疫病易于流行，故被除洗浴以防疫，香薰草药具有芳香辟秽的作用，《后汉书·礼仪志》："是月（三月）上巳，官民皆絜（洁）于东流水上，曰洗濯被除、去宿垢疢为

① （元）脱脱. 宋史［M］. 北京：中华书局，1977：10729.
② 宋会要辑稿 礼 20 之 12［M］. 北京：中华书局，2006：770.
③ 宋会要辑稿 礼 20 之 12［M］. 北京：中华书局，2006：770.
④ （汉）郑玄，注；（唐）孔颖达，正义. 礼记正义标点本［M］//（清）阮元，校刻. 十三经注疏. 北京：北京大学出版社，1999：488，526.
⑤ （汉）郑玄，注；（唐）贾公彦，疏. 周礼注疏［M］//（清）阮元，校刻. 十三经注疏. 北京：中华书局，1979：816.

大絜（洁）。絜者阳气布畅，万物讫生，始絜之矣。"①

（二）巫术民俗中的辟温之法与辟温解毒的中药

古代民俗中有许多辟除瘟疫的祓除法，虽带有浓厚的巫术色彩，但亦不乏药物及卫生洗浴等有效避疫解毒之法。

如岁旦饮屠苏酒以预防疫病，《肘后方·治瘴气疫疠温毒诸方第十二》：

屠苏酒避疫气，令人不染温病及伤寒，岁旦饮之。

方：乌头、防风各六铢，白术、桔梗各十铢，菝葜、蜀椒（汗）各十铢，大黄、桂心各十五铢。上八味，绛袋盛，以十二月晦日中悬沉井中，令至泥。正月朔旦平晓出药，置酒中煎数沸，于东向户中饮之。

饮屠苏酒，先从孩童起，不拘多少，其酒滓置井中，可辟温气，"一人饮，一家无疫，一家饮，一里无疫。饮药酒待三朝，还滓置井中，仍能岁饮，可世无病，当家内外有井，皆悉著药，辟温气也"②。

《肘后方》还记载了许多辟除瘟病的方子，如辟温气太乙流金散、辟瘟疫恶疾令不相染著方、辟天行疫疠方、老君神明白散，又如"断瘟疫，转相染著至灭门，延及外人，无收视者方：雄黄、鬼臼、赤小豆、鬼箭羽各三两……服一丸，可与病人同床"③。

《纬书》卷六"龙鱼河图"载用麻豆辟"五温鬼"之法："岁暮夕四更，取二十豆子，二十七麻子，家人头发，少合麻豆，著井中，咒敕井吏，其家竟年不遭伤寒，辟五温鬼。"④ 此法亦见于《备急千金要方·伤寒上·辟温第二》，曰："正旦吞麻子、赤小豆各二七枚，又以二七枚投井中。"⑤ 但《千金方》无"辟五温鬼"的说法。

《备急千金要方》"辟温"篇专论温病的辨治，述及较多的辟温之法，如辟温气杀鬼烧药方、辟温虎头杀鬼丸方、辟温杀鬼丸、熏百鬼恶气方。该篇记载

① （南朝宋）范晔. 后汉书［M］. 北京：中华书局，1965：3110－3111.
② （晋）葛洪，原著；（南朝梁）陶弘景，增补；尚志钧，辑校. 补辑肘后方［M］. 合肥：安徽科学技术出版社，1983：73.
③ （晋）葛洪，原著；（南朝梁）陶弘景，增补；尚志钧，辑校. 补辑肘后方［M］. 合肥：安徽科学技术出版社，1983：71.
④ （日本）安居香山，（日本）中村璋八，辑. 纬书集成：下［M］. 石家庄：河北人民出版社，1994：1156.
⑤ （唐）孙思邈，著；李景荣，等，校释. 备急千金要方校释［M］. 北京：人民卫生出版社，1998：211.

了一则鬼王致疫、后被雄黄压制的故事。言汉建宁二年，疫气流行，死者极众。有书生丁季回从蜀青城山来，见患疫疠者颇多，遂于囊中取药，每人一丸，疾无不瘥，"市中疫鬼数百千余，见书生施药，悉皆惊怖而走"。鬼王见书生，求其道法。书生出囊中药示之，"鬼王睹药，惊惶叩头，乞命而走"①。此药即雄黄丸方，其组成为雄黄、雌黄、曾青、鬼臼、丹砂、虎头骨、桔梗、白术、女青、芎䓖、白芷、鬼督邮、芜荑、鬼箭羽、藜芦、菖蒲、皂荚各一两。此则故事非常典型地反映了古代疫鬼致病的思想，叙事虽荒诞不经，但雄黄丸辟除温毒的作用确是存在的，此方中的许多药如雄黄、鬼臼、鬼箭羽、鬼督邮、丹砂等有解毒辟温的作用。

　　《神草本草经》载许多药有清热解毒、辟疫杀虫的功效，如"升麻，味甘辛。主解百毒，杀百（精）老物殃鬼，辟瘟疫障（瘴）邪毒蛊"②，徐长卿"主鬼物，百精，蛊毒，疫疾，邪恶气，温疟"③，鬼督邮"专主鬼病，犹司鬼之督邮"④。木香，《本草经》"主邪气，辟毒疫温鬼"⑤，《隋书》记隋炀帝欲入吐谷浑，因彼多瘴气，武威太守献青木香以避瘴气。古代岭南一带的习俗，以槟榔作为招待贵宾的上品，若不备则为失礼，嵇含《南方草木状》："（槟榔）出林邑，彼人以为贵，婚族客必先进，若邂逅不设，用相嫌恨，一名宾门药饯。"⑥ 岭南、闽南一带的人喜吃槟榔，其实与其地多瘴疫有关，槟榔能辟除瘴疬，俗称洗瘟丹，宋代《图经本草》："岭南人啖之，以当果实。其俗云南方地温，不食此无以祛瘴疬。"⑦ 明《药品化义》："闽粤人常服以祛压瘴气。"⑧ 可见古代的道术巫术中含有医学的科学内涵及药物的实际功用。《瘟疫论》中达原

---

① （唐）孙思邈，著；李景荣，等，校释. 备急千金要方校释［M］. 北京：人民卫生出版社，1998：211.
② （三国魏）吴普，等，述；（清）孙星衍，（清）孙冯翼，辑. 神农本草经：卷一［M］. 北京：中华书局，1985：36.
③ （三国魏）吴普，等，述；（清）孙星衍，（清）孙冯翼，辑. 神农本草经：卷一［M］. 北京：中华书局，1985：18.
④ （明）李时珍. 本草纲目［M］. 太原：山西科学技术出版社，2014：377.
⑤ （三国魏）吴普，等，述；（清）孙星衍，（清）孙冯翼，辑. 神农本草经：卷一［M］. 北京：中华书局，1985：18.
⑥ 嵇含. 南方草木状［M］∥王云五，主编. 南方草木状及其他三种. 上海：商务印书馆，1939：11.
⑦ （宋）苏颂，撰；胡乃长，王致谱，辑注. 图经本草　辑复本［M］. 福州：福建科学技术出版社，1988：335.
⑧ （明）贾所学，著；（清）李延昰，补订. 药品化义［M］. 杨金萍，等，校注. 北京：中国中医药出版社，2015：27.

饮治瘟疫及疟疾邪伏膜原，以槟榔为主药，除秽祛浊，开达膜原，以除瘴邪。

　　端午节是辟除邪毒的重要日子。端午节又称"端阳节"，端者始也，端阳有阳气始旺之意。此时值夏历五月，阳气始旺，五毒之虫（蟾蜍、蜈蚣、蝎子、蛇、壁虎）开始活跃，故被当作"恶月""毒日"或"五毒日"。古代有"避端午"之忌，隋唐于此日祭祀五瘟神。前所言云南甲马"瘟司"图，可能表现的是端午节赛龙舟祭瘟送瘟的仪轨。民俗常于此日采用各种避疫之法，如饮雄黄酒，喝菖蒲酒，涂丹砂，画虎辟五毒，采艾，系五色丝缕等，梁·宗懔《荆楚岁时记》："以五彩丝系臂，名曰辟兵，令人不病瘟。"[①] 端午辟疫离不开艾，人们常在门户上悬挂艾叶，或将艾做成各种形状，取艾芳香除秽的作用，《荆楚岁时记》："五月五日，谓之浴兰节……采艾以为人，悬门户上，以禳毒气。"注曰："《师旷占》曰岁多病，则艾草先生。"[②]《大戴礼记·夏小正》载五月"蓄兰，为沐浴也"[③]，浴兰有洗浴去秽之意，与三月上巳洗濯祓除有相同的意义。《肘后方》记载用艾灸床四角以辟疫，《治瘴气疫疬温毒诸方第十五》："密以艾灸病人床四角，各一壮，不得令知之。佳也。"[④] 端午节又名菖蒲节，人们于此日喝菖蒲酒，以避瘟疫。古人认为五月五（午）日午时阳气极旺，北斗七星斗柄正掩五鬼（鬼宿第五星），此日又名天中节，于此日铸镜、采药制药，多有灵验。张岱《仪航船》卷一："制百药：午日午时，斗柄正掩五鬼，于此时制百药，无不灵验。"[⑤] 如于五月五日采苍耳嫩叶，阴干收贮，遇疫则服，谓有避疫之效，《本草纲目》曰："《胜金方》：疫病不染，五月五日午时多采苍耳嫩叶，阴干收之。遇时为末，冷水服二钱。或水煎，举家皆服，能避邪恶。"[⑥] 古人亦于此日捕取蟾蜍，认为其可治恶疮，《太平御览·虫豸部六·蟾蜍》引《四民月令》曰："五月五日取蟾蜍，可治恶疽疮。"[⑦]

　　诸多的巫术及祓除洗浴的巫俗之中混杂着药物的作用及卫生避疫的有效方

① （南朝梁）宗懔，撰. 荆楚岁时记［M］. 宋金龙，校注. 太原：山西人民出版社，1987：50.
② （南朝梁）宗懔，撰. 荆楚岁时记［M］. 宋金龙，校注. 太原：山西人民出版社，1987：47.
③ （汉）戴德. 大戴礼记［M］. 济南：山东友谊出版社，1991：49.
④ （晋）葛洪，原著；（南朝梁）陶弘景，增补. 尚志钧，辑校. 补辑肘后方［M］. 合肥：安徽科学技术出版社，1983：73.
⑤ （明）张岱. 张岱著作集 夜航船［M］. 杭州：浙江古籍出版社，2012：45.
⑥ （明）李时珍. 本草纲目［M］. 太原：山西科学技术出版社，2014：457.
⑦ 四民月令［M］//（宋）李昉，编纂；孙雍长，熊毓兰，校点. 太平御览：第8卷. 石家庄：河北教育出版社，1994：610.

法，使对温病的辨治及预防方法变得扑朔迷离，神秘莫测的背后是温鬼若隐若现的狰狞面目。

第七节　五瘟使者怪异形象解析

五瘟鬼图像中常见虎头、鸡首等怪异的动物形象，有学者认为怪异的动物形象，可能与祭祀时献祭有关，"最重要的是对各种疾病成因的影射"①。此说有理。古人常说的鸡瘟、马瘟、牛瘟等，常由禽兽发病传染，如2000年禽流感暴发，是禽流感病毒变异后传染人所致。2016年5月济南发现数例羊瘟传染人的案例。前言藏传佛教中的"打牛魔王"，牛魔王也是瘟神的形象之一。

另外，五瘟鬼的怪异形象，与自古传说中虎、鸡能杀鬼、厌鬼有一定的关系。瘟神本身具有双面性，一方面是引发瘟疫的灾神，另一方面是控制瘟疫的神祇。《山海经》中有虎吃鬼魅的传说，《风俗通义·祀典》："虎者，阳物，百兽之长也，能执搏挫锐，噬食鬼魅。"②《本草经集注》云："虎头作枕，辟恶魇；以置户上，辟鬼……骨，杂朱书符，治邪……爪，多以系小儿臂，辟恶鬼。"③

传说鸡头亦能压制邪鬼，治疗鬼毒病，如《风俗通义·祀典》："《山海经》曰：祠鬼神皆以雄鸡。鲁郊祀常以丹鸡……今人卒得鬼刺痱悟（注：悟当为"忤"，即客忤），杀雄鸡以傅其心上，病贼风者，作鸡散，东门鸡头可以治蛊。由此言之，鸡主以御死辟恶也。"④《神农本草经》载丹雄鸡"通神，杀毒，辟不祥。头主杀鬼"⑤。前面提到的杀鬼烧药方（雄黄、丹砂、雌黄、羱羊角、芫黄、虎骨、鬼臼、鬼箭羽、野丈人、石长生等），其组成中有虎骨；熏百鬼恶气方（雄黄、雌黄、羱羊角、虎骨、龙骨、龟甲、鲮鲤甲、空青、东门上鸡头

① 史宏蕾. 神祇众相——山西水陆寺观壁画艺术与科技价值［M］. 北京：中国社会科学出版社，2013：272.
② （汉）应劭，撰；吴树平，校译. 风俗通义校释［M］. 天津：天津人民出版社，1980：307.
③ （南朝梁）陶弘景，编；尚志钧，尚元胜，辑校. 本草经集注　辑校本［M］. 北京：人民卫生出版社，1994：422.
④ （汉）应劭，撰；吴树平，校译. 风俗通义校释［M］. 天津：天津人民出版社，1980：312.
⑤ （三国魏）吴普，等，述；（清）孙星衍，（清）孙冯翼，辑. 神农本草经：卷一［M］. 北京：中华书局，1985：47.

等），有虎骨、鸡头。前已言北海神禺强"人面鸟身"，隐约有着瘟神的身份，兆疫鸟絜钩、跂踵，鬼车鸟、九头鸟等传播疾病，这些也可能是五瘟神中鸡首形象的另一层解释。

　　佛教水陆画中的"五瘟使者"，在佛教中属于"三恶道"之一，反映了因果业报思想，同时，道教及民间信仰中对五瘟鬼神的重彩渲染，原有着"上天降灾"的惩恶示诫作用。而五瘟鬼神信仰之由来，与早期鬼神致病思想、传统的四时五行思想及巫术心理有着更为密切的关系，反映了疫病暴发流行中复杂的社会问题，同时折射出医学中四时五行与温病辨治之间的深切内联。

第八章

从元代永乐宫、明代宝宁寺壁画谈古代妇女产蓐过程及妇人诊病禁限

山西芮城县永乐宫元代壁画、山西右玉县宝宁寺明代水陆画，分别来自道教及佛教的题材，二者都有表现古代妇女分娩过程的画面，宝宁寺壁画中兼有男医生坐堂的画面，这些画面为研究古代妇女临产过程提供了珍贵的史料佐证。笔者曾亲赴山西芮城，对永乐宫壁画进行考察、观摩。

第一节　壁画由来

山西芮城县永乐宫元代壁画、山西右玉县宝宁寺明代水陆画，分别来自道教及佛教的题材，二者有异曲同工之妙，都有表现古代妇女分娩过程的画面，为我们研究古代妇女生产过程及妇人诊病禁限提供了珍贵的佐证。山西永乐宫重阳殿壁画"诞生咸阳"图（彩图 8－1），描绘的是全真教祖师王重阳诞生过程，带有道教显化示教的含义。山西宝宁寺明代水陆画"产亡图"（彩图 8－2），与河北毗卢寺、山西永安寺壁画"堕胎产亡"图为同类题材，是佛教举行水陆法会、超度水陆亡灵时所供的水陆画，本意指冤死业报，但这里表现的是产蓐过程。通过永乐宫、宝宁寺壁画展现的古代接生及洗儿画面，结合古代文献，可以较为真实地反映古代分娩接生情况及妇人病诊视禁限。

山西永乐宫元代壁画"诞生咸阳"图，画面较中央的位置为产房，产房垂挂围帐，产妇侧卧床上，床前站有一人侍候，房内另有二女子为初生儿洗浴，旁边一妇人手捧裹布，准备包裹婴儿。产房外有一偏房，房内有一女子坐于桌案前，桌案上放置药罐、碗盏，该女子可能是在准备粥食或药物；偏房外一蹲一立二女子，蹲者手持剃头刀，准备为初生儿剃胎发，立者持一汤瓶，往一盆中倒热水。院中有一口水井。画面另一侧有三女子步行而来，向房内指点观望，门外又有数人走近，其中一人头顶一盘包子，一人怀抱小儿，这些是来贺喜的亲朋至友。画面祥和喜庆，显示的是重阳真人诞生过程。王重阳作为全真教祖

313

师，其诞生必是神圣祥瑞的，但画面更接近写实风格。

山西宝宁寺水陆画，产房内产妇闭目侧卧于床上，旁有一人侍守，房中垂挂围帐。床前是洗儿场景，有一女子抱儿待洗，一女子持木桶往水盆中倒水，另有一身形略高大女子手持剃刀样物，有一侍女手捧茶盏，一女子手持布帛。产房外火炉上安放一水壶，一女子正在提水壶；房外端坐着一位男性医者，伸出右手两指作诊脉状。从画面分析，产妇可能生产不顺，故请医生诊治。古代接生是在家里，一般只有稳婆助生，生产不顺或难产时才请医生。由于古代医疗水平、接生条件、卫生条件及夹杂着祝祷符咒等巫术在内的复杂社会因素，妇人生产过程中常发生堕胎难产等死难事故，这些意外或人为的灾难，古人常常归咎于因果业报。与大多数水陆画产亡图中悲戚场景不同的是，宝宁寺壁画表现的是妇女生产过程。

以上两幅不同时代、不同题材的壁画，场景非常相近，画面中都有产房、备产浴儿的器具等，人物有产妇、新生儿、稳婆等。所不同的是，宝宁寺水陆画中出现男性医生，或就此推测，永乐宫壁画中守在桌案旁的可能是女医。

第二节　妇人产蓐及调护

尽管古代卫生条件有限、医疗水平不高，但对于生产还是非常地谨慎将护。现就永乐寺、宝宁寺壁画的画面，略述古代产育调护情况。

一、备产及临产

产妇临盆之前要做好预产准备，如产房的布置，接生及浴儿的器具、药物，提前择选稳妥的接生稳婆等。

（一）常备器具、药物、进补粥食

临产之前，需提前准备好接生及浴儿的器具，包括产妇坐产的干草，催生及产后调治的药物，煎药炉，防止产后血晕用的醋炭，断脐线，洗儿用的肥皂、浴盆等。

《妇人大全良方·坐月门》详列"入月预备药物"①，其中保生催生方，有保气散、佛手散、枳壳散、神寝丸、榆白皮散、保生丸、催生丹及催生符，治

---

① （宋）陈自明. 妇人大全良方 [M]. 盛维忠，校注. 北京：中国中医药出版社，2007：297.

产后恶露不止及血晕方如黑神散、大圣散、花蕊石散，治产后胎衣不下、危急恶疾之黑龙丹，治产后气血俱伤、益气养脏之理中丸；药食有生地黄、葵子、黄连、竹茹、乌梅、甘草、枣子、陈皮、姜钱、羌活、黑豆、无灰酒、白蜜、童子小便、好醋、白米，这些药食多为催产及产后调治之用，亦有用于新生儿拭口除秽者如黄连，及用于小儿洗浴者如枣子；醋用于防止血晕及产房除秽。从药物调护的角度言，一般安胎药偏于凉血清热，催产药偏于顺气活血，产后药偏于补虚祛瘀，如《仁斋直指方论》曰："产前为之顺气安胎，产后为之扶虚消瘀，此其要也。"① 《陈素庵妇科补解》："安胎宜清热凉血，催生宜行气滑胎。"②

《妇人大全良方》"入月预备药物"还有产妇分娩用力时手握之物，如海马、马衔铁、雌雄石燕。备产器具有"煎药炉、铫子、煮粥沙瓶、滤药帛、醋炭盆、小石一二十颗、汤瓶、软硬炭、干柴茅、暖水釜、洗儿肥皂、头发、断脐线及剪刀，断脐，本不用刀，只用帛裹脐下，齿啮断。干蓐草、卧交椅、软厚毯、灯笼、火把、缴巾、油烛、发烛、灯心"③。其中干蓐草、卧交椅、软厚毯用于产妇分娩，煎药炉、铫子、滤药帛用于煎煮药物，煮粥沙瓶为煮粥用，醋炭盆、小石用于烧醋防止产后血晕及除秽，暖水釜、洗儿肥皂、汤瓶（热水瓶类）用于浴儿，头发、断脐线用于扎脐，软硬炭、干柴茅是烧火时用，灯笼、火把、油烛等为照明用。

宋《武林旧事》卷八"宫中诞育仪例略"④，罗列宫内诞育所需物件，种类繁多，数量较大。除赐金银绢罗以外，尚有催生海马皮、彩画油栲栳簸箕、新罗漆马衔铁、铁钩、绿席毡、蒲合、褥子、玛瑙缬绢、大毡、干蓐草、大银盆、杂用盆、暖水釜、眠羊卧鹿、金银果子、生菜、生艾、生母姜、黑豆、无灰酒、米醋、纽地黄汁布、滤药布、香墨、鸡子、小石子、竹柴、带泥藕、生芋子、银杏、嘉庆子（宋时称李子为"嘉庆子"）、菱米、荔枝、胡桃、圆眼、莲肉、枣、柿心、栗、粱子，另有吃食十盒，包括蒸羊一口、生羊蔥花八节、羊六色子、枣大包子、枣浮图儿、豌豆枣塔儿、炊饼、糕、糖饼、髓饼。所备之物较

① （宋）杨士瀛，原著. 仁斋直指方［M］. 孙玉信，朱平生，主编校. 上海：第二军医大学出版社，2006：647.

② （宋）陈素庵，著；（明）陈文昭，补解. 中医古籍必读经典系列丛书 陈素庵妇科补解［M］. 何清湖，编. 太原：山西科学技术出版社，2013：159.

③ （宋）陈自明. 妇人大全良方［M］. 盛维忠，校注. 北京：中国中医药出版社，2007：297.

④ （宋）四水潜夫. 辑. 武林旧事［M］. 杭州：浙江人民出版社，1984：131.

民间胜数十倍，用途基本相同。

宋《东京梦华录》卷五记载宋时"育子"风俗。孕妇入月前一天，父母家送银盆或彩画盆，中盛粟秆一束，用锦绣或生色帕盖住，上面插花朵及通草，帖罗五男二女花样，用盘盒装，并送馒头，谓为"分痛"。又作眠羊及卧鹿样的果子，取孕妇眠睡之意。送小儿衣物裹布等，谓为"催生"。分娩后，亲朋争送粟米炭醋之类①。

永乐宫、宝宁寺壁画中的浴盆、火炉、汤瓶、剃刀等，是生产及浴儿所用器具，永乐宫壁画桌案上药罐及宝宁寺水陆画中女子手捧的茶盏，其中盛的可能是药或粥食之类。妇女手中所持帕巾，是为包裹婴儿用。

（二）产房

产房的设置对于生产非常重要。《武林旧事》记宫中诞育，先要排办产阁，民间亦要提前预设产房。古人禁忌，以生产为秽污不洁之事，故产房一般不设在正屋。产房宜密设纱帐，厚铺茵蓐，焚香洁净。切宜保持环境安静，不能大声喧哗，惊扰产妇。《妇人大全良方》"坐月门·将护孕妇论"：

仍依位设床帐，厚铺茵蓐，周密使无孔窍。夏月亦铺厚荐，用好油单薄席、纱帐以备之，常焚香令洁净，备办汤药器物。既觉欲产，不得喧哄；人力杂乱，大小怆惶，惊动产妇。宜预择年高历练生婆一人，并稳当曾经惯妇人一二人扶持，不得挥霍，恐产妇忧惊。又忌闲杂外人，并丧孝、秽触之人看视。②

分娩时先于草蓐上坐产，分娩后才能卧床，所以临产称作"坐草"或"产蓐"，故备产时需先将干草准备好。宝宁寺壁画中，产妇似躺卧在草蓐上，产妇旁的桌案上放置香炉，应是焚香洁净之用。二幅壁画中的产房皆垂挂床帐围幄。

冬夏之月对产房的冷暖亦有严格要求，冬天宜设火盆，夏天宜置凉水。特别是夏天，产房不能人多，防止产妇烦闷发晕。《寿世编·产房宜忌》："夏月，更不宜多人在房，热气拥盛，令产母烦躁发晕，其害非小……房中冬设火盆，夏月多贮井水，以收热气，仍频换之。"③

————————

① （宋）孟元老，撰. 东京梦华录［M］. 李士彪，注. 济南：山东友谊出版社，2001：53 － 54.

② （宋）陈自明. 妇人大全良方［M］. 盛维忠，校注. 北京：中国中医药出版社，2007：287 － 288.

③ （清）青浦诸君子，辑. 寿世编［M］. 张慧芳，点校. 北京：中医古籍出版社，1986：8.

（三）产前调护

产前饮食宜清淡，《妇人大全良方》引《产宝方》云："如觉心中烦闷，可取白蜜一匙，用新汲水调下。或觉饥，即吃软饭，或粥少许亦须预备，勿令饥渴，恐产妇无力困乏也。若不饥渴，亦不须强食。"① 前述备产药物中的白蜜为产前饥渴烦闷时饮用。

临盆之前，为了保证顺产，要求产妇时时行步活动，有助气血运行。不吃难以消化的食物，不可饮酒、乱服汤药，不能妄行针灸，不负重及登高。若出现胎动不安者，可服安胎药。《妇人大全良方》"将护孕妇论"：

凡妇人妊娠之后以至临月，脏腑壅塞，关节不利，切不可多睡，须时时行步。不宜食黏硬难化之物，不可多饮酒，不可乱服汤药，亦不可妄行针灸。须宽神，减思虑，不得负重或登高涉险。若偶然胎不安、腰痛者，须服安胎药一二服，得安即止。②

（四）临产

临产是最重要的环节，正确的生产方式是保证母子平安的关键。《达生编》提出"睡、忍痛、慢临盆"临产六字诀，要求产妇临产前充分休息，积蓄体力，不要坐草太早，始觉腹痛时务要忍痛，不能提前用力，更不能强用催生滑胎之药，直待瓜熟蒂落，才能顺产。《妇人大全良方》引《产宝方》云：

妊娠欲产，腹虽痛而腰不甚痛者，未产也，且令扶行熟忍。如行不得则凭物扶立，行得又行。或衣浆先下，然后作阵腰腹痛，眼中如火生，此是胎离肾经，儿逼产门也。即服催生药一二服，即扶上蓐草，切不可坐草早。③

稳婆接生之时，不能随便动手强取，《妇人大全良方》"将护孕妇论"：

切不得惊动伤早。若坐婆拙，不能体候，胎气方转动之际，便为欲生，多端下手，惊动伤早，则横、倒之忧从此而致也。《产宝方》云：……大凡生产自有时候，不可强服催生、滑胎等药。或因坐草早，势不获已则服之。若无事强

---

① （宋）陈自明. 妇人大全良方［M］. 盛维忠，校注. 北京：中国中医药出版社，2007：288.

② （宋）陈自明. 妇人大全良方［M］. 盛维忠，校注. 北京：中国中医药出版社，2007：287.

③ （宋）陈自明. 妇人大全良方［M］. 盛维忠，校注. 北京：中国中医药出版社，2007：288.

服，恐变生他疾，又须戒之。①

（五）产时禁忌

产时切忌占卜问神，恐吓产妇，导致难产。《妇人规》卷三十九"稳婆三十四"曰："妊娠将产，不可占卜问神，如巫觋之徒，哄吓谋利，妄言凶险，祷神祇保，产妇闻之，致生疑惧。夫忧虑则气结滞而不顺，多至难产，所宜戒也。"②

《妇人规》载立斋《医案》，记载一例产妇因惊吓难产而死的病案：

一稳婆云：止有一女，于分娩时，适当巡街侍御行牌取我，视其内室分娩，女为此惊吓，未产而死。后见侍御，更以威颜吩咐。迨视产母，胎虽顺而头偏在一边，此时若以手入推正，可保顺生，因畏其威，不敢施手，但回禀云：此是天生天化，非人力所能。因是子母俱不能救。由此观之，可见产时当用静镇自然，而一毫惊恐疑畏有不可使混于其间者。③

产妇因受惊致胎位不正，最终难产而死，故此警戒产蓐时不当惊扰产妇。此例稳婆若能镇静不乱，及时以手将胎位推正，则产妇可救。无奈稳婆亦惊惧心乱，畏侍御之威，不敢施救，只推说天命如此，非人力能救，贻误生机，致母子俱殒。说明稳婆临危时的情绪调控亦十分重要。

（六）稳婆的选择

分娩顺利与否，除了产妇以外，接生稳婆也是至关重要的一个因素，如同我们现在的产科医生一样。稳婆接生手法正确与否，直接决定顺产与否。杨子建《十产论》曰："收生之人，少有精良妙手，缘此而多有倾性命。"④ 因此，古人反复强调要择选稳当有经验的稳婆，所谓"稳"有稳当、安稳之意，即安定病人情绪，不使恐慌，手法稳妥，不妄用摧逼危险之法，《妇人规》"稳婆三十四"云：

产妇临盆，必须听其自然，弗宜摧逼，安其神志，勿使惊慌，直待花熟蒂

---

① （宋）陈自明. 妇人大全良方［M］. 盛维忠，校注. 北京：中国中医药出版社，2007：288.

② （明）张介宾. 景岳全书：上册［M］. 孙玉信，朱平生，校注. 上海：第二军医大学出版社，2006：813.

③ （明）张介宾. 景岳全书：上册［M］. 孙玉信，朱平生，校注. 上海：第二军医大学出版社，2006：812.

④ （宋）杨子建. 十产论［M］∥（宋）陈自明，著. 妇人大全良方. 盛维忠，校注. 北京：中国中医药出版社，2007：300.

圆，自当落矣。所以凡用稳婆，必须择老成忠厚者，预先嘱之，及至临盆，务令从容镇静，不得用法摧逼……又或有生息不顺及双胎未下之类，但宜稳密安慰，不可使产母闻知，恐惊则气散，愈难生下。

古有"三姑六婆"之鄙说，其中包括稳婆。稳婆社会地位低贱，素养不高，不习医书，仅凭经验技术游走于民间，其中不乏牟利讨巧者，常被世人所不齿，但是稳婆又是民间接生不可或缺的。稳婆不当的催生之法是导致难产的主要原因，有时稳婆成了产房的直接杀手，《妇人规》云：

余尝见有稳婆忙冗性急者，恐顾此失彼，因而勉强试汤，分之掐之，逼之使下，多致头身未顺而手足先出，或横或倒，为害不小。若未有紧阵，不可令其动手。切记，切记！①

更有奸诡之人，在产妇生产困难之时，不是小心稳定其情绪，而是自显己能，故意惊吓产妇，致使难产，"又尝见有奸诡之妇，故为哼讶之声，或轻事重报，以显己能，以图酬谢，因致产妇惊疑，害尤非细，极当慎也。"②

亦有稳婆妄用粗暴方法割取胎儿，致儿夭母亡，《女科辑要》云：

近有凶恶稳婆，故为恫哧，妄施毒手，要取重价，啇而出之，索谢去后，产母随以告殒者有之。奈贸贸者尚夸其手段之高，忍心害理，惨莫惨于此矣！设果胎不能下，自有因证调治诸法。即胎死腹中，亦有可下之方。自古方书，未闻有啇割之刑加诸投生之婴儿者。③

前备产器具中铁钩，其一种用途为难产取胎用，这里的"啇割之刑"，是指胎儿出生不顺时，强用割取手法，致胎儿受损，铁钩也常用于取死胎。

二、难产

古代由于产育条件低下、接生水平有限及催生强取等稳婆人为的伤害，造成难产危急的情况较多。宋代杨子建《十产论》指出生产之状有十，即正产、伤产、催生、冻产、热产、横产、倒产、偏产、碍产、坐产，除正产外，其余

---

① （明）张介宾. 景岳全书：上册［M］. 孙玉信，朱平生，校注. 上海：第二军医大学出版社，2006：812.

② （明）张介宾. 景岳全书：上册［M］. 孙玉信，朱平生，校注. 上海：第二军医大学出版社，2006：812.

③ （清）沈尧封. 女科辑要［M］//裴庆元，辑；盛维忠，等，主校. 三三医书：第三集. 北京：中国中医药出版社，1998：262.

皆为难产，《妇人大全良方》另有盘肠产。种种难产，造成母子俱伤，甚或母殒儿夭。

（一）难产病由

《妇人大全良方》卷十七"产难门·产难论第一"指出产难之因有六：第一、富贵之家，少于运动，气滞血瘀，胎不转动，以致产难。第二、妇人妊娠六七个月，胎形已具，恣情交合，败精瘀血聚于胞中，临产必难。第三、临觉太早，伤动产妇，或信卜筮，或说鬼祟，致令产母心惊神恐；又被闲杂妇人、丧孝秽浊之人冲触，临产必难。第四、临产初腹痛或作或止，名曰弄痛。坐婆不候时至，便令试水；试水频并，胞浆先破，产道干涩；及其儿转，便令坐草，坐草太早，儿转亦难，致令产难。第五、产妇生产时一般是坐立，若坐草稍久，用力太过，产母困乏，抱腰之人又不稳当，致令坐立倾侧，胎死腹中，其为产难。第六、要随季节冷暖调适产房温度，时当盛暑，宜居深幽房室，日色远处，开启窗户，多贮清水，以防血运、血闷、血溢妄行、血虚发热之证；如冬末春初，天色凝寒，宜密闭产室，窒塞罅隙，内外生火，常令暖气如春，仍下部衣服不可去绵，方免胎寒血结，毋致产难。

（二）十种难产之状

《妇人大全良方》又详述十种难产之状：一曰伤产。怀妊以十月为正，不足月出现腹痛欲产，实非正产，名试月，"今有未产一月以前，忽然脐腹疼痛，有如欲产，仍却无事，是名试月，非正产也。"① 若未有正产之候而用力伤早，妄服催产之药，使胎儿错路，忽横忽倒，不能正生，譬如揠苗助长，此名伤产。二曰催产，已至正产之候，浆破血下，但儿难生，可用药催。三曰冻产，冬季天气寒冷，产母经血遇冷凝滞，致儿不能生。故冬天产妇下部常宜保暖，当满房着火，常有暖气，产母背身向火，令脐下、腿膝间常有暖气；若春秋少有阴湿寒冷之气，亦可就房中以微炭火暖之。四曰热产，夏暑炎热之盛，产母气虚，人多热气逼袭，其血沸溢，血热上蒸，令产母发热头痛，面赤昏昏如醉，乃至不知人事，导致血晕。故夏天要温凉得所，又不可因热恣意取凉，反损胎气。五曰横产，胎儿先露其手，或先露其臀，此因脐腹疼痛，儿身未顺，产母用力逼下，遂致身横而不能生下。六曰倒产，即胎儿先露其足。七曰偏产，胎儿头偏拄左腿或右腿。八曰碍产，胎儿脐带攀肩，故露正顶而不能生。九曰坐产，当从高处牢系一条手巾，令产母以手攀之，轻轻屈足坐身，令儿生下。十

---

① （宋）陈自明. 妇人大全良方［M］. 盛维忠，校注. 北京：中国中医药出版社，2007：300.

曰盘肠产，即产时子肠（子宫）先出，产后脱垂不收。胎产不正者，皆当用手法正之。

《盘珠集·胎产症治·产后·难产》指出难产之由"皆产家张皇自致之耳"。难产之状，有心怀恐惧而气结不行者，有胞破浆水下而儿不下者，有胞中败血壅滞致胎儿转身不利者，有暑月热气蒸人致郁冒冲晕者，有冬月寒气逼人致经血凝聚难下者，有交骨不开、子趋谷道、横生逆产、盘肠产、胎死腹中者，皆是危急之候，当各施方药救治。

宝宁寺水陆画中，产房外出现男性医生，说明出现难产情况，故延请医生救治。

三、产后病及产后调理

（一）产后调理

产后调护也是产育过程中的一个重要环节，产后身体虚羸，恶露未尽，若调护不当，可致诸病缠身，甚至危殆。《备急千金要方》卷三"妇人方中·虚损第一""凡妇人非止临产须忧，至于产后，大须将慎，危笃之至，其在于斯。勿以产时无他，乃纵心恣意，无所不犯。"① 强调产后调护的重要性。如产后谨防受风，《卫生家宝产科备要》："床头厚铺裀褥遮围，四向窒塞孔隙，以御贼风。"② 壁画中产妇所卧之处挂有围帐，暗示产房密闭防风。

为防产后恶露上冲，产妇产后不能立即躺下，当倚物闭目而坐，须臾才能躺下，并须高卧立膝，不得侧卧。使人从心下按至脐腹，便于恶露排出，《卫生家宝产科备要》"产后将护法"云：

且才得分免，切忌问是男是女，看血下多少，随证服压血晕药，良久吃粥，服四顺理中丸，便令人从心下按至脐腹，日五七次。若有疾证，即随证服药，粥药相间，频频服饵。且闭目而坐，背后倚物，左右看承。常令直立两膝，虽时眠睡，频令唤觉，过一伏时，方得上床。③

《妇人大全良方》卷十八"产后门·产后将护法第一"云：

---

① （唐）孙思邈，著；李景荣，等，校释. 备急千金要方校释 [M]. 北京：人民卫生出版社，1998：45.

② （宋）朱端章，编；（宋）徐安国，整理. 卫生家宝产科备要 [M]. 杨金萍，点校. 上海：上海科学技术出版社，2003：5.

③ （宋）朱端章，编；（宋）徐安国，整理. 卫生家宝产科备要 [M]. 杨金萍，点校. 上海：上海科学技术出版社，2003：5.

凡妇人生产毕，且令饮童子小便一盏，不得便卧，且宜闭目而坐，须臾方可扶上床仰卧，不得侧卧。宜立膝，未可伸足……兼时时令人以物从心擀至脐下，使恶露不滞，如此三日可止。①

初产忌酒，防止血热上冲，七日后可少饮。《妇人大全良方》载用黑豆一升炒令烟出，以无灰酒浇淋，入羌活同浸，以此酒下药或时时少饮，可辟风邪，养气血，下恶露，行血脉。前述备产药物中的黑豆、羌活、无灰酒即为此用。

产后需要饮食及药物节养调治。由于新产赢弱血虚，故饮食宜当节慎，初产宜饮食清淡，以粥食为主，渐进滋味，或服养血补益药。《卫生家宝产科备要》云：

一腊之后，渐加滋味。或以羊肉及雌鸡煮取浓汁，作糜粥，直至百晬。常服当归丸、当归建中汤、四顺理中丸，日各一两服，以养脏气，补血脉。两腊之后，方得食糜烂肉食。满月之内，尤忌任意饮食，触冒风寒，恣情喜怒，梳头用力，高声、作劳工巧之类及上厕便溺。如此节养将摄，以至百晬。始得气血和调，脏腑平复。设不依此，即致产后余疾。②

前述备产药物中的白米及煮粥沙瓶，为产前后饮食调理之用。明清以后，产后常服生化汤（全当归、川芎、桃仁、干姜、甘草）活血祛瘀，治产后恶露未尽。《竹林寺女科》"既产调护法"：

又多服生化汤、益母丸、下胎衣丸……产下地，即服生化汤一帖。如肚饥甚，即吃白粥一盏，不可太饱，过一时后，又服生化汤。如未进饮食，必速服生化汤两帖三煎，头煎后，二服两帖并为一煎完，进饮食甚好。③

（二）产后病及预防血晕之法

《金匮要略·妇人产后病脉证并治》指出新产妇人有三病："一者病痉，二者病郁冒，三者大便难。何谓也？……亡血复汗，寒多，故令郁冒。"④

①　（宋）陈自明. 妇人大全良方［M］. 盛维忠，校注. 北京：中国中医药出版社，2007：314.

②　（宋）朱端章，编；（宋）徐安国，整理. 卫生家宝产科备要［M］. 杨金萍，点校. 上海：上海科学技术出版社，2003：5.

③　（清）竹林寺僧人. 竹林寺女科二种［M］. 由昆，等，点校. 北京：中医古籍出版社，1993：57.

④　（汉）张仲景. 金匮要略［M］. 北京：中国医药科技出版社，2013：62.

产后郁冒，即产后血虚兼恶血上冲，致昏闷郁冒，"即今世所谓血晕也"①。为防血晕，古人常在3日或一腊（7日）内烧醋令产妇闻，《卫生家宝产科备要》："一腊之内，常闻醋烟，以防晕闷。"② 即先将砖、石或铁秤锤烧红，浇上醋，然后令产妇闻醋味，能收敛神气，房内烧醋，又能起到解毒除秽的作用。《妇人大全良方》"产后将护法"曰："更产后三日内，令产妇尝闻醋炭气，或烧干漆烟。若无干漆，以破旧漆器烧之，以防血逆、血迷、血运不省之患。夏月宜于房门外烧砖，以醋沃之，置于房中。"③《达生编》："产后宜用铁秤锤或溪中白石子，烧红入醋，令醋气入鼻，免血晕，且收敛神气，又能解秽。每日三四次，亦三日即止。"亦可用韭菜加醋以熏病人，"或有恶血冲心，血晕昏闷，不省人事者，用韭菜一把，切碎放有嘴壶瓶内，以热醋一大碗，灌入，密紧口，扶起病人，壶嘴向鼻，远远熏之。"④ 亦可将栗炭烧红，放在一个大铜勺内，往烧红的栗炭上浇醋，然后令产妇闻醋气，《寿世编·产房宜忌》："产后宜用栗炭烧红，置大铜勺内，不时以醋浇沃，令其气达产母鼻中，不至血晕。临盆时须预备。"⑤《竹林寺女科》既产调护法："产母虚甚，须烧砖石秤坠，以防血晕。"⑥ 亦可饮童子小便，或黑荆芥穗煎汤服，以预防血晕，《郑氏家传女科万金方》："妇人新产后，不问腹痛否，亦不问是男是女，即以童便半盏，或炒黑荆芥穗四钱煎汤，去渣服之，可免血晕之症。"⑦

四、小儿洗浴

除了产妇的调护外，初生儿的护理亦非常重要。儿生以后，首先要除去口中恶物，以指裹绵拭去儿口中恶物恶血；或用黄连汁拭涂儿口，使吐出恶汁。

---

① （明）王肯堂. 中医女科十大名著 女科证治准绳［M］. 田松，等，点校. 太原：山西科学技术出版社，2012：487.

② （宋）朱端章，编；（宋）徐安国，整理. 卫生家宝产科备要［M］. 杨金萍，点校. 上海：上海科学技术出版社，2003：5.

③ （宋）陈自明. 妇人大全良方［M］. 盛维忠，校注. 北京：中国中医药出版社，2007：314.

④ （清）亟斋居士，辑. 达生编［M］//牛兵占，主编. 中医妇科名著集成. 北京：华夏出版社，1997：762.

⑤ （清）青浦诸君子，辑. 寿世编［M］. 张慧芳，点校. 北京：中医古籍出版社，1986：8.

⑥ （清）竹林寺僧人. 竹林寺女科二种［M］. 由昆，等，点校. 北京：中医古籍出版社，1993：57.

⑦ （清）郑元良，编. 郑氏家传女科万金方［M］. 何清湖，等，点校. 北京：中医古籍出版社，1998：111.

古人认为，若不急除去口中恶物，则秽恶流入腹中，致生百病。断脐当隔单衣咬断，通常不用剪刀，兼以暖气呵之；用线扎定后，才能洗儿，否则易患脐风。亦有用剪刀于灯火上烧红剪断脐带者。

洗儿须冷暖合宜，不可久浴。将猪胆汁放入浴汤中洗浴，可令终生不患疮疥。三日后可用桃根汤洗儿，桃根汤即桃、李、梅根。《备急千金要方》卷第五"少小婴孺方·浴儿法"曰：

凡浴小儿，汤极须令冷热调和，冷热失所，令儿惊，亦致五脏疾也。凡儿冬不可久浴，浴久则伤寒；夏不可久浴，浴久则伤热。数浴背冷，则发痫；若不浴，又令儿毛落。新生浴儿者，以猪胆一枚，取汁投汤中以浴儿，终身不患疮疥，勿以杂水浴之。儿生三日，宜用桃根汤浴：桃根、李根、梅根各二两，枝亦得……浴儿良，去不祥，令儿终身无疮疥。

另用虎头骨、金银煎汤洗儿，以预防小儿受惊，并避除恶气，"治小儿惊，辟恶气，以金虎汤浴：金一斤，虎头骨一枚，以水三斗，煮为汤浴，但须浴即煮用之。"①《妇人大全良方》载《产乳集》："三朝洗儿，可用虎头骨、桃枝、猪胆、金银煎汤洗之，则儿少惊。"②

永乐宫、宝宁寺壁画展示的正是初生儿洗浴的场景。敦煌壁画中表现释迦牟尼初诞时九龙喷水浴童子的画面，是佛教形象化神圣化的浴儿场景。

宋《东京梦华录》记育儿风俗，生儿三日后要落脐灸囟。满月后行"洗儿会"，煎香汤于盆中，盆中放入枣、艾、姜、胡桃、莲肉等，以彩帛数丈将盆缠绕，称为"围盆"。用钗子搅水，谓之"搅盆"。观者撒金银钱于盆中，谓之"添盆"。若盆中枣子直立，为生男之征，妇女争抢食。浴儿毕，落胎发，抱入他房，谓之"移窠"。又有百日之会，名"百晬"；周岁之会，名"周晬"，或称抓周、试晬。

---

①　(唐)孙思邈，著；李景荣，等，校释. 备急千金要方校释［M］. 北京：人民卫生出版社，1998：89.

②　(宋)陈自明. 妇人大全良方［M］. 盛维忠，校注. 北京：中国中医药出版社，2007：425.

第三节　妇人病诊视禁限

　　宝宁寺水陆画中还有一个重要场景，即男性医者于房外诊病，反映古代妇女疾病诊治的情况。古代医生绝大多数是男性，由于"男女授受不亲"及对女性的禁忌，女性得病时，诊疾问病不同于男子，《明史》卷一百十三"列传第一·后妃"规定："宫嫔以下有疾，医者不得入宫，以证取药。"① 即宫嫔以下女子患病，不能让男性医生入宫诊治，只能凭证取药。平常百姓家女子患病，请男性医生诊治时亦有诸多的戒规，明《医学入门》卷七"习医规格"曰："如诊妇女，须托其至亲，先问证色与舌及所饮食，然后随其所便，或证重而就床隔帐诊之，或证轻而就门隔帏诊之，亦必以薄纱罩手。贫家不便，医者自袖薄纱。寡妇室女，愈加敬谨，此非小节。"② 按照这样的规定，医生看病，一般先向女性患者的至亲问其证与舌色。医生诊视时，如果病人病重，可就近隔床帐诊视，如果病轻，医生只能远远地在门外隔帏诊之。诊脉时以薄纱覆在病人手上，如若贫困之家，医者当自备薄纱。宝宁寺水陆画中，男性医者在产房外诊视，不入产房，正是这种情况。

　　中医诊病需靠望闻问切，这种隔房诊视之法，医生不能全面准确地把握病情，也就不能正确地治疗。张介宾指出治妇人病难于男子，其原因除了妇人本身的性格及所处环境外，亦有人事之难，即诊视上的困难，医生不能全面地利用望闻问切了解病情，即使神医也治不好妇人病，《妇人规·论难易二》曰：

　　谚云：宁治十男子，莫治一妇人。此谓妇人之病不易治也……今富贵之家，居奥室之中，处帷幔之内，复有以绵帕蒙其手者，既不能行望色之神，又不能尽切脉之巧。使脉有弗合，未免多问，问之觉繁，必谓医学不精，往往并药不信，不知问亦非易，其有善问者，正非医之善者不能也。望闻问切，欲于四者去其三，吾恐神医不神矣。世之通患，若此最多，此妇人之所以不易也。故凡

---

　　① （清）张廷玉，等，著. 明史：三 [M]. 北京：中华书局，2000：2313 – 2314.
　　② （明）李梴. 医学入门 [M]. 金嫣莉，等，校注. 北京：中国中医药出版社，1995：636.

医家病家，皆当以此为意。①

清《女科辑要》载一病案，"徐蔼辉曰：一妇产后腹痛，令其夫以手按之，小腹痛尤甚，下恶露而痛仍不减，知其非瘀，乃燥粪也。予药一剂，大便润下而愈。"② 此病案产妇腹痛，医生不能亲自触按，只能靠其夫手按，然后告之病情，医生再为治疗。

男医并非皆不能亲自诊视，古代医案中亦常有男医亲自诊治的案例，如《宋史·庞安时传》记载宋代名医庞安时救治难产时，亲自为产妇推拿按摩腹部以助产，又透过产妇腹部针儿虎口，说明在宋代男医还是可以亲自为普通女子诊治。

尝诣舒之桐城，有民家妇孕将产，七日而子不下，百术无所效。安时之弟子李百全适在傍舍，邀安时往视之。才见，即连呼不死，令其家人以汤温其腰腹，自为上下拊摩。孕者觉肠胃微痛，呻吟间生一男子。其家惊喜，而不知所以然。安时曰：儿已出胞，而一手误执母肠不复能脱，故非符药所能为。吾隔腹扪儿手所在，针其虎口，既痛即缩手，所以遽生，无他术也。取儿视之，右手虎口针痕存焉。其妙如此。③

可见在宋代民间，男医亲自诊视的情况还是存在的。而从明代的大量文献中推知，明代妇人病诊视的禁限要严于宋代，同时宫中与民间亦有着明显的不同。

另外，在太医署及民间亦有女医专视妇人病，宋天圣年间《天圣令·医疾令》言唐代太医署有教习女医制度，医博士教以"安胎产难及疮肿、伤折、针灸"法，按文口授。宋代沿袭唐代，可能太医署亦有教习安胎产难之术的女医。古代亦有医术精湛、声名甚盛的女医如谈允贤、曾懿等。永乐宫壁画中，坐在桌案旁的女子也可能是女科的女医。

永乐宫、宝宁寺壁画形象地描画了古代接生及浴儿的场景，反映了古代医疗水平、接生情况及社会习俗。从佛教的角度言，"堕胎产亡"作为"九横死"之一置于宝宁寺水陆画中，反映了古人对于妇人生产的态度。古人将生产归于

① （明）张介宾. 景岳全书：上册［M］. 孙玉信，朱平生，校注. 上海：第二军医大学出版社，2006：813.

② （清）沈尧封. 女科辑要［M］//裘庆元，辑；盛维忠，等，主校. 三三医书：第三集. 北京：中国中医药出版社，1998：269.

③ （元）脱脱. 宋史［M］. 北京：中华书局，1977：13521－13522.

秽恶不洁之类，若生产中出现难产，更为不祥之事，作为产妇本人，在身体遭受人生极大痛苦的同时，精神亦受各种压迫，其境况至为凄惨。而造成难产的许多缘由，并不是什么业报之类，与接生条件、稳婆不恰当的接生手法等有密切关系。另外，古代文献所记载的接生前后的调治之法，反映了古人对产妇调护的谨慎细致。

后 记

    日升月落，寒暑倏忽，光阴绵远。千载年岁如风漫流过古老土地上的山山水水，世代先民在其间歌呼啸哭。而当斯人已去，这一切成为过往，他们留下的雕琢壁画还在山水之间，守望一方风月，成为那些曾经活生生的年代的沉默见证者。

    而它们又并非全然沉默着的。它们有着自己的笔触和曲折，而这正是那些世代的密码和缩影，读懂了一面壁画，就像攀上时间之轮回到彼时星辰彼时长风中，旁观着那年喧闹。从汉画像石而漫步至气吞山河、飞云如梦的大汉，从壁画而流离在霓裳羽衣、襟香鬓影的盛唐，"乱花渐欲迷人眼"，无限风光看不尽。在历史的回廊里，在岩壁上的画卷中，我游荡着，徘徊着，漫步仙方，穿行在仙人与世俗之间，恍然迷失了自己。所见种种皆能震彻心魂，如此这般，我难舍手中枯笔，要将这些感触述之字端。

    距上一部书出版已近十载，浸淫于汉画像石也已近二十年。从最初带着稚子般的好奇叩开神秘大门，到渐渐沉迷、拾级而上，乃至沿着这绮丽庄严厅堂的路径执着深入，至今热情未减。

    在这期间，我们走过了很多地方。起点在山东嘉祥，那是坎坷曲折的一程。那年冬天寒冷而潮暗，我赶了最早的车，却在高速路遇上大雾封路。辗转到了济宁，租了辆四面透风的破三轮车继续颠簸。最终抵达这偏僻却引我神思已久之处，瞻望于刻有奇诡多样之图像的高石沿下，方知不虚此行。心颤魂颠，细察默揣，久久徘徊，不愿离开。

    以此为初始踏上旅路，我们又走过了山东的滕州、青岛、曲阜、邹城、临沂，陕西的绥德、榆林、西安，以及江苏徐州、河南南阳。一方山水，藏一方壁画，蕴一方灵动。古都西安的壁画上有驾车出行的东王公，姿态庄严，玉珥琳琅，衬以云海漫卷，场面纷繁而庄重。绛红沙漠上的敦煌曾见证了四面繁华、八方虔诚，这里的壁画留下了人们对佛教净土世界的想象。黄土高坡上的绥德壁画，有着最苍莽又最壮观的场面，边塞争战，林野狩猎，默然观悟，仿佛仍有兵戈相撞、蹄铃号角的远年回响。南阳地处中原,正宜坐地观天,星移斗转,落在壁画上就是隐喻一般的星象图。而徐州坐落于南方烟雨中,这里的壁画上没有大漠孤烟、巍峨岚山,这里有凤凰衔丹,游羽泠然,且看那修长繁复如花瓣般的重重翅翼,含苞待放着独属于此地山水的祥瑞灵秀。

各地壁上风光绮丽壮美,也不枉我们旅路风尘。纵观一路走来,算不上千难万险,也是崎岖波折。我的研究生孟玺一路与我同行高台、临沂、五台山等地,寒来暑往,披星戴月,走过千万里山水,也走过千万里艰辛。在酒泉丁家闸五号墓外,我们瑟瑟发抖地等了几个小时,墓葬外面临近私人博物馆的石像石碑,那天在朔风中沉默着,我们也沉默着,人石两相看,各自无言,徒作慰藉。嘉峪关西风烈烈,天地冷清,我们走向藏有壁画的遗迹入口,门庭前一只小狗匆忙而激动地扑向我们,蹭着我们的裤脚,仿佛在我们来到之前它已见历过于久远的荒芜寂寥,而觉得我们这样的来客稀奇而令它费解。在绥德,汉画像石馆里没有暖气,与我同行的学生李建业举着相机对壁画进行拍照记录,以便后期此书写作过程中的参考工作,他的手被冻到僵硬,而他依旧坚持着。我们还遇见了一位导游,一路陪同我们,认真为我们讲解,她讲得专心又专业,令我们获益匪浅又感念至深。壁画美,人心亦美,写成此书离不开旅伴向导的付出和陪伴。

回顾这一路观来一路行,让我想到其中一段行程恰可看做这一途的缩影。往南阳的路,我们走了三次,只因一次次归来都觉未将那边景致看个尽致,因此不辞反复。我还记得半路边的油菜花田,闪烁连绵在阳光下,犹如大片熔化的黄金。风景绝世,因此观景人一再造访,行遍四方去探访壁画的动力,也是这样简单的道理。

我本为愚执之人,心有"十年磨一剑"之执念,上一本书出版了九年之久,才敢出版此书。而今此书将付梓,下个十年,我又将何去何为?这二十年间持续考察,手头已积攒大量图片资料,而画像石方面材料尤为丰富。掩卷而思,仍觉有许多题材要写,故但望在往后年月中,再在画像石方面有进一步拓展阐述,希望在有生之年,完成第三部汉画像石方面的书,了我心愿。

杨金萍
书中图片,请勿转引